中文社会科学引文索引(CSSCI)来源集刊

Renmin University Law Review

人大法律评论

2016年卷第3辑 · 总第22辑

《人大法律评论》编辑委员会组编

法律出版社
LAW PRESS·CHINA

【评论】

卷首语

经过半年时间的组稿,《人大法律评论》(以下简称《评论》)2016 年第 3 辑终于和大家见面了！在本辑组稿、编印、出版过程中,收到了广大学者的踊跃投稿,得到了法学院韩大元院长、指导老师张志铭教授、外审专家学者的大力支持,也受到了法学院诸多师长及历届编辑的不断激励。此外,正是人大法学院优秀校友、法律出版社李峰沄编辑一如既往的辛勤付出,编委会成员的共同努力,才使本书的出版成为可能。我们在此向诸位表示衷心感谢!

《评论》成为 CSSCI 来源集刊以来,来稿数量颇多,其中不乏高质量的稿件,由于版面所限,我们不得不在众多来稿里优中选优。在本辑《评论》中,我们精选了十七篇文章,作者分别来自中国人民大学、北京大学、中国政法大学、中央财经大学、复旦大学、武汉大学、南京大学、中山大学、山东大学、四川大学、西南政法大学、深圳大学、中国社会科学院、中国法学会等。本辑《评论》,我们继续落实双向匿名评审制度,并实行专家外审制度,最终完成组稿。我们对向本《评论》投稿的诸位作者表示衷心感谢,对稿件被本《评论》采用的作者表示诚挚祝贺!

本辑设“专题研讨”“论文”“评论”三个栏目。

在“专题研讨”栏目中,我们收录了金融法研究领域的佳作三篇。王怀勇先生的《P2P 信贷“去担保化”及其法律思考》一文比较全面地分析了 P2P 信贷“去担保化”的现实背景和正当性基础,认为“去担保化”的监管应遵循“强化消费者保护、完善信用环境、加强市场监管”的思路,并通过“引入保险机制、实现信息开放共享、打破刚性兑付”等方式对 P2P 信贷“去担保化”予以制度保障。李安安先生的大作《金融资源配置中的地方政府竞争及其法律治理》,阐释了在“弱财政与强金融”的制度变迁背景下,地方政府对于金融资源配置的全方位“嵌入”,勾勒出了地方政府围绕金融资源配置展开竞争的金融生态图景。在此基础上,该文以 CBS 这一金融法研究范式进一步解释了金融资源配置中的地方政府竞争问题,提出金融法应从公司治理、商业银行、资本市场三个维度对地方政府竞争进行制度调整和法律规范,并通过法治手段化解地方政府竞争的治理危局。作者在文中厘清了当下社会转型时期金融资源配置中地方政府竞争的制度面向,为推动地方政府治理模式从政策治理到法律治理的转型,以金融法治助推国家治理体系和治理能力现代化提供了可资借鉴的路径。邢会强先生的《金融机构的信义义务与适合性原则》一文简要概述了信义义务和适合性原则内涵、作用以及两者之间的关系,认为在我国当前金融消费者保护工作向纵深推进的情势下,为了给金融消费者提供更高层次的保护,我国应当在金融法中引入信义义务,并以此作为适合性原则的依据,从而要求违反信义义务和适合性原则的金融机构承担民事责任。

"论文"栏目选取了基础法学、刑事法、经济法领域佳作十二篇。

在基础法学领域,孙国东先生的《"反正义的公平"到"底线正义"——基于转型中国一种典型社会正义观念的政治哲学分析》一文主要关注转型中国的社会正义理论建构问题。文中从现、当代政治哲学家和社会学家关于正义的理论成果出发,结合中国文化中的机会公平传统、20世纪人民共和革命所形成的"后习俗的"道德意识结构、当代中国实践哲学中的"权利话语"及当下中国缺失正义的社会基本结构,讨论了"反正义的公平观"的思想渊源、意识结构、话语基础和"背景制度"的问题,并关注在中国转型时期如何利用保障经济正义/分配正义、建构公共商谈的政治机制、厉行法治三个方向来超克"反正义的公平观",最后提出转型中国的"底线正义"诸原则应包括如下"词典式"序列:经济正义原则(实质性的机会公平原则、差别原则)与政治正义原则(商谈民主原则、法治原则)。魏治勋先生的大作《法律解释的方法性原则——对四种法律解释方法性原则之方法属性的辩驳与重构》通过辩驳与重构,还原了体系解释、历史解释、目的解释与合宪性解释之本相,认为应将这四种所谓解释方法,视为四种法律解释方法性原则。作者认为,体系性解释原则与历史性解释原则是法律解释的形式性标准,而目的性解释原则和合宪性解释原则则是法律解释的实质性标准,四种解释性原则从实质与形式两个方面为法律解释的合理性与正当性提供了基本保障。同时作者也指出,法律解释的这四种方法性原则贯穿于法律解释基本原理与具体方法之中,渗透于对任何一种具体法律方法的运作机理的建构过程之中,对于法律方法在理论与操作上的引领、指导、判断甚至矫正功能,具有不可替代的意义。王理万先生在《政治问题法律化及其限度》一文中,对"政治问题"理论和法院的政治功能进行了论述,并将问题的关键归结为两点:(1)政治问题的范围;(2)法律化的方式和限度。作者认为,关于政治问题范围的确立,应该逐步建立中国的"政治问题"理论,从而界定法院对于政治的涉入程度,避免法院过度政治化,也为法院的权力监督撑开制度空间。特别是在目前中国法院并无足够的政治权威的情况下,引入"政治问题"理论,事实上是在保育法院的中立性和权威性,避免因"司法冒进"而引起的权力边界争议,据以协调与平衡法院所承担的政治功能和专业功能。关于"政治问题法律化"的方式,应主要依赖于政治和立法方式,特别是中国权力机关和立法机关合一的宪制构造,使立法机关具有政治超然地位和民意代表性,具有配置资源和规划发展的政治权威。

宋旭光先生的佳作《为什么应当将法律看作是可废止的?》从中国转型期的裁判难题入手,就司法裁量权的运用问题进行了较为全面而深入的论述。作者在文章中指出,应以正义为名,将法律看作是可废止的,在司法裁判中恢复法律作为道德事业的本来面目,且现代法律体系为这种可废止法的运行提供了可用的轨道。在这一过程中,我们应尽可能地在法律的弹性空间内将道德考量纳入其中;而在合法性空间用尽时,要审慎考虑在当前个案中引入法外因素废止可适用的法律规范。其特别强调,无论如何,在援引法外因素时,裁判者都需要给出妥当的论证,做出废止决定者更是要承担更高的论证责任。李燕涛先生的《布莱克斯通自然法理念之批判:边沁主权观念的起源》一文,主要从以下四个方面着手展开:首先,分析了边沁在主权产生问题上对布莱克斯通的社会契约论的批判,也就是对布莱克斯通的原始契约观念的批判;其次,分析了边沁在主权属性问题上对布莱克斯通的批判,对于布莱克斯通的观点即任何国家都有一个不受限制的绝对主权,边沁基于历史和理论的分析认为主权可以受到明确协定的限制,因而这种绝对主权观并不可取;再次,作者从政治联合或社会联合的角度考察边沁对布莱克斯通的批判,他认为边沁的批判实际上是对布莱克斯通论证社会联合的模式的否定,并指出这种批判背后的理论目的是为自由和改革辩护;最后,在分析边沁对布莱克斯通主权理论批判的基础上,总结了边沁早期主权学说的特点及其理论意义。彭宁博士的佳作《法律实证主义:理论、方法及实践立场》通过对哈特、拉兹和夏皮罗等实证主义学者理论的系统分析,试图勾勒出法律实证主义全方位的理论图景,在此基础上,作者梳理了法律实证主义的发展历程,剖析了法律实证主义在本体论、认识论(方法论)和司法裁判理论等方面的基本立场,对法律实证主义的核心内涵和理论源流进行了全面而深刻的阐发。朱腾先生在《论法家的"势"中心说及其实践》一文中认为,从法家思想中寻找现代法治要素的前提是,认清法在法家法律思想体系中所处的地位,并明确"法"与法家另外两个重要的范畴"势""术"之间的关系。作者在文中提出,法家学说以"尊君"为要务,以"势"或"君权"为核心,而"法"与"术"则在阴阳两个方面维护君权,同时自身也在不断地畸形发展。最终,法家无法避免因过分注重君权而导致政权合法性丧失的命运。刘磊博士在《信访的类型化及其法治展望》一文中,结合基层信访治理困境和国家政治行政运行,分析了信访制度的运行过程和功能定位。作者将信访案件分为政策在位型信访、政策缺位型信访和无理型信访,将信访制度的功能分为国家意志表达的政治功能和国家意志执行的行政功能。他敏锐地指出,政策在位型信访和政策缺位型信访是当前信访案件中的主流,无理型信访是信访案件中的支流。信访制度法治化改革的主要矛盾是,如何有效应对政策在位型信访和政策缺位型信访,并以此为基础理顺信访的政治功能和行政功能,以探寻法治化改革路径,适应国家与社会关系的新变化。

在刑事法领域,庄劲先生的《外逃贪腐人员涉案财产的特别没收》一文就贪污贿赂犯罪违法所得的界定与查明、其他涉案财产的范围、利害关系人的范围、利害关系人的抗辩权等理论与实务中的难题展开了探讨。作者认为,贪污贿赂犯罪特别没收程序中的涉案财产并非包括一切违法的间接所得,违法所得的查明应当适用"优势证据"标准,其他涉案财产的界定应当坚持实行性关联标准或者功能性关联标准,在逃的贪污贿赂犯罪的嫌疑人、被告人应当有权委托代理人参加特别没收程序,在事后免费受让违法财物的情形下,如没收会给善意的利害关系人的生活或者工作带来严重影响,法院可例外考虑免予没收。

在经济法领域,李友根先生的《论农业产业政策的法律化——美国 Horne v. Dep' t of Agriculture 案的启示》一文,从征收与补偿两个方面对涉及美国农业产业政策的典型案例——霍恩诉农业部案(Horne v. Dep' t of Agriculture)进行分析,并以此为借鉴提出我国的农业产业政策必须以法律文本为载体,最大限度地利用市场机制,强调农业政策的可操作性,并应根据经济与社会发展适时评估与调整的观点。作者还具体指出我国应当改变以红头文件作为产业政策主体的传统做法,从技术与细节层面践行全面依法治国的方略,真正落实《农业法》第三条所规定的"国家把农业放在发展国民经济的首位"这一理念与政策,以更好地实现2016年中共中央一号文件所提出的“大力推进农业现代化，确保亿万农民与全国人民一道迈入全面小康社会”这一目标。叶姗女士的大作《再议制定经济法通则的必要与可能》从新中国成立以来的经济法立法工作和实践入手，深入全面深化改革和推进依法治国的进程，提出为了确保市场在资源配置中起决定性作用、更好发挥政府作用、回应法治经济的立法诉求，应当再次讨论经济法领域立法整合的必要性。文章通过对比民事立法工作，借鉴国外立法经验和实践经验，认为因经济单行法的数量庞大、内容丰富，现阶段很有必要制定《经济法通则》，以统辖经济单行法所构成的庞杂体系，为经济法典编纂奠定制度上的基础。李喜燕女士在《慈善捐赠中非利他性的正当性及其法律边界》一文中，通过分析与慈善捐赠相关的统计数据、社会现象，指出大多数情况下的慈善捐赠并非仅出于利他的动机，还存在诸多非利他的动机，如对荣誉地位的追求、对潜在物质利益的追求、对特定偏好的追求，以及对社会认同及其他方面的追求。在罗伯特·卡茨提出的慈善捐赠非利他动机分类的基础上，作者认为慈善捐赠的非利他动机本质上是对物质利益或精神利益，或对二者结合的追求，因此非利他性的外在效果也体现为这二者单独的或相结合的表现形式。随后，文章对非利他性的正当性进行分析，并重点分析了慈善捐赠中非利他性的法律边界，认为非利他性必须具有合法性，并需附属于利他性。李喜燕女士认为应当在立法中对慈善捐赠人非利他性追求予以支持，但也要进行适当限制。基于此观点，李喜燕女士对我国最新出台的《中华人民共和国慈善法》（以下简称《慈善法》）进行了评析，认为新《慈善法》在一定程度上支持了慈善捐赠人的非利他性，但也做出了适当限制。

“评论”栏目选登了两篇文章。其中，强梅梅研究员的《司法领域授权改革试点工作情况的初步分析——以2015年年底以前司法改革试点情况为基础》一文，首先介绍了司法领域授权改革试点的基本情况，包括：最高人民法院授权改革试点的基本情况、全国人大常委会授权开展的试点工作、中央深化改革领导小组批准开展的试点工作、中央深化改革领导小组批准、全国人大常委会授权开展的试点工作等，接着又对以上改革试点情况进行了详细的比较分析——究竟应该由谁来授权？是具体授权还是笼统授权？关门试点还是开门试点？由谁来评判试点改革是否成功？在此基础上，作者提出了司法领域授权改革试点的发展进路——在尊重司法规律的基础上，不断推动司法改革试点工作的规范化。刘玲研究员在《论我国民族法制建设的新进展——基于2014~2015年全国民族立法实践的调查及分析》一文中,首先从中央层面涉及民族工作的法制举措、民族自治地方自治法规立法情况、民族立法机构的设置与完善三个层面对我国2014~2015年的民族立法情况进行了梳理,进而对我国2014~2015年民族立法特征进行了分析。在此基础上,作者阐明了我国民族立法的趋势,分析指出,我国应继续推进民族区域自治法配套法规建设,注重立法工作规范性,促进民族立法制度创新发展。民族自治地区需积极应对地方立法权扩容与立法机构组成人员专职化的趋势,及时为改革发展提供法制保障。

专题研讨

P2P 信贷“去担保化”及其法律思考[*]

王怀勇[**]

内容摘要：

“去担保化”充分虑及 P2P 市场的风险控制，通过弱化平台的信用功能，排除超额担保以及兑付压力集聚所诱致的系统性风险，从而能够有效促使 P2P 回归“责任自负，风险自担”的信息中介平台。但是，“去担保化”的要义在于信用信息的共享，而在我国征信体系不健全的背景下，通过大数据分析开展 P2P 业务显然尚不具备基本的技术框架。因此，应当以 P2P 信贷的风险缓释为核心，建立强调消费者保护、监管职能清晰的制度体系，辅以 P2P 信贷的行业自律措施，逐步探索 P2P“去担保化”的治理之道，回应 P2P 监管理念的逻辑转换。

关键词：

互联网金融　P2P　去担保化　法律监管

经济的持续发展和投资需求的不断扩张对金融创新提出了新的要求，如何最大限度地激发市场活力成为争议的焦点所在。在此基础上，以 P2P 和众筹为典型代表的互联网金融异军突起，并正式被写入 2014 年政府工作报告，而互联网金融的快速扩张也已然成为目前我国金融服务形式多元化、小微金融需求膨胀化的一个现实例证。然而，从近年来 P2P 信贷不断涌现的信用危机来看，担保机制已经失去了其存在的必要性与正当性，“去担保化”成为 P2P 信贷的应然转向。在此情势下，当务之急应当尝试建立以规范性法律制度为核心、宏观监管原则与微观制度设计相结合的 P2P 信贷监管机制，以此推进 P2P 信贷的长期

---

* 本文系教育部人文社科研究一般项目“互联网金融监管的思维变革与制度创新”（15YJA820030）和重庆市教委人文社科研究项目（15SKG011）的阶段性成果，并受到西南政法大学经济法学科“两江学者”团队课题资助。

** 西南政法大学经济法学院教授。

发展,并通过社会治理等软性手段引导 P2P 信贷的未来走向,从而更加充分地发挥 P2P 信贷在经济发展中的重要效用。

一、厘定:P2P 信贷"去担保化"的现实背景

随着互联网金融在国民经济中的地位愈发显著,对既有金融模式的变革也应当秉持谨慎的态度。具体到 P2P 信贷的"去担保化",首先要正确把握"去担保化"的问题提出及其基本判断。

(一)P2P 信贷"去担保化"的缘起

我国近年来互联网金融发展取得的成就有目共睹,凭借传统金融无以比拟的优势,互联网金融在经济增长的过程中居功甚伟。iiMedia Research 数据显示,2014 年中国互联网金融产品和服务的网民渗透率达 61.3%。[1] 然而,在掌声甫落之际,肇始于 2012 年优易网事件的网贷平台"跑路潮"却引发了全国性的信任危机。截至 2015 年 12 月底,P2P 平台数量累计达到 3858 家,问题平台达到 1263 家,其中跑路型问题平台占比达到 52.83%,[2] 一时间质疑之声四起,互联网金融的应然路向成为其发展前路上的谜思。易言之,对互联网金融体系内主体角色的转换以及有关问题的法律思考,成为互联网金融突破话语符号之维、实现自身价值的薄弱环节。

梳理我国 P2P 行业的现实格局,从宏观上来看,P2P 市场可谓"繁荣与险象并存",2013 年后 P2P 平台以平均每天成立一家的速度增长,大量 P2P 平台的涌现使行业内形成了充分的市场竞争。一方面,越来越多的投资者进入平台投资,并对可观的利率充满热情和期待,成交额呈几何级数之势增长。2015 年,全行业成交量超过一万亿元,从交易量来看,P2P 已经成为互联网金融中最重要的一块版图。[3] 另一方面,由于缺乏监管和统一的市场准入标准,加之投资者的风险意识明显匮乏,现在的 P2P 市场乱象丛生,除了恶意诈骗等道德风险以

---

[1] iiMedia Research:《2014 年中国互联网金融用户研究报告》。

[2] 佟明彪:《上月新增 P2P 问题平台数破百》,载 http://www.ce.cn/cysc/tech/gd2012/201601/06/t20160106_8075764.shtml,2016 年 1 月 6 日访问。

[3] 网贷之家:《2015 年 P2P 网贷行业报告》,载 http://www.pcpop.com/doc/1/1610/1610144.shtml,2016 年 1 月 5 日访问。

外,仍有相当一部分平台因经营不善、违规操作而最终出现问题。从微观上来看,在借贷关系中为双方提供担保服务使我国目前的 P2P 平台在实质上已经转变为担保公司,P2P 金融所一直标榜的金融脱媒又走回固有的金融模式。

在金融行为中,风险控制始终是投资者所关注的首要问题,如何采取低风险的手段斩获丰厚的增值收益,成为投资判断的重要决策参数,互联网金融亦复如是。然而,国内互联网金融发展时间较短,尚未经过市场大浪淘沙沉淀出优质的平台,P2P 行业也在不断试错和探索。为了在投资人的短期博弈中拔得头筹,平台纷纷采取资本保证的方式提高竞争力。客观地说,我国 P2P 金融以提供担保为主导的经营模式并非出于某种刻意的制度设计,而是由我国投资环境的演化历程与当下我国投资者的投资理念所决定的,这种环境与理念的双重约束导致了 P2P 行业的路径回写。事实上,P2P 在互联网金融的制度框架中有其应然定位。2014 年 7 月 18 日,银监会创新监管部主任王岩岫在 2014 年中国银行业发展论坛上表示:“P2P 应当作为民间金融的信息中介而非信用中介,其本身不应提供担保以及其他相关的信用服务。”换句话说,提供担保是对 P2P 业务范围和设计宗旨的偏离。这种源生于传统金融的刚性兑付模式,以一种直接粗放的方式将投资风险转嫁给了平台,然而,P2P 制度的宗旨应当在于提供高于传统金融产品的收益率,而非保本付息。承诺本息保障之下的 P2P 产业体系格局在短期内固然有利于吸引投资人进入市场,与此同时带来充足的资金供应;但是长期来看,这种制度框架无法契合互联网金融自身独到的思维,也在一定程度上放弃了互联网金融对投资者的风险教育功能。目前,刚性兑付的潜规则已逐渐暴露其自身的不足,成为制约行业整体投资环境的消极因素。实际上,在互联网金融创新的总体趋势下,大量坏账的出现会迅速消解担保模式所带来的有效性。因此,“去担保化”是 P2P 信贷发展到一定阶段所进行的反思与扬弃,也是我国 P2P 信贷所特有的发展路径。P2P 平台应当回归其信息中介的本质,“去担保化”成为互联网金融发展的必然。

(二)我国 P2P 信贷“去担保化”的基本判断

目前,我国 P2P 行业的担保主要有平台担保垫付和第三方担保垫付两种模式。平台担保垫付是指平台对投资者本金和利息进行担保,逾期由平台进行偿还。但是,由于平台在风险识别和风险化解方面的能力有限,一旦超过其承受能力,则极易引发系统性风险,损害投资者利益。况且,平台自担保和资金池之间的微妙关系,也使该种模式与非法吸收公众存款等犯罪行为之间界限不明。

第三方担保垫付是指平台由专门的担保公司或保险公司提供担保。一方面,就国内担保公司资质来看,大多数担保公司无力应对较大的市场波动;另一方面,独立的专业第三方担保机构费用高昂,一般全额本息担保费用为 1.5% ~5% 不等,增加项目成本,降低项目回报率,从客观上来说是对平台盈利的分散。

平台提供担保意味着 P2P 进入风险机制的内部,从而陷入两难的境地。也就是说,提供担保垫付的网贷平台实际上既要充当资金入口,〔4〕为扩大经营规模、占据市场份额而吸收资金,又要为资本及利息的保障承受更大的风险。正是这种投资风险与担保能力之间的悖反,使平台提供担保的模式终将成为历史。2014 年 4 月,银监会明确提出 P2P 行业的四条红线:一是明确平台的中介性;二是明确平台本身不得提供担保;三是不得搞资金池;四是不得非法吸收公众存款。2015 年 12 月底,银监会发布了《网络借贷信息中介机构业务活动管理暂行办法》(征求意见稿),再次重申了 P2P 平台作为金融信息中介的法律地位,并通过负面清单的方式明确了 P2P 平台不得向出借人提供担保或者承诺保本保息。由此可见,在我国目前的社会条件下,"去担保化"这一概念仅仅是指"去平台担保化"。

所谓"去担保化"与"去平台担保化"并非两个互相排斥的概念,后者在更大程度上是前者的一个阶段性特征,或者说是在当前的社会背景之下而作出的妥协。尽管 P2P 实现"去担保化"并最终回归"责任自负,风险自担"的"纯信息中介平台"是大势所趋,但由于我国目前征信体系尚未健全,风险控制基本依靠线下,此时全盘取消担保机制,使投资人自担风险,对互联网金融在我国的进一步发展将造成投资心理和风险负担上的双重阻碍。因此,我国 P2P 金融必将经历一个"从平台到产业、从局部到全面"的"去担保化"历程。

二、证成:P2P 信贷"去担保化"的正当性分析

"去担保化"的主旨在于使金融机构与其所承担的风险能够更好地相匹配,从而维持 P2P 市场的健康发展。因此,讨论"去担保化"的正当性乃是 P2P 金融路径变革及相关制度设计所要解决的前设性问题。互联网金融"去担保化"

---

〔4〕 岳彩申:《互联网时代民间融资法律规制的新问题》,载《政法论丛》2014 年第 3 期。

的正当性一方面取决于“去担保化”本身对于资本市场的适应；另一方面则是“去担保化”可以将 P2P 从现实困境中拯救出来，为 P2P 行业的重整创造有利的发展前提。

(一)经济学视角

从本质上来说，P2P 信贷是一种金融创新方式。因此，P2P 信贷“去担保化”首先应当具备经济学视角下的正当性。

第一，基于担保杠杆倍数对担保金额的制约。中小企业融资渠道不畅的困境直接催生出担保公司的概念，通过担保机构作为中间环节促成借贷，不仅有助于解决中小企业融资难的问题，也为金融市场引入了新的活力。据媒体统计，截至 12 月底，2015 年 P2P 网贷全年的累计成交量超过一万亿，相比 2014 年全年增长了 288.57%。由此可见，P2P 信贷已经成为目前我国金融消费者重要的投资选择。然而，伴随 P2P 信贷交易规模的急速扩张，担保公司和 P2P 平台之间日渐凸显的配比矛盾成为“去担保化”正当性的首要论据。从经济层面而言，如果寻求第三方担保，P2P 平台最好的选择是寻找大型国有融资性担保公司作为担保方，但现实的状况却是，“草根”的 P2P 平台往往很难获得“国字号”融资性担保公司的青睐，故而只得转而投向一些民营担保公司、小额担保公司，甚至是一般担保机构。由于目前我国担保行业的净资产收益率较低，盈利能力不强，在货币政策紧缩的趋势下，其商业可持续性面临着严峻的挑战。同时，根据银监会、国家发改委、工信部等七部委在 2010 年联合制定的《融资性担保公司管理暂行办法》，融资性担保公司的融资性担保责任余额不得超过其净资产的 10 倍。也就是说，即使该担保机构专门从事 P2P 担保业务而不涉足其他形式的借贷，其累加担保总额最高也不得超过净资产的 10 倍，而担保单个 P2P 平台的上限也不过是净资产的 1/10。面对众多的 P2P 信贷交易量，担保公司很容易突破杠杆红线，杠杆风险将最终导致资金链的断裂。从目前的状况来看，面对 P2P 信贷的快速发展，我国已经有相当一部分担保公司的担保数额已经超过了杠杆倍数的限制而处于超额担保的状态，难以满足 P2P 行业的现实需要。

第二，基于刚性兑付压力造成的风险集聚。P2P 平台无论是直接涉足实体领域的担保，还是借助于外部的第三方机构担保，其核心仍然是投资风险的分散化。借助于担保，P2P 平台可以增强投资者的信心，同时有限实现风险的分散。然而，从数量指标的角度考察当前 P2P 市场和担保行业，有限的担保机构已经无法发挥分散风险的作用。回溯到 P2P 模式的最初阶段，平台为取信于投资者进行了分散风险的第一次尝试。2009 年红岭创投上线,为了打开国内市场以吸引充足的资金供应,缓解金融产品创新过程中在投资者中产生出来的紧张和敌意,红岭创投率先提出“平台承诺本息保障”的投资理念,平台担保模式就此形成。在这种模式下,平台自身主动加入 P2P 信贷法律关系中,成为网络借贷行为的担保方,并对投资人的本金安全承担了刚性兑付的兜底责任。但由于平台在风险评估技术和风险防范手段上不具有风险控制的任何优势,资本规模不断扩大使损失代偿的概率日趋增加。为此,P2P 平台开始了其分散风险的第二次尝试,通过与担保机构合作,由外部第三方担保偿付本息的风险。担保机构由于具有专业的风险控制评估体系,相比平台本身具有更高的风险控制水平,短期内确实可以发挥风险分散的作用。但 2013 年以来大量 P2P 平台涌入市场,对现有的担保行业带来了巨大的冲击。以广东省为例,2015 年广东省担保公司数量仅为 60 余家,而 P2P 平台却多达 300 家,当风险控制成为担保机构的全盘垄断,平台与担保机构的失衡便会异化担保制度的应有效应。最终,不断扩大的资本总量积累到有限的担保机构之中,在刚性兑付的压力之下出现风险的集聚。另外,大量非融资性担保公司并不经营担保业务,甚至从事非法集资、非法理财、非法吸收存款等违法、违规活动,导致金融风险事件频频发生。

(二)法学视角

P2P 信贷的担保制度极易导致市场“劣币驱逐良币”,无助于网络信贷行业的健康发展,而“去担保化”已成为行业大势所趋。作为 P2P 信贷发展过程中的转向,“去担保化”自然也应当具备法学层面的正当性。

第一,平台自担保容易涉嫌经济犯罪。在互联网金融中,互联网作为推行金融创新和实现金融功能的工具,在实践中也常常被市场主体滥用、误用、错用,以至于构成各种经济犯罪,例如,非法吸收公众存款罪、集资诈骗罪等。对此,2013 年人民银行明确规定了“以开展 P2P 网络借贷业务为名实施非法集资行为”的三种表现形式:首先,部分 P2P 平台通过出售理财产品的方式满足自身的借款需求,或者先进行大规模的融资,再匹配于合适的项目或借款人。在此过程中,平台实际上充当了中间账户的角色,从而形成资金池。其次,提供自担保的平台试图将自己包装成零风险的投资对象,这种粗糙的商业模式将投资人的门槛降得很低。一些平台未对借款人身份的真实性进行核查,疏漏甚至姑息、纵容借款人以虚假名义发布融资需求,最后导致借款人从不特定多数人处募集资金,用于投资股票、债券等风险市场,或者进行高利放贷。最后,由于

P2P 信贷在我国发展时间不长，加之缺乏有效监管，因此行业运作尚不规范。部分平台经营者发布虚假消息，凭借高回报率的噱头吸引投资，用于偿还此前所欠贷款。这种“庞氏骗局”的融资模式为平台的经营发展提供了资金支持，也有相当一部分平台直接卷款潜逃。

实践中，平台自担保的模式在上述三种情况间建立起微妙的关系：平台利用资金池为投资者提供担保，在法律上缺乏操作的正当性，实际上就是非法吸收公众存款的行为。随着业务量的扩大，平台为了扩充资金池的规模，不断降低投资者的门槛，因此，借款人将资金用于风险投资或者高利放贷等业务时，同样涉嫌非法吸收公众存款。至于吸收存款用于平台经营或者卷款潜逃的行为，则由于主观恶意的严重性，属于集资诈骗的范畴。

第二，平台担保的主体不适格。根据我国现有规定，担保机构一般分为融资性担保机构与非融资性担保机构两种类型。融资性担保机构经监管部门（各省、市、自治区商务厅）审查批准后方可设立，而非融资性担保机构则需取得担保行业指导机构（各省、市非融资性担保协会）颁发的资质证书并通过行业协会年检方可设立。也就是说，在融资性担保业务的审慎监管原则之下，担保公司及其分支机构的市场准入、业务范围均实行前置性的行政许可，并须严格遵守许可证管理制度。而非融资担保机构则需要取得担保行业指导机构颁发的资质证书，并通过行业协会的年检，才能开展非融资性担保业务。然而，我国 P2P 平台仅需根据《公司登记管理条例》到工商行政管理部门登记注册，并按照《互联网信息服务管理办法》《互联网站管理工作细则》的管理性规定在工信管理部门进行备案登记即可设立。由此可见，P2P 平台并不具备相应的主体资格，不得提供常态化的担保业务。虽然 P2P 平台对投资人的先行偿付承诺是 P2P 平台自我附加的合同义务，但其行为本质仍是以开展担保为业的经营活动，违反了我国融资性担保机构与非融资担保机构的相关监管制度。对此，2015 年年末的《网络借贷信息中介机构业务活动管理暂行办法》（征求意见稿）进一步界定了 P2P 网络借贷的内涵，明确了适用范围及网络借贷活动基本原则，重申了从业机构作为金融信息中介的法律地位。故而，在法治环境下，P2P 平台应当收敛起其抵御风险的信用功能，只能为投、融资双方提供信息交互、撮合、资信评估等中介服务。

三、理念:P2P信贷“去担保化”的监管思路

互联网金融与金融业的种属关系决定了P2P信贷的监管理念仍需在金融法理论中予以释明。金融法制既是构成金融市场环境的资源禀赋,也是一种监管制度影响着金融市场的发展,这种金融法制与金融市场之间的互动关系也发生在互联网金融市场与互联网金融法律制度当中。但互联网金融的特殊性又决定了在传统金融的监管理念的基础上,互联网金融应有其自身独特的治理之道。

(一)加强P2P信贷的消费者保护

消费者的决策成因往往是一般理论所忽略的问题。受其自身“认知偏差”和“信息流动的渐次性”影响,消费者易做出非理性的投资决策。〔5〕 在互联网时代,诸如P2P信贷等新型投资方式为普通民众进入风险市场提供了契机,为了保护消费者合法权益并避免其有限理性或不理性行为对金融市场功能的破坏和扭曲,通过法律引导消费者行为具有不证自明的正当性。在当前的社会背景下,互联网金融的普惠性决定了制度架构的着力方向:应当将消费者权益保护作为互联网金融监管的中心所在。以英、美两国为例,为了P2P市场的良好运行,英国市场行为监管局(FCA)设立了三大操作目标:一是金融消费者保护目标,即确保对金融消费者的适度保护;二是诚信度目标,即保护和提升英国金融市场的诚信度;三是竞争性目标,即从金融消费者利益角度出发促进金融市场的有效竞争。〔6〕 在美国,P2P行业监管的首要理念并非规范平台的经营模式,而是强调提供真实、充分的信息,实现对消费者的权益保护。主管P2P市场的消费者金融保护局(CFPB)、证券交易委员会(SEC)和金融稳定监督委员会(FSOC)通过信息的全面披露,弥补消费者的信息劣势地位。尤其是消费者金融保护局,负责收集与整理P2P金融消费者投诉的数据库,拥有在已有的消费

〔5〕 Harrison Hong and Jeremy C. Stein, “A Unified Theory of Underreaction, Momentum Trading and Overreaction in Asset Markets”, *The Journal of Finance*, Vol. Liv, No. 6, December 19, 1999, p. 99. 转引自杨东:《论金融法的重构》,载《清华法学》2013年第4期。

〔6〕 王昀、孙天琦:《英国金融行为监管局最新动向及启示》,载《金融时报》2014年1月27日。

者保护法律下制定 P2P 消费者保护法规的权力，对与 P2P 相关的消费者投诉案例负有监管之责。

我国金融监管理念长期以来侧重于金融风险和整体金融市场的系统性监测，对金融消费者的权益保护却一直留白。P2P 信贷从根本上来说是个人之间的借贷行为，但又具有无形性、专业性与信用性的特点，因此，加强消费者保护应当作为 P2P"去担保化"过程中的重要环节。2015 年《关于促进互联网金融健康发展的指导意见》首次展示了浓厚的消费者话语，将金融消费者的利益保护放到了与维护金融秩序与鼓励行业创新同等的地位。然而，根据金融行为学的相关研究，消费者即使在全方位掌握市场信息的前提下，仍可能受制于专业知识的匮乏，进行盲目投资。[7] 因此，在我国 P2P 信贷"去担保化"的转型过程中，仍有必要通过制度的完善确保消费者权益获得应有的保护。首先，"去担保化"的最终目的是形成投资者风险自负的 P2P 市场，故应当规范 P2P 行业的信息披露机制，为消费者的投资判断营造合适的信息环境，充分保证消费者投资自主权的行使运用，引导 P2P 信贷实现其惠民利民的旨归。其次，在制度构建的过程中，应当把消费者保护纳入监管体系，构建高效的消费投诉与处理体系，改变传统金融监管"重市场调控，轻个人保护"的制度格局，从文本形式上落实消费者保护的制度化。必要时，结合 P2P 的多元社会治理，协调监管"去担保化"过程中的消费者权益保护。

(二)完善 P2P 市场的信用环境

P2P 信贷有赖于社会征信体系的建立，没有良好的信用环境，P2P 平台只能通过线下调查客户的信用状况，各自评定客户的信用等级，这与小额信贷实际上并无差别。欧美国家 P2P 信贷之所以发展得如此迅速，很大程度上依赖其成熟、规范的个人信用体系和市场化运作、数据庞大的信用服务机构。[8] 例如，美国 P2P 平台参考借款人的信用报告和历史交易数据，通过评分模型计算出单个借款人的内部信用评分，从而实现了对个体信用风险的识别与定价。可以说，没有完善的社会信用环境，就不可能实现真正的 P2P 信贷。鉴于长期以来，我国 P2P 平台的法律地位未予明确，导致其难以进入银行的征信系统，因此，我国

---

〔7〕 孙学立：《我国 P2P 借贷模式及其监管问题》，载《金融创新》2014 年第 6 期。

〔8〕 黄震等：《英美 P2P 监管体系比较与我国 P2P 监管思路研究》，载《金融监管研究》2014 年第 10 期。

的P2P信贷约有80%的信用审核需要在线下完成,而英、美等国由于具备完善的征信体系,基本只做线上交易。在我国个人征信体系尚不完善、基于大数据的风险控制尚未成为主流的环境下,借款人资信状况的可获得性大大降低,部分平台圈钱跑路、恶意隐瞒平台资质,P2P市场上充斥着高利率诱惑背后的安全隐患。没有公开、中立的信用系统,投资人线下调查借款人信用的过程必将极大地增加成本,这也成为了阻碍P2P信贷发展的重要原因。因此,无论是从P2P行业的发展还是从监管角度讲,建立一个有效的信用评级系统都应该是首要任务。

在社会整体转型的背景下,P2P信贷需要适应互联网金融的需求,依托大数据的技术支持,实现央行征信系统和互联网金融数据的有效对接。P2P平台也应使信用等级成为信贷交易的重要评判标准,采用个人信用评级的方式开展业务,并允许金融消费者根据自己的风险偏好自主选择投资产品。《社会信用体系建设规划纲要(2014~2020年)》已明确规定,建立网络信用评价体系,对互联网企业的服务经营行为、上网人员的网上行为进行信用评估,记录信用等级。建立涵盖互联网企业、上网个人的网络信用档案,积极推进建立网络信用信息与社会其他领域相关信用信息的交换共享机制,大力推动网络信用信息在社会各领域推广应用。同时,《网络借贷信息中介机构业务活动管理暂行办法》(征求意见稿)也再次强调,网络借贷信息中介机构应当加强与金融信用信息基础数据库运行机构、征信机构等的业务合作,依法报送、查询和使用有关金融信用信息。

(三)强化P2P信贷的市场监管

互联网金融,不仅仅是金融交易由线下到线上的场域转换,更是在两者相互融合的过程中所产生的新的社会关系。与此同时,包括金融交易体系、金融监管体系和金融调控体系在内的对象体系也发生着变革。[9] P2P信贷监管的难点在于通过法律内在价值体系与外在制度体系的统合,实现宏观金融安全和微观交易行为的双重保障。对此,英国在良好的金融政策环境基础上制定了专门的P2P行业监管规则,对P2P平台的最低资本要求、客户资金、信息披露、投诉管理等内容进行了规范,并依托严格的行业自律法规来弥补立法存在的空白,从而建立起了相对完善的P2P行业监管法律体系。与英国相比,美国虽然

[9] 杨东:《论金融法的重构》,载《清华法学》2013年第4期。

尚无专门的 P2P 行业监管法律,但美国的监管思路是将 P2P 划归到证券并适配证券监管办法,从而确定了 P2P 行业在金融业整体格局中的法律定位,并根据不断出现的问题调整政策与法规,扩充金融法律体系。

我国互联网金融近年来仍然延续着传统金融体制下的监管理念,行业内产品创新先行于监管的确立,在具体实践中暴露出制度不足的诸多弊病。2015 年《关于促进互联网金融健康发展的指导意见》明确了 P2P 信贷由银监会监管,从而确定了 P2P 信贷的监管主体。尽管具体的监管制度尚处征求意见阶段,但 P2P 行业监管的原则已经确定。从功能上看,银监会确定的监管原则也在字里行间折射出对“去担保化”的具有相当实践意义的制度呼应。首先,P2P 行业应当明确其“信息中介”的市场定位,禁止 P2P 平台逾越其功能边界进行其他业务延伸。该原则从指导思想上否定担保模式下 P2P 平台的“信用中介”功能,表明了“去担保化”的制度导向,也成为“去担保化”重要的制度支撑。其次,平台不得设立资金池,借贷资金应当交给第三方商业银行存管。虽然银行存管模式具有强大的背书优势,也在一定程度上防范了平台出于逆向选择与道德风险而挪用客户资金的现象,但从实际的角度来看,由于银行排斥小额贷款,并且银行对平台的要求过高,存管在多大程度上具有实效仍属未知之数。再次,应当依据金融机构审计报告的披露原则,加强包括季度财报、年度财报以及机构资产负债在内的信息披露。应当注意的是,在信息披露过程中,涉及借贷双方当事人隐私的信息,应当予以人性化和制度化的保护,以确保平台在发挥“信息中介”职能时的正当性。最后,深化行业自律的建设,充分发挥行业协会的监管作用,建立行业授信共享机制与联防机制,发起并制定行业标准,承担起道义监督与风险警示责任。[10]

总的来说,上述原则仅构成了 P2P 监管着力方向的基础,如果停留在制度的文本形式上而不注重实际效果的发挥,P2P 的监管终将流于纸面。在监管理念形成的同时,也应当确立具体的规范制度,并通过实践最大化实现其社会效用。

---

〔10〕 叶湘榕:《P2P 借贷的模式风险与监管研究》,载《金融监管研究》2014 年第 3 期。

四、监管:P2P信贷"去担保化"的制度保障

互联网金融在社会生活中的拓展和延伸,提高了金融的普惠性和可获得性,也在一定程度上促成了金融市场的转型,尤其是对传统金融业态的重塑,加深了金融风险的不确定性。为回应P2P行业发展的需要,以分散风险为目标的尝试最终衍生出"担保化"的理念,然而这实际上却异化了P2P制度的本意,导致行业发展速度和实质效果的失衡。因此,"去担保化"背后的深层次问题也就是通过法律矫正P2P信贷制度的失灵,以新的视角探索互联网金融"去担保化"的实现路径。

(一)引入保险机制

随着P2P平台的"信息中介"地位得以明确,P2P信贷的风险保障也需要新的思路,这其中一个重要方向就是引入保险机制。从"去担保化"的角度来看,引入保险机制不仅能够起到风险防范的作用,还能够替代担保,提高交易效率。同时,保险公司基于统计学上的大数法则,可以汇集更多的用户,并通过分保的手段来分散风险。目前,国寿财险、众安在线、大地财险及浙商保险等多家保险公司已经与P2P平台开展合作。

在与P2P平台合作的过程中,保险公司并没有针对P2P信贷开发新的风控模型,只是在已有的保险产品基础上增加了部分条款内容。目前,保险公司主要采取以下手段控制风险:首先,保险公司审核借款人的信用记录,根据借款人的信用状况进行保险决策。其次,在贷前资质审查的基础上,保险公司着重审核借款用途和借款额度,进一步确认贷款风险和借款人的偿还能力,控制风险敞口。最后,对区域内授信规模进行控制,确保累计授信总量不超过合理的限额,防止风险在区域内过度集中。另外,保险公司在和P2P信贷平台合作的过程中应当有针对性地开发新产品,迎合P2P信贷的市场需要,实现风险控制的有效性。

就P2P信贷具体实践中,借助保险替代当前的担保,转移平台自身需要承担的风险,是P2P信贷风险控制的主要探索方向之一。在"去担保化"的总体趋势下,引入保险机制的确为P2P信贷的发展拓宽了空间,但另一方面也潜埋了一些问题:相较于担保的费用,采用保险进行风险转移成本或许更高,这意味着转移风险的成本会对项目收益率造成一定的影响,导致信用保证保险失去吸引

力;另外,保险公司与 P2P 平台合作推出贷款履约保证保险,与优质的银行借款人相比,P2P 平台借款人的自身素质、还款能力更加复杂,参差不齐,这也为保险公司增加了核保的难度,加大了赔付的风险。

(二)实现信用信息的开放共享

互联网金融的核心理念是开放共享,即搭建信息平台、建立信息生态,消除信息不对称的现象。信用信息的开放共享有利于提高 P2P 平台资信状况的可获得性,通过社会主体的分工合作,让供需双方更加直接、高效地对接,从而降低 P2P 信贷的交易成本。一方面,P2P 信贷的参与者可以直接获取平台的信用信息,从而省去了单次交易的线下调查,也为投资提供了客观的参考指标;另一方面,建立完善的信息共享体系也可以起到激励 P2P 平台自我约束、自我修正的作用。P2P 平台通过信息共享可以获取自己在同行业中的排名,及时调整经营战略,并有意识地避免不当行为的发生,从这一角度上来说,开放共享的信用信息系统其实就是一种良好的声誉机制。因此,P2P 信贷“去担保化”的实现,不仅需要多维度的风险控制手段,也需要加快信用信息的开放共享。

美国在征信系统上拥有非常广泛的数据来源,甚至包括用户所使用的计算机硬件配置、操作系统、IP 地址等信息。而且,美国的征信系统充分实现了开放共享,不仅为相关市场的运作提供了信用评级的支撑,也为市场参与者获得相关信用数据提供了帮助。然而,我国目前尚未建立完善的征信体系,已有的央行信息数据库也并未对 P2P 平台开放。央行信用信息在可获得性方面的限制,直接制约了 P2P 在信用评估、贷款定价和风险管理等方面的效率,增加了交易成本。事实上,根据《征信业管理条例》第 29 条的规定,从事信贷业务的机构应当按照规定向金融信用信息基础数据库提供信贷信息。因此,将 P2P 信贷纳入央行征信系统在政策层面是有支持依据的。但《个人信用信息基础数据库管理暂行办法》第三条又同时规定,个人信用数据库采集、整理、保存个人信用信息,为商业银行和个人提供信用报告查询服务,为货币政策制定、金融监管和法律、法规规定的其他用途提供有关信息服务。从这个意义上讲,似乎个人征信报告仅限于在我国境内设立的商业银行、消费者使用,这就剥夺了 P2P 平台获取数据报告进行信用分析的正当性。在互联网金融时代,应当打破传统金融体系高筑的藩篱,实现信用数据的共享。因此,P2P 信贷应该实现信用信息的开放和共享,上线 P2P 风险信息共享系统,提升平台借款效率与风险控制水平。具体而言,一方面,各机构、行业间的数据链应当逐步实现共享和打通,推动高效的数据和信息处理技术发展,缓解甚至完全消除交易双方的信息不对称,并实现对信息的有效组织、排序、检索和匹配;另一方面,应该努力提高信息透明度,从而真正实现信用信息的可获得性。征信体系的逐渐开放、平台数据量的积累及互联等,都会使借款人的信息透明度大大提高,这不仅能降低平台获得优质债权人的成本,而且在一定程度上有利于投资者更准确地辨别项目安全性,规避风险,对P2P平台的资金运作也能够起到监督作用。

(三)突破P2P信贷刚性兑付的藩篱

长久以来,我国的金融领域盛行"刚兑"文化,尽管刚性兑付并非出自具体的条文约定,但作为一种行业内的通行做法,其因长久存在而具有制度惯性始终横亘在金融交易当中。例如,相当一部分民众将储蓄看作风险规避的最佳手段,即使部分商业银行的财务状况已经出现技术性破产的征象,储户仍相信即使银行破产,政府也会作为最后贷款人承担责任。另外,银行理财产品,券商、保险、信托等金融机构的资管产品长期延续着"刚兑"文化,已经背离"受人之托、代人理财"的原本属性。[11] 当然,除我国信用制度建设不健全、民间资本市场发展迟缓等因素,大部分金融投资者缺乏项目评价与风险识别能力也是重要原因之一。所以,目前我国绝大多数P2P平台不是一个相对独立的信息中介平台,出资人选择投资时并不是根据借款人本身来进行选择,而是依赖平台信用或其所谓的风险控制手段可信度来进行判断。

故而,为降低今后大面积违约而引发的社会动荡,央行已表示,"应在风险可控的前提下,有序打破刚性兑付,顺应基础资产风险的释放,让一些违约事件在市场的自发作用下'自然发生',增强投资者对于理财产品的风险意识"。P2P信贷"去担保化"的实现正是需要一个市场风险高感知的投资环境,平台回归"信息中介"的本位,投资者凭借谨慎的市场调查和合理的风险判断,回归风险投资应有的属性。随着金融市场不断深化,信用风险的爆发极有可能常态化,为了行业长远的稳健发展以及信用风险定价逐步回归理性,不仅P2P"去担保化"需要逐步深化与落实,更需要开发出多元化的风险对冲新手段,打破行业内刚性兑付的藩篱。

---

[11] 柴珂楠:《融资性担保在P2P网络借贷中的运用、风险及应对策略》,载《海南金融》2014年第6期。

On the Legal Analysis of the Discharging of Guarantee on P2P

Wang Huaiyong

Abstract: The discharging of guarantee takes the risk control of P2P market into consideration, and eliminates systematic risk that probably caused by over-collateralization and gathered pressure of redemption by means of weakening credit functions of platform. Therefore, P2P platform can get back to its original function which is a purely information platform which focus on undertaking one's own risks and responsibilities. The core of the discharging of guarantee on P2P is sharing the information of credit, however, because of the imperfection of our credit inquiry system, it's clearly that big data technical framework is useless for analyzing P2P market. In total, it should not only focus on risk mitigation of P2P and build a legal system which emphasize the investors protection and distinct supervision, but also combine self-discipline measures of P2P industry, so that to find a proper way to regulate the discharging of guarantee on P2P, and to be a symbolic response to the logical shift of the supervision philosophy.

Key words: Internet Finance; P2P; Discharging of Guarantee; Legal Regulation

（责任编辑：王美舒　杨疏影）

金融资源配置中的地方政府竞争及其法律治理*

李安安**

内容摘要:

地方政府基于“弱财政与强金融”的制度变迁背景全方位嵌入金融资源配置及由此展开的激烈竞争,构成了我国转型时期金融控制的重要面向。“地方政府公司主义”为地方政府竞争的金融法解释提供了自洽的法理分析范式,CBS 则为地方政府竞争的金融法解释提供了独特的制度分析框架。地方政府竞争既是促进经济增长的主导要素,又是诱发社会问题日趋严重的关键肇因,其治理难题的背后隐含着权力与资本交织进化的制度逻辑。治理地方政府竞争需要实现从政策治理到法律治理的转型,并需要从资本自由流动规则的法律确立、区域金融的合作与协调、司法的“去地方化”与“去行政化”等方面进行制度回应。

关键词:

金融资源配置　地方政府竞争　法律治理

近年来,全国各地竞相设立贵金属交易所、文物交易所等各类金融交易场所,想方设法吸引银行、证券、保险、基金、期货等金融机构入驻,千方百计推动本地企业上市融资,一场围绕区域金融中心的争夺战更是在 30 多个城市如火如荼地展开。尽管这些行为可以从“社会市场经济之父”艾哈德所提出的“来自

* 本文系司法部国家治理与法学理论研究项目“金融治理中的信息工具及其法律配置研究”(15SFB3031)的阶段性研究成果,同时受 2015 年武汉大学自主科研(人文社会科学)青年项目资助。

** 武汉大学法学院讲师、经济与管理学院应用经济学博士后研究人员,法学博士。

竞争的繁荣”这一经典论断中获取合理性解释,但实践运行却出现了诸多悖论:如贵金属交易所和文物交易所几乎成为价格操纵、过度投机、挪用交易资金甚至与客户对赌交易的代名词,上市公司则沦为地方政府官员利益输送的通道。乱象丛生的背后,反映出金融资源配置中地方政府竞争的制度逻辑。目前,学界关于地方政府竞争的研究主要是置于财政税收语境下展开的,金融资源配置语境下的地方政府竞争及其法律治理处于文献及话语缺失状态。本文旨在厘清社会转型时期金融资源配置中地方政府竞争的制度面向,推动地方政府竞争从政策治理到法律治理的治理转型,并为金融资源配置指明走向良性制度竞争的法治路径。

一、弱财政与强金融:地方政府对金融资源配置的嵌入

党的十八届三中全会通过的《关于全面深化改革若干重大问题的决定》提出,全面深化改革的总目标是完善和发展中国特色社会主义制度,推进国家治理体系和治理能力现代化。作为现代化的一个全新维度,国家治理体系和治理能力现代化可以从王绍光、胡鞍钢1993年合著的《中国国家能力报告》中找到其思想肇端。在这部影响深远的论著中,作者富有洞见性地将国家能力划分为汲取能力、调控能力、合法化能力和强制能力,并认为汲取财政能力是国家能力的核心,是国家实现其他能力的基础。[1] 在后来的发展中,王绍光教授进一步将汲取能力与强制能力、濡化能力、国家认证能力、规管能力、统领能力、再分配能力、吸纳和整合能力一道视为“基础性国家能力”。[2] 财政与金融作为收入再分配的主要手段,二者的搭配状况很大程度上决定了一个国家汲取能力的整体格局。与其他转型国家相比,我国自改革开放以来,经济制度变迁是在“弱财政与强金融”的背景下进行的,即在财政下降的同时保持价格水平稳定和金融的高速增长,取得了被麦金农等学者称为“中国之谜”的巨大成功。众所周知,晚近30余年来,随着市场化改革的深入推进,计划经济体制的隐性税收机制逐渐解体,国民收入结构从“集财于国”向“藏富于民”转变。为了获取日益分散

〔1〕 王绍光、胡鞍钢:《中国国家能力报告》,辽宁人民出版社1993年版,第9页。

〔2〕 王绍光:《国家治理与基础性国家能力》,载《华中科技大学学报》(社会科学版)2014年第3期。

的金融资源与金融剩余,以弥补随改革而出现的国家财政能力的迅速下降,可供国家选择的制度安排主要包括两种:一是(显性)税收制度,二是金融制度。毋庸讳言,中国迄今为止一直没有找到通过税收制度来获取金融剩余的有效途径。于是,通过金融制度聚集金融剩余和控制金融资源,成为国家提高汲取能力的优选路径。具体而言,政府通过对金融组织、金融市场、金融开放及国有金融机构等进行金融控制,依托国有银行的信用垄断地位对居民部门金融剩余进行动员,再利用利率管制、信贷倾斜、资金供给及证券市场准入等手段为公有经济部门提供了强大的资金支持与租金补贴。〔3〕在动员金融剩余的过程中,金融制度替代了一部分税收制度的功能,而在随后进行的金融资源配置过程中,金融制度又进一步替代了财政制度的功能。事实证明,这种替代既是促使以往改革成功的关键,又是导致未来改革陷入困境的根源。〔4〕

学界普遍认为,金融是一种资源,是一种稀缺资源,是一国最基本的战略资源。〔5〕从资源配置的功能看,金融资源既是一种具有自身配置功能的资源,又是一种对其他资源具有再配置功能的资源。集权利资源与战略资源于一身,是金融资源区别于其他一切自然资源、社会资源的最基本特征。〔6〕金融资源的这种双重特性再加上其本身的稀缺性,决定了围绕着金融资源占有和控制的金融竞争生成的必然性。由于金融是现代经济的核心,金融竞争自然构成了现代经济竞争的核心。对于我国地方政府而言,获取金融资源的状况很大程度上决定了其经济发展的水平。尤其是伴随着中央与地方之间分化权改革的深入推进,地方政府"事权"扩张的同时"财权"却没有相应的增加,"事权"与"财权"的不匹配决定了对金融资源的争夺日益成为地方经济和社会发展的一个核心性、主导性变量。由于金融资源主要指向的是金融资金、金融机构和金融制度,地方政府对金融资源配置的"嵌入"实际上是通过对金融资金资源、金融机构资源和金融制度资源的"混合配置"来实现的。金融资金资源在具体形态上表现为股权资金、债权资金、保险资金等,通过扶持本地企业上市融资、通过融资平台筹借信贷资金和发行城投债等构成了地方政府聚集金融资金资源的主要方式。

〔3〕 武志:《中国经济转轨中的金融发展》,科学出版社2014年版,第3页。

〔4〕 张杰:《中国金融制度的结构与变迁》,中国人民大学出版社2011年版,第39页。

〔5〕 白钦先:《白钦先经济金融文集》,中国金融出版社1999年版,第103页。

〔6〕 杨涤:《金融资源配置论》,中国金融出版社2011年版,第15页。

金融机构是一种组织资源,其特殊性不仅在于配置使用权,还在于其具有派生金融资源和再生产金融工具的能力。由于我国的金融组织体系以国有商业银行为主导,国家凭借作为国有银行的投资主体以及对银行信用的高度垄断来控制全社会的金融资源,有意识地维持整个银行体系市场结构的垄断性和产权结构的单一性。〔7〕尽管如此,地方政府完全可以借助行政权力影响甚至控制国有商业银行地方分支机构的信贷资源投放,银行也在事实上承担起地方政府发展经济的最重要财源角色。除此之外,地方政府热衷于设立信托投资公司、证券公司、保险公司、金融租赁公司、小额贷款公司、融资性担保公司等金融机构,作为地方政府干预金融的依托和获取金融资源的通道,尤其是信托投资公司,其主要职责是"充当政府对外融资的窗口,为地方在银行信贷计划外筹措建设资金"。〔8〕正是由于地方政府与信托投资公司之间"剪不断、理还乱"的关系,才有了后来的信托业一次又一次的整顿。金融制度资源是由产权制度、法律制度、政治制度以及非正式制度等构成的金融支持和保障系统,对金融资金资源和金融机构资源发挥着产权界定、权利交易、争端解决等制度供给功能。地方政府对金融制度资源配置的影响往往通过对金融制度环境的塑造体现出来,透明的金融制度规则、健全的金融基础设施、完备的金融司法体制均是提升地方金融竞争力的重要因素,正如第三代金融发展理论所认为的那样,良好的制度是实现金融持续发展的关键。〔9〕长期以来,正式制度在金融制度资源配置中的角色比较受关注,非正式制度在金融制度资源配置中的功用时常被忽略。艾伦与盖尔曾经提醒人们:"中国如何为惊人的经济增长融资?从正式金融与非正式金融两方面理解中国的金融系统是一个关键的研究课题。"〔10〕随着"浙江模式"的兴起,非正式制度在塑造地方政府制度竞争方面的巨大威力开始受到人

〔7〕杨旭:《中国渐进改革中的金融控制——基于金融史视角》,经济科学出版社2012年版,第69~70页。

〔8〕李杨:《新中国金融60年》,中国财政经济出版社2009年版,第111~112页。

〔9〕Mishkin, F., *The Nest Great Globalization: How Disadvantaged Nations Can Harness Their Financial Systems to Get Rich*, Princeton University Press, 2006.

〔10〕[美]富兰克林·艾伦、道格拉斯·盖尔:《比较金融系统》,王晋斌等译,中国人民大学出版社2002年版,第7页。

们的关注。[11] 如冯兴元教授将“浙江模式”的本质视为一种市场解决模式、自发生成发展模式和自组织模式,并认为要实现这一模式的扩展,需要回归和重续晚清时期文化传统中已经出现的近代化因素,即“市民社会”“地方自治民主”类似于韦伯“新教伦理”的重商重工伦理观等。[12] 上述三个层次的金融资源配置并不是割裂的,而是相互联系、相互渗透、有机协调的统一整体。可以说,地方政府对于金融资源配置的全方位“嵌入”构成了转型时期金融控制的重要面向,也折射出地方政府竞争的金融生态基本图景。

二、理论范式与制度框架:地方政府竞争的金融法解释

“弱财政与强金融”作为我国转型时期的一个结构性特征,已经形成了强烈的路径依赖,由此导致地方政府围绕金融资源配置的竞争将是一个普遍而持久的社会现象。随着“金融工具观”向“金融资源观”的转变,金融资源的重要性愈发突出,金融资源配置已经演变成金融法的核心概念范畴之一,这意味着金融法应当对金融资源配置语境下的地方政府竞争作出理论解释及制度评价。事实上,学术界已经就地方政府竞争提出了不少理论分析范式,如“地方政府公司主义”范式[13]、“地方发展型国家”范式[14]、“地方企业家型国家”范式[15]、

---

〔11〕“浙江模式”,又称“浙江现象”,指涉的是改革开放以来中国浙江形成的以市场化为取向、以民营经济为主体的经济发展模式。该模式发轫于温州,扩展至整个浙江,并在最近十余年红遍整个中国,成为计划经济向市场经济转型的典型范例。

〔12〕冯兴元:《地方政府竞争:理论范式、分析框架与实证研究》,译林出版社 2010 年版,第 118 页。

〔13〕Oi,Jean,*The Role of the Local State in China's Transitional Economy*,The China Quarterly,144,1995,pp. 1132 – 1149.

〔14〕Zhu Jieming,“Local Development State and Order in China's Urban Development during Transition”,*International Journal of Urban and Regional Research*,Vol. 28,Issue 2,2004,pp. 424 – 447.

〔15〕Duckett,Jane,“The Emergence of the Entrepreneurial State in Contemporary China”,*Pacific Affairs*,Vol. 9,No. 2,1996,pp. 180 – 198.

“地方寻租型国家”范式[16]、“竞争型政府”范式[17]等。尽管这些理论分析范式主要是在经济学或政治学的场域中运用，但其完全可以通过创造性转化的方式在金融法的理论空间中获得自足性证成，尤其是“地方政府公司主义”范式。“地方政府公司主义”这一概念最早由美国学者戴慕珍提出，用来描述地方政府以经济利益最大化为指向的行为特征。[18] 具体而言，该行为特征主要表现在地方政府的“公司化”和“谋利性”上，即地方政府将企业发展纳入到公共治理中，为企业发展提供经济和政治后盾，同时对企业施加其影响力和控制权，政府与企业之间是互利关系，各级执政党、政府和企业组成了利益共同体，并以利益最大化为目标。在这样一种模式之下，地方政府似乎是一个从事多种经营的实业公司，官员们则像一个董事会成员那样行动。[19] 在配置金融资源的过程中，地方政府往往以层层加码、不计成本的目标为主要导向，以全体动员、全民动员为基本的执行方式，以检查评比、奖励惩罚为主要的激励手段。这种“锦标赛体制”[20]式的金融资源配置模式无疑符合金融效率的价值取向，但有悖于金融公平的价值诉求，这是因为地方政府的“公司化”意味着地方政府权力的市场化，衍生出投资行为越位、经济角色错位、公共产品供给缺位等诸多权力异化现象，民生保障被淹没在财富增加的发展之中，偏执于“发展型政府”而非“服务型政府”的定位使得地方政府遗忘了提供公共服务才是公权力的本质所在。“地方政府公司主义”形成的一个重要动因来自金融分权化改革，即从中央政府集中分配金融资源到中央与地方共同配置金融资源。从理论上讲，分权可以推动经

[16] Wu, Jieh-min, “State Policy and Guanxi Network Adaptation: A Case Study of Local Bureaucratic Rent-Seeking in China”, *Issues and Studies*, Vol. 37, No. 1, 2001, pp. 20 – 48.

[17] Breton, A., *Competitive Governments: An Economic Theory of Politics and Public Finance*, Cambridge University Press, 1998.

[18] Oi, Jean, *Fiscal Reform and the Economic Foundations of Local State Corporatism in China*, Word Politics 45, Oct., 1992, pp. 99 – 126.

[19] 夏永祥：《“苏南模式”中地方政府公司主义的功过得失》，载《苏州大学学报》（哲学社会科学版）2012 年第 4 期。

[20] 周黎安：《晋升博弈中政府官员的激励与合作——兼论我国地方保护主义和重复建设问题长期存在的原因》，载《经济研究》2004 年第 6 期；周黎安：《中国地方官员晋升锦标赛模式研究》，载《经济研究》2007 年第 7 期。

济发展,其逻辑在于:通过分权引入一个地方竞争的全国性政策市场,在这个市场平台里,地方政府通过改善地方经济政策与市场环境来赢得竞争。[21] 但在实际运作中,为了最大限度地获取和支配金融资源,地方政府竞相利用政治影响力向金融机构施加压力,竞相创设旨在为其提供融资服务的金融机构以强化控制金融资源的权力,导致的结果是地方分支银行对地方政府一定程度的实际隶属,各类金融机构受制于地方压力难以实现资金的跨地区流动,金融资源的地方分割状态日趋明显。[22] 金融分割与金融抑制、金融排斥一道构成了我国金融改革与发展的主要障碍,如何从金融分割走向金融一体化、从金融抑制走向金融深化、从金融排斥走向金融包容将是未来很长一段时期内金融法理论研究与制度实践的核心命题。

按照诺斯的观点,制度是理解历史的关键,制度的变迁是理解历史变迁和国家兴衰的一把钥匙。[23] 从制度经济学的意义上讲,地方政府竞争的金融法解释不能仅仅停留在理论范式的阐释上,还应从制度规范上探究地方政府竞争的深层蕴涵。本文认为,吴志攀教授提倡的 CBS 金融法研究范式为这一认知努力提供了可能性载体。CBS 是公司(Company)、商业银行(Bank)和证券(Security)的首字母缩写,CBS 研究范式强调从公司治理、商业银行、资本市场、法律制度"四位一体"的多元系统中找出"中国版的规律"。[24] 该研究方式突出了公司本位,彰显了融资功能,体现了中国特色,能够为金融资源配置中的地方政府竞争提供一个独特的制度分析框架。首先,现代社会是一个大公司的时代,公司既是经济制度的重要支柱,又对社会结构和政治结构构成了冲击和挑战,公司早已成为社会发展的主导力量,地方政府竞争某种意义上就是公司间的竞争,地方政府对金融资源的争夺很大程度上是对公司资源尤其是上市公司资源的争夺。地方政府争夺公司资源的手段除了土地划拨、税收优惠、贷款免

---

[21] 程金华:《分权、政府间竞争与经济发展——概念、逻辑及其批评》,载《法学论坛》2012 年第 4 期。

[22] 张杰:《地方政府的介入与金融体制变异》,载《经济研究》1996 年第 3 期。

[23] [美]道格拉斯·C. 诺斯:《制度、制度变迁与经济绩效》,刘守英译,三联书店 1994 年版,第 3 页。

[24] 常健、管斌、饶常林:《金融法学专论》,对外经济贸易大学出版社 2010 年版,第 2 页。

息、组织资产重组、组建大型企业集团等传统方式外，更主要的是运用补贴这一财政工具对上市公司进行重金奖励。根据2013年的上市公司年报，A股1556家上市公司中获得政府补贴的有1377家，总金额超过770亿元，财政补贴构成了A股市场的一道奇特景观。[25] 通过财政补贴，地方政府与辖区内上市公司形成了一种利益共生关系：上市公司利用与地方政府的特殊关系提高竞争力甚至将财政补贴视为财务粉饰的工具，同时以资产回报、过度投资、负担更多的超额雇员等方式回馈地方政府，地方政府则从GDP增长中获取政绩、官员晋升等强有力的激励。在这样一种"政治关联"之下，地方政府能够对上市公司施加决定性影响，上市公司的"行政治理""准行政治理"与"公司治理"交织杂糅在一起，且这种"混搭"状态难以在短时期内出现根本改观。[26] 其次，出于金融控制的考量，我国的金融市场从制度源头上选择了政府干预下的银行主导型间接融资体系并形成了强烈的路径依赖，这意味着地方政府围绕金融资源配置的竞争必然绕不开商业银行尤其是国有商业银行。通过影响辖区内商业银行信贷决策进而争取银行信贷资金，是地方政府金融努力的重要方向，这种金融努力一方面表现为对国有商业银行和股份制商业银行分支机构的"属地型干预"，另一方面表现为对地方商业银行的"控制型干预"，二者共同导致了信贷结构的扭曲，进而导致了金融"财政化"的制度扭曲。随着1998年以来信贷管理体制的市场化改革，"银企关系"陷入了前所未有的"囚徒困境"，地方政府融资平台在此背景下应运而生，平台贷款迅速扩张，甚至成为某些地方政府通过有限的财政资金、搭配巨额的信贷资金、带动大量的民间投资，以此创造GDP的主渠道。[27] 地方政府融资平台事实上绑架了银行信用与政府信用，从本质上折射出中央与地方财政关系处于一种"失范""失衡"与"失序"的状态，正如有学者所评述的那样，中央政府与地方政府围绕着地方政府融资平台展开的利益博弈并非一种宪政体制下的合法博弈，而属于一种缺乏制度安排条件下的讨价还

---

〔25〕 张健：《政府补贴真大方 增收增利不容易》，载《经济参考报》2014年4月8日。

〔26〕 程金华：《中国公司上市的地理与治理——对证券市场行政治理的再阐释》，载《证券法苑》2010年第2期。

〔27〕 高玉泽：《转型时期的金融控制——基于中央银行信贷政策视角的分析》，中国言实出版社2013年版，第51页。

价。〔28〕 最后,经过20多年的改革与发展,我国资本市场在规模、结构、功能、制度规范等方面发生了根本性变化,对地方政府的金融资源配置竞争发挥着日益重要的作用。在1999年《证券法》实施之前,地方政府通过资本市场进行的金融资源配置竞争主要是围绕上市公司额度争夺展开,其后的竞争则把重心转向了上市资源的发掘、培育以及金融交易场所的设立。在上市资源的发掘、培育方面,地方政府往往在金融发展规划中作出统一部署,按照"预选一批、培育一批、上市一批、储备一批"的梯度上市原则进行组织动员,鲜明地体现出"协助之手"(Invisible Hand)的角色。〔29〕 在金融交易场所的竞相设立方面,除了前文提及的贵金属交易所、文物交易所,还包括各类地方产权交易市场以及以北京证券交易所(即全国中小企业股份转让系统有限公司,以下简称北交所)、天津股权交易所(以下简称天交所)为代表的场外交易市场。其中,无论是北交所还是天交所都在按照交易所模型演变和发展,都试图利用建立场外市场的机会,争建我国第三家全国性的证券交易所,从而在新一轮的金融市场竞争中取得"地方优势",这被称为场外市场建设中的"京津之争"。〔30〕 综上所述,金融资源配置中的地方政府竞争可以从CBS这一金融法研究范式中得到自足性解释,金融法则应从公司治理、商业银行、资本市场三个维度对地方政府竞争进行制度调整和法律规范。

三、权力与资本的交织进化:地方政府竞争的治理难题

"国家的存在是经济增长的关键,然而国家又是人为经济衰退的根源。"诚哉斯言,将大道至简的"诺斯悖论"置于地方政府竞争语境下加以评判,依然彰显出思辨的张力。毋庸置疑,在过去的30多年中,地方政府竞争在我国经济增长中扮演着一个非常重要的角色,构成了破解旧体制弊端、孕育制度创新的重

---

〔28〕 冯果、李安安:《地方政府融资平台的财政法救赎》,载《法学》2012年第10期。

〔29〕 关于政府"协助之手"与"掠夺之手"的分析,可参见Timothy Frye and Andrei Shleifer, "The Invisible Hand and the Grabbling Hand", *American Economic Review*, Vol. 87, pp. 354–358.

〔30〕 蒋大兴:《论场外交易市场的场内化——非理性地方竞争对证券交易场所的负影响》,载《法学》2013年第6期。

要力量，地方官员寻求一切可能的投资来源来推动地方经济发展的热情在世界范围内可能也是罕见的。[31] 然而，经济高速增长的同时，收入分配不均、城乡发展失衡、地方保护主义盛行、环境恶化、官员腐败等社会问题也潜滋暗长，由此累积的社会风险甚至达到了积重难返的程度。不难发现，我国地方政府处在一个相当尴尬的境地：既是促进经济增长的主导要素，又是诱发社会问题日趋严重的关键肇因。有研究表明，这一尴尬处境是地方政府行为选择的自然结果，且地方政府在经济发展、社会福利和社会秩序等领域的行为选择已经被特定的逻辑场域所俘获，现有地方政府改革的目的不在于改变影响地方政府行为选择的逻辑场域，而在于促使地方政府行为更加符合现存逻辑场域的要求。[32] 地方政府的矛盾角色与逻辑悖论从本质上折射出地方政府竞争的治理困境，如果任由这种困境持续下去，经济发展极有可能掉进"中等收入陷阱"，社会发展则会陷入"断裂"和"失衡"的泥淖中停滞不前。置于金融资源配置的语境下，探究地方政府竞争治理困境的制度诱因并寻求因应之策，已成为金融法理论研究的当务之急。

前文指出，在"弱财政与强金融"时代背景下的金融剩余动员和金融资源配置过程中，金融制度对一部分税收制度和财政制度的替代既是促使以往改革成功的关键，又是导致未来改革陷入困境的根源。事实上，随着我国经济从卖方市场向买方市场的过渡以及第二次经济转型的开启，政府控制型金融资源配置模式的有效性在 1996 年以后变得愈加低下，客观上要求对国有金融产权进行改革。政府必须转换角色，改变对金融资源的控制方式，通过对金融主体创造平等的竞争的制度环境，在宏观层面上发挥有效监管的作用。[33] 尽管如此，国家控制金融的能力在实践中并未出现松动迹象，在这种情况下，地方政府争夺金融资源便会时常引发激烈的利益冲突。以信贷为例，国有银行地方分支机构的出格信贷行为尽管使地方政府获得了一部分金融资源的支配权，但这种支配

---

〔31〕 周黎安：《转型中的地方政府：官员激励与合作》，格致出版社、上海人民出版社 2008 年版，第 2 页。

〔32〕 叶托：《中国地方政府行为选择研究——基于制度逻辑的分析框架》，广东人民出版社 2014 年版，第 15 页。

〔33〕 何风隽：《中国转型经济中的金融资源配置研究》，社会科学文献出版社 2010 年版，第 117 页。

权的获取在一个“强金融”的格局中并不是免费的,并不是一件轻松与省心的事情,其付出的交易成本十分高昂,且始终伴随着中央与地方之间的金融博弈。[34]在金融博弈的过程中,地方政府总是巧妙地与中央政府周旋,通过争取“改革试错权”或者创设地方性金融安排获取地方利益的最大化。以“浙江模式”为例,对民间的创新活动,浙江各级政府大多先予以默认,“允许看”、“不争论”,在时机成熟之时再加以总结、概括和修正,使非正式制度创新最终成为正式的制度安排。在这一过程中,基层政府的主动支持以及省一级政府层面的保护性默许,成为在意识形态和政策制度跟不上实践发展的情况下促进市场主体和市场体系发育的一种策略选择。[35] 其实,改革开放以来的很多制度创新都是从“违法”开始的,不少地方政府倾向于利用法律漏洞或者对各种“违法”现象放任不管来抢占发展先机,地方政府官员的这种选择性执法行为不一定被认定为懈怠而遭受惩罚,却可能因这种“袒护”而在晋升博弈中获胜。[36] 一个明显的例证是,原《预算法》第二十八条规定:“除法律和国务院另有规定外,地方政府不得发行地方政府债券。”但实践中地方政府普遍通过设立融资平台发行城投债券或者进行其他融资的方式轻松绕过该法律限制,使其形同虚设。这种法律规避行为使得法律成为利益集团可兹利用的排他性工具,法律的权威性与公信力荡然无存,由此导致的一个恶果是地方政府寻租竞争与“制度套利”的泛滥成灾。[37] 2014年修订的《预算法》赋予了地方政府举债权,尽管有其进步意义,但相当于承认了地方政府此前大肆举借债务行为的正当性与合法性,将地方债这

---

〔34〕 张杰:《中国金融制度的结构与变迁》,中国人民大学出版社2011年版,第209~210页。

〔35〕 张丙宣:《科层制、利益博弈与政府行为》,浙江大学出版社2011年版,序言第5页。

〔36〕 戴治勇:《选择性执法》,载《法学研究》2008年第4期。

〔37〕 在金融领域,套利是一种利用多个市场的价格差异的投机行为,它通过在一个市场买低在另一个市场卖高来追求几乎是可以确保的利润。本文在此引入制度套利的概念,用于指涉金融资本利用地方政府间制度环境的差异寻求额外收益的情形。关于制度套利的深入分析,可参见Weitseng Chen,“Institutional Arbitrage:China's Economic Power Projection and International Capital Markets”, *Columbia Journal of Asian Law*, Vol. 26, No. 2, 2013, pp. 347–372。

一"中国版次贷危机"的信用、风险与责任在中央地方、地方政府、社会公众之间进行了不当配置。对于撬动了大批金融资金的地方政府而言,中央政府难以像过去那样有效控制地方政府的行为,中央对地方的"失控"局面逐渐显现。

地方政府竞争治理难题的背后,隐含着金融资源配置过程中权力与资本交织进化的制度逻辑。按照一般的理论解释,分权化改革是中国经济高速增长的主要动力之一,但颇为吊诡的是,如果仔细考察地方政府的行为,就会发现,地方经济的高速增长在很多方面却是由于权力控制和垄断而非全力放权的结果,这是中国经济中非常令人困惑的现象。[38] 正如有学者所指出的那样,政府统御市场、各级地方政府几乎无任何权力约束地参与市场,已经导致政府成了当今市场运行中一个最大"玩家"(player)。[39] 地方政府对金融资源配置的嵌入,实际上就是用权力控制资本的过程,由于资本的本性是寻求增值,而借助于权力的庇佑极易实现资本增值的目的,所以权力与资本自然结合为一体,形成了所谓的"权贵资本"或"权力资本"。在"地方政府公司主义"的发展模式下,权力的商品化、市场化和资本化趋势日益明显,这对于地方政府这一公权力主体而言意味着角色错位与行为扭曲,对于金融资源配置而言则意味着金融自由的式微、金融公平的缺失和金融民主的异化。[40] 处于转型时期的中国,权力与资本的联姻现象并非只存在于地方政府,事实上在整个国家层面,权力资本都在暗流涌动并被贴上了"中国国家资本主义"的标签。[41] 金融资本作为一种主要的资本形态,一旦为权力所捆绑,就会丧失为公众利益服务的价值立场,沦为"助

〔38〕 周飞舟:《以利为利——财政关系与地方政府行为》,上海三联书店 2012 年版,第 247 页。

〔39〕 韦森:《大转型——中国改革下一步》,中信出版社 2012 年版,第 12 页。

〔40〕 金融民主(Financial Democracy)这一概念最早由 Eaton 于 1941 年提出,其后的 60 多年中无人提及,直到诺贝尔奖获得者席勒所著的《金融与好的社会》一书出版后,才引起人们广泛关注。参见[美]罗伯特·J. 席勒:《金融与好的社会》,束宇译,中信出版社 2012 年版。

〔41〕 Philip C. C. Huang, "Profit-Making State Firms and China's Development Experience: 'State Capitalism' or 'Socialist Market Economy'?", Modern China, Vol. 38, No. 6, 2012, pp. 591 – 629.

纣为虐”的工具和“劫贫济富”的帮凶,陷入“金融主义”的误区。[42] 这一点在“占领华尔街”运动中体现得淋漓尽致,也启示我国要特别警惕地方政府竞争中出现的权力与资本的合谋现象,通过法治手段化解地方政府竞争的治理危局。

四、从政策治理到法律治理:地方政府竞争的法治旨归

法律是治国之重器,良法是善治之前提,法治已经成为全社会的价值共识。然而,面对金融资源配置过程中愈演愈烈的地方政府竞争行为,国家层面上的治理策略体现出鲜明的“政策治理”色彩,“法律治理”却呈现出失语与缺席状态,这一点无论是从2010年6月出台的《关于加强地方政府融资平台公司管理有关问题的通知》(以下简称国务院19号文)以及2014年10月2日出台的《关于加强地方政府性债务管理的意见》(以下简称国务院43号文),还是2011年11月出台的《关于清理整顿各类交易场所切实防范金融风险的决定》(以下简称国务院38号文),均可以得到证实。至于地方政府的“上市奖励竞赛”、抢夺金融机构等行为,尚未进入政策约束的范围,遑论法律治理。政策虽然也是国家治理的重要手段,但它不应越俎代庖取代法律的作用,更不应该成为治理地方政府竞争的首要选择。这是因为,政策的随机选择性将导致政府自由裁量权的滥用,难以为地方政府竞争提供稳定的心理预期;政策的短期行为性导致其缺乏实践理性,难以为地方政府竞争作出长远的制度安排;政策的精英决策性使得其民意基础差,难以为地方政府竞争提供合法性的治理基础。政策治理的这些弊端,反复被实践所检验。例如,在经济下行压力加大的背景下,国务院19号文及国务院43号文没有得到严格执行,地方融资平台替政府融资的功能得

[42] 当传统的金融服务功能脱离了实体经济而独立运行,便产生了一种新的经济制度,这就是所谓的金融主义。与资本主义制度下通过生产货物和提供服务创造并保有财富的方式不同,金融主义为金融机构自身利益服务,仅仅关注金融及资本市场的交易本身,逐步放弃了为实体经济融资的服务功能。金融主义导致当代人劫掠后代人财富并危害国家安全,其本质上是不道德的,因此,必须摧毁金融主义,回归资本主义。参见[美]劳伦斯·E.米切尔:《反思金融主义:一个历史的视角》,施天涛、袁田译,载《清华法学》2012年第4期。

以“松绑”,而此前尝试转型的部分融资平台也开始重操旧业。[43] 再如,在国务院38号文发布后进行的交易所清理整顿中,不少贵金融交易所、文物交易所在地方政府的包庇下通过地方政府控股、整改业务方向等方式得以复活。[44] 鉴于政策治理难以克服的局限性,推动政策的法治化进程,实现地方政府竞争从政策治理到法律治理的转型,已经势在必行。地方政府竞争的法律治理,可以从资本自由流动规则的法律确立、区域金融的合作与协调、司法的“去地方化”与“去行政化”进行制度回应,在此分别加以展开。

前文指出,金融资源既是一种具有自身配置功能的资源,又是一种对其他资源具有再配置功能的资源,集权利资源与战略资源于一身,这是金融资源区别于其他一切自然资源、社会资源的最基本特征。金融资源的这种特性决定了其稀缺性,进而诱使地方政府对金融资源的竞争时常演化成地方保护主义,通过地区封锁与市场分割来实现地方利益的最大化。例如,广东省东莞市政府规定,该市企业从首次公开发行上市次月起、其他企业从把上市公司注册地迁入东莞市次月起,连续24个月,按照企业新增对东莞市地方财政的贡献额度为考核指标给予相应的资助,每12个月奖励总额最高不超过1000万元。中山市表示,企业采用买壳、借壳方式上市,并将上市公司注册地迁至中山市的,给予一次性奖励200万元;生产基地在中山市的市外上市公司或外地上市公司将注册地、纳税登记迁入中山市的,给予一次性奖励200万元。[45] 这种规定极易引发毗邻地区的不公平竞争甚至恶性竞争,导致包括金融资源在内的经济资源的不合理配置。出于地方利益保护考量,有些地方政府阻止外地企业在本地进行投资及并购,鼓励本地企业逃废银行债务,争相建立更容易控制的、更具放贷实力的地方银行。对于这些金融领域的地区封锁与市场分割行为,无论是1993年的《反不正当竞争法》及2007年的《反垄断法》,还是2001年国务院发布的《关于禁止在市场经济活动中实行地区封锁的规定》,都难以起到有效的约束作用,以至于地方政府争夺金融资源的行为愈演愈烈,有恃无恐。深层次的原因在

〔43〕 参见金微:《PPP或为主要转型方向 地方融资平台转型部分停滞》,载《华夏日报》2015年7月3日。

〔44〕 参见蓝姝、盛青江等:《广贵所曲线复活》,载《华夏日报》2012年12月8日。

〔45〕 参见张望:《争夺上市资源凶猛 地方政府重金奖励》,载《21世纪经济报道》2011年11月5日。

于,这些立法都是基于有形商品和一般服务所进行的市场规制,未能就金融资源的特殊性作出针对性规制安排,难以有效调整金融商品流通和金融服务提供。笔者认为,金融领域的地区封锁与市场分割行为的实质在于限制资本的自由流动,因此,治理金融资源配置中的地方政府竞争行为必须着眼于确立和实施资本自由流动规则。在市场经济条件下,商品、劳务、资本、服务的自由流动是实现资源最优配置的根本要求,也是确保市场统一和治理地方保护主义的应有之义,正如有学者所言,建立地方政府竞争秩序的关键是应在国家的根本大法宪法中明确写入维护国内统一大市场,即维护国家内部的商品、劳务、人员和资本四大自由流通。[46] 在这方面,欧盟的实践值得关注。众所周知,欧盟建立在欧洲共同体三项基本条约基础之上,其主要职能是保证成员国之间的经济与贸易自由。《欧洲经济共同体条约》第三条第一款要求"在成员国之间取消对进出口物资的关税和数量限制以及一切具有同等效果的其他措施",并定义了"内部市场"概念,其特征是在成员国之间取消对个人、服务、资金的流动自由之限制。物资、人员与资金的自由流动以及提供服务与开业自由,合并构成了欧盟的"四大自由"。[47] 单就资本自由流动规则而言,该条约第五十六条禁止在成员国之间、成员国和第三国之间实施资本和支付流动的任何限制。该条对非公共机构也有约束力,据此,金融机构不能采取限制成员国之间资本流动的单边措施。[48] 与商品、劳务、服务的自由流动相比,资本自由流动尽管发展相对缓慢,但还是取得了重大进展,即使在出现诸如希腊债务危机的情况下,欧盟委员会依然强调,在欧盟内部对资本流动的限制只能用于公共安全受到威胁的情况,而不能用于经济目的。对于限制资本自由流动的障碍,欧盟相关机构也积极予以克服或排除,典型者如欧洲法院关于黄金股法律适用的严格控制。[49] 资本自由流动规则的确立,对于欧洲统一市场的形成功不可没,对我国有着重要

〔46〕 周业安、冯兴元、赵坚毅:《地方政府竞争与市场秩序的重构》,载《中国社会科学》2004年第1期。

〔47〕 张千帆:《宪法学导论》(第二版),法律出版社2008年版,第605页。

〔48〕 张智勇:《资本自由流动与所得税的协调:欧盟的法律与实践》,载《涉外税务》2003年第5期。

〔49〕 杨永红:《欧洲资本自由流动的黄金时代之开端——评欧洲法院有关黄金股机制案例对资本市场的影响》,载《特区经济》2007年第5期。

的参考价值。党的十八届四中全会明确提出,必须以保护产权、维护契约、统一市场、平等交换、公平竞争、有效监管为基本导向,完善社会主义市场经济法律制度。在此背景下,《商品流通法(草案征求意见稿)》于2015年4月正式向社会公开征求意见,该草案第五条规定:“国家保障商品在全国范围内自由流通”,迈出了商品自由流通的关键一步。在我国《宪法》短期内难以因应资本自由流动规则的背景下,可以参照商品流通立法的做法,制定一部《资本流通法》,对资本流通的适用范围、法律原则、基础设施、竞争秩序、监管措施、区域金融合作与协调、法律责任等进行规范。这部法律的制定将确立资本自由流动规则的法定地位,明确地方政府竞争金融资源合法行为与非法行为的界限,为地方政府争夺金融资源构筑底线思维并提供价值遵循,从而使地方政府的金融资源配置行为立足于法治的基础之上。长远看来,我国还应当制定《政府间关系协调法》或《政府间合作法》,为包括地方政府竞争争端在内的府际争端提供法治化的解决机制。

治理金融资源配置中的地方政府竞争行为,绝非单一的立法问题,甚至不主要是立法问题。根据CBS的金融法范式,金融法应从公司治理、商业银行、资本市场三个维度对地方政府竞争进行制度调整和法律规范。其实,我国并不缺乏关于公司治理、商业银行、资本市场的立法制度供给,缺乏的是对这些法律的严格执行。例如,我国长期存在地方政府侵占上市公司利益的问题,尽管《公司法》在这方面有严格的规定,但由于缺乏一个强有力的执法者,这些问题一直没有得到很好的解决。[50] 又如,地方政府通过协助、纵容或默许辖区内企业逃废银行债务的方式来获取金融资源已经司空见惯,同样因为执法失灵而难以根除。[51] 确立资本自由流动规则之后,如果没有一个强有力的执法者来实施,则金融市场的壁垒势必难以消除,全国统一金融市场的建立亦将遥遥无期。笔者主张赋予中央政府实施资本自由流动规则的责任,引导地方政府从恶性的要素竞争走向良性的制度竞争,这样不仅可将地方政府间的金融资源配置纷争纳入法治轨道,提高中央政府依法解决地方政府间纷争的能力,而且通过中央政府

---

〔50〕 彭冰:《中央和地方关系中的上市公司治理》,载《北京大学学报》(哲学社会科学版)2008年第6期。

〔51〕 巴曙松、刘孝红、牛播坤:《转型时期中国金融体系中的地方治理与银行改革的互动研究》,载《金融研究》2005年第5期。

对地方政府发展经济行为合法性的评价,有效树立中央政府治理地方保护主义的权威。[52] 中央政府在履行法定职责的过程中,应当有意识地引导地方政府从要素竞争(金融资源、金融产品、政府政绩等)走向制度竞争(提升制度层次、优化制度资源等),并为最终走向公共行政竞争(充分表达公民意愿、突出公民偏好、提升公民福祉等)累积经验共识。[53] 同时,中央政府还应利用自身的独特地位推动地方政府合作,通过对地方行政权力的横向协调来改变过度竞争所造成的行政权力冲突与对抗状态,进而实现资源的跨行政区配置和跨境公共事务的有效解决。[54] 由于我国地区之间经济社会发展严重不均衡,推动区域金融合作与协调是克服金融市场割据的重要手段,对于治理金融资源配置中的地方政府竞争行为意义重大。所谓区域金融合作,是指政府、金融机构等不同区域的金融主体为了追求各自利益而在金融领域的合作,旨在促进区域之间的金融资源、金融信息和金融技术的流动,优化金融资源的空间配置。所谓区域金融协调,是指国家通过专门立法的形式确定具有强制约束力的运作规则,使区域各方在质上相互适应,量上比例合理,功能上相互配合和补充,职能上相互协作和促进,从而形成一种良性有序、正向互动的循环态势,最终实现二者的合作均衡与可持续发展。[55] 推进区域金融合作与区域金融协调,需要出台区域金融合作与协调的专门立法,为金融资源的区域流动与优化配置提供"金融法律基础设施";明确地方政府与监管部门的角色定位,为区域金融合作扫除障碍;建立区域金融协调发展机制,填补监管真空,规制监管套利,实现金融机构、金融业务与金融市场的协同发展。只有将区域金融合作与协调制度化和规范化,地方政府在金融资源配置过程中"各自为政"或"以邻为壑"的短期行为才能得以有效避免,金融资源的合理配置格局也才能渐进生成。

在治理地方政府竞争和地方保护主义方面,司法的角色是一个很值得关注

---

[52] 郑鹏程:《对市场规制的规制——市场统一法律制度研究》,法律出版社2012年版,第259页。

[53] 王焕祥:《中国地方政府创新与竞争的行为、制度及其演化研究》,光明日报出版社2009年版,第314~317页。

[54] 彭彦强:《中国地方政府合作研究——基于行政权力分析的视角》,中央编译出版社2013年版,第154页。

[55] 曾康霖:《二元金融与区域金融》,中国金融出版社2008年版,第207页。

的命题。以《美国联邦宪法》中的“州际贸易条款”为例，联邦法院通过法律解释，要求各州的贸易规定必须目标合法、手段合理，对各州形形色色的贸易歧视和保护主义措施毫不手软，有力维护了国内共同市场。随着现代政治的发展，法院已经不再拘泥于美国政治家所描述的“最小危险部门”所限定的角色形象，尤其是随着司法能动主义的兴起，法院在现代社会生活中早已经突破了固有的特征，在金融运行中发挥着日趋重要的作用。当然，司法对于金融发展价值的彰显，是以司法独立为前提的，这既是司法本质的需要，也是控制权力的需要。诚如有学者所言，提升地方司法的独立性，不仅有助于打破由地方政府主导的市场分割，而且也不会破坏现有的激励地方政府努力发展地方经济的制度均衡，还可促使地方政府做出保护私人财产和契约自由的可信承诺，进而有益于长期的经济增长。[56] 由于复杂的历史因素，我国的司法面临地方化与行政化的体制难题，面对金融市场分割，司法不但未能起到“规则治理”的应有作用，反而充担了市场分割固化者的角色。例如，地方法院在案件受理、审理和执行等环节都明显地存在偏袒本地当事人、损害外地当事人的情况，当地企业的胜诉率也远远高于外地企业。[57] 司法权的地方化严重侵蚀了司法公正与司法权威，使得司法的统一性在地方政府保护主义下被肢解，由此导致的“法治割据”进一步固化了金融市场分割的现实格局。我国应当通过自上而下的引导与自下而上的倒逼形成司法改革合力，将“顶层设计”与“地方试点”有机结合，分步实施，有序推进，通过积极的司法干预克服国内市场分割与地方保护主义的问题。[58] 由于司法机关依法独立行使职权有助于保护私人产权和契约自由，促进民间投资和市场繁荣，它完全可以成为国内统一金融市场建设的重要抓手和提升经济增长潜力的一个源泉，对于治理地方政府的恶性竞争行为也将发挥关键性的作用。此外，地方政府竞争金融资源的行为往往借助于地方性法规的形式进行，但由于抽象性行政行为不属于《行政诉讼法》的受案范围，所以难以通过司法审

---

〔56〕 陈刚、李树：《司法独立与市场分割——以法官异地交流为实验的研究》，载《经济研究》2013 年第 9 期。

〔57〕 刘作翔：《中国司法地方保护主义之批判——兼论“司法权国家化”的司法改革思路》，载《法学研究》2003 年第 1 期。

〔58〕 程金华：《地方政府、国家法院与市场建设——美国经验与中国改革》，载《北京大学学报》（哲学社会科学版）2008 年第 6 期。

查的方式规制地方政府竞争。当下,修改《行政诉讼法》关于受案范围的规定,将地方性法规等抽象性行政行为纳入司法审查,同样是治理金融资源配置中地方政府竞争行为的重要制度安排。

五、结　语

地方政府竞争无疑是一把"双刃剑",既是促进经济高速发展的关键,又是导致重重社会问题的根源,其对金融资源配置毁誉参半的复杂影响和功罪交集的矛盾冲突要求法律人用开放的思维、宏观而富有洞见的视角加以辩证审视和理性反思。在金融资源配置过程中,地方政府并非总是中央政府的执行者和追随者,反过来在很多时候是决策者和创新者,这种由地方政府所领先驱动的制度变革构成了整个转型时期金融制度变迁的一条主线。面对走向深化的地方政府竞争,政策治理已经捉襟见肘,从政策治理走向法律治理,从恶性的要素竞争走向良性的制度竞争,从金融分割走向金融一体化,将地方政府竞争纳入法治轨道,以金融法治助推国家治理体系和治理能力现代化,将是金融法治变革的重心所在。

On Local Government Competition and Its Legal Governance
in the Process of Financial Resources Allocation

Li An-an

Abstract: Under the background of "weak finance and strong banking", local governments have been carried out fierce competition in order to control more financial resources, which is an important feature of financial control during the period of transition in our country. As for financial law explanation for local government competition, "local state corporatism" provides a self-consistent jurisprudential analysis paradigm, and CBS provides an institutional analysis framework. Local government competition is not only a leading factor in promoting economic growth, but also a key reason for the increasingly serious social problems, and the nature of its governance dilemma implicit an institutional logic of power and capital evolution. In order to regulate local government competition, it is necessary to realize the transformation from policy governance to legal governance and make a special system design in establishing the capital rules of free flow, promoting regional financial cooperation and coordination and realizing judicial independence.

Key words: Financial resources allocation; Local government competition; Legal governance

（责任编辑：李 帅）

金融机构的信义义务与适合性原则

邢会强*

内容摘要：

投资者适当性管理制度是适合性原则的要求和具体体现。之所以强调适当性原则，是因为在特定情况下客户对金融机构存在信赖关系，金融机构与客户之间存在信义义务。尽管我国引入了适合性原则和投资者适当性管理制度，但还未引入信义义务，导致违反适合性义务的金融机构逃脱了民事责任，造成了金融机构对金融消费者权利的漠视。在我国当前金融消费者保护工作纵深推进的情势下，为了给金融消费者提供更高层次的保护，我国应当在金融法中引入信义义务，并依此作为适合性原则的依据，从而要求违反信义义务和适合性原则的金融机构承担民事责任。

关键词：

投资者适当性管理　适合性原则　信义义务　金融消费者

英美金融监管的一个特色是，在金融监管中广泛运用衡平法下的信义义务保护金融消费者。[1] 近年来，我国法律中逐渐引入了投资者适当性管理制度。投资者适当性管理制度是适合性原则（suitability doctrine）或称适当性原则的要求和具体体现。之所以强调适当性原则，要求金融机构负适当性义务，是因为在特定情况下客户对金融机构存在信赖关系，金融机构与客户之间存在信义义

---

* 中央财经大学法学院教授，法学博士。

〔1〕 汪其昌：《信义义务：英美金融消费者保护的一个独特制度》，载《南方金融》2011年第2期。

务。信义义务是比适当性义务更高的义务。[2]

我国金融法中还未引入信义义务。即使在复杂的金融产品交易领域,金融机构对金融消费者也不负"信义义务"或"善良管理人义务"。尽管我国引入了适合性原则和投资者适当性管理制度,但法理的缺失和法制的不健全,导致违反适合性义务的金融机构不需要承担民事责任,结果是片面地强调"买者自负",造成了对金融机构违法违规的纵容和对金融消费者权利的漠视。在我国当前金融消费者保护工作纵深推进的情势下,为了给金融消费者提供更高层次的保护,我国应当在金融法中引入信义义务,并将此作为适合性原则的依据,从而要求违反信义义务和适合性原则的金融机构承担民事责任。

一、金融机构的信义义务

(一)信义义务的含义

信义义务(fiduciary duty)最初源自财产法中的信托义务和罗马法中的善良家父义务。用英美法系学者的观点来说,信托法中受托人的义务是一种为了受益人最大利益行为的义务。而大陆法系中的善良家父义务是指家父对家子的监护义务。随着近代社会对家父权的废除,善良家父义务也发展成为善良管理人义务。所谓的善良管理人义务是指像对待自己事务一样处理他人事务。这是一种最谨慎的注意义务。[3]

受信人负有信义义务。信义义务包括两大方面的内容:忠实义务和注意义务。这是一种最大忠诚的义务。

信义义务是亚里士多德"矫正正义"的具体体现。在判例中运用信义义务,弥补了僵硬法律条文的漏洞,体现了对实质正义的追求。

---

[2] "将受信关系的理念引入银行和客户关系,它意味着银行对客户负有信义义务,必须将客户利益置于自己利益之前,不得与客户利益发生冲突。严格来说,这是比'适当性原则'更高的义务,后者仅仅要求金融机构推荐的交易符合客户的目的和需求即可,并不排斥金融机构为自己的利益而推荐相关交易。"参见刘燕、楼建波:《金融衍生交易法律问题的分析框架:跨越金融部门法的界限》,载《金融服务法评论》(第三卷),第14~15页。

[3] 范世乾:《信义义务的概念》,载《湖北大学学报》(哲学社会科学版)2012年第1期。

(二)信义义务的适用范围

为了说明信义义务的本质,学者们形成了财产理论、信赖理论、不平等理论、合同理论、脆弱性理论、权力和自由裁量理论、重要资源理论等诸多的观点。[4] 最经常使用的是信赖理论(reliance theory)。这一理论认为,如果一方当事人对另一方当事人给予信任和信赖,则该项关系是信义关系。

20世纪目睹了信义义务前所未有的扩张和发展,到如今,信义关系从最初的信托关系发展到涵盖代理关系、高级管理者/董事和公司之间、监护人父母和非监护人父母之间的关系、律师和客户之间的关系、联邦政府和印第安部落之间的关系、医生和病人之间的关系、父母和子女之间的关系、金融顾问和客户之间的关系等。[5]

根据信义关系发生的不同基础,可以分为法律上的信义关系(status-based fiduciary relationship)和事实上的信义关系(fact-based fiduciary relationship)。法律上的信义关系,就是法律规定当事人之间的关系必须适用衡平法上的信义关系。事实上的信义关系即推定信托,是指在无法律明文规定情况下,一方当事人基于对另一方当事人的信赖而将自己置于易受伤害的地位时,法官根据衡平法"公平正义"理念,通过拟制、推定技术,寻找掩盖在形形色色现实关系面纱下的信义本质,裁决双方当事人之间存在信义关系,受信人负有信义义务。[6]

英美国家的监管模式是对银行强加单方面的带有强制性质的信义义务,或者事后由法官施加信义义务,不管合同各方的意愿,以此来规制金融机构事前的机会主义行为或处理事后既成事实。[7] 例如,美国《投资顾问法》规定,提供投资顾问服务并就投资建议收费的投资顾问应当负有信义义务,该法第二百零六条是投资顾问信义义务的法源依据。《多德—弗兰克华尔街改革与消费者保护法案》对于市政顾问(Municipal Advisors)规定了信义义务,并授权相关监管

---

〔4〕 范世乾:《信义义务的概念》,载《湖北大学学报》(哲学社会科学版)2012年第1期。

〔5〕 同上。

〔6〕 汪其昌:《信义义务在英美金融监管中的运用》,载《金融法学家》(第二辑),第575页。

〔7〕 张哲敏:《商业银行信义义务问题研究》,中央财经大学2014年硕士学位论文。

机构决定是否规定经纪商的信义义务。[8]

司法上,英美作为判例法国家,对于金融机构及其工作人员是否应负信义义务往往借助于司法判例来明确相关标准。实践中,法官通常认为可以通过考察争议者之间是否有信义关系来判断金融从业者的行为是否违反了信义义务从而课予法律责任。例如,在 Capital Ganins v. SEC 一案中,美国联邦最高法院认为,投资顾问当其提供投资建议时应负有信义义务。[9]

根据英美的制定法和判例法,银行与顾客的关系在下列情况下,存在信义关系:为交易担任金融顾问;银行劝导客户进行金融交易,尤其是客户为非专业人士并完全信赖银行作为专家,并且银行对其实行了不当影响时;银行对客户资产有自由裁量控制权;银行劝诱人们进行交易,而银行又不能确保作为他们的独立顾问,从而使其在交易中处于不利地位时。在金融交易中,下列人员总是占据受信人职位,天然存在信义关系:养老基金的受托人、单位信托的受托人和投资计划经理等。此外,金融顾问处理与顾客有关的信赖事务时,对顾客负有信义义务。[10] 总之,英美法系下金融机构负担信义义务的情形多种多样,不一而足,难以穷尽列举。

(三)信义义务在大陆法系的扩张

信义义务原为英美法系的制度,但却为不少大陆法系国家和地区所引进。例如日本早在 1950 年便成功引进了英美法信义义务中的忠诚义务,而后在 2006 年《金融商品交易法》中,忠实义务和善管义务成为日本对金融业者最具普遍性的规制要求,此法中不少规定就是两大基本义务的具体化。

在我国台湾地区,"金融消费者保护法"第 7 条规定:"金融服务业提供金融商品或服务,应尽善良管理人之注意义务。"在某客户与"中国信托桃园分行"及其理财专员乙纠纷案[11]中,二审法院台湾地区高等法院认为,该客户委托"中

---

〔8〕 对此,后文还将详述。

〔9〕 D. Gordon Smith, "The Critical Resources, Theory of Fiduciary Duty," 55 *Vand. L. Rev*. 1399(2002).

〔10〕 汪其昌:《信义义务:英美金融消费者保护的一个独特制度》,载《南方金融》2011 年第 2 期。

〔11〕 台湾地区"桃园地方法院民事判决 97 年度诉字第 2093 号",台湾地区高等法院民事判决 89 年度上易字第 299 号。感谢王志诚教授提供的信息线索。

国信托"投资购买境外金融商品,并要求"须保本"。"中国信托公司"及其理财专员应掌握上诉人甲没有域外投资金融商品的经验及资金实力以及无法承担重大损失风险等背景资料,为投资者提供适当的投资服务,包括完整逐条说明系争"连动债"契约的条款内容,并明确告知风险属性,以谋求委托人之最大利益,不能使其有任何疑问或被误导之情形;且还应于投资期间,随时注意投资者所购买的金融商品风险变化情况,适时通知投资者,提供规避风险的相关信息,如此才可认为其已尽受托人的善良管理人注意义务。

对于跨越普通法系与大陆法系的欧盟,在《金融工具市场指令》中规定了投资公司按有利于客户的条件执行指令的义务,即"最佳执行"义务:投资公司应采取所有合理的步骤,在执行指令时考虑价格、成本、速度、执行和结算可能性、规模、性质或任何其他与指令执行相关的因素,以获得对客户最佳的结果。然而,在客户给出特定指示时,投资公司应按特定指示执行指令。投资公司应设立和实施有效安排,特别是指令执行政策,以获得对客户指令的最佳结果。〔12〕

(四)我国金融法中应全面引入信义义务

我国在《公司法》中引入了董事、监事和高级管理人员的信义义务。《证券投资基金法》第九条规定:"基金管理人、基金托管人管理、运用基金财产,基金服务机构从事基金服务活动,应当恪尽职守,履行诚实信用、谨慎勤勉的义务。"这是信义义务在我国金融法中的首次引入。我国《证券法》在修改时也试图引入证券公司的信义义务,但至今未获成功。

总体而言,信义义务还未覆盖所有的金融领域。根据有的学者的总结,造成我国信义义务缺失的原因是多方面的,如法律背景上的差异、社会信用基础脆弱等,但主要原因应当是我国引进经济理论与进行制度设计时过分地强调经济人假设,过分强调了经济人自私、利益相互对立的一面,而忽视了人存在利他且人与人之间存在合作与信任的一面。〔13〕换言之,过于强调和保护金融机构的营利性,是金融法领域缺失信义义务的主要原因。

为了给金融消费者提供更高层次的保护,为了纠正目前金融机构违反适合性原则而得不到民事制裁的现状,我国金融法应全面引入信义义务,在金融消

〔12〕 蔺捷:《论欧盟投资者适当性制度》,载《法学评论》2013 年第 1 期。

〔13〕 宋琳、邹泰:《信义义务在我国的缺失及其根源探析》,载《山东社会科学》2007 年第 10 期。

费者对金融机构构成信赖的场合,金融机构应对金融消费者负信义义务。在金融机构的信义义务之下,是适合性原则的运用。适合性原则是金融机构信义义务的应有之义。

由于我国是成文法国家而不是判例法国家,因此,我国金融法引入信义义务时应明确金融机构负有信义义务的领域。

二、金融法中的适合性原则

(一)适合性原则的含义

适合性原则最早出现在美国证券交易商协会等自律组织的自律规范当中,用来规范证券从业机构向顾客推荐有价证券时的不当行为。适当性原则最早是行业自律规则,后来发展成为监管规范,再后来经过法院判例的确认而成为金融消费者可以直接援引的司法救济规则,最终成了可以规范金融消费者与金融经营者之间交易关系的具有法律约束力的法律。[14]

目前,投资者适当性管理制度已成为成熟资本和金融市场对金融服务机构的一项普遍性监管制度。金融机构向客户特别是零售客户提供一项新的金融服务或销售金融产品时,一般都会通过了解客户的知识与经验、财务状况以及投资需求等信息,帮助客户判断是否具备相应的风险认知与承受能力,是否适合使用金融服务或投资金融产品,并充分揭示风险。简单地说,投资者适当性管理制度就是要把适当的产品或服务以适当的方式和程序提供给适当的人。投资者适当性制度中最为核心的内容之一就是金融中介的行为规范,各国基本上遵循三大原则:了解你的客户;了解你的产品;就产品和客户进行合理的匹配。[15]

目前,我国相关的领域对适合性原则和投资者适当性管理制度提出了明确要求,如在创业板领域、金融期货领域、债券市场领域、新三板领域和银行理财产品领域等,并且,相关规定渐次严格。例如,银监会2004年的《商业银行个人理财业务风险管理指引》规定,“对于市场风险较大的投资产品,特别是与衍生

〔14〕 杨东:《金融消费者保护统合法论》,法律出版社2013年版,第208页。

〔15〕 鲁公路、唐婧:《如何健全我国资本市场投资者适当性制度》,载《证券时报》2013年12月31日第A11版。

交易相关的投资产品,商业银行不应主动向无相关交易经验或经评估不适宜购买该产品的客户推介或销售该产品。”体现了一种“不主动,不拒绝,不负责”的态度,这还不是真正意义上的适合性原则。但2006年的《商业银行金融创新指引》和2011年的《商业银行理财产品销售管理办法》却对适合性原则提出了更加全面和严格的要求。[16]

(二)适合性原则的分类

适合性原则与投资者适当性管理制度可以分为以下几个类别:(1)用于豁免注册的投资者适当性管理制度。美国的投资者适当性管理制度大多循此思路。例如,美国《JOB法》对投资者的投资数额进行限制。此外,美国对私募的监管也属于此类。(2)用于豁免金融机构的说明义务的投资者适当性管理制度。典型例证是日本。日本《金融商品交易法》将“投资者”分为“特定投资者”(日文为“特定投資家”)与“一般投资者”(日文为“顧客”)。[17]《金融商品交易法》将大量的倾斜性保护规则仅限于一般投资者,而对于特定投资者则不适用风险提示规则、劝诱行为规则、缔约行为规则等。[18](3)要求金融机构收集客户信息的投资者适当性管理制度。作为“认识你的客户”(NYC)的巴塞尔银行监管原则的发展,各国在其适当性管理制度中一般都要求金融机构向客户收

---

〔16〕《商业银行金融创新指引》第16条规定:“商业银行开展金融创新活动,应做到‘认识你的客户’。应明确目标客户群,充分了解客户的风险偏好、风险认知能力和承受能力,根据业务需要进行客户评估,针对不同目标客户群,提供不同的金融产品和服务。商业银行不得向客户提供与其真实需要和风险承受能力不相符合的产品和服务。”第33条规定:“商业银行应建立适合创新服务需要的客户资料档案,做好客户对于创新产品和服务的适合度评估,引导客户理性投资与消费。”《商业银行理财产品销售管理办法》第9条规定:“商业银行销售理财产品,应当遵循风险匹配原则,禁止误导客户购买与其风险承受能力不相符合的理财产品。”并规定了理财产品风险评级和客户风险承受能力评估,宣传销售文本管理,金融机构的说明义务、风险揭示以及信息披露义务,劝诱规则等。

〔17〕“特定投资者”的日文为“特定投資家”,“一般投资者”的日文为“顧客”。在2006年金融商品交易法的非官方的英文版本中(网址:www. fsa. go. jp/common/law/fie01. pdf),“特定投资者”被译为“Professional Investor”(专业投资者),“一般投资者”被译为“Customer”。

〔18〕何颖:《金融消费者权益保护制度论》,北京大学出版社2011年版,第74页。

集关于客户的真实身份、收入、资产、年龄、金融知识、投资经验、风险偏好和风险承受能力等信息，这是投资者适当性管理的基础。(4)用于加强金融机构信息披露义务的投资者适当性管理制度。例如，欧盟《金融工具市场指令》(MiFID)第19条规定，当投资公司依据询问掌握的信息认为某项产品或服务不适合该客户或潜在客户时，投资公司应该警告该客户或潜在客户。(5)投资者适当性是投资者接受某一金融产品或服务的前提条件。英国金融行为监管局(FCA)《众筹与不易变现的证券投资规则》(Crowdfunding and the Promotion of Non-Readily Realisable Securities Instrument,2014)规定的投资者适当性管理制度以及我国在股指期货、创业板市场和新三板市场实施的投资者适当性管理制度属于此类。

(三)适合性原则的作用

1. 自律监管的标准

投资者适当性管理制度是自律监管的要求和标准，违反者要受到自律处分。例如，我国《创业板市场投资者适当性管理暂行规定》，深圳证券交易所和中国证券业协会按照会员管理的要求，对证券公司实施创业板市场投资者适当性管理和投资者教育等方面情况进行自律监管，对发现的违规行为及时采取自律措施，向中国证监会报告并通报证监会相关派出机构。再如中国证监会《关于建立金融期货投资者适当性制度的规定》规定，期货公司违反投资者适当性制度要求的，中金所、中期协应当根据业务规则和自律规则对其进行纪律处分。

2. 监管执法标准

投资者适当性管理制度是监管机构的要求，违反者要受到监管机构的处罚或处分。例如中国证监会《关于建立金融期货投资者适当性制度的规定》第12条规定，期货公司违反投资者适当性制度要求，未能执行相关内控、合规制度的，中国证监会及其派出机构依据相关法律法规的规定，采取监管措施；情节严重的，根据《期货交易管理条例》第67条规定进行处罚。

3. 司法裁判标准

适合性原则是司法裁判的标准，金融机构违反适合性原则要承担赔偿责任。

在美国，金融机构因违反适合性原则要对客户承担赔偿责任。例如，在Canady一案中，Canady是美林证券的交易员，他修改了其四位客户的账户目标，从保守型修改为投机/进取型，然后进行高杠杆的保证金交易。而这四位客户(其中三位是无业的寡妇)并不适合这种高杠杆、高风险的保证金交易。Canady 辩称,她拥有客户的全权委托,允许其任意动用账户资金进行交易,且她的交易完全符合美林的有关保证金交易的内控程序。但法院仍然认定 Canady 从事的交易形式并不适合这四位客户,应承担 10b－5 规则下的赔偿责任。〔19〕在 Clark v. John Lamula Investors, Inc. 案〔20〕中,第二巡回法院认定被告推荐了不适合原告的证券,从中牟取了较高的手续费,违反了《1934 年证券交易法》10b 的反欺诈条款。

在英国,金融机构因违反适合性原则也要对客户承担赔偿责任。例如,摩根斯坦利集团诉普利西案(1998):1991 年,摩根斯坦利公司建议其客户——意大利商人、个人投资者普利西先生投资于一款与汇率挂钩的衍生产品。该产品是一款复杂的金融衍生产品。普利西先生不会讲英语,他只能阅读、书写一些相对简单的书面英语。摩根斯坦利公司的经办人员向普利西先生传真了一系列英文文件,其中包括风险披露协议和主回购协议,该经办人员要求普利西先生立即签署并交还该文件。1992 年 9 月,汇率市场出现很大波动,导致普利西先生投资的金融衍生产品损失严重,普利西先生拒绝承担相关损失,因此摩根斯坦利公司将普利西先生告上法庭。法院认为,在本案中摩根斯坦利公司没有清楚地向普利西先生解释该产品如果亏损将对其造成的损失。法院认为,普利西先生不是合格的投资者,摩根斯坦利公司也没有合理理由相信该项投资适合于普利西先生,摩根斯坦利公司没有了解普利西先生的财务状况和风险承受能力,虽然摩根斯坦利公司曾经要求普利西先生签署过风险披露协议,但由于该协议是以英文书写的,没有使用普利西先生可以理解的语言,因此该协议的效力不足,摩根斯坦利公司未履行适当性义务。〔21〕此案是英国法院第一次判决衍生交易中遭受损失的私人客户获得法律救济的案件。

再如,我国台湾地区“金融消费者保护法”第 11 条规定:“金融服务业违反有关适合性和风险揭示的规定,致金融消费者受有损害者,应负损害赔偿责任。

---

〔19〕 参见刘俊、金震华:《2008 年次贷萧条应对与中国金融法制变革》,法律出版社 2009 年版,第 94～95 页。

〔20〕 583 F. 2d. 594(2d. Cir. 1978).

〔21〕 参见刘燕、楼建波:《银行理财产品中金融衍生交易法律问题研究》,载《金融服务法评论》第 1 卷,第 68～69 页。

但金融服务业能证明损害之发生非因其未充分了解金融消费者之商品或服务适合度或非因其未说明、说明不实、错误或未充分揭露风险之事项所致者,不在此限。”

(四)适合性原则与信义义务的关系

在美国的金融监管上,适合性标准(suitability standard)与信义标准(fiduciary standard)在规制领域上还不完全一致。有的规制领域仅有适合性原则而没有信义义务,但有的规制领域则既有适合性原则又有信义义务。例如,对保险代理机构(Insurance Agents)有适合性原则的要求而没有信义义务的监管要求,这些要求是以州法为基础的,客户对保险代理机构支付佣金。注册的投资顾问(Registered Investment Advisors)既有适合性原则的要求,又负有信义义务。它们必须在美国证监会进行注册登记,并且往往按被管理的客户资产的一定比例收费或者按小时收费。

股票经纪商(Stock brokers)的情况比较复杂。具体来说,在《多德—弗兰克华尔街改革与消费者保护法案》及对其第 913 条的实施细则实施前,对经纪商仅有适合性原则的要求而没有信义义务的监管要求。这就意味着,经纪商在对客户提供金融产品时,仅需满足客户的工具和目标(means and goals)即可。例如,如果一个客户想为退休而投资,他的经纪商可以提供任何组合或数量的股票、债券、年金保险(annuities)或互助基金(mutual funds),只要该客户能负担得起。但是,如果是投资者顾问,则必须考虑特定的客户最好投资于一种或数种互助基金,以及具体哪只互助基金。[22]

2010 年 7 月,美国总统奥巴马签署的《多德—弗兰克华尔街改革与消费者保护法案》第 913 条要求美国证监会研究其及全国证券协会现行的法律或监管标准的有效性;在对零售客户保护方面,是否存在法律或监管上的漏洞、缺陷或重合;在给零售客户提供个人化的证券投资建议时,经纪商(broker)[23]、投资顾问受监管的标准是否存在实质上的差别。该条还规定,美国证监会应着手制定对于维护公共利益及保护零售客户的利益必要的和适当的规则,来规定对给零

---

〔22〕 Nathaniel P. Graham, *Brokers, Advisors, and the Fiduciary Standard*, Electronic copy available at: http://ssrn.com/abstract=2668888.

〔23〕 “经纪商”(broker),通常也被称为“经纪商—交易商”(broker-dealers),《多德—弗兰克华尔街改革与消费者保护法案》的正式用语是后者。

售客户提供个人化的证券投资建议的经纪商、投资顾问及相关人员的法定的或监管的标准和行为准则。

2011 年 1 月,美国证监会发布了其研究报告,该报告建议美国证监会对零售客户提供个人化的证券投资建议的经纪商与投资顾问建立一个统一的信义义务标准,但其不应严于《1940 年投资顾问法》第 206 条第(1)项与第(2)项下的标准。

2012 年 7 月 9 日开始生效的美国金融业监管委员会的规则 2111(FINRA Rule 2111)为经纪商创立了一项新的适合性标准:推荐必须基于客户的最佳利益(best interests)。为了为客户的最佳利益而从事推荐,经纪商及其关联人需要先合理地收集客户信息,然后才能做出合理的推荐。经纪商具有勤勉义务(due diligence obligation)来履行适合性要求。

美国金融业监管委员会的规则 2111 对经纪商的适合性要求包括三项内容:"合理的基本适合性"(reasonable basis suitability)、"特定顾客适合性"(customer-specific suitability)和"数量适合性"(quantitative suitability)。"合理的基本适合性"要求经纪商及其关联人在合理的勤勉尽责的基础上,具有一个合理的基础去相信其推荐是至少适合一部分投资者的。至于何者构成"合理的基本适合性"则视与证券或投资的策略有关的风险的复杂性,以及经纪商或其关联人熟悉的证券或投资策略而定。经纪商或其关联人的合理的勤勉尽责要求经纪商或其关联人必须了解证券或投资策略潜在风险与收益,否则就不能认为其尽到了合理的勤勉尽责义务。"特定顾客适合性"要求经纪商或其关联人具有一个合理的基础去相信,基于该客户的投资组合,其推荐是适合特定的客户的。"数量适合性"要求实际上控制客户账户的经纪商或其关联人具有一个合理的基础去相信,一系列的推荐的交易,即使单独看来是适当的,也需要就其投资组合的整体来看是适当的。

换言之,适合性原则与信义义务在具体内容上是有区别的。信义义务不仅仅是披露就可以了。如果披露能起作用,就没有必要存在信义义务了。美国金融业监管委员会的规则 2111 关于适合性原则的表述包括注意义务(duty of care)但不包括忠诚义务(duty of loyalty)。"除非经纪商对一个特定的投资履行了足够的勤勉义务(adequate due diligence),尤其是当投资不是发生在一个常规的市场上时，否则它就很难证明它有合理的依据认为这一投资是适当的。”[24]但为客户的最佳利益推荐的要求就非常接近于信义义务标准了。

2015年2月，美国劳工部（Department of Labor）明确将对投资顾问的信义标准延伸到管理退休产品（retirement products）的经纪商身上。因此，美国有学者预测信义义务迟早会完全适用到经纪商身上。换言之，适合性义务的标准正向信义义务靠拢。

三、完善违反适合性原则的民事责任

（一）适合性原则民事责任的缺失

在我国司法实践中，法院往往对违反适合性原则的金融机构不予追究民事责任。例如，吴某某与渣打银行（中国）有限公司上海浦西支行纠纷案[25]即是如此。

2007年5月17日，吴某某购买了渣打银行浦西支行“金猪宝贝”理财产品。该产品挂钩美国上市的四家股票，包括雅培、美泰玩具、迪士尼和儿童天地等，设计于2009年12月3日到期，为投资者提供100%本金保障；投资者每半月可在指定赎回日根据届时公布的赎回价格提前赎回。吴某某在《个人理财适应性测试》《投资确认声明》《市场联动系列客户协议》《动态回报投资—市场联动系列（股票挂钩投资账户）》《开户申请表》等文本上签字，并投入人民币10万元。2008年3月28日，渣打银行因吴某某反映投资收益等事由回函称：因受美国次贷危机等影响，该理财产品目前收益为零。2008年4月16日，吴某某向上海市黄浦区人民法院提起诉讼，请求撤销双方签订的理财产品合同；渣打银行赔偿经济损失3500元。原告称，有关适应性测试是原告在不了解测试内容、确认项目及选择时就在其上面签字，测试、评估是“银行事后操作”；银行没有详细说明投资风险；风险提示抄录由银行工作人员填写；原告在合同上签字时，银行没有

〔24〕 William E. Donnelly, Esq, *The Heightened Importance of Thorough Due Diligence in the Current Market Environment*, Practical Compliance & Risk Management for the Securities Industry (July-Aug. 2009). 转引自 www. fi360. com/main/pdf/resources_webinar_071112. pdf。

〔25〕 上海市黄浦区人民法院（2008）黄民二（商）初字第1757号民事判决书，上海市第二中级人民法院（2008）沪二中民三（商）终字第509号民事判决书。

出示全部合同条款;交易确认书上关于样本股票的内容用英文书写,原告不理解,以确认书形式确立合同生效系"霸王条款"。但一审法院认为,理财测试及投资确认声明作为签约前吴某某表达投资意思的形式,其在不了解测试内容、确认项目及进行选择即在其上签字,显得不合常理,而其所述银行事后操作并无证据佐证;合同风险提示按合同及银监局备案要求需客户自行抄写,渣打浦西支行虽代为抄写存在瑕疵,但最终是否认同需由吴某某签字确认,渣打浦西支行瑕疵行为并不必然导致可撤销合同原因的产生。至于吴某某称合同所附相关条款及细则均未看到,其内容并不知晓等情况,因原告作为投资权利人其有权在合同约定的范围内向相对方主张权利,对于相关合同文本注明已收到并阅看相关条款及细则的字样提出异议,吴某某就此未能举证证明该事实成立,难以采信。因此,上海市黄浦区人民法院判决驳回吴某某的诉讼请求。

吴某某不服,提起上诉。上诉理由主要有二:一是协议显失公平,主要表现在被上诉人没有详细说明投资风险,风险提示抄录由其工作人员填写,违反有关银行规定;上诉人在合同上签字时,被上诉人没有出示全部合同条款;交易确认书上关于样本股票的内容用英文书写,以确认书形式确立合同生效系"霸王条款";合同签字文本只有一套,由被上诉人保存。二是属于重大误解,按照被上诉人向上海银监局的备案,该产品销售的客户群主要定位于工薪白领及中小企业主。故被上诉人向上诉人推销该产品,显属不当。因此,系争委托理财合同应予撤销,被上诉人应返还资金并赔偿损失。

上海市第二中级人民法院经审理认为,一方面,投资者对于金融理财产品的投资风险相比较银行储蓄本应有相当的估计,对于特定投资产品的盈亏预期,也应当作出合理的判断;另一方面,银行不得利用优势地位订立不公平的格式条款,同时还应履行必要的告知义务。本案中,上诉人在投资决策前已经过了被上诉人的相应测试,上诉人所选取的理财产品特点与测试结果相符。上诉人签署的《投资确认声明》已将投资风险予以揭示,上诉人本人虽未亲自抄录确认风险揭示,但其在同一页上签名以及在《投资确认声明》上签名的事实,足以佐证上诉人已履行了风险告知义务。上诉人称其未看到合同条款就签字一节,本院注意到,《动态回报投资市场联动系列(股票挂钩投资账户)》的签名页上,并无关于理财产品特点、构成、收益支付、提前终止等内容记载,而作为一名理财委托人在未看到理财产品内容的情况下就草率签字,显然不符合投资者应有的谨慎态度,从上诉人投资保本型理财产品的行为来看,更是难以想象的。因此在主观要件方面，上诉人所称的显失公平的理由，同样难以成立。关于是否构成重大误解的问题，上诉人的理由是被上诉人将不属于“金猪宝贝”理财产品的销售群作为推销对象，违反备案文件。但备案程序并非审批程序，且“主要定位于工薪白领以及中小企业主”并不是指仅限于该类人群，因此只要委托理财合同签约人的意思表示真实，在销售对象方面，就不存在重大误解的问题。综上所述，系争委托理财合同的签订和履行系双方当事人的真实意思表示，该合同不违反法律、法规的强制性规定，当属合法有效。原审判决认定事实清楚，适用法律正确，应予维持。因此判决驳回上诉，维持原判。

在我国大陆，还未出现金融机构因违反适合性原则而被司法机关判决承担民事责任的案例。之所以这样，一方面是因为金融消费者在举证上处于困境，而法院又没有实行“举证责任倒置”规则；另一方面也是更为根本的是因为未引入金融机构的信义义务。

我国的适合性原则和投资者适当性管理制度仅规定在规章之中，这些规章有偏袒金融机构的倾向，仅规定了投资者的民事责任，而没有规定金融机构违反投资者适当性管理制度而应承担的民事责任，体现出一定的偏袒金融机构的倾向。例如，中国证监会《关于建立金融期货投资者适当性制度的规定》第 9 条规定：“投资者应当如实申报开户材料，不得采取虚假申报等手段规避投资者适当性标准要求。投资者提供虚假证明材料的，应当承担相应的责任。投资者应当遵守‘买卖自负’的原则，承担金融期货交易的履约责任，不得以不符合投资者适当性标准为由拒绝承担金融期货交易履约责任。”在一个案例中，有投资者不具备期货投资者适当性的条件，但某期货公司为了拉客户不提示风险、不作风险测评即给该投资者开立了金融期货交易编码。事后，投资者的期货交易发生亏损，于是起诉某期货公司，要求其承担一定比例的损失。法院认为，该期货公司仅违反了管理性规范，应承担行政责任，但不能导致客户的期货交易合同无效，因此，根据“风险自担”的原则，该期货公司不应承担民事赔偿责任。笔者认为，这一裁判是有问题的。期货交易合同是有效的，但该期货公司是有过错的，其应该“建立健全内控、合规制度，严格落实投资者适当性制度”“向投资者充分揭示金融期货风险，全面客观介绍金融期货法律法规、业务规则和产品特征，测试投资者的金融期货基础知识，认真审核投资者开户申请材料，审慎评估投资者的风险承受能力，不得为不符合适当性标准的投资者申请开立金融期货交易编码。”[26]但正因为该期货公司的作为,导致不符合适当性标准的投资者进入了金融期货市场,因此,该期货公司对于该投资者的损失是有一定的过错的,应该承担相应的民事责任。

国外的立法和司法判例表明,金融机构违反适合性原则要承担民事责任。正因为金融机构要负信义义务,因此,一旦发生纠纷,金融机构要负举证责任并承担举证不能的不利后果。相似案情的案例,金融消费者在境外能够胜诉,但在我国目前的法律环境下,却只能败诉。这不能不令我们反思。

(二)完善违反适合性原则纠纷的举证责任规则

我国的金融法中应明确引入信义义务。在适用信义义务的场合,一旦发生纠纷,金融机构应负举证责任并承担举证不能的不利后果。“针对妨害投资者对交易的风险形成正确认识,或者积极地劝诱超过投资者风险承受能力的金融交易,造成投资者损失却难以举证等侵害行为,应当确立举证责任倒置原则的适用以及损失赔偿金额的推定制度。”[27]为了确保销售过程符合适合性原则的要求,在我国部分地区,银行销售理财产品要进行全程录音录像,未来还要推广到全国。[28] 这就使金融机构具有了承担举证责任的现实基础。

金融机构对金融消费者所负的信义义务,包括金融机构应“了解他的客户”,对客户进行风险承受能力测试,并对客户的最大利益负责,将合适的产品推荐给合适的客户。唯有引入金融机构的信义义务,并推行举证责任倒置规则,才能从根本上扭转金融机构应对监管部门关于投资者适当性要求时的“形式主义”,使适合性原则落到实处。

(三)完善金融机构的免责事由

金融机构的信义义务并不意味着在任何情况下金融机构都应对投资者的投资损失承担民事赔偿责任。在金融机构确实尽了其信义义务的场合,但因为投资者自身的过错导致投资损失的,则应运用“投资自负”的原则,使金融机构

---

〔26〕 参见《关于建立金融期货投资者适当性制度的规定》第6条和第7条。

〔27〕 杨为程:《投资者适当性制度:域外经验与启示》,载《湖北社会科学》2013年第7期。

〔28〕 2014年9月,银监会主席尚福林表示,为规范银行理财业务,未来银行销售理财产品要进行全程录音录像。参见陈家林:《银行销售理财产品要全程录音录像,杭州部分银行已试行》,载《杭州日报—都市快报》2014年9月11日C01版。

免责,由投资者自负其责。投资者自身的过错包括:投资者故意提供虚假信息导致金融机构的风险承受能力测试结果失真,以及投资者在明知风险的情况下仍然要求金融机构提供风险较高的产品等。

例如,《全国中小企业股份转让系统投资者适当性管理细则(试行)》(2013年2月8日发布,2013年12月30日修改)要求自然人投资者申请参与挂牌公司股票公开转让的条件是:(1)投资者本人名下前一交易日日终证券类资产市值500万元人民币以上。(2)具有两年以上证券投资经验,或具有会计、金融、投资、财经等相关专业背景或培训经历。[29] 如果有投资者只符合第(1)项要求,但无法提供证据证明其符合第(2)项要求,却坚持要求证券公司为其开立新三板投资账户。事后如投资者发生亏损,却要求证券公司承担民事赔偿责任,在此情况下,它的诉求不应得到支持。在这个案例中,只要证券公司进行了充分的信息披露即可免责。

(四)回归投资者适当性管理制度的本源

成熟市场对金融机构的行为监管严格细致,对投资者限制较少;而我国目前的投资者适当性管理制度多为对投资者提出准入要求,对金融机构的行为监管还有待细化,包括执业规范、内部问责机制、信息披露、销售要求、合规管理和中小投资者赔偿机制等。[30] 我国投资者适当性制度中对投资者分类比较粗糙,仅根据资金规模划分了机构投资者和个人投资者,却没有以投资风险承受能力为主要依据将投资者划分为专业投资者和普通投资者,并且,也没有就普通投资者或个人投资者的特点制定比专业投资者更为严格的适当性规范,使部分投资者丧失了公平投资的机会。[31]

金融机构信义义务的引入和举证责任规则的完善,也是对金融机构民事责任约束的强化。在金融机构违反适合性原则的场合,要求金融机构承担民事责任;在投资者自身存在过错的场合,要求投资者责任自负。唯有如此,才能真正做到"归位尽责",而不能一味地对金融消费者和投资者进行限制。总之,金融

[29] 邢会强:《新三板市场建设法律问题研究》,中国法制出版社2015年版,第71页。

[30] 鲁公路、唐婧:《如何健全我国资本市场投资者适当性制度》,载《证券时报》2013年12月31日第A11版。

[31] 曾洋:《投资者适当性制度:解读、比较与评析》,载《南京大学学报》(哲学·社会科学·人文科学)2012年第2期。

机构信义义务的引入,有利于最终回归投资者适当性管理制度的本源,而不是一味地剥夺部分人的权利。

Fiduciary Duty and Suitability Doctrines of the Financial Institutions

Xing Huiqiang

Abstract: The investor eligibility management is the requirement and concrete manifestation of the suitability doctrine. The reason why we emphasize the suitability doctrine is that in certain circumstances customers trust financial institutions, thus there is fiduciary duty between financial institutions and their customers. Although the doctrines of the investor eligibility management and suitability have been introduced into our country, the fiduciary duty has not yet. Consequently financial institutions in breach of the suitability doctrine can escape from the burden of civil liability, and consequently ignore the protection of financial consumers' rights. Under the current circumstances of China where the protection of financial consumers is advanced in depth, in order to protect financial consumers' rights at a higher level, the fiduciary duty should be drawn into financial laws of China. The fiduciary duty is the ground of the suitability doctrine. The financial institutions in breach of the investor eligibility management and suitability doctrines should undertake civil liability.

Key words: Investor eligibility management; Suitability doctrine; Fiduciary duty; Financial consumers

(责任编辑:张牧君)

论　　文

从“反正义的公平”到“底线正义”*

——基于转型中国一种典型社会正义观念的政治哲学分析

孙国东**

内容摘要：

转型中国社会正义问题的理论建构，具有三大历史规定性条件：转型的“进行时”，需为中国追寻“另类现代性”道路保留必要的想象空间，并兼顾理论建构的开放性、针对性和可行性；正义问题的共时性和整体性，需要把经济、政治和文化的正义问题统合起来；重大“正义事项”的未决性，需仍将视角聚焦于社会基本结构层面。

正义是“一致性”与“应得”(dues)的结合，即比较原则与非比较原则的统

---

* 复旦大学社会科学高等研究院副教授、价值建构研究项目主任、复旦大学当代中国研究中心副主任，法学博士。

** 本文系复旦高研院2014年“年度主题”(转型社会的正义)学术工作坊项目的研究成果，其最初思想曾在“政治哲学与当代中国”(中国人民大学哲学系，2014年7月)、复旦高研院2014年度主题“转型社会的正义”学术席明纳(2014年9月)中宣读或主讲。在这些及其他场合，顾肃、姚大志、郭苏建、刘清平、周濂、葛四友、吴冠军、杨晓畅、姚选民、袁翀、李鸣鹤、桂晓伟诸君提出了有益的批评或建议。特别是，慈继伟先生不仅在百忙之中认真地阅读了拙文，还澄清了他自己的相关思想、提示了相关文献信息，并提醒笔者注意对“底线正义”之含义、差别原则之性质等的界定和理解；马华灵学友则提醒笔者结合晚近正义理论关于“个人责任”的论说界定“道德上应得”的确切含义。他们的建议使得拙文论述更加严谨和完善。在此，一并致谢；当然，文责自负。本文关于罗尔斯、哈贝马斯、涛慕思·博格、德沃金等文字的引证，使用的是英文版本，但同时参照了相关中译本，感谢何怀宏、何包钢、廖申白、姚大志、万俊人、童世骏、曹卫东、顾肃、冯克利、信春鹰、吴玉章等译者的贡献。

一。前者界定了正义的形式要素;后者包括法律权利(rights)和道德应得(deserts),界定了正义的实质要素。所谓“反正义的公平”,是指符合一致性要求、但不符合“应得”要求的一种正义观念。它包括两种形态:“法律外的反正义的公平”和“法律内的反正义的公平”。这种正义观念的“话语”特质和机会主义特性,既使转型中国的各种社会抗争行动具有了泛道德的证成依据,亦加剧了“反正义局面易循环”的乱象。

中国文化中的机会公平传统、20 世纪人民共和革命所形成的“后习俗的”道德意识结构、当代中国实践哲学中的“权利话语”及当下中国缺失正义的社会基本结构,分别为“反正义的公平观”的产生提供了思想渊源、意识结构、话语基础和“背景制度”。

保障经济正义/分配正义(落实“实质性的机会公平”和“差别原则”)、建构公共商谈(公共自主)的政治机制、厉行法治,是超克“反正义的公平观”的三个方向。从罗尔斯自尊的社会基础及自由优先性适用的特定文明条件出发,转型中国作为“非丰裕社会”,应当坚持经济正义(分配正义)的优先性。基于对自尊的社会基础、罗尔斯分配正义原则适用的制度前提、转型中国经济正义问题特殊性等的分析,转型中国的经济正义应在很大程度上体现为“配给正义”。转型中国的“底线正义”诸原则,应包括如下“词典式”序列:经济正义原则(实质性的机会公平原则、差别原则)与政治正义原则(商谈民主原则、法治原则)。

关键词:

正义　公平　应得　话语　分配正义　公共商谈

引论:转型中国社会正义问题的历史规定性

(一)两种研究路向

“社会正义”(social justice)问题既是现时中国最突出的社会问题之一,亦是亟待结合转型中国[1]的“结构化情境”(政治与社会—历史条件)进入介入性

[1] 本文所谓的“转型中国”,不同于社会学家、经济学家的一般理解——后者多将“转型”等同于“转轨”,进而将其与改革开放以来中国经济体制(从计划到市场)的转轨联系起来。笔者理解的“转型”指称“现代转型”,即中国自晚清(乃至宋明)以来从传统到现代的转型。因此,它既具有更宏大的历史视野,亦具有更丰富的学理内涵,在实质上指向的是“古今中西问题”。

学理分析和实体性理论建构的重大理论课题。纵观中国知识界对此问题的研究,大体形成了两种研究路向。

第一种是规范性的政治哲学路向。从自由主义左翼(如罗尔斯的公平正义论、德沃金的资源平等论、阿玛蒂亚·森的能力平等论)到自由主义右翼(如诺齐克的持有正义论、哈耶克的否定性正义观),从社群主义(如沃尔泽的复合平等观、麦金太尔和桑德尔的德性正义观等)到共和主义(如佩迪特的新共和主义正义观),从批判理论(如霍耐特的承认正义论、南茜·弗雷泽的正义三元论)到分析马克思主义(如G. A. 科亨的分配正义观、凯·尼尔森的激进平等主义正义观),几乎所有的西方正义理论都能在中国找到学术知音,成为论者把握中国社会正义问题的理论凭借或学理参照。这种政治哲学路向的研究,又大致可分为两类:较为常见的取向是从西方理论出发的“拿来主义”研究,它们多以“×××正义理论/思想及其对中国的启示”为思路铺陈开来,一般先介绍或分析西方某种或多种正义理论/思想,再以此为依凭阐述对其的认识或回应中国社会正义问题的启示。在此类研究中,西方的某种或某些正义理论/思想未经转化地径直成为论者把握中国社会正义问题的理论工具;[2]还有一类是近年来兴起的具有“中国本位”取向的研究,即以中国情境中的某种特殊要素对某种西方正义理论提出质疑或指出改进方向。比如,万俊人基于中国情境对罗尔斯正义理论视野中正义制度的公共实践运作(或实践条件)之缺位进行了研究,并对其中蕴含的政府和公共管理部门及其管理者的政治道德问题及公民的正义美德、正义行为动机问题等进行了探讨。[3]

第二种是情境化的社会科学路向。比如,张静领导的学术团队采用定性经

---

〔2〕 这类研究可谓汗牛充栋,较有代表性的有:童世骏《当代西方正义理论对中国的三大启示》(《探索与争鸣》2011年第11期)一文借鉴罗尔斯正义理论、霍耐特、南茜·弗雷泽的承认正义理论及社群主义、文化多元主义的正义思想,对转型中国的公平与效率、再分配与承认、政治统一性与社会多元化等关系进行了研究;徐贲《分配正义和群体认同:社会正义在中国》(《当代中国研究》2003年第4期)一文借用沃尔泽的“复合平等观”对中国的社会正义问题进行了分析;邓正来《中国语境中的社会正义问题:序〈转型中国的社会正义问题〉》(《法制与社会发展》2013年第5期)一文借用霍耐特的“承认正义观”分析了转型中国的社会正义问题;等等。

〔3〕 参见万俊人:《罗尔斯问题》,载《求是学刊》2007年第1期。

验分析方法,对2006年以前中国社会成员的正义观念进行了较为全面的社会科学研究,其视野中的正义观念包括:当人们对是否公正作出评价时,通常使用何种根据,其中是否存在共识性的核心价值、原则及影响其正义感的因素是什么;在不同的领域和事项,人们的评价标准是否存在差异;在社会变迁和转型过程中,人们的正义观念是否以及发生怎样的变化等。与规范性的政治哲学路向不同,这种研究不是从某种正义理论出发,而是从中国的历史及现实经验出发所进行的研究。而且,研究者已充分认识到"把公正原则视为普遍性的、而非具有历史(文化)特殊性的论题进行讨论,会使我们在理解某个具体情境下的公正原则时有削足适履之感。"〔4〕

毋庸置疑,以上两种研究路向对于我们厘清和把握转型中国社会正义问题的复杂性都颇具启发意义,但亦有其内在的限度。下文将以转型中国社会正义问题的独特历史规定性条件为依凭,阐述它们对这些条件的忽视。在此,我想一般性地简要勾画它们(特别是政治哲学中的"拿来主义取向")所存在的问题。

"拿来主义"取向,是研究者最便利也最容易想到和做到的,甚至已成为中国学者研究西方思想时的一种研究习性。〔5〕但这种直接舶取西方某种正义理论/思想讨论中国社会正义问题的做法,在很大程度上放弃了对转型中国社会正义问题的深入思考,难免会造成"南橘北枳"式的情境错位,从而陷入"张冠李戴"般的"问题误置"(秦晖)。值得注意的是,部分西方正义理论(如社群主义的正义理论)尽管本身是情境主义取向的,但它们实质上根植于一个更为根本的"元情境"(meta-context),即主要基于西方特定的文明发展条件和现实境况。一旦未经反思或不加转化地照搬至中国情境,我们即把它视为普适性的,进而失去了原有的情境主义特质。这里的关键在于:情境主义应该是一种方法论,而不是一种"世界观"。当情境主义本身适用的"元情境"发生根本变化时,原

〔4〕参见张静主编:《转型中国:社会公正观研究》,中国人民大学出版2008年版,第52页。

〔5〕笔者曾直接借用佩迪特的"无支配的自由"来分析转型中国的社会正义问题[参见孙国东:《迈向一种政治哲学化的法律哲学:从韦伯的得失和中国法学的时代使命说开去》,载《华中法律评论》(第1辑·第2卷),华中科技大学出版社2008年版,特别是第三节"迈向一种根据中国的政治哲学化的法律哲学"]。在笔者攻读博士学位期间,由于多数同门都专治西方思想方面的研究,在博士学位论文开题或答辩时,评审老师提出最多的建议就是结合中国情境阐述对认识中国相关问题的启示。

本在其他情境属情境主义的理论模式势必会丧失其情境性。新兴的“中国本位”的政治哲学路向,无疑更具中国情境的自觉性;但由于多是局部性的研究,难免有片面化的局限。情境化的社会科学路向,由于过于贴近特定时段、特定领域或特定事项的正义问题,则不免有缺乏宏观把握的碎片化(fragmentation)倾向。

(二)转型中国社会正义问题的三大历史规定性

本文拟从正义的情境性出发,对转型中国的社会正义原则进行探索性的研究。让我们先从转型中国社会正义问题所依赖的“结构化情境”——历史规定性条件——谈起。

将正义理论与特定时空的政治与社会——历史情境相结合,是建构正义理论的关键所在。法兰克福学派的第三代领袖霍耐特(Axel Honneth)曾提出了“正义论作为社会分析”的著名主张,并试图“以社会理论去发展一种正义思想”。正如他指出的,“在制约当代政治哲学最大的一些局限中,其中有一个局限就是它与社会分析的脱节,这使得哲学只能定位在纯粹规范性的原则上。”[6]因此,要建构适合于转型中国情境的社会正义理论,必须建立在对转型中国的“社会分析”基础之上。依此看来,转型中国的社会正义问题至少具有如下三个独特的历史规定性条件——而这些“结构化情境”正是前述两种研究路向所普遍忽视的。

第一,现代转型的“进行时”,需要我们为中国追寻兼具现代性和“中国性”(Chineseness)的“另类现代性”(alternative modernity)道路保留必要的想象空间和探索空间,同时兼顾理论建构的开放性、针对性和可行性。从理论上看,中国追寻“另类现代性”道路的必要性在于:西方既有的现代国家建设模式不符合中国作为“超大规模型国家”的政治和社会——历史条件。其可能性则在于:中国作为“文明型国家”(civilization-state)具有可能“接榫、吸纳、转化乃至超越”西方现代性模式的丰厚文化资源。[7] 从实践历史上看,现时中国在“歪路”(苏

---

[6] [德]霍耐特:《自由的权利》,王旭译,社会科学文献出版社2013年版,第9页。

[7] 时下论者的诸多论述,亦多以“超大规模型国家”和“文明型国家”为理据,但常常人为地压缩了理论对实践的规范性范导空间,很大程度上具有“以‘有效’或‘可行’来取代‘善’和‘正当’”(邓正来)的取向。作为一种规范性的研究,本文只是建议保留中国追寻“另类现代性”的想象空间,但并不把它视为既定秩序或制度安排辩护的理由。换言之,它旨在探求一种具有前瞻性和开放性的中国现代社会—政治秩序和法律秩序。

联模式)和"邪路"(西方模式)之外正在探索的中国特色社会主义道路,溯源于孙中山所开启的"既非复古、也非西化"的中国式现代国家建设道路。[8] 鉴于这种"既非复古、亦非西化同时超越苏联模式"的"另类现代性"道路仍在进行中,我们的理论建构应为此保留必要的想象和探索空间。前述研究路向,特别是"拿来主义"的政治哲学路向,很大程度上把西方所面临的问题当做中国自己的问题,恰恰忽视了转型中国的社会正义所依赖的这一更大情境。从法哲学的视角来看,转型的"进行时"其实意味着:亚里士多德关于法治的两大理想要素——"规则之治"与"良法之治"[9]——应当同时成为我们的法治追求。换言之,维护社会—政治秩序和法律秩序的相对刚性与促进其朝着符合"良序社会"(well-ordered society)乃至"良善社会"(good society)[10]的要求发展,应同时成为我们的法治诉求。为顺应这一共时性的正义追求和法治追求,同时增强理论模式对于中国情境的指涉能力和言说能力,转型中国正义理论的建构,应当兼顾开放性(规范性)、针对性和可行性(feasibility)。所谓"开放性(规范性)",是

---

[8] 参见郑永年:《中国模式:经验与困局》,浙江大学出版社2010年版,第65页;孙国东:《改革时代"政党—国家"的法治化》,载《探索与争鸣》2015年第2期。

[9] 亚里士多德认为,法治意味着"已成立的法律获得普遍的服从,而大家所服从的法律又应该本身是制定得良好的法律。"参见[古希腊]亚里士多德:《政治学》,吴寿彭译,商务印书馆1965年版,第199页。

[10] 从学理上看,"良序社会"(正义社会)的理念一般主张"正当优先于善",即认为社会—政治秩序的正当性是理想社会秩序的根本。因此,它多为自由主义论者所接受。"良善社会"(good society)的理念一般主张"善优先于正当",即认为促进善观念的生长以确保社会—政治秩序的可欲性(desirability)是理想社会秩序的基础。因此,它多为社群主义、共和主义或保守主义论者所偏爱。大体来说,我们可将两者的区别解读为对理想社会的载体理解不同:前者主要落实为国家的制度体系,并进一步体现为国家和社会进行制度建构的政治责任和道义责任;后者主要体现为个体的道德义务或社会的团结机制。在西方语境中,良善社会理念主要是作为良序社会理念的补充(而非替代)而存在的,即是对前者的修补性、改良性的主张。在转型中国的语境中,鉴于现代性问题的共时性存在,上述两种理想社会的理念都应进入我们的视野中。但值得注意的是,我们需结合现时中国独特的政治与社会—历史条件去建构转型中国"良序社会"乃至"良善社会"的具体规范性要求,而不可径直把西方论者的主张照搬过来。后文关于转型中国"底线正义"规范性要求的表述及其理由,将充分说明这一点。

指我们要为中国现代社会—政治秩序和法律秩序的建构保留充分的提升空间；所谓“针对性和可行性”，是指理论建构应当契合于中国现代转型的独特政治和社会—历史条件，并具有制度和实践层面的可行性。

第二，转型中国社会正义问题的共时性和整体性，需要我们把经济领域、政治领域和文化领域的正义问题统合起来进行研究。在笔者看来，经济领域的分配正义、政治领域的参与平等和文化领域的认同平等，构成了现代社会正义问题的主要方面。[11] 对西方国家来说，政治上的参与平等问题、经济上的分配正义问题和文化上的认同平等问题，大致是沿着历时性的自然时间逐步凸显出来的。大致来说，参与平等主要是西方工业社会时期所面临的正义问题，分配正

〔11〕 美国批判理论的代表人物南茜·弗雷泽(Nancy Fraser)提出了统一于“参与平等”的“三元正义观”，即“3R 模式”，也就是经济领域的“再分配”(Redistribution)、政治领域的“代表权”(Representation)和文化领域的“承认”(Recognition)。这种统合了经济正义、政治正义与文化正义(承认政治)的正义观，较为全面地把握住了现代复杂社会的主要正义领域及其道德直觉。但在笔者看来，相比“代表权”和“承认”，“参与平等”和“认同平等”更能把握政治正义和文化正义的“规范性基础”(normative foundation)。如果我们把“参与平等”限定为政治参与或公共参与方面的平等，而不是南茜·弗雷泽所说的参与社会生活的平等，那么它更应成为政治正义的规范性基础，而不是正义概念的“最大公约数”。相较于“代表权”常常与特定的政体模式关联起来，“参与平等”既更具有普适性，相对于非西方国家的政治正义问题亦更具有情境相关性；相较于“承认政治”常常与文化多元主义、黑格尔主义、社群主义等特定思潮或取向相联系，“认同平等”同样更具有普适性，亦更能把握文化正义的道德自觉。再者，将“承认政治”(“为承认而斗争”)与“分配正义”并列起来，尽管最大限度地兼顾了学术传统和学理逻辑的延续性，但却牺牲了理论视角的一致性：前者是从个体化(主体中心视角)视角对个体行为正义的评判；而后者则是从社会(主体间性)视角对社会正义的把握。故此，为了确保理论视角的一致性，同时为了增强理论模式相对于中国情境的指涉能力和言说能力，笔者主张把南茜·弗雷泽的“三元正义观”修正为经济领域的分配正义、政治领域的参与平等和文化领域的认同平等。关于南茜·弗雷泽的“三元正义观”，可参见[美]南茜·弗雷泽：《重构全球化世界的正义》，载[美]奥尔森：《伤害＋侮辱：争论中的再分配、承认和代表权》，周穗明译，上海人民出版社 2009 年版，第 271～282 页。Nancy Fraser(et al.), “Recognition, Redistribution and Representation in Capitalist Global Society: An Interview with Nancy Fraser”, in *Acta Sociologica*, Vol. 47, No. 4, Recognition, Redistribution, and Justice (Dec., 2004), pp. 374 – 382.

义是工业社会后期特别是 1960 年以来的“后工业社会”更为凸显的正义问题，认同平等是 1980 年以来随着文化多元主义思潮的兴起始被提上议事日程的正义问题。然而，所有这些正义问题都共时性地存在于转型中国——此即为转型中国正义问题的“共时性”。更一般地说，现代性问题的共时性存在，是几乎所有后发展国家现代化进程所面临的共同挑战。所谓正义问题的“整体性”，是指某个领域的正义问题与其他领域的正义问题交缠在一起的情形。比如，需要把政治体制的完善与分配正义关联起来，才能全面把握后者并为之找到建设性出路的情形。[12] 显然，前述两种政治哲学路向及社会科学路向的研究，均忽视了转型中国正义问题的这种共时性和整体性特质。

第三，转型中国重大正义事项的未决性(unsolvedness)，需要我们仍将视角聚焦于“社会基本结构”层面。所谓“正义事项”(matters of justice)，是指正义规范、原则或法则所适用的社会、政治或法律事项。根据罗尔斯的著名观点，社会基本结构的正义是首要的正义。罗尔斯曾对“社会基本结构”作了如下界定：它是指“一个社会的主要政治、社会和经济建制(institutions)，以及它们是如何融合为一个世代相续的社会合作统一体系的。”[13] 基于对正义领域的前述理解，我们可以对这一定义稍加修正如下：社会基本结构是指一个社会主要经济、政治和文化建制，以及它们是如何融合为一个世代相续的社会合作体系的。如果说西方发达国家社会基本结构的正义问题主要是修补性的，那么，转型中国则更具有制度建构的紧迫性。西方发达国家已经建立起了符合现代性基本要求的社会基本结构，所面临问题的是如何将其建设成为一种更符合正义要求的良序社会乃至良善社会；而我们不仅面临着同样的正义课题，更面临着进一步建构现代社会基本结构的历史任务。借用吉登斯(Anthony Giddens)的术语，如果说西方发达国家已然经由数百年的现代性进程在社会基本结构层面落实了“解束政治”(emancipatory politics)的基本成就，现在面临的主要是与自我认同有关的“生活政治”(life politics)问题，那么“解束政治”和“生活政治”是我们需要同时面对的历史课题。前述社会科学路向的研究，最大的缺憾就是未能把视野放在社会基本结构层面。

---

〔12〕 关于转型中国正义问题的整体性，笔者将在题为《关联性正义：迈向一种情境化的正义观》的研究中另文专论，本文不拟申论之。

〔13〕 J. Rawls, *Political Liberalism*, New York, Columbia University Press, 1996, p. 11.

（三）研究定位、研究起点与研究思路

基于上述分析，转型中国社会正义的理论建构应当：（1）从正义问题的共时性和整体性出发；（2）聚焦于社会基本结构层面的"底线正义"（bottom-line justice）。"底线正义"的定位，既旨在为正义的较高要求保留充分的规范性空间，亦旨在为中国追求"另类现代性"的道路保留必要的想象空间和探索空间。

然而，本文并不打算直接把对转型中国社会基本结构的分析作为出发点，而拟代之以社会基本结构制约下的某种典型正义观念为出发点。在笔者看来，这是与转型中国的社会正义问题更具有相关性的一个"结构化情境"，既相对稳固而又亟待回应的情境。这种研究起点（经验参照点）的选择，主要基于如下两方面的考虑。

第一，尽管既定社会基本结构为社会行动提供了基本的结构条件，但如果不考察行动者的相应表现（特别是其正义观念），仍不足以揭示出转型中国社会正义问题的紧迫性、严重性和复杂性。正如后文将要揭示的那样，这种紧迫性、严重性和复杂性，在很大程度上体现为某种极端的、激进的社会正义观念与"缺失正义的"（justice-deficient）社会基本结构之间的高度紧张。用社会理论的术语讲，"能动者/施为者"（agents）[14]与"结构"（structures）在正义事项上的冲突，构成了转型中国社会正义问题的主要"结构化情境"。因此，行动者的正义观念及其与社会基本结构之间的互动，是把握转型中国社会正义问题的一个恰当的经验参照点。

第二，一个社会的主导正义观念既是其"正义的条件性"的具体表现，亦是引发社会正义问题的社会心理基础，具有相当程度的情境依赖性。正如哈贝马斯指出的，与现代社会相适应的是一种"后习俗道德"（post-conventional morality），而它所面临的最大问题之一是动机不足。由于世界的"除魅"及宗教—形而上学世界观的崩塌，人们缺乏足够的动机资源实施道德行为——这种

〔14〕 在社会—政治理论的学术传统中，"agent"（能动者/施为者）和"actor"（行动者）是略有区别的两个概念。一般来说，前者多为吉登斯、布迪厄、哈贝马斯等左翼社会理论家所偏爱；后者源于韦伯，并尤为符号互动论、文化解释论等关注行为（behavior）背后之文化蕴含（动机或意义关联等）的论者所偏好。因此，后者有"理解社会学"或"解读性社会学"（Interpretive Sociology）的背景，但亦常被认为带有"意识哲学"或"主体哲学"痕迹。由于不属于细致的社会理论研究，本文对两者不做区分。

动机资源,在传统社会是由宗教整全性教义或道德、哲学整全性学说(comprehensive doctrines)提供的。“每一种后习俗的道德,都要求与那种不受质疑的、已确立并被视为当然的生活形式保持距离。与具体的伦理生活相分离的道德判断,不再直接带有将这些判断转化为行动的动机性力量。”[15] 这其实意味着尽管道德律令被期待具有康德意义上的自律性(无条件性),但现代道德实践却常常具有他律性(有条件性)。换言之,“道德的机会主义”(moral opportunism)在很大程度上构成了现代人在道德实践中的普遍道德行为模式。正是沿着这样的思路,慈继伟提出了“正义的条件性”的著名观点:作为一种介于纯粹利他主义与纯粹利己主义之间的品德,正义所依赖的个体行为动机具有“实践条件性”或“基于利益的条件性”,即“他人普遍遵守正义规范是每个人遵守正义规范的前提。”[16] 然而,正义动机的条件性,不仅是基于利益的条件性,更是基于观念的条件性。关于“观念”(idea)与“利益/旨趣”(interest)对个体行为的影响,韦伯有一个著名的说法:诚然,“直接支配人类行为的是物质上与精神上的利益,而不是观念。但是,由‘观念’所创造出来的‘世界图像’(world images),却常如轨道转辙员一样,决定着利益动力所驱动的行动沿着何种轨道运行。”[17] 对此,哈贝马斯进一步将其分解为四个命题:

“(1)‘利益的动力’推动了行为的产生;(2)但这种动力通常只在实际上有效的规范性调节(normative regulations)的范围内发挥作用;(3)规范性调节的有效性,依赖于可以为之提供支持的那些观念所内在具有的说服力;(4)这些观念的实际说服力,也依赖于它们在某种给定情境被提出来时所具有的可进行客

---

〔15〕 J. Habermas, Law and Morality, trans. Kenneth Baynes, in SM McMurrin (ed.), *The Tanner Lectures on Human Values*, Volume 8, Salt Lake City, University of Utah Press, 1988, p. 245. 为使行文统一起见,此处引证把原文中的“后传统”(post-traditional)改为了“后习俗”。

〔16〕 参见慈继伟:《正义的两面》(修订版),三联书店 2014 年版,第 15 页、第 20 页。

〔17〕 参见[德]马克斯·韦伯:《韦伯作品集 V:中国的宗教 宗教与世界》,康乐、简惠美译,广西师范大学出版社 2004 年版,第 477 页(此处根据英译本对译文进行了调整,参见 M. Weber, *From Max Weber: Essays in Sociology*, H. Gerth and C. W. Mills (eds.), New York, Oxford University Press, 1946, p. 280)。

观评价的奠基和证成潜力。"[18]

就社会正义问题而言,它固然与现存的某些社会不义或不公侵害社会成员的利益有关,但它之所以能够形成捍卫正义的社会行动,既与社会成员诉诸的正义观念所提供的证成力量密不可分,亦与这种观念所塑造的道德心理体验密切相关。就前者来说,上述分析其实已表明,社会成员要想使自己的利益抗争获得道义上的支持,"必须与证成规范有效性主张的观念结合起来。"[19]就后者来说,具有不同正义观念的社会成员可能会对同类性质的社会现象具有不同的道德心理体验,从而产生完全不同的社会评价(道德和法律评价),并促发不同的社会行动和社会后果。比如,同样一种具有歧视意味的行为、习惯或制度,在一个礼治文化根深蒂固的社会(如日本)大概并不会产生严重的社会后果,在一个普遍主义的平等观念深入人心的社会(如美国)极可能会引发宪法诉讼,而在一个社会成员普遍具有机会主义平等观念的社会(如现时中国)则可能触发抗争性的社会行动。其中的差异,固然与社会基本结构(特别是宪制架构)的差异有关,但在社会现象与社会行动、社会后果之间起中介作用的,却是不同的社会正义观念及其塑造的不同道德心理体验。

基于上述分析,本文拟以转型中国的某种典型的社会正义观念为研究起点,通过分析其与社会基本结构等的互动,探究超克这种观念的"底线正义"诸原则。这种典型的社会正义观念,即上文提到的"机会主义的平等观念"。为了便于理论把握,本文将其定性为"反正义的公平观"(the idea of fairness-against-justice),并在整合相关理论论说的基础上,对之进行学理上的勾画,同时结合中国情境分析其两种存在形态及其"话语"特质和机会主义特性。对于这种相对扭曲的观念,既有论者习惯于采用基于启蒙理性的道德批判立场。然而,这种取向尽管可以澄清是非,但却不足以探究其生成机理和改进方向。本文拟在探究其生成机理的基础上进行建设性的探讨。考虑到正义的情境依赖性,本文拟继续采用我一直主张的"政治哲学建构与社会—历史分析相结合"的研究取径,也就是在一定程度上将前述规范性的政治哲学路向与情境化的社会科学路向

〔18〕 J. Habermas, The Theory of Communicative Action, Vol. 1, *Reason and the Rationalization of Society*, trans. T. McCarthy, Boston, Beacon Press, 1984, p. 193.

〔19〕 See J. Habermas, *Between Facts and Norms*: *Contributions to a Discourse Theory of Law and Democracy*, trans. W. Rehg, Cambrige, Mass, MIT Press, 1996, p. 69.

结合起来的研究路向。鉴于本文的研究起点是社会观念,笔者将部分借鉴福柯式的话语分析方法,将社会观念视为一种"话语"(discourse),进而探究其"如其所是"的生成机理,即"旨在重新发现……在何种历史先天性基础上,在何种确定性要素中,观念得以呈现,科学得以确立,经验得以在哲学中被反思,合理性得以塑成,以便也许以后就会消失。"[20] 笔者将秉承福柯话语理论的一个基本命题:话语既是被社会(知识)建构起来的,又以"真理"的面目在话语实践中形成了"话语控制"的"权力"关系。但作为一种建设性的探讨,笔者将舍弃福柯式考古学或系谱学路径所呈现的社会批判立场,而拟从"话语"的内在要素入手,探讨"反正义的公平观"的生成机理。最后,笔者将从"反正义的公平观"的存在形态和生成机理出发,探讨有可能促使这种观念发生正向调适性变化的"底线正义"诸原则。

一、"反正义的公平观"与转型中国的正义问题

(一)何为"反正义的公平"?

作为社会—政治秩序和法律秩序的首要美德,"正义"历来被人们珍视,但亦面临着众说纷纭的论说局面。在笔者看来,罗尔斯式的"作为公平的正义"(justice as fairness)与约翰·凯克斯(John Kekes)的"应得正义论"这两种相互补充的理论模式,尤其值得我们重视。因为他们都以相对精致的理论框架把握住了可贯通经济、政治和文化等主要正义领域的价值取向或规范性空间。

自罗尔斯《正义论》出版以来,平等主义的"作为公平的正义"即成为人们论说正义的主流理论模式。这种理论模式聚焦于社会基本结构的正义,同时把"公平"作为正义概念的根本要求,形成了"作为公平的正义"的模式,并以平等主义的取向进行阐释。在首次提出"作为公平的正义"时,罗尔斯在开篇即指出:"在正义的概念中,根本的理念(fundamental idea)是公平的理念。"[21] 在晚

---

[20] 参见[法]福柯:《词与物:人文科学考古学》,莫伟民译,三联书店 2001 年版,第 10 页(前言)。

[21] J. Rawls, Justice as Fairness, *The Journal of Philosophy*, Vol. 54, No. 22 (1957), p. 653.

年重述其正义理论时，他又明确指出：“作为公平的正义是一种平等主义的观点”。[22] 因此，罗尔斯几乎把“正义”“公平”“平等”作为同等价值指向的概念加以运用——尽管他形成了独特的理论阐释方式，特别是通过“平等自由原则”、“公平的机会平等原则”和“差别原则”把自由、形式平等和实质平等有机地统合了起来。这种理论模式的特质是：它既把社会基本结构的正义作为正义的首要问题，又把它作为先于“应得”（desert）的制度前提予以确认。罗尔斯认为，“应得”预设了特定社会合作体系的存在。[23] 他明确主张，“在公共生活中，我们需要避免使用道德应得的观念，而代之以属于某种理性政治观念的事物。”[24]他所找到的这种政治观念就是“合法期待”（legitimate expectations）：“一个正义体系回答了人们被授予何种资格的问题；它也满足了他们以社会制度为基础的合法期待。”[25]可见，罗尔斯把符合正义要求的社会基本结构视为评判“应得”与否的制度化前提和标准。如果考虑到法律秩序是现代社会基本结构的根本表征，我们可以说罗尔斯仅仅认可法律上的“应得”，而把道德上的“应得”排除于视野之外。借用一个含义丰富的德语词汇“Recht”（正当、法律、权利、法权等）来表达，罗尔斯其实在主张“Recht 先于应得”的意义，把道德上的“应得”排除于正义的关切之外。从罗尔斯的整个理论体系来看，这亦可从作为其政治自由主义三大理念之一的“正当优先于善”之理念中合乎逻辑地推导出来：（道德上的）“应得”如果不能从属于（法律上的）“正当”或“权利”（right[s]），它不过是多元善观念的文化表征而已，是一种“背景文化”（background culture）。正是在这个意义上，凯克斯指出，“罗尔斯的正义观是平等主义的。他试图提供对应得在其中不起重要作用的正义概念的一种解释。”[26]

---

〔22〕 J. Rawls, *Justice as Fairness: A Restatement*, *E. Kelly* ed., Cambridge, Mass, Belknap Press of Harvard University Press, 2001, p. 130.

〔23〕 See J. Rawls, *A Theory of Justice* (revised edition), Cambridge, Mass, Belknap Press of Harvard University Press, 1999, p. 89.

〔24〕 J. Rawls, *Justice as Fairness: A Restatement*, E. Kelly ed., Cambridge, Mass, Belknap Press of Harvard University Press, 2001, p. 73.

〔25〕 J. Rawls, *A Theory of Justice* (revised edition), Cambridge, Mass, Belknap Press of Harvard University Press, 1999, p. 273.

〔26〕 ［美］凯克斯：《反对自由主义》，应奇译，江苏人民出版社 2003 年版，第 176 页。

为了纠偏罗尔斯式正义观忽视(道德上的)“应得”的平等主义取向,凯克斯主张将正义理解为“一致性”与“应得”的结合,同时把“应得”明确界定为道德上的应得。凯克斯认为,在正义的两大要素中,“一致性要求类似的情况类似地对待,不同的情况不同地对待。应得提供了评价相似性和差异性的基础。”〔27〕他不仅主张“应得内在于正义”(应得是正义的实质要素),而且把“应得”明确限定为道德上的应得。应得的基础就是与接受者的道德上的优点或缺点相称地分配利益和伤害。道德上的优点和缺点被理解为就人们的特性、关系、协议或行为而言,使它们适合他们应当得到的相应的利益或伤害。”〔28〕之所以把道德上的“应得”纳入正义范畴,是因为凯克斯不仅坚信任何建设性的政治哲学都要“保护一个社会的成员能够在其中过他们自己的良善生活的条件”,而且认为“一个社会的良善依赖于生活于其中的人们的生活的良善。”〔29〕因此,正如凯克斯自我期许的,他旨在为一种“保守主义—多元主义”政治哲学提供学理上的辩护。如果说,罗尔斯试图为建构良序社会(或正义社会)所承诺的社会基本结构提供政治哲学论证,那么凯克斯则力图为这种社会基本结构填充更具实质性的道德内容。

本文无意偏护任何一种具有特定取向的政治哲学,而拟开展“问题导向的”(issue-oriented)研究。前已论及,转型中国正义问题具有三大历史规定性:兼具现代性和“中国性”的中国现代社会—政治秩序和法律秩序仍处于正在形成的历史进程中;正义问题的共时性和整体性;社会基本结构层面之正义的未决性。这些历史规定性条件,其实为转型中国正义理论建构所依赖的思想资源提出了一个方法论上的要求:它应当是“切己的”,而不是“排他的”。〔30〕换言之,我们应从转型中国的问题出发进行自主的理论建构,而不是方枘圆凿地用任何既定的理论模式“裁剪”转型中国的正义问题。前文关于现代转型之“进行时”对理论建构的要求启示我们:无论是罗尔斯对正当(社会—政治和法律)秩序本身的坚守和确认,还是凯克斯关于良善社会的更高道德期待,都应进入转型中国正

〔27〕 [美]凯克斯:《反对自由主义》,应奇译,江苏人民出版社 2003 年版,第 169 页。

〔28〕 参见[美]凯克斯:《反对自由主义》,应奇译,江苏人民出版社 2003 年版,第 169 页。

〔29〕 参见[美]凯克斯:《反对自由主义》,应奇译,江苏人民出版社 2003 年版,第 281 页;[美]凯克斯:《为保守主义辩护》,应奇、葛水林译,江苏人民出版社 2003 年版,第 1 页(导论)。

〔30〕 参见慈继伟:《中国政治哲学需要自己的“议事日程”》,载钱永祥主编:《思想 第 13 辑 一九四九:交替与再生》,台湾,联经出版事业股份有限公司 2010 年版,第 210 页。

义理论建构的规范性视域中。如果从法治的视角来看，“规则之治”与“良法之治”应当同时成为我们的法治追求。其中，“规则之治”是形式正义的要求，旨在确保法律秩序（或社会基本结构）成为保障社会正义的刚性秩序；“良法之治”则是实质正义的要求，旨在确保法律秩序（或社会基本结构）本身不断趋近正义社会（良序社会）乃至良善社会的要求。

为了使“正义”的内涵更具有中国情境的相关性和针对性，本文基本遵循凯克斯的思路，将“正义”总体上可操作性地理解为“一致性和应得的结合”；但在对“应得”的理解上，则统合罗尔斯和凯克斯的观点，将其视为法律标准与道德标准的统一，即法律上应得与道德上应得的统一。换言之，这里的“应得”(dues)是乔尔·范伯格(Joel Feinberg)意义上的，它是法律“权利”(rights)与道德“应得”(deserts)的统一。[31] 在笔者看来，如果像凯克斯那样把“应得”仅限于道德上的“应得”，不仅不足以揭示转型中国正义问题的复杂性，反而会遮蔽这种复杂性。对转型中国来说，人们的正义观不仅常常背离了道德上的“应得”，而且亦违背了法律上的“应得”，即法律权利。在转型中国，所谓的“比坏心理”以及在这种心理下发动的诸多抗争行动，不仅把道德抛在九霄云外，甚至连法律也屡遭践踏——这正是违背法律上“应得”的典型例证。因此，只有把“应得”视为法律标准和道德标准的统一，进而将其共同纳入“正义”的内涵之中，我们才能对转型中国的各种违反“应得”要求的正义观进行深刻反思，从而廓清建构中国现代社会基本结构的问题性质和努力方向。

因此，本文所理解的正义，是形式上的一致性与实质上的应得的结合。[32]

---

〔31〕 See J. Feinberg, Non-comparative Justice, *The Philosophical Review*, Vol. 83, No. 3 (1974), p. 300.

〔32〕 值得注意的是，将正义理解为形式上“一致性”与实质上“应得”的结合，并不完全等同于将其理解为形式正义与实质正义的结合——唯有在“一致性”符合“应得”要求的良序社会，它们始能二而一地对应起来。为了反衬出“形式上的一致性”可能导致的“反正义”，本文保留形式正义（规则之治）本身的正义属性，并把它与实质正义（良法之治）共同作为正义之实质要素——“应得”——的基础。把“一致性”与“形式正义”区分开来，旨在表明：一致性尽管常常是形式正义的典型形式，但亦会成为滥用形式正义的表现。后文详论的那种“反正义的公平观”，正体现了这一点：那些在公平（一致性）名义下进行的各种抗争行动，常常既违背了违反实质正义的“应得”要求，亦违背了形式正义的“应得”要求。

借用乔尔·范伯格的话说,它是"比较原则"(comparative principle)与"非比较原则"(noncomparative principle)的结合:正义的"比较原则"要求,类似情形类似对待,不同情形不同对待;正义的"非比较原则"要求,个体应当根据其应得(法律权利或道德应得)予以对待。[33] 其中,一致性(比较原则)界定了正义的形式要素,依赖于对同等情况或不同情况的比较;应得(非比较原则)则界定了正义的实质要素,提供了对这些同等情况或不同情况进行评判的标准,包括法律标准和道德标准。两者一道构成了"正义"的完整内涵。不符合一致性(比较原则)要求,是"非正义的"(unjust);不符合应得(非比较原则)要求,是"反正义的"(anti-just)。相应地,笔者把"公平"主要理解为一种形式性、关系性的范畴,即大体对应于正义之"一致性"(比较原则)要求的范畴。换言之,它天然地导向平等主义,仅要求在社会成员之间形式上做到"同等情况同等对待,不同情况不同对待",而无涉评价这些"同等情况"或"不同情况"的实质标准。从"公平"(一致性)与"正义"的关系来看,如果前者可以通过后者所蕴含的"应得"的进一步检验,那么两者就是高度一致的,即表现为"合乎正义的公平";反之,则是一种"反正义的公平"。因此,"正义"提出了比"公平"更高的规范性要求(normative requirement)。所谓"反正义的公平",即是指仅主张"同等情况同等对待,不同情况不同对待",但实质上违反"应得"要求的一种平等观念。[34]

(二)"反正义的公平观":典型个案与存在形态

让我们先从近年来曾引起广泛关注的两个公共事件谈起。

一个是发生在湖北钟祥的围攻高考监考老师的事件。2013年5月8日,在

---

〔33〕 See J. Feinberg, Non-comparative Justice, *The Philosophical Review*, Vol. 83, No. 3 (1974):297 – 338. 关于"比较原则"与"非比较原则"之间的关系及其实践运用,可参见 R. H. Levine & R. Pannier, Comparative and Noncomparative Justice: Some Guidelines for Constitutional Adjudication, *William & Mary Bill of Rights Journal*, Volume 14, Issue 1 (2005) pp. 141 – 192。

〔34〕 不同于罗尔斯式的"作为公平的正义",本文所谓的"反正义的公平"是在凸显"公平"与"正义"之区别的前提下,专为描绘转型中国的主导正义观念而提出的,其批判意义大于建构意义。它具有某种临时性,为后文将要进一步构建转型中国"底线正义"诸原则提供了基本的问题意识。

湖北钟祥市第三中学高考考点，由于不满外地监考老师“不通情理”、监考太严，上千名家长和考生围攻监考老师，引发了群体性事件。在记者采访抗议者时，听到最多的一句话是：“我们要的是公平，不让作弊就没法公平。”在他们看来，作弊似乎已成为他们获得公平对待的一种权利。他们不无冤屈地说道：“考试作弊在中国很普遍，所以强迫他们的孩子无法作弊就是对这些孩子不公”、“有钱有权人家的孩子，通过关系打点好，能抄到答案。普通人家的孩子，花大价钱买了答案，没打通关系，作弊工具被收走，仍然抄不到。”[35]

另一个是曾引发广泛关注的“张艺谋超生事件”。作为国际知名导演，张艺谋婚外超生了三个孩子，被媒体曝光后被罚收社会抚养费748万元。在此事件发酵的大半年时间(2013年5～12月)里，人们几乎都怀着“围观”的心态，一边倒地支持政府部门对其进行严肃查处，有媒体甚至在头版刊发“寻人启事”强迫张艺谋正面回应。在此事件中，人们不再诉诸法律之外的理由，无论是民间的讨论还是官方的回应，“法律面前人人平等”成为人们共同采用的评价标准。

初看起来，这两个事件似乎风马牛不相及。特别是，在上述两个事件中展现其正义观的人群不仅不是重合的，而且常常是对立的。大体来说，第二个事件主要体现了常以“启蒙者”自居的主流知识精英(特别是公共知识分子)的价值立场，第一个事件所呈现的“无公德的个人”(阎云翔)则多见于被前者视为启蒙对象的普罗大众之中。然而，只要我们拨开由“精英—大众”这种二元化模式造成的认知迷雾，便可发现其正义观的同构性。在表面上对立(违法 vs. 守法)的背后，它们其实共享着同一种正义观。

首先，它们都在根本上诉诸“公平”这一价值立场，所不同的只是为“公平”所寻找的证成依据(justifications)有所差异：泛道德意义上的“同等情况同等对待”vs. 法律内的“同等情况同等对待”。后者似乎不言自明，这里需要对前者略加说明。一般来说，“同等情况同等对待，不同情况不同对待”是正义之一致性原则的典型表现，也是形式正义的基本要求，其道德基础源于对人格平等的承

---

[35] 参见雷磊等：《“不作弊，不公平”：一个高考“强”县的养成》，载《南方周末》2013年6月20日第A1版；萧辉等：《教育名城钟祥的高考“舞弊战”》，载《新京报》2013年6月20日第A23版。

认,即把人视为平等者(treating people as equals)[36]。那些主张"抄袭权"的人们所诉诸的理由是:为数不少的其他人可以通过"找关系"或抄袭知道高考答案,为公平起见,他们也有权抄袭。尽管通过抄袭获得较高的分数严重违反了实质性的道德和法律规范,但是主张"同等情况同等对待"却仍符合某种形式上的道德直觉,因为它在形式上符合"把人视为平等者"这一人格平等的要求——这种符合形式上的道德直觉但违反实质性道德规范的情形,我们可以称为"泛道德的"。这种情况其实表明:道德直觉主义(moral intuitionism)是不可靠的。后文将会阐明:以直觉主义的方式把握正义原则亦是很不充分的。

其次,它们都放弃了对这种一致性(同等对待、公平或比较原则)之正当性基础(应得)的进一步追问,因而在根本上都是"反正义"的。一致性是正义的形式要素,但"应得"作为正义实质要素,为一致性原则的运用提供了道德或法律标准。当且仅当这些"同等情况"或"不同情况"所蕴含的权利或义务对可供比较的多方当事人来说都是其道德或法律上"应得"的,它才是符合正义的。正是这种共享的"应得",构成了比较这些"同等情况"或"不同情况"的共同道德基础。约翰·基恩(John Kean)在阐发乔尔·范伯格"非比较原则"与"比较原则"的关系时曾指出,如果说"非比较原则"关涉的是根据其应得对待人们的问题,并且如果对某个个案中应得的计算(calculation)自然地导向了某个适用于所有类似情形的一般性正义规则,那么遵循这一规则的每一种情形就都受到了同等对待,即同时亦遵循了"比较原则"。[37] 因此,如果某个行为主体(S1)从违反"应得"的诉求中获利,另一个行为主体(S2)以"类似情况类似对待"为由而主张另一项同样违反"应得"的利益,此时即使形式上符合正义的一致性(比较性/公平)原则,这种主张也是违反正义的:由于双方都违背了"应得"要求,我们势必无法从中推导出可适用其他同等或类似情形的一般性正义规则。前述第一个事件中所谓的"抄袭权",即是这种情形。即使他们的主张在道义上具有某

[36] 德沃金区分了"把人视为平等者"(treating people as equals)与"平等地对待每个人"(equal treatment)(See R. Dworkin, Taking Rights Seriously, Cambridge, Mass, Harvard University Press, 1977, p. 277)。前者涉及人格平等或机会均等,后者涉及实质平等或结果平等。一般来说,后者更具实质意义,但前者更为基础。

[37] See J Kean, Justice, Impartiality and Equality: Why the Concept of Justice Does Not Presume Equality, *Political Theory*, Vol. 24, No. 3(1996), p. 380.

种“公平性”,但由于双方都严重违背了“应得”要求,他们都是严重违反正义的。事实上,如果一个社会可以允许人们竞相(“公平”地)做邪恶的事情,不仅正义早已隐没,它甚至根本就不配称为“人类”社会! 第二个事件所体现的正义观之所以亦是“反正义”,乃因为它同样放弃了对应得(即“同等对待”的正当性基础)的追问。如果进行这种追问,“生育权”这种超越于法律的道德权利,显然可为评判限制生育的法律或制度是否合乎正义提供依据。在此,笔者不打算就限制生育的制度是否合乎正义展开讨论,对本文来说,指出它有待正义规范的检验就足够了。这里的关键在于:对现代法律秩序仍待建构的转型中国来说,我们不能仅以“法条主义”(legalist)的态度对待正义问题,法律本身及其产生方式是否合乎正义,同样亦应进入我们的视野。对一个“良法之治”仍待实现的法律秩序来说,如果拒斥既有法律体系之外的权利,我们势必将失去不断趋近“良法之治”(良序社会乃至良善社会)的可能性。

综上所论,我们可以将它们所共享的这种公平观从学理上定位为“反正义的公平观”。从分析的角度,我们可以根据其理由类型和证成依据区分出这种观念的两种基本形态:“法律外的反正义的公平”和“法律内的反正义的公平”。两者大致对应于前述两个典型个案,其区别可见下表:

“反正义的公平观”的两种形态

	理由类型	证成依据	反正义的表现
法律外的“反正义的公平”	表面上“泛道德”,但实质上“反道德”的理由	同等情况同等对待	既不符合法律上的“应得”(权利),也不符合道德上“应得”
法律内的“反正义的公平”	法律理由	法律面前人人平等	不符合道德上的“应得”

(三)“反正义的公平观”:话语特质与机会主义特性

这种“反正义的公平观”由知识精英和普罗大众共享的事实,既在很大程度上反映了它在现时中国的普遍性,亦表明其开始具有福柯意义上的“话语”特质。如果连(主流的)知识精英都不仅无力反思而且不自觉地维护某种观念,这足以说明它已开始成为表征着“真理”和“权力”的“话语”。正如福柯所言,“话语”的形成意味着:“我们只能按照某些特定的具体方式(而不是其他方式),针对某个特定的社会对象或实践(如疯癫)写作、言说和思考。"[38]

在很大程度上,正是"反正义的公平观"对抗争实践的"话语控制",造就了转型中国"反正义局面"的循环出现。慈继伟曾指出了"正义局面的脆弱性",即他所谓的"非正义局面的易循环性":"如果社会上一部分人的非正义行为没有受到有效的制止或制裁,其他本来具有正义愿望的人就会在不同程度上效仿这种行为,乃至造成非正义行为的泛滥。"[39] 不过,在笔者看来,"非正义"的表述,并不足以揭示中国情境中这些行为或现象的性质;毋宁说,它们是"反正义的",即违反"应得"(法律权利和道德应得)的。因此,笔者主张把慈继伟所指称的这种现象改称为"反正义局面的易循环性"。[40] 慈继伟从一般性的视角出发,以"相互性"(特别是作为反应性态度的"愤恨")来解释"反正义局面易循环"的道德心理基础。如果结合转型中国的情境,我们可以说正是这种具有话语特质的"反正义的公平观",极大地助长了现时中国"反正义局面的易循环"。如果说"相互性"(特别是"愤恨")解释了个体实施同样或类似反正义行为的心理动机,那么"(反正义的)公平"则使这种道德心理有了正当化的"外衣"。转型中国反正义局面的循环出现,大致遵循着这样的道德心理学逻辑:(1)其他人的行为违背了道德或法律上的"应得",并从中获得"份外"的收益;(2)行为人

[38] A. McHoul & W. Grace, A Foucault Primer: Discourse, Power and the Subject, (London: Taylor & Francis e-Library, 2002), p. 31.

[39] 慈继伟:《正义的两面》(修订版),三联书店 2014 年版,第 1 页。

[40] 在对拙文初稿进行邮件回应时,慈继伟指出:"我大体是在我们说'非法'(违反法律)的意义上,使用'非正义'这一术语的。就我的目的来说,我之所以偏好'非正义'而不是'反正义',是因为我想使自己避免陷于某种过于强烈的关于正义的实质性观念中。因此,'非正义'仅仅意味着偏离了某个特定时空可接受的正义规范(无论这些规范碰巧是什么内容),而不是违背了任何较强烈意义上的正义。这大体上等同于当我们说'非法'的情形:其只要求所涉之'法'大体是可接受的,即不是'恶法'。"本文采用"反正义"这一术语,绝不是要否认慈继伟关于"非正义局面易循环"之洞见的学术价值。相较于慈继伟的理论言说更追求"去情境化"(decontextual)的普适性,本文更具有中国情境的自觉性和相关性;而且,本文试图建构适于中国情境的正义理论模式,它势必更具有实质性的正义关怀。因此,本文所谓的"反正义",既容纳了慈继伟所洞察到的正义现象,亦预设了对"正义"的某种实质性理解,即将其理解为"一致性"与"应得"的统一——尽管如后文指出的,笔者对"应得"的理解限定于"正当",而不是把它与某种更具实质性的"善生活"观念关联起来。

因为没有获得同等情况下的“份外”收益而产生愤恨;(3)为平息内心愤恨,行为人以“公平对待”为由要求或期待获得同样或类似的收益。正是这种“反正义的公平观”,使行动者在把内在的“愤恨”转化为外在的抗争行动时有了泛道德的证成依据。政府当局或管理部门之所以最终向行动者的抗争妥协,与其说是同情其内心的“愤恨”,不如说是认可了“公平”对待这一正义之形式要素的有效性。因此,正是人们对“反正义的公平观”的共同认可(换言之,“反正义的公平观”对抗争实践的“话语控制”),造就了实践中反正义局面的循环出现。实践中大量出现的因有人插队而纷纷不再排队、因有人“种房子”获得拆迁补偿而纷纷“种房子”、因有人靠“走后门”获利便想方设法“走后门”、因某些阶层或职业实际上享有违反正义的特权便设法跻身某些阶层或职业……诸如此类的事例,正是这种“反正义局面易循环”的典型例证。

这种“反正义的公平观”,在实践中还具有显见的机会主义特性,即体现为一种机会主义的平等观。在实践中,诉诸法律理由(法律内的“同等情况同等对待”)并非为知识精英所独有,它亦会成为社会成员(特别底层民众)实施抗争行动的策略性、“权变性”(contingent)理由。相关的经验研究表明:在现时中国的抗争实践中,行动者关注的核心并不是采取何种抗争手段,而是抗争手段的最终成效。“在目的主义的指导下,行动策略的价值并不在于自身,而在于其对实现利益诉求的贡献程度。”[41]因此,法律理由(所谓的“依法抗争”)和泛道德的理由(所谓的“依理抗争”),常常根据自我利益最大化的需要,交替成为人们的证成依据。这便使得“反正义的公平观”具有显见的机会主义特性:对行动者来说,重要的不是是否真的“公平”,而是在“公平”的名义下可以获得何种收益。正如于建嵘指出的,在社会抗争行动中,我们觉得愤怒,甚至不是因为我们觉得不公平,“而是因为我们觉得自己处在不公平中的不利位置,我们愤怒的目的不是为了消灭这种不公平,而是想方设法让自己处在不公平中的有利位置。”[42]在这里,“观念”与“利益”之间的互动,其实是以“利益”为基础的;或者说,“观念”本身具有最大限度的形式性和开放性,并随着“利益”最大化的需要

〔41〕 王军洋:《权变抗争:农民维权行动的一个解释框架》,载《社会科学》2013年第11期。

〔42〕 参见于建嵘:《中国最危险的恰恰是百姓的思维方式》,载https://www.douban.com/group/topic/36479864/。

被填充进不同的实质内容。“事实有利讲事实,法律有利讲法律,事实和法律都不利就拍桌子”(If you have the facts on your side, pound the facts. If you have the law on your side, pound the law. If you have neither on your side, pound the table),这句教导讼师的西方法谚,似乎已成为转型中国普通民众进行社会抗争的普遍策略。这种机会主义的抗争策略,与“反正义的公平观”所具有的证成力量交叠在一起,既使得“反正义的公平观”本身具有了机会主义的特性,亦进一步恶化了前述“反正义局面易循环”的乱象。如果说“反正义的公平观”的“话语”特质为“反正义局面的易循环”提供了泛道德的证成依据,那么其机会主义特性则可能使这种“易循环性”跨越反正义行为的可比较范畴,从而以行动者自认为更有利的其他方式表现出来。前述“抄袭权”的事例正体现了这种机会主义特性:由于不能以有权有势者的方式获得“份外”收益,抄袭被诉求者认为是获得“公平对待”的最便利方式。

毋庸置疑,这种“反正义的公平观”是一种极端的、激进的正义观念。“反正义”(即违反“应得”要求)本身,正是其极端性和激进性的表现。在很大程度上可以说,正是这种“反正义的公平观”的“话语”特质和机会主义特性,带来了转型中国社会正义问题的复杂性:它既使各种社会抗争行动具有了泛道德的证成依据,亦加剧了“反正义局面易循环”的乱象。

二、“反正义的公平观”的生成机理

“反正义的公平”观是如何形成的?它遵循着怎样的生成逻辑?接下来,我们就将探讨这一问题。

根据福柯的话语理论,“任何话语都可以被看作包含着许多可以相当容易辨识出的成分:对象(其研究或产生的事物),操作(operations)(对待这些对象的方法和技术或方式),概念(在学科中可以常规地发现并可能构成该学科的独特语言的术语和观念),以及理论选择(那些在学科内可以获得的不同假设、理论甚至可能是假说,并且可能会强制——比如——物理学家在相对论与量子力学之间做出‘抉择’的倾向)。”[43]

---

[43] A. McHoul & W. Grace, A Foucault Primer: Discourse, Power and the Subject, London, Taylor & Francis e-Library, 2002, p. 44.

福柯对“话语”要素的上述揭示，为我们分析“反正义的公平观”提供了一个认识框架。它启示我们：可以从其言说方式、概念体系、理论取向及所塑造的对象入手，探究话语的生成机理。进一步来看，上述四个方面大致分别对应着促使某种观念得以形成的思想渊源、意识结构、话语基础和“背景制度”[44]（即社会基本结构）。换言之，一种政治观念（或具有政治性的社会观念）常常是由思想渊源、意识结构、话语基础和背景制度（社会基本结构）共同塑造而成的。其中，思想渊源可以通过提供政治观念的历史逻辑或认识起点塑造其言说方式（操作）；意识结构可以通过限定其认知框架而限定其概念体系的性质（概念）；话语基础可以通过证成其正当性基础而确立其理论取向（理论选择）；背景制度则可以通过社会基本结构的限制而塑造其实践运作逻辑，从而使其以特定形态呈现出来并产生某种社会后果（对象）。

大体来说，中国文化中的机会公平传统、20世纪人民共和革命所形成的“后习俗的”道德意识结构、当代中国实践哲学中的权利话语及当下中国缺失正义的社会基本结构，分别为“反正义的公平观”的产生提供了思想渊源、意识结构、话语基础和背景制度。

（一）仁爱、机会公平与“反正义的公平观”

不言而喻，中国文化的“大传统”是儒家，但究竟是儒家中的何种传统占据主导地位，值得进一步辨析。在这方面，如果与同属儒文化圈的日本对比，就能更清楚地凸显出中国儒文化的特色。已有论者指出，与日本的儒文化更注重“礼”（及其被神道教转化而成的“忠勇”）不同，中国儒文化更注重“仁”。[45] 从历史上看，儒学在日本德川—江户时代（1603～1867年）臻至鼎盛，并直接参与了现代日本人文化心理结构的塑造。李泽厚曾分析了日本以“和魂汉才”的精神吸纳朱子学和阳明学所导致的后果：“在中国儒学，不管是朱子学或阳明学，都是‘仁’重于‘礼’，对内在心性的主动塑造和要求远重于对外在规范的严格遵循和顺应。”被神道教改造的日本儒学则是“礼”重于“仁”，“它虽然输入了朱

〔44〕 这里的“背景制度”（background institutions），借自于罗尔斯。但笔者在本文中只赋予它中性含义，并不具有罗尔斯常常赋予的合乎“作为公平的正义”要求的意蕴。

〔45〕 参见陈来：《简论东亚各国儒学的历史文化特色》，载《北京大学学报》（哲学社会科学版）1999年第1期；牛建科：《试析儒学与日本神道的关系》，载《孔子研究》2010年第6期。

子学和阳明学,但其神道教与经验论结合所致力的是外在理性的建立,即对行为规范、姿态仪容等礼文细节的坚决确立和严厉执行”。[46] 由此,便导致了中国儒学重“仁”与日本儒学重“礼”的文化分野。正如本尼迪克特(Ruth Benedict)在名著《菊与刀》中指出的,“在中国,忠孝是有条件的,忠孝之上还有更高的道德,那就是‘仁’……统治者如果不‘仁’,人民可以揭竿而起,反对他。”但“中国伦理学的这一前提,日本从未接受……事实上,‘仁’在日本是被排斥在伦理体系之外的德目,丧失了它在中国伦理体系中所具有的崇高地位。”[47] 可以为此提供佐证的是:传统中国大大小小的农民起义不计其数(仅宋代就达数百次之多),由农民起义引发的改朝换代不绝如缕,屡见史乘;而日本的农民起义不仅少之甚少,且从未出现过由农民起义改朝换代的历史。

传统中国儒家的仁爱观,在政治上集中体现为“仁政观”或“天德本位的政治观”。根据张灏的研究,儒家“天德本位的政治观”,是先秦儒家承继周初的天道观而来。这种政治观认为,政治权力的源泉是天命,天命的传受端视德行为准(即所谓“以德配天”),而德行与权力的结合便是造成理想社会的基础。[48] 儒家这种“天德本位的政治观”,在孟子和荀子那里得到了更激进的发展。孟子的“仁政”思想(特别是“暴君放伐论”)和荀子的“从道不从君”思想(特别是对“汤武革命”的正当化),既确立了“道尊于势”、“德尊于位”在儒家中的正统地位,亦赋予了儒家以革命精神,奠定了中国革命传统的道义基础。从政治哲学上看,他们其实赋予了社会成员类似于社会契约论所赋予的“反抗权”(right of resistance),即对违背公共利益(社会契约)的政治统治进行反抗的权利。正如牟宗三指出的,“孟荀俱以汤武革命为合法,俱以桀纣为独夫。革命的根据在天命、受命。天命之根据在积德。积德而民归之、天应之,是即天命之也。德衰而失民,则天废之矣。”[49] 加之,改朝换代后重建王朝的历代统治者又多以“顺乎

---

[46] 参见李泽厚:《中日文化心理比较试说论稿》,载氏著:《历史本体论 · 乙卯五说(增订本)》,三联书店 2008 年版,第 308 ~ 309 页。

[47] 参见[美]本尼迪克特:《菊与刀:日本文化的类型》,吕万和民等译,商务印书馆 1990 年版,第 82 ~ 83 页。

[48] 参见张灏:《宋明以来儒家经世思想试释》,载氏著:《幽暗意识与民主传统》,新星出版社 2010 年版,第 81 页。

[49] 牟宗三:《政道与治道》(增订新版),学生书局 1987 年版,第 13 页。

天而应乎人”的“汤武革命”之名义确立其革命或反叛的正当性，使得汤武革命在传统中国实际上具备了历史正当性基础。正如冯天瑜指出的，中华“元典所洋溢的革故鼎新精神，尤其是对背弃民众的最高统治者予以革除、更替的战斗精神，在中国形成一种传统，并构成中国历史进程的一个必要环节。这大不同于有着‘万世一系’的天皇制度的日本的情形。”〔50〕

儒家的仁政思想，不仅使人民反抗暴政的权利得以正当化，而且使中国形成了注重机会公平的文化传统。“汤武革命”通过革除天命否定了皇权的专属性，它既为“人民的出场”（尽管是几百年或几十年一次的出场）提供了正当依据，亦在一定程度上确保了皇权归属的公平性，即所谓“天下归之之谓王，天下去之之谓亡。”〔51〕而且，在经典儒家的构想中，“尊贤使能”是实行仁政的必要条件，这又极大地促进了文官选拔的机会公平。孟子云：“尊贤使能，俊杰在位，则天下之士皆悦，而愿立于其朝矣。”〔52〕荀子亦说：“虽王公士大夫之子孙，不能属于礼义，则归之庶人。虽庶人之子孙也，积文学，正身行，能属于礼义，而归之卿相士大夫。”〔53〕正是为了使尊贤使能的选拔机制制度化，中国在隋唐时期就形成了较为完备的科举制。作为现代文官制度的最早渊源，科举制的确立使中国在等级化的帝制政体内部形成了注重机会公平的文官选拔机制。科举制的尊贤使能，把政治资源的分配建立在后天的贤德（而不是在先天的身份）之上，极大加剧了社会的阶层流动，推动了“平民社会”的形成。正如钱穆指出的，随着科举制的完善和士族门第的消除，中国自宋代以后就成为了一个“纯粹的平民社会”，“除却蒙古满洲易主入主，为特权阶级外，其升入政治上层者，皆由白衣秀才平地拔起，更无古代封建贵族及此后门第传统之遗存。”〔54〕以科举制为代表的文官选拔制度，使中国在“亲亲尊尊”的礼治文化之外形成了“贤贤”的仁政传统。对照同期的犹太—基督教文明、伊斯兰文明、印度文明，包括日本文明，这种“贤贤”的文官选拔制度，堪为中华文明所独有。

〔50〕 参见冯天瑜：《元典：文本与阐释》，文津出版社1993年版，第27页。

〔51〕 《荀子·正论》。

〔52〕 《孟子·公孙丑上》。

〔53〕 《荀子·王制》。

〔54〕 钱穆：《中国学术思想史论丛（六）》，东大图书公司1978年版，第213页。

总之,儒家的仁爱思想,既否定了皇权的绝对专属性(汤武革命),亦确保了政治资源的相对开放性(科举制),使机会公平进入中国人的文化心理结构中。最能体现这一点的,莫过于"王侯将相宁有种乎?"这一农民起义的著名口号。这是一种典型的注重机会公平的观念:它不反对等级制本身("王侯将相"),所质疑的只是谁成为等级制的受益者("宁有种乎?")。如果说鼓励"学而优则仕"的科举制确保了皇权和平统治时期的机会公平,那么奉行"承天命者为王"的汤武革命则在一定程度上确认了皇权更替时期的机会公平。

不难发现,正是这种只重形式、不重实质的机会公平观念,为作为话语的"反正义的公平观"提供了思想渊源。从现代的眼光来看,那种只看重机会公平、不过问这种公平所依附的制度安排是否正当的做法,本身就是一种"反正义的公平"。在很大程度上可以说,正是这种积淀为文化心理结构的机会公平观念,[55]塑造了"反正义的公平观"作为"话语"的言说方式:它使得人们倾向从"机会公平"(而不是"应得")的角度看到各种正义事项,并极易激发人们对各种社会不公现象的不满情绪和反抗行动。"凭什么他可以……我就不可以……"——这种在社会抗争中经常出现的句式,不过是在以现代的方式表达"宁有种乎"的不满。

(二)人民共和革命、"后习俗"的道德意识与"反正义的公平观"

20世纪中国的人民共和革命,以新民主主义革命和社会主义革命的方式落下帷幕。作为中国历史上最深刻的革命,人民共和革命使中国社会—政治和法律秩序建立在新的"观念水位"(刘瑜)之上:自由、平等、民主等现代性观念,开始成为中国现代社会—政治秩序和法律秩序建构的观念平台。

哈贝马斯通过对科尔伯格(Lawrence Kohlberg)个体道德发展理论的"社会进化论"转译,认为人类道德意识的发展大致经历了三个阶段,即从新石器时代的"前习俗道德意识"、早期文明和发达文明的"习俗性道德意识",到现代文明

---

[55] 针对当前中国人正义观念的社会科学研究表明:相对结果公平,人们更看重机会公平,特别是在工作和社会政治领域。参见孟天广:《转型期中国公众的分配公平感:结果公平与机会公平》,载《社会》2012年第6期;张静主编:《转型中国:社会公正观研究》,中国人民大学出版2008年版,第71~75页。

的"后习俗道德意识"。[56] 所谓"后习俗的道德意识",主要具有两个紧密相关的特征:基于原则的道德与普遍主义的道德。从习俗层次向后习俗层次演化,意味着道德认知的基本概念从"规范"(norm)转向了"原则"(principle),即道德行为不再是"规范导向"的,而变成了"原则导向"的。它意味着道德意识开始具有反思性,即开始用普遍主义的原则来审视规范(包括法律规范和道德规范)的正当性。罗尔斯也曾基于科尔伯格等相关理论,在区分"权威的道德"、"社团的道德"和"原则的道德"的基础上,把"原则的道德"作为良序社会的成员获得正义感进而接受正义原则的道德范型。正如罗尔斯指出的,"一旦一种原则的道德被接受,人们的道德态度就不再纯粹地与特定个体和群体的福祉和赞许(approvals)相联系了,而是由某种与这些偶然条件无涉而被选择出来的正当观念塑造而成的。"[57] 尽管"后习俗的道德"或"原则的道德"在哈贝马斯、罗尔斯那里的论说要点(现代社会的道德意识结构 vs. 具有正义感的人所具有的道德范型)和学理旨趣(推演商谈理论的社会理论基础 vs. 推导正义原则的道德心理学基础)等略有殊异,但将"基于原则的道德"视为现代人的道德意识范型,却是他们共享的认识前提。如哈贝马斯所言,现代社会"后习俗"道德意识结构的形成,意味着如下观念开始出现:

"法律规范在原则上对批判开放且需要证成;行动的规范与行动的原则的区别;依据原则创制规范;基于具有规范性约束力的规则达成合理一致(以及最初使契约关系的产生具有可能性的契约观);对法律规范的普遍性与可证成性(justifiability)之间关系的洞察力;抽象法律主体的一般性资格(competency),以及主体性的法律供给(law-giving)权等。"[58]

哈贝马斯特别强调:不管个体成员是否实际上具备这种"后习俗的"道德意

[56] 科尔伯格在 William Mcdougall(国内译作"威廉·麦独孤")和皮亚杰相关研究基础上,提出了个体道德意识发展的"三层次六阶段"理论,尤以第六阶段的"后习俗层次"著名。关于哈贝马斯对科氏理论的"社会进化论转译"的研究,可参见孙国东:《合法律性与合道德性之间:哈贝马斯商谈合法化理论研究》,复旦大学出版社 2012 年版,第 58 ~ 68 页。

[57] J. Rawls, A Theory of Justice (revised edition), (Cambridge, Mass.: Belknap Press of Harvard University Press, 1999), p. 416.

[58] J. Habermas, The Theory of Communicative Action, Vol. 1: Reason and the Rationalization of Society, trans. T. McCarthy, (Boston: Beacon Press, 1984), pp. 260 - 261.

识,但现代社会基本结构的运行,特别是民主制度的设立,体现了这种道德意识。现代社会之所以形成这种“后习俗的”道德意识结构,主要源于如下两大历史契机:其一,文化和社会的合理化(rationalization)为此创造了条件。一方面,世界的“除魅”所导致的宗教—形而上学世界观的瓦解,使得道德本身脱离了原有的“具体伦理实体”(concrete ethical substance),从而获得了一种普遍主义的证成基础;另一方面,经济系统和行政系统的运行开始建立在遵循“目的合理性”(purposive rationality)的自主逻辑之上,并以同样遵循“目的合理性”逻辑的法律为组织手段,从而使整个社会的运行有了普遍主义的基础。其二,随着理性自然法的法定化,特别是法国革命和美国革命的立宪实践及其全球示范效应,普遍主义的道德原则——以宪法中的人权或基本权利原则不仅进入法律系统之中,而且亦开始扎根于人们的道德意识。

哈贝马斯关于现代社会“后习俗”道德意识结构的认识,为我们分析20世纪中国的人民共和革命提供了新的视角。可以说,人民共和革命已经使中国形成了一种“后习俗的”道德意识结构。

第一,人民共和革命在性质上是现代政治革命。李泽厚和汪晖曾分别用“反资本主义的现代化”和“反现代性的现代性”,来指称毛泽东社会主义革命和建设模式的现代化特质。应当说,这种把握是准确的。从毛泽东本人的定位来看,所谓“新民主主义革命”,其实是一种“新式的特殊的资产阶级民主主义的革命”,它既要“为资本主义扫清道路”,也要“替社会主义创造前提”。[59] 因此,新民主主义革命本身就是中国在现代条件下的民主革命,只不过它最终走向了与西方式宪政民主不同的另一种民主模式。毛泽东与黄炎培关于以民主跳出“兴亡周期率”的著名谈话表明,人民共和革命所回应的仍是如何穿越“历史三峡”(唐德刚)的问题,即从帝制到民治的社会政治秩序的大转型。

第二,人民共和革命的立宪运动,确立了自由、平等、民主等主流现代性价值在现代中国的宪制地位。从法理上看,1954年制定的《宪法》标志着人民共和革命立宪事业的完成(现行宪法即“八二宪法”尽管在宪制精神上与“五四宪法”相契合,但它与“七五宪法”“七八宪法”一样,是相对前一部宪法的全面修宪形式)。“五四宪法”既确认了中国作为“人民民主国家”的国体及人民大表大会制的政体,也确认了“中华人民共和国公民在法律上一律平等”,还确认了

---

〔59〕 参见《毛泽东选集》(第二卷),人民出版社1991年版,第647页。

选举权和被选举权、言论、出版、集会、结社、游行、示威等公认的现代政治权利或自由。因此,经由立宪运动的确认,一系列体现现代精神的普遍主义道德原则,已经以公民基本权利的形式进入到现代中国的宪法文本之中。这一立宪实践与欧美通过资产阶级革命后的立宪运动,在促进"后习俗的"道德意识结构形成方面具有类似的历史成效:经由"自然法的法定化"过程,它们都以宪法权利的形式确认了一系列普遍主义的道德原则(现代性原则)。

改革开放以来的"拨乱反正",使中国社会重新迈入了世俗化的快速进程,即韦伯—哈贝马斯意义上文化合理化和社会合理化的进程。这主要表现在:随着世界观的"除魅"(特别是对领袖个人崇拜和迷信的破除),文化日益合理化;随着(回归"五四宪法"的)"八二宪法"的颁布、社会主义市场经济体制的建立及依法治国方略的确立,遵循目的合理性逻辑的科层制(行政系统)、经济系统和法律系统开始确立起来。这一高速世俗化的进程,为现时中国"后习俗道德意识结构"的确立奠定了文化和社会基础:不是(习俗性的)道德规范本身,而是各种普遍主义的道德原则,开始在人们的道德意识中占据主导地位。

可以说,正是这种"后习俗的"道德意识,为作为话语的"反正义的公平观"提供了道德意识结构,进而限定了其话语概念所依凭的道德认知框架。"后习俗的"道德意识结构是由一系列普遍原则塑造的一种道德意识结构,由于各种普遍原则之间可能存在张力,它并不能确保从这种道德意识出发的道德直觉和道德判断一定是真正合乎道德的。在这个意义上,"反正义的公平观"正是从"公平"原则出发而违反了"正义"原则的情形。不同于"前习俗层次"的"规则服从视角"(rule-obeying perspective)和"习俗层次"的"规则维持视角"(rule-maintaining perspective),"后习俗层次"的道德意识采取的是一种"立法或规则创制视角"(the legislative or rule-making perspective)。[60] 因此,从认知功能上看,"后习俗的"道德意识结构提供了一种关于规则的反思性、批判性的认知框架。当行动者所秉持的普遍原则与既有规则发生冲突时,其对普遍原则的激进坚持常常会导致"公民不服从"(civil disobedience)的发生。[61] "我就是不服!"

---

〔60〕 See J. L. Tapp & L. Kohlberg, Developing Senses of Law and Legal Justice, *Journal of Social Issues*, Vol. 27, No. 2, (1971):69.

〔61〕 See J. Habermas, *Justification and Application: Remarks on Discourse Ethics*, trans. C. Cronin, Cambridge, Mass, MIT Press, 1993, p. 161.

“一定要讨个说法!”——这些在抗争实践中经常出现的言辞,正体现了行动者因激进坚持诸如“公平”这样的普遍原则而产生的“公民不服从”。

(三)权利话语与“反正义的公平观”

如果说,中国文化中的机会公平传统和现时中国“后习俗的”道德意识结构分别为作为话语的“反正义的公平观”提供了认知操作方式和概念平台,那么当代中国实践哲学中的权利话语则为其提供了“理论选择”取向,即倾向以意识形态化的“权利”来看待各种正义事项。

本文所谓的“权利话语”,有意兼顾了“话语”一词的丰富含义。它既是指关于权利的某种理论话语,也是指权利作为一种(福柯意义上的)话语。换言之,它是指为权利的意识形态化提供学理支持的某种理论模式或理论取向。在当代中国,道德哲学和政治哲学分别从“义务论”(deontology)和自由主义视角对“正当”或“权利”的哲学基础之阐扬,特别是法哲学中“权利本位论”之盛行,促进了权利话语的产生。

“权利本位论”,是张文显、张光博、郑成良等论者于 20 世纪 80 年代末、90 年代初提出的一种理论模式,迄今仍是中国法哲学的通行学说。必须承认,“权利本位论”无论对于中国法学摆脱“阶级斗争范式”的支配,还是对于中国法哲学摆脱“幼稚”之名,乃至当代中国的权利启蒙,都厥功甚伟。然而,它亦在客观上对现时中国权利话语的形成起到了塑造作用。这主要表现在:由于忽视了对权利之正当性基础(justifications)的法哲学追问,“权利本位论”客观上为权利的意识形态化打开了方便之门。

“法学是权利义务之学”(耶林)。对现代公民来说,权利堪称“王牌”(trumps),“它可以克服为了追求整个共同体的某个目标而做出政治决定时所依赖的某种背景性证成。”[62] 正是看到权利在现代法学/法律中的基础地位,中国法学家提出了“权利本位论”的主张:“在现代法哲学中,权利是更根本的概念,是法哲学的基石范畴,无论是法学理论,还是法律实践,都应当以权利为本位。”[63] 作为一种理论模式,“权利本位论”具有如下三个鲜明特征:

第一,作为改革开放的“拨乱反正”在法学领域的(延迟)反映,“权利本位

---

〔62〕 See R. Dworkin, Rights as Trumps, in *Theories of Rights*, J. Waldron ed., Oxford, Oxford University Press, 1984, p. 152.

〔63〕 张文显:《法哲学范畴研究》(修订版),中国政法大学出版社 2001 年版,第 342 页。

论”承载着独特的学术使命。其主要论辩对象是一定时期下支配(实质是取消)中国法学的“阶级斗争范式”。因此,通过确立“权利本位论”,把“阶级斗争范式”作为“义务本位论”的典型进行反思和批判,便是合乎逻辑的结果。

第二,作为民国以来法制现代化学说的接续,“权利本位论”承载着现代启蒙功能。在很大程度上可以说,当代中国的“权利本位论”所做的其实是为权利在现代法学/法律中的地位进行“正名”的工作,因此它在性质上是一种中国的法制现代化学说。已有论者指出,早在民国时期,权利本位就已在义务本位、社会本位、义务先在、权利义务并重乃至权利权力中心等多种观念中脱颖而出,成为那时的法学通说。[64] 因此,当代中国的“权利本位论”在很大程度上接续了民国时期的法学传统(尽管论者们几乎没有引证民国时期的相关研究成果,而是自起炉灶重新立论),并在实际上承载了现代启蒙(特别是权利启蒙)的社会功能。

第三,“权利本位论”不是从法律的实践约束条件(转型中国的政治和社会—历史条件)出发的一种权利理论或法律理论,而是对中西方现代法哲学主流学说的一种学理总结和提炼。由于前述学术使命和现代启蒙的功能定位使然,“权利本位”论者并没有建构中国权利理论或法学理论的自觉意识,而是通过将现代法哲学主流学说提炼和整合为“权利本位论”,对抗“阶级斗争范式”,引领当代中国的权利启蒙。

正是源于上述历史局限,“权利本位论”主要集中于对权利重要性的一般性呼吁及对权利概念、权利义务关系、权利分类等法学命题的一般性探讨,并没有基于转型中国政治和社会—历史条件对权利的正当性基础进行法哲学阐释。这就使得“权利本位论”总体上呈现出“重视权利启蒙,忽视追问权利正当性基础”的倾向。作为一种主流的权利学说,如果欠缺对权利之正当性基础的法哲学追问,势必会为权利的意识形态化打开方便之门。此处所谓的“意识形态”,指称的是“意义与权力之间的互动关系”,即“特殊情况下意义服务于建立并支持系统的不对称的权力关系的方式”。[65] 因此,“权利的意识形态化”指向了权利观念的绝对性、封闭性和不可置疑性,即它已成为福柯意义上表征“真理”和

〔64〕 参见童之伟:《20世纪上半叶法本位研究之得失》,载《法商研究》2000年第6期。

〔65〕 参见[英]汤普森:《意识形态与现代文化》,高铦等译,译林出版社2005年版,第7页。

“权力”的“话语”。然而,权利本身是有待证成的,即有待追问其正当性基础的。唯有从法哲学角度追问权利的正当性基础,我们始能确认某项权利(如前文提到的“抄袭权”及所谓的“恋爱权”“亲吻权”“悼念权”云云)是否存在或者是否应当存在;亦唯其如此,我们始能为如何“合目的地”行使权利、避免权利滥用提供充分的法理依据。如果说权利的启蒙可以迎合某种权利诉求“所具有的经济的、眼前的和个体的维度”,那么对权利正当性基础的法哲学追问,则可以凸显该权利“所具有的道德的、长期的以及社会的内涵”。[66] 显然,“权利本位论”视野中权利正当性基础的缺位,在客观上助长了权利话语的形成。

一言以蔽之,正是与“权利本位论”相适应的权利话语,为“反正义的公平观”提供了话语基础:它使得人们在抗争实践中倾向以一种意识形态化的权利,主张自己的抗争诉求。“……是我的权利,我才不管……”——这种在抗争实践中经常出现的话语,再清楚不过地表明:人们在权利与责任、权利与道德乃至权利与法律的关系中倾向于选择“权利”,从而放弃了对权利之正当性基础的追问。

(四)缺失正义的社会基本结构与“反正义的公平观”

上文的分析,从行动者的视角分析了“反正义的公平观”形成的思想渊源、意识结构和话语基础,但如果不从“结构”的视角分析社会基本结构与行动者的观念之间的互动,我们不仅不能完整地理解“反正义的公平观”的生成机理,而且常常会对这种观念采取一味批判的消极态度,而不是深入反思、力促改进的积极态度。

“正义”是关涉社会基本结构的一项综合性价值,它关涉经济、政治和文化诸领域,并在实质上涉及我们对自由、平等和民主等现代性价值的确认。换言之,“正义”内在地指向了一种现代性的价值结构,要求我们在社会基本结构层面对自由、平等和民主等现代性价值进行整全性的确认。同时,“正义”本身又是一个规范性要求很高的概念。它就像数学中的“无穷大”(∞)一样,只可无限趋近,从未充分实现:我们对“正义的期望常常在经历了对现实应当与正义相一致的失望后残存下来,因为正义不是对任何人类社会的描述,而是激发对现

[66] 参见[美]格伦顿:《权利话语:穷途末路的政治言辞》,周威译,北京大学出版社2006年版,第226页。

存社会的改进的一种理想。”[67]在很大程度上可以说，正义的这种非现实性，正是它的价值所在。正因从未充分地实现，它永远构成了对现存秩序的规范性范导。从这样的视角来看，尽管过去三十余年的经济发展已使中国的社会正义有了更高的发展基础，但现时中国的社会基本结构仍是缺失正义的。这主要表现在如下三个方面：

第一，经济领域的“分配正义”问题亟待解决。尽管关于我国改革开放以来“基尼系数”的变化趋势一直缺乏权威的准确数据，但它越过0.4的国际警戒线并居高不下却是各方都认可的事实。不过，收入差距的扩大只是表象，其背后的社会结构性因素更值得重视。从社会结构层面来看，转型中国分配正义的难题至少表现在两个方面：其一，阶层边界的相对定型化、阶层内部认同及阶层意识的形成，使收入分配的机会公平性受到严峻挑战。[68] 论者基于“收入流动性”（即同一个人不同时期的收入在同一群体收入分配中位置变化的强弱）的量化研究，较为直观地揭示出了转型中国机会公平所面临的结构性挑战，比如：目前中国的收入流动性要大大小于改革开放初期水平；底层居民和中间阶层的上向流动空间收窄；城乡间和地区间收入流动性很弱；等等。[69] 其二，转型中国不仅已形成了以国家与社会管理者阶层为中心的社会阶层结构和差序化的社会福利安排，[70]而且在相当程度上对以农民为代表的“最少受惠者”（the least

---

[67] 参见[美]凯克斯：《反对自由主义》，应奇译，江苏人民出版社2003年版，第161页。

[68] 参见孙立平：《失衡：断裂社会的运作逻辑》，社会科学文献出版社2004年版，第84～85页；刘精明、李路路：《阶层化：居住空间、生活方式、社会交往与阶层认同》，载《社会学研究》2005年第3期。

[69] 参见王洪亮等：《中国居民获取收入的机会是否公平：基于收入流动性的微观计量》，载《世界经济》2012年第1期。

[70] 参见陆学艺主编：《当代中国社会阶层研究报告》，社会科学文献出版社2002年版，第43～60页；陆学艺主编：《当代中国社会建设》，社会科学文献出版社2013年版，第256～258页；董海军、郭云珍：《中国社会福利分层：一个多维结构视角的分析》，《中共天津市委党校学报》2010年第1期。

advantaged)阶层形成了社会福利的排斥机制,[71]仍未形成可有效避免“利不欲其遗于下,福必欲其敛于上”(黄宗羲)的普惠性社会保障制度。

第二,政治领域的“参与平等”问题有待突破。康晓光曾借用金耀基“行政吸纳政治”的概念,解释了中国自20世纪90年代以来的政治发展趋势。在他看来,随着市场化改革的推进,至20世纪90年代中期,中国即完成了从集权主义体制向权威主义体制的转变,并因此形成了一种“去政治化”的社会或“没有政治的社会”。在这种社会中,“行政吸纳政治”是其对待政治问题的主要模式。这主要表现在:一个不对任何社会阶级专门负责、致力于经济发展的政府;政治精英与经济精英、知识精英通过行政手段的联合;以必要的行政机制(咨询性政治)听取大众的呼声。[72] 近年来,尽管我们通过“群众路线”教育实践等不断拓宽了听取群众呼声的渠道,但总体上采取的仍是“行政吸纳政治”的模式。显然,这种模式试图以“民享”(for the people)的绩效吸纳“民治”(by the people)的参与热情,从而以政治治理的绩效延迟甚或消解政治参与问题。应当说,这种模式对当前中国的政治稳定具有巨大的促进作用,但我们亦不得不承受由此带来的各种后果。

第三,文化领域的“认同平等”问题已浮现出来。作为一个“跨体系社会”(汪晖),现代中国形成了“中华民族多元一体格局”(费孝通),并在很大程度上呈现出“政治一体,文化多元”的格局。但近年来,随着新疆、西藏等民族问题的凸显,以及儒家思潮的复兴,转型中国的文化正义问题已浮出水面。如何建构与中国现代政治秩序相适应的文化秩序,变得日益重要且迫切。抛开主流的马克思主义文化不论,我们至少面临两大问题:其一,如何从国家层面处理好华夏

---

〔71〕 这主要表现在:农民被排斥在多种社会保障和福利之外;农民被排斥在最低生活保障制度之外;农民和农民工享受不到失业保险;在教育、卫生方面,农村、农民仍受到明显排斥(参见毛振华主编:《社会福利与社会建设》,社会科学文献出版社2010年版,第55~56页)。另外,尽管《国务院关于进一步推进户籍制度改革的意见》(2014年7月30日)在原则上取消了农业户口和非农业户口,但城市户籍的准入限制仍在实质上制约了农村居民获得公平经济机会的条件。在这个意义上,我们还在一定范围内存在经济机会的社会排斥机制。

〔72〕 参见康晓光:《再论行政吸纳政治:90年代中国大陆政治稳定性研究》,载《二十一世纪》(香港)2002年8月。

文化与少数族群文化之间的关系。特别是藏传佛教和中国伊斯兰教,它们拥有自身独立的教义或学说体系,在历史上也未曾被华夏文化完全征服,与华夏文化共同构成了中华文明的组成部分。其二,如何处理好华夏文化内部儒家文化与非儒家文化(如佛教、道教及不认同儒家文化的人所认同的其他文化)之间的关系。

如果说文化正义问题,特别是经济正义问题常常是作为“反正义的公平观”的社会结构—社会心理基础及诉求对象(话语对象)而存在的,那么“去政治化的政治”(汪晖)则为它提供了基本的政治结构情境。

在分配正义领域,社会阶层结构的相对定型化、差序化的福利安排及对“最少受惠者”的福利排斥机制,不仅是分配正义缺失的典型表现,亦极大地限制了机会公平的真正实现。它们不仅严重地限制了底层社会成员上向社会流动的空间和渠道,而且使他们极易产生被“相对剥夺”(relative deprivation)的社会心理,从而为“反正义的公平观”的形成奠定了社会结构—社会心理基础。借用默顿(Robert C. Merton)的话来说,人们对是否公平的“自我评价依赖于人们把自己的状况与其他被认为可与他们比较的人们的状况所做的评价。”[73] 因此,当人们认为与他具有同等资质甚或资质更为平庸的人,由于家庭出身更好而获得更好的发展前景时,他们自然会生发出一种“相对剥夺感”;而如果他们被完全挡在了机会的大门之外,这本身就构成一种现实的剥夺。正如罗尔斯指出的,“如果某些职位不是基于公平的基础向所有人开放,那些被排除在外的人感觉受到了不公正对待就是正当的,即使他们从那些被允许占据这些职位的人的较大努力中获利。他们的抱怨可以获得证成,不仅是因为他们得不到像财富和特权这些职位的外在奖赏,更是因为他们被禁止体验那种从熟练、忠实地履行社会责任中获得的自我实现感。他们被剥夺了一种主要形式的人类善。”[74]

关于这种“相对剥夺”与社会抗争(乃至“反正义的公平观”)的关系,逻辑

〔73〕 参见[美]默顿:《社会理论和社会结构》,唐少杰等译,译林出版社 2008 年版,第 52 页。

〔74〕 J. Rawls, *A Theory of Justice* (revised edition), Cambridge, Mass, Belknap Press of Harvard University Press, 1999, p. 73.

较为显明,也已引起论者们的广泛重视,[75] 本文不拟详论。

接下来,我将着重探讨为人们所忽视的政治领域的问题。在我看来,它对"反正义的公平观"更具有塑造性:如果说分配正义的缺位可以解释"公平"诉求产生的社会结构—社会心理基础,那么政治领域参与平等的缺失则在很大程度上可以解释这种"公平"诉求何以以"反正义"的面目呈现出来。

一般来说,在一个良序社会,权利既具有平等性(公平性),又具有正当性,两者一道共同勘定了"群己权界",从而形成了权利和合共存的良好局面。对权利平等性的保障,有待于法治的完善;对权利正当性基础的不断确认,则有赖于公民美德的养习。然而,只有依靠公民在公共自主的实践中的不断养习,我们才能为现代社会公民美德的培育提供深厚的社会基础。唯有在"主体间性的"(intersubjective)公共自主实践中,公民始能就权利的正当性基础这样的道德问题达成道德共识、形成道德确信,从而形成与良序社会相适应的公民美德。

如前所述,与现代社会相适应的是一种"后习俗的道德"。它使现代道德脱离了罗尔斯所说的宗教整全性教义、哲学和道德整全性学说而获得了普遍主义的证成基础,但也使其面临着动机不足的难题,即人们在自律的情况下,缺乏足够的动机资源支持其实施道德行为。这种境况,为现代道德提出了一个根本挑战:我们必须找到形成道德共识的适当机制,一方面为社会成员据有的普遍主义原则找到合适的对话和沟通平台;另一方面促使人们形成道德共识和道德确信。现代社会回应这一问题的门径,就是通过"主体间性的"政治机制(如民主制度和公共商谈机制)和社会机制(如社区和志愿性社团),使公民置身于"去陌生化"、"去原子化"的互动情境中,从而在公共自主的实践中形成道德共识和道德确信,培育公民美德。实践哲学和社会科学的诸多研究,已经充分证明了这一点。正是从"后习俗道德"的证成层次出发,哈贝马斯既建构了旨在以公共商谈形成道德共识的商谈伦理学,也建构了旨在以政治公共领域的"商谈民主"(discursive democracy)促进法律和政治秩序合法化(legitimation)的法律与民主商谈理论。把公共自主与公民团结、公民美德紧密联系起来,尤为公民共和主义和公民人文主义所重视。现代公民共和主义的奠基人卢梭,从一般性的视角

---

[75] 参见刘欣:《相对剥夺地位与阶层认知》,载《社会科学》2002 年第 1 期;张贤明:《论当代中国利益冲突与政治稳定》,载《中国政治》1996 年第 6 期;郭星华:《城市居民相对剥夺感的实证研究》,载《中国人民大学学报》2001 年第 3 期。

对政治组织形式与公民美德之间的关系作出了如下评断：

"我意识到，所有的事物都在根本上与政治相联系，并且无论创立什么样的原则，人民都只能是他们政府的性质将他们塑造成的那样。因此，什么是可能的最好政府这个大问题，在我看来，就还原为这样的一个问题：何种政府性质最适于造就出最具德性、最开明、最聪慧且最好（这里的'最好'取其最广义）的人民？"〔76〕

文艺复兴时期的意大利公民人文主义者萨卢塔蒂（Coluccio Salutati），高度概括了公共生活与公民美德的关系：公共生活是神圣的，因为它"所紧随的既是对美德的践习，亦是兄弟之爱的必要性。"〔77〕沿着类似的思路，阿伦特在其公共领域理论和行动理论中系统阐述了公共领域中的"行动"对于公民团结的重要意义。当代公民共和主义论者，则明确主张从"自治"（self-rule/self-government）或"自主"（autonomy）的角度理解自由（即"积极自由"），并特别强调了公共自主对于培育公民美德的重要性。在他们看来，"参与一个能够把握自己命运的政治共同体的治理需要一些人类特有的能力——判断力、协商的能力、劝说的能力和行动能力，如果没有政治参与，这些能力将永远处于蛰伏状态。"〔78〕因此，公共政治参与有助于公民培养服务于"共同善"（common good）的各种公民美德。以帕特南（Robert. D. Putnam）的社会资本理论为代表，社会科学论者基于西方国家的治理经验亦发现：志愿社团、社区等社会层面的公共自主，对于培育社会资本和公民美德、提升治理绩效具有巨大的推

〔76〕［法］卢梭：《忏悔录（第二部）》，范希衡译，人民文学出版社 1985 年版，第 500 页。此处引证，根据英译本对译文进行了调整，参见 Rousseau, *The Confessions of Jean Jacques Rousseau*, trans. W. C. Mallory, London, Reeves and Turner, 1861, p. 339。

〔77〕 See C. Salutati, Letter to Peregrino Zambeccari, in R. G. Witt ed., *The Earthly Republic*, Philadelphia, University of Pennsylvania Press, 1978, p. 111.

〔78〕［美］桑德尔：《民主的不满：美国在寻求一种公共哲学》，曾纪茂译，江苏人民出版社 2008 年版，第 423 页。

动作用。[79]

再把视野转向中国,我们就不难理解"反正义的公平观"产生的原因了。与现代社会"后习俗的"道德意识结构相适应的,大体是桑德尔所说的"无束缚的自我"(unencumbered self),因为他/她以普遍原则为武器,把权利作为王牌,把正义视为首要美德,同时作为实践理性的参与者,"不受先祖所给定的价值秩序的限制,自由地建构正义诸原则。"[80]如果"无束缚的自我"处于一个"去政治化"的背景制度中,他/她势必没有机会通过"主体间性的"公共自主实践形成道德确信、培育公民美德,进一步堕落为"无公德的个人"便是顺理成章的事情了。同时,由于已经受到各种普遍主义原则的洗礼,在他/她自认为受到不公正待遇而产生"愤恨"或者对其他人遭遇的社会不公产生"义愤"之时,以对普遍主义原则(如公平)的激进解释为泛道德的证成依据而发起实质上有悖正义的抗争或抗议行动,便是合乎逻辑的结果。所谓"反正义的公平观",就可以放在这种"结构"与行动者互动的视角下来分析。当下中国"去政治化"的政治结构,在很大程度上构成了这种极端的、激进的正义观念形成的背景制度。在这种"去政治化"的政治结构中,公共自主实践的缺位,使得个体据有的普遍主义原则(对权利平等性的诉求)与社会需要的正义规范(对权利正当性的追问)之间缺乏制度化的对话、沟通和转换渠道,从而使个体极容易形成以激进化的普遍主义原则看待各种正义事项的思维定式和行动取向。因此,在很大程度上可以说,正是这种"去政治化"的政治结构,在很大程度上塑造了作为话语的"反正义的公平观"的实践运作逻辑,从而使其以"反正义"的面目呈现出来。

---

[79] 参见[美]帕特南:《让民主运转起来:现代意大利的公民传统》,王列、赖海榕译,江西人民出版社2011年版;[美]帕特南:《独自打保龄球:美国社区的衰落与复兴》,刘波等译,北京大学出版社2011年版;[美]阿尔蒙德、维巴:《公民文化:五个国家的政治态度和民主制度》,张明澍译,商务印书馆、人民出版社2001年版;[英]霍普:《个人主义时代之共同体重建》,沈毅译,浙江大学出版社2010年版;等等。

[80] See M. Sandel, The Procedural Republic and the Unencumbered Self, *Political Theory*, Vol. 12, No. 1(1984), p. 87.

三、转型中国的“底线正义”诸原则:超越“反正义的公平观”

前文对“反正义的公平观”的分析和把握,依赖于笔者对转型中国社会正义的观察和体认。这种观察的经验参照点,不是放在社会正义问题本身之上,而是聚焦于与社会正义问题形成互动关系的某种典型正义观念。这种体认的要点,不是从“观察者”的视角进行“居高临下”的外在道德批判,而试图从“参与者”的视角“同心同理”地理解这种正义观念的内在生成逻辑。之所以有这种体认,是因为笔者秉持一种更为积极也更具建设性的立场:正义的问题,要靠不断趋近正义来解决。因此,即使面对某种病态的正义观念,其存在形态和内在生成逻辑亦包含着我们不断趋近正义的契机。在本节中,笔者将基于前文分析,尝试建构转型中国“底线正义”诸原则,从而引导“反正义的公平观”的正向调适性变迁。

(一)如何超克“反正义的公平观”

前文研究表明,“反正义的公平观”之“反正义”,体现为违反法律上的“权利”和道德上的“应得”。相应地,其包括两种存在形态:“法律外的反正义的公平”和“法律内的反正义的公平”。对“反正义的公平观”生成机理的分析表明,与儒家仁爱观相适应的机会公平观念、人民共和革命带来的“后习俗的”道德意识结构、当代中国实践哲学中的权利话语及现时中国缺失正义的社会基本结构,分别为它提供了思想渊源、道德意识结构、话语基础和背景制度。要想超越“反正义的公平观”,我们必须从上述存在形态和生成机理出发,寻找相应的改进方向。

在此,我们首先进一步厘清前述四种生成要素的性质和作用。大致来说,中国文化中的机会公平观念和现时中国“后习俗的”道德意识结构,是我们要面对的某种具有客观性质的文化心理结构或道德意识结构。其中,前者指向了中国悠久的历史文化传统,后者指向了现代中国的道德意识结构。而且,两者之间本身在现代条件下又形成了相为支援、互为证成的关系:传统的机会公平观念在现代社会“后习俗”道德意识结构的塑造下,获得了更具普遍性,也更为厚实的道德基础。因此,它们与其说是我们要解决的问题,不如说是我们要顺应或疏导的文化结构。实践哲学中的权利话语,可以通过中国实践哲学(特别是法哲学)研究群体的理论自觉予以重塑;但这属于学术批评或学术实践的范畴,落在了本文的题旨之外。缺失正义的社会基本结构,将是本文论述的重点。

笔者在"引论"中已指出,转型中国重大正义事项的未决性,需要我们仍将视角聚焦于社会基本结构层面。前文的分析表明:正是这种缺失正义的社会基本结构与中国文化中的机会公平观念、现时中国"后习俗的"道德意识结构、实践哲学中的权利话语之间的互动,为我们共同塑造了这种具有话语特质的"反正义的公平观"。如果说机会公平观念、"后习俗的"道德意识结构和权利话语为"反正义的公平观"提供了思想渊源(操作)、意识结构(概念)和话语基础(理论选择),那么缺失正义的社会基本结构则为其提供了背景制度:它既为"反正义的公平观"提供了现实的社会结构—社会心理基础,亦使其以"反正义"的面目作用于正义事项(对象)。因此,如果说前三者使"反正义的公平观"的生成具有了可能性,那么缺失正义的社会基本结构的结构性塑造,则使这种可能性变成了现实。换言之,如果我们能够进一步推进社会基本结构的正义,特别是建构起与机会公平观念、"后习俗的"道德意识结构形成良性互动的社会基本结构,那么我们就有可能通过"结构化情境"的变迁,促使"反正义的公平观"正向提升为"合乎正义的公平观"。在此,笔者预设了一种关于观念更化或文化变迁的观点:社会基本结构层面的制度变迁,有可能引导某种观念的正向调适性变化。

前文关于"反正义的公平观"存在形态和生成机理的分析,至少为我们指明了从社会基本结构层面超越这种观念的三个努力方向。

1. 保障经济正义/分配正义(落实"实质性的机会公平"和"差别原则")

保障经济正义,是为了保障每个社会成员"共享人生出彩的机会","共享改革和发展成果"。换言之,即共同分享社会作为公平合作体系的发展成果。根据罗尔斯的第二正义原则,现代社会的经济正义(分配正义)主要由"公平的机会平等原则"(实质性的机会公平原则)和"差别原则"予以保障。大体来说,前者主要针对的是具有同等自然禀赋且对禀赋有同等利用意愿的人们,在面临教育和培训机会、职位和地位公平竞争时由社会偶然性(如家庭出身)所导致的实际不平等;后者则旨在通过保障那些占有收入、财富最少的群体的最大经济利益达到公平与效率的均衡。机会公平的重要性,不仅源于它是中国文化中的优秀传统,更是因为它是现代社会正义的底线要求。机会公平之所以是一项底线正义要求,是因为它并不排斥"贤能主义"(meritocratic)的制度安排。它可以容纳根据"贤能"或"优点"(merits)分配职位、地位等直接影响社会分层的稀缺资源,但主张此种贤能主义的制度安排,要向所有适格的人平等开放。进一步来看,机会公平可以分为形式上的机会公平和实质上的机会公平。简言之,两者的区别在于对“平等开放”的理解不同:前者仅要求形式上的平等开放,即“一切为才能让路”或曰“唯才是举”(careers open to talents);后者则要求做到实质上的平等开放,即“公共职务和社会地位不仅要在形式的意义上对所有人开放,而且要求所有人应当有公平的机会获得它们。”[81] 换言之,国家和社会应当为社会成员追求公平机会创造必要的条件。实质性机会公平的诉求之所以会出现,是因为形式上的机会公平未能考虑到个体不能负责的社会偶然因素(如家庭出身)对其追求公平机会的能力限制。“即使所有人都有资格申请某个优越职位且所有申请都根据其优点公平地进行评判,人们可能仍坚称,真正的或实质性的机会平等要求所有人都拥有使自己变得适格(become qualified)的真正机会。”[82] 借用道格拉斯·雷伊的话言之,我们不仅要从形式上进行“前途的考虑”,即保障每个人都有达到某个既定目标的同等可能性,更要从实质上进行“手段的考虑”,即确保每个人都能享有达到既定目标的同等手段。[83] 正是为了避免社会偶然因素(家庭出身)对机会公平的影响,实质性的机会公平主张:“假定存在某种自然天资的分配,那些拥有同等资质和才能且对自身资质和才能有同等利用意愿的人们,应当拥有同等的成功前景,而不管其在社会体系中的初始位置为何。”[84] 简言之,就像人权保护中的“接近司法正义的权利”(access to justice)旨在保障公民真正获得“公正审判权”(the right to a fair trial)的权利一样,实质性的机会公平旨在确保公民真正获得“接近机会公平的公平机会”(fair access to the fair opportunity)。因此,为了实现实质性的机会公平,

---

〔81〕 J. Rawls, *Justice as Fairness: A Restatement*, E. Kelly ed., Cambridge, Mass., Belknap Press of Harvard University Press, 2001, p. 43.

〔82〕 R. Arneson, "Equality of Opportunity", The Stanford Encyclopedia of Philosophy (Summer 2015 Edition), E. N. Zalta (ed.), 载 http://plato.stanford.edu/entries/equal-opportunity/。

〔83〕 转引自[美]达尔、斯泰恩布里克纳:《现代政治分析》(第六版),吴勇译,中国人民大学出版社2012年版,第176页。

〔84〕 J. Rawls, *A Theory of Justice* (revised edition), Cambridge, Mass, Belknap Press of Harvard University Press, 1999, p. 63.

国家和社会不仅要消极地设定机会公平的制度,更要积极为人们获得"接近机会公平的公平机会"创造必要条件。如果说实质性的机会公平是保障人们参与机会公平竞争的先决条件,那么"差别原则"则旨在以"最少受惠者"的利益确定衡量社会经济不平等的正当标准。差别原则"背后的精神,既不是利益博弈,也不是彼此相欠,而是一种互相扶持和共享社会发展成果的合作关系"。它"超越了机会平等的要求,因为后者预设了人与人之间存在一种竞争的关系,而竞争又预设了竞争者是彼此分离的。"[85] 所谓"最少受惠者",是指"那些与其他公民共同享有基本的自由权项(liberties)和公平机会,但却拥有最少收入和财富的人。"[86] 因此,从一种理想的状态看,我们可以把"最少受惠者"视为在公平的社会竞争中(即满足实质性机会公平原则的条件下)落败的那些人。根据差别原则,社会和经济的不平等只有促使"最少受惠者"的利益最大化时,才是合乎正义的。因此,"差别原则"可视为对社会受益权(social entitlements)之"涓滴论据"('trickle-down' arguments)的一种回应:"只有当资本主义的生产关系可以促进处境最糟的人的利益时,它始能获得证成。"[87] 罗尔斯的"差别原则"建立在这样的理由之上:人们"同意分担彼此的命运",因此,"只有服务于共同利益(common benefit)时,人们从自身自然和社会境况的偶然性中获利"才是正当的。[88] "差别原则"的证成,主要依赖于三个具体理据:其一,自然偶然性(禀赋)和社会偶然性(出身)等对个人来说都不是应得的,本身不能成为分配正义的依据;其二,自然禀赋是共同体的"共同资产"(common asset),因此只有当它们按照可以使自然禀赋不足者的利益最大化的方式运用时,才是合乎正义的;其三,只有遵循"差别原则","最多受惠者"与"最少受惠者"才可以在一个公平的社会合作体系中形成互惠或对等(reciprocity)关系,即达到公平与效率的均衡状态。

---

〔85〕 参见周保松:《自由主义左翼的理念》,载氏著:《政治的道德:从自由主义的观点看》(增订版),香港中文大学出版社2015年版,第315页。

〔86〕 See J. Rawls, *Justice as Fairness: A Restatement*, E. Kelly ed., Cambridge, Mass, Belknap Press of Harvard University Press, 2001, p. 65.

〔87〕 See P. Graham, *Rawls*, Oxford, Oneworld, 2007, p. 59.

〔88〕 See J. Rawls, *A Theory of Justice* (revised edition), Cambridge, Mass, Belknap Press of Harvard University Press, 1999, p. 88.

从实质性机会公平和差别原则的视角来看，转型中国的经济正义亟待提升。前文分析表明，阶层的定型化已使转型中国的机会公平正面临着严峻的挑战。作为形式机会公平失灵的后果，收入流动性的减弱表明人们（特别是底层民众）已很难获得上向社会流动的机会；作为实质机会公平受到挑战的表征，阶层固化的社会结构则解释了形式机会公平失灵的实质原因。所谓的"官二代""农二代"等社会现象，即深刻反映了这种实质性机会公平所面临的挑战。在很大程度上可以说，转型中国社会正义的突出难题就体现为，一种极端、激进的机会公平观念与机会公平缺失的社会基本结构之间的高度紧张——其突出体现为底层民众倾向以一种"反正义的公平观"看待各种正义事项，从而引发诸多与社会正义有关的个体或群体抗争事件。同时，把以农民为代表的"最少受惠者"排斥在各种经济机会（如城市准入限制）和经济利益（如社会福利）之外，本身既违反了实质性机会公平的要求，亦背离了差别原则的精神。显然，要回应这样的难题，我们必须从社会基本结构层面大力促进经济正义（分配正义），落实符合中国情境的实质性机会公平原则和"差别原则"。

2. 建构公共商谈（公共自主）的政治机制

公共自主对于转型中国之所以必要，不仅是因为它是民主的表征，更是因为它有助于为社会成员所秉持的"后习俗道德"找到制度化的对话和沟通平台，从而促使其在公共自主的实践中形成道德共识和道德确信，培养与良序社会相适应的公民美德。换言之，它可以通过政治结构层面的制度建设，抽空与"反正义的公平观"相适应的背景制度，从而为其转化为"合乎正义的公平观"创造结构性的条件。大体来说，公共自主包括社会和政治两个层面。社会层面的公共自主，以社区和志愿社团等为主要组织形式；政治层面的公共自主，以国家宪制层面的民主制度和公共领域的公共商谈机制为主要组织形式。社会层面的公共自主，不仅有助于公民在"持续的直接互动"中形成道德确信、养习公民美德，而且它所创造的发达社会领域，还可以作为国家与公民之间的中介把公民之间的纠纷解决控制在国家之外的社会层面，从而避免公民动辄以一己之力直接面对国家而挑战政治合法性的治理困境。对当前中国来说，社区和（非政治性的）志愿社团，尤应进入我们社会建设的议程之中。鉴于本文着眼于更具全局性意义的政治层面，我们不再涉及社会层面的讨论。

就政治层面的公共自主来说，公共领域的公共商谈机制尤为值得我们重视。除了前文反复提到的那个理由（为公民形成道德共识和道德确信、培养公

民美德提供制度化的公共平台)以外,还有两个理由值得强调:

其一,广泛的公共商谈,有助于形成中国特色的、具有合法性(legitimacy)乃至合乎正义的社会基本结构。一般来说,“正义”比“合法性”的规范性要求更高。正如罗尔斯指出的,“合法性允许某种未解决的非正义范围的存在,正义则不然。”“合法性是一个比正义更弱的理念,它给可作为之事(what can be done)施加的约束也更弱一些。”〔89〕因此,一个具有合法性的制度安排,其内容未必是完全合乎正义的。然而,一个经过充分的公共商谈而确立的制度安排,不管其内容是否完全合乎正义,至少从程序上看,其制定过程是具有合法性的,亦是大体合乎政治正义要求的。它符合“参与平等”这一政治正义的核心内容,因为政治正义要求允许所有人作为平等的主体参与政治生活的政治安排。〔90〕 即使从制度安排的内容来看,借用罗尔斯的一个区分,我们也可以优先追求“根据某些境况和社会条件足够正义”(sufficiently just in view of the circumstances and social conditions),同时把“完美地符合正义”(perfectly just)作为一种理想。〔91〕一言以蔽之,尽管“正义”比“合法性”的要求更高,但“如果法律是具有合法性,它们就不至于太不合乎正义。”〔92〕对转型中国来说,对正义的上述认识尤为重要。把转型中国的正义定位为可允许根据特定的“环境和社会条件”追求某种“足够正义”(而不是“完美正义”),我们就可以为“超大规模型国家”的社会条件和“文明型国家”的文化条件,对中国社会基本结构的正义进行“范导和适当构建”(李泽厚)提供运作空间,但前提是须充分保障“参与平等”意义上的政治正义。

其二,作为一种无涉政治选举的民主形式,公共领域的公共商谈可为提升

---

〔89〕 J. Rawls, *Political Liberalism*, New York, Columbia University Press, 1996, p. 428.

〔90〕 这里的界定,借鉴了南茜·弗雷泽关于“参与平等”的论述,但将其“参与社会生活的社会安排”改为了“参与政治生活的政治安排。”参见[美]南茜·弗雷泽:《重构全球化世界的正义》,载[美]奥尔森:《伤害+侮辱:争论中的再分配、承认和代表权》,周穗明译,上海人民出版社 2009 年版,第 274 页。

〔91〕 See J. Rawls, *Political Liberalism*, New York, Columbia University Press, 1996, p. 428.

〔92〕 See J. Rawls, *Political Liberalism*, New York, Columbia University Press, 1996, p. 429.

中国政治和法律秩序的民主合法性（democratic democracy）乃至正义性提供制度空间。作为阿伦特意义上的“展现的空间”（space of appearance）和“共同世界”（common world），公共领域既为公民提供了自由、平等和民主得以呈现的空间，亦为公民提供了形成道德共识和道德确信、滋育公民美德的对话平台。同时，如前文所述，它还有助于提升政治和法律秩序的合法性乃至社会基本结构的正义性。而且，作为一种聚焦于正式决策之前的公共商谈的民主形式，这种公共领域的“商谈民主”既无涉“选举民主”，亦不会替代国家代议机关的正式审议和决策，更会极大地提升代议机关民主审议和民主决策的“公意”（general will）品质。因此，面对这种具有多重正向政治功能和社会成效的制度空间，我们有什么理由不为了现代中国的发展大计而建构合适的政治机制使其落实为具体的制度安排和政治实践呢？

3. 厉行法治

法治的重要性，不仅在于它是国家治理现代化的基本标志，更在于它是社会正义的制度屏障。在一个良序社会，正义应是形式正义（一致性）与实质正义（应得）的完美结合，即正义的“应得”要求（非比较原则）主要体现为立法过程对法律内容之实质正义性的追求，正义的“一致性”要求（公平原则、比较原则）主要体现为法律适用过程中对“同等情况同等对待，不同情况不同对待”之原则的遵循。换言之，良序社会的正义（形式正义和实质正义）主要体现为“法律下的正义”（justice under law），并最终以“规则之治”（形式法治）和“良法之治”（实质法治）意义上的法治呈现出来。事实上，罗尔斯正是在这个意义上把正义限定为平等主义（一致性）视角下的正义，并主张社会合作体系（社会基本结构）的正义是作为先于应得的制度前提而存在的。对于“规则之治”和“良法之治”需要“毕其功于一役”同时实现的转型中国来说，我们显然面临着更为复杂且需要同时推进的历史课题。

前文已分析了“反正义的公平观”的两种存在形态及其与转型中国社会正义问题的关系。其分析表明：这种病态正义观的形成，与中国法治不彰的困局有着紧密关系。其一，“法律内的反正义的公平”，有赖于完善“良法之治”意义上的法治，促进法律秩序本身——无论法律规范的内容，还是法律创制的程序——不断趋近正义。上文关于机会公平和公共自主的讨论，已从“底线正义”的视角讨论了这一层面的问题，此处不再赘述。其二，“法律外的反正义的公平”，则有赖于强化“规则之治”意义上的法治，即把法律秩序所确认的“权利”

作为评判"应得"的刚性标准。值得注意的是,"法律外的反正义的公平",不仅反映了秉持这种正义观的普通民众法治意识之淡薄,更反映了因部分(强势)社会成员的违法和犯罪行为未能得到及时纠正和制裁而导致的"破窗效应"。借用博弈论的说法,对法律的遵守必须构成一种"纳什均衡",即给定其他人所有人遵守法律,每个人都有积极性遵守法律。[93] 在中国这样"君子德风,小人德草"的社会,社会精英(特别是政府官员)的行为模式常常代表着整个社会的风尚,因此,他们的带头守法对确保全民守法局面的形成尤为关键。鉴于本文只是把法治作为转型中国"底线正义"的一个方面对待,而不是将其作为直接论述对象,我们的讨论将不再深入下去。

(二)经济正义(分配正义)的优先性

在确立了努力方向之后,我们就可以仿照罗尔斯的理论模式,确立其规范性内涵及其"词典式序列"(lexical order),特别是确定把何种"底线正义"的原则作为优先目标。

对正义原则的确立来说,"词典式序列"之所以必要,是因为它是超越各种"直觉主义"取向的内在要求。作为一种道德和政治哲学,直觉主义认为人们的道德直觉要比抽象的理性和推理更基本,亦更可靠。然而,在理论研究中,如果诉诸直觉解决我们面对的道德和政治问题,势必会带来道德的多元主义,甚或道德相对主义。由于各种分散的道德直觉之间存在或显或隐的冲突,而直觉主义又放弃或无力进行关于它们之间"优先性"问题的思考,势必会导致基于不同道德直觉的多元主义,乃至相对主义。用罗尔斯的话说,直觉主义"由一批首要原则(first principles)构成,而这些原则在特定情形下会给出相反的指令",但它却"不包括任何可以衡量这些相互冲突之原则的明确方法,即优先性规则:我们只是依凭直觉,即依凭我们看起来似乎最近乎正当或正确(right)的事物来寻求平衡。或者,即使它们存在优先性规则,亦会被视为几乎是无关紧要的,对我们

---

〔93〕 参见张维迎:《博弈论与信息经济学》,上海人民出版社1996年版,第18页。

形成某个判断无实质性助益。”〔94〕显然,无论是协调不同道德直觉之间的冲突,还是基于这种协调的需要对不同道德直觉的规范性要求进行阐述,都需要对人之理性抱持充分的信心和自觉。为了协调不同道德直觉之间的冲突,我们不仅要根据特定时空的“结构化情境”确立优先性规则,还需要根据这种“结构化情境”对不道德直觉的具体规范性要求进行理论阐述。在此,笔者将结合转型中国的“结构化情境”确立“底线正义”的优先性规则,并一般性地阐述首要正义原则的规范性要求,后文将对各个正义原则的具体规范性要求进行探讨。

已有论者对罗尔斯“正义二原则”的序列结构相对中国情境的可适用性(applicability),进行过反思。何怀宏从中国情境出发,对罗尔斯的正义二原则进行了修正。在他看来,罗尔斯的正义二原则大致可概括为“洛克原则”和“卢梭原则”;但如果从整个现代世界——且不说人类历史——来看,还应当提出一个“霍布斯原则”,即由更早的社会契约论主要代表霍布斯所提出的“保存生命”的原则。这个原则应更具有优先性。它主要包括两方面的含义:一是任何人的人身都应受到保护,不受任何任意或非法的侵犯、伤害和杀戮;二是任何人都应得到必要的、可供生存的物质生活资料。如果说在美国那样的发达社会,“本来应该处在第一位的生命保障或基本生计问题似乎并不彰显”,那么在中国这样的转型国家,其优先性将会凸显出来。〔95〕 慈继伟则从罗尔斯关于“自尊”与“资源和利益的分配”之关系的论说矛盾出发,敏锐地看到了“差别原则”适用的情境依赖性。鉴于“自尊是最重要的基本善”,因此“如果在一个社会里,收入和地位构成自尊的基础,那么,对这个社会来说,‘差别原则’的重要性就不一

〔94〕 See J. Rawls, *A Theory of Justice* (revised edition), Cambridge, Mass. Belknap Press of Harvard University Press, 1999, p. 30. 在笔者看来,罗尔斯对于直觉主义的批评,对于那些整全性地诉求西方自由主义价值、制度和实践模式的中国自由主义论者,同样适用。比如,周保松关于“自由主义左翼”五大理念(基本权利、宪政民主、文化多元、机会平等、共享发展)的阐述,是对现代社会政治秩序所蕴含的主要道德直觉的学理提炼,但由于既放弃了对这些道德直觉与中国情境的“切己性”思考,也放弃了对它们之间的优先性规则的思考,其实具有罗尔斯所批评的直觉主义取向。参见周保松:《自由主义左翼的理念》,载氏著:《政治的道德:从自由主义的观点看》(增订版),香港中文大学出版社2015年版,第292~326页。

〔95〕 参见何怀宏:《正义在中国:一个初步的思路》,载廖申白、仇彦斌编:《正义与中国:纪念罗尔斯〈正义论〉出版四十周年文集》,中国社会科学出版社2011年版,第220页。

定亚于最大限度的平等自由原则。也就是说，正义的两项原则不应该有固定的优先顺序，而应该根据影响自尊的具体因素来决定。”[96]

何怀宏和慈继伟的上述研究，分别从罗尔斯“正义二原则”的逻辑前提、内在理路及其相对于中国情境的适用性入手，为转型中国正义理论的建构提供了学理借鉴。接下来，笔者将主要从慈继伟开掘出的研究思路和论说空间出发，同时把何怀宏意识到的问题整合进来，探究转型中国正义原则的优先性问题。笔者试图论证：在前述三个努力方向中，经济正义(分配正义)在转型中国具有优先性。

关于如何确定正义原则的优先性规则，慈继伟提出了一个学理建议：“不是像罗尔斯那样预先且一劳永逸地确定正义诸原则的某种词典式序列”，而是“应当参照自由和经济平等作为自尊之基础所负载的相对权重来解决这一问题。”[97]让我们沿着这样的思路推演下去。笔者拟以“三段论”式的逻辑，推导出经济正义(分配正义)在转型中国的优先性及其规范性要求的一般性倾向。

第一，在“非丰裕社会”，即人们未普遍享有必要甚至体面生活条件的社会，财产是大多数人(普罗大众)自尊或人格的基础。慈继伟认为，罗尔斯之所以主张平等自由的优先性，所针对的是一种理想情况：自尊受到最大限度的平等自由原则的保障，完全独立于“差别原则”所管辖的范畴，比如收入和地位。[98] 不过，我们需要进一步厘清这种“理想情况”的准确含义。在笔者看来，这至少可以从如下两个层面来把握：

首先，罗尔斯将自由(而不是财产)视为自尊的基础，具有相对于特定文明发展水平的理想性：只有在(西方发达国家接近的)文明的特定发展阶段，财产相对于自尊才具有“边际递减”效应，同时自由相对于自尊才开始具有“边际递增”效应。在分析功利主义所面对的现时社会—历史条件时，罗尔斯已经隐含地表明，他的正义理论所针对的主要是“文明的某种合乎理性的高级阶段”

---

[96] 慈继伟：《正义的两面》(修订版)，三联书店2014年版，第69页。本文对慈继伟这一论说的发掘，受益于周濂对其思想的进一步解读，参见周濂：《正义的两面：道德心理学的，非形而上学的》，载《世界哲学》2006年第1期。

[97] See Jiwei Ci, Taking the Reasons for Human Rights Seriously, *Political Theory*, Vol. 33, No. 2(2005), p. 258.

[98] 参见慈继伟：《正义的两面》(修订版)，三联书店2014年版，第68页。

(a reasonably advanced stage of civilization),[99] 而不是任何文明发展阶段。所谓"文明的某种合乎理性的高级阶段",正如何怀宏所言,是指"一个在满足了生命原则之后正在满足自由原则的社会。"[100] 借用罗尔斯的话来表达,即财富超过了某个临界点后人们开始追求"在与他人的自由联合中从事有意义的工作"的社会。[101] 在《正义论》1971 年初版的最后一部分,罗尔斯在总结阐述平等自由之优先性的理据时明确指出:

"随着文明状况的改善,相对自由的利益(兴趣)而言,进一步的经济和社会收益对于我们的善的边际意义在递减,而随着平等自由的践习条件更充分的实现,自由的利益(兴趣)变得更加强烈。从原初状态的观点来看,在超越某个临界点以后,为了更多的物质财富和更好的办公设施而只承认某种较少的自由,

---

[99] See J. Rawls, *A Theory of Justice* (revised edition), Cambridge, Mass. Belknap Press of Harvard University Press, 1999, p. 23. 在后期借助"公共理性"(public reason)进一步阐发其正义理论的理念和制度要求时,罗尔斯除了强调立宪民主制以外,更加明确地列出了"公共理性"所依赖的五大具体政治和社会—历史条件:(1)对选举经费和获取公共信息之方式的确保,足以使公职人员及其候选人独立于特殊的社会和经济利益;(2)特定的机会均等,特别是受教育和培训的机会均等(没有这些机会,社会各方就无法参与公共理性的辩论,也无法为社会和经济政策进言);(3)满足自由主义前述第三个条件的适当收入和财富分配,即须确保所有公民获得他们理智而有效地实现其基本自由所必需的、适合各种目的的手段(缺少这项条件,那些拥有财富和较高收入的人就容易支配那些财富和收入较少的人,并日益控制政治权力,使之有利于他们自己);(4)通过中央或地方政府或其他社会经济政策,使社会成为最终的雇主(缺乏长远的安全感、缺乏从事有意义的工作和职业的机会,不仅会伤害公民的自尊,而且会伤害他们的社会成员感,让他们觉得自己只是被社会收留的人,并最终会导致他们的自我憎恶、痛苦和愤恨);(5)惠及全民的医疗保健措施(J. Rawls, Political Liberalism, New York, Columbia University Press, 1996, pp. lvi-lvii.)。显然,如果说上述条件对美国这样的西方发达国家来说确实具有"现实的乌托邦"的意义,那么对中国来说,它们纯然是"乌托邦"。因为其要么与中国现有的宪制架构相抵牾,要么是仍待实现的理想(特别是后四个条件)。

[100] 参见何怀宏:《公平的正义:解读罗尔斯〈正义论〉》,山东人民出版社 2002 年版,第 66 页。

[101] See J. Rawls, *A Theory of Justice* (revised edition), Cambridge, Mass, Belknap Press of Harvard University Press, 1999, p. 257.

就开始变得进而始终是不理性的。"[102]

---

[102] J. Rawls, A Theory of Justice, Cambridge, Mass. Belknap Press of Harvard University Press, 1971, p. 542. 值得注意的是,哈特(H. L. A. Hart)曾对罗尔斯将自由的优先性与特定文明条件相联系的理据提出了批评,认为它不能支持一种"普遍的优先性规则",而如果不存在这样的规则,"人们似乎就不会去冒永久失去他们在日后有可能想拥有的那些自由权项的风险,"而且亦不能有效禁止"人们为了物质财富的增加而想用任何基本自由权项与之进行交换的做法"。(参见[英] H. L. A·哈特:《罗尔斯论自由及其优先性》,邓正来译,载邓正来主编:《复旦政治哲学评论》第 1 辑 2010 年第 1 卷,复旦大学出版社 2010 年版,第 23 页、第 22 页。)主要是为了回应哈特的批评,罗尔斯在《政治自由主义》和《正义论》1999 年修订版中,重新阐述了自由优先性的理据。在专门回应哈特批评的《基本自由权项及其优先性》一文中,罗尔斯主动承认这是其阐述自由优先性的两个错误(errors)之一。他写道:"我本来不应该使用经济和社会利益的重要性相对于我们关于基本自由权项的利益边际递减的概念,我把后者理解为会随着有效践习这些自由权项的社会条件更充分的实现而变得更强烈的一种利益(兴趣)。在此,边际重要性的概念与我在第 543 页第四段中使用的自由的层级(hierarchy)概念是不兼容的。后一种概念建立在作为自由和平等之人的特定人格观念(certain conception of the person as a free and equal person)之上,而这种观念正是康德式的观点所需要的。笔者本来能够把第三段中提到的边际变化[即本引文引证的这句话——笔者注],说成是反映在社会条件逐渐实现中的边际变化或逐步变化,而这些社会条件对于充分而有效地践习基本自由权项来说是必要的。但是,这些反映在社会条件逐渐实现中的边际变化,是完全不同于利益(兴趣)之边际重要性的事项。"[J. Rawls, Political Liberalism, New York, Columbia University Press, 1996, p. 371(note 84).]尽管罗尔斯试图为自由的优先性奠定更具普适性的基础,但他的重新阐述主要是通过把自由的优先性专断地确立为处于原初状态的人们一致认可的"最高阶的利益"(highest-order interest)而实现的,在很大程度上陷入了"同义反复"或"套套逻辑"(tautology):因为自由是"最高阶利益",所以自由具有优先性(J. Rawls, Political Liberalism, New York, Columbia University Press, 1996, pp. 131 – 132.)。而且,即使在重新阐述的文本中,罗尔斯亦承认:"尽管关于自由的基本利益具有明确的目标,即有效确立各种基本自由权项,但这些利益并不总是具有主导性。这些利益的实现,会使得特定的社会条件及对需要和物质需求的特定程度满足成为必要,而这解释了为什么特定自由权项有时会被限制。"(J. Rawls, Political Liberalism, New York, Columbia University Press, 1996, p. 476.)同时,他还保留了原版其他段落中关于自由"边际递增"效应的表达:"如果足够多数的人们发现公共益品(public goods)的边际收益要大于从市场上获得之益品的收益,那么要求政府应当找到提供给人们的方式就是恰当的。"[Cf: J. Rawls, A Theory of Justice, Cambridge, Mass, Belknap Press of Harvard University Press, 1971, p. 282. ; A Theory of Justice (revised edition), Cambridge, Mass, Belknap Press of Harvard University Press, 1999, p. 249.]因此,总体来看,罗尔斯仍摇摆于康德式的自由主义与马克思式的"物质决定论"之间,未能为自由的优先性提供完全超克了特定文明条件的理据。

可见,罗尔斯平等自由的优先性(即自由作为自尊的基础),只适用于文明的特定发展阶段,并且主要是针对西方发达国家的理论言说——即使对西方发达国家来说,罗尔斯亦特别强调了“公平正义(justice as fairness)的良序社会”的规范性范导,并不是对现实境况的描述。[103] 我们可以把罗尔斯所说的特定文明条件理解为加尔布雷思(J. K. Galbraith)所谓的“丰裕社会”(affluent society),即“后工业时代”物质十分丰裕的社会。[104] 相应地,我们可以把未达到这种文明发展要求的社会,称为“非丰裕社会”(unaffluent society),即人们未普遍享有必要甚至体面生活条件的社会。如果上述理解是正确的,那么遵循罗尔斯的思想逻辑,在“非丰裕社会”,财产(而不是自由)更有可能、亦更必要成为自尊的社会基础。

其次,在“非丰裕社会”,如果把自由(而不是财产)作为自尊或人格的基础,具有更大的理想性:唯有极少数具有较高道德持守的人方能做到。为了阐明财产相对自尊的重要性,慈继伟曾引入斯多葛哲学关于“身外之物”与自尊的关系进行了辩证分析。不过,在笔者看来,从一般意义上最深刻地阐述财产与自尊关系的是黑格尔的法权哲学,但他使用的是另一个很大程度上可替换“自尊”的概念:人格(Persönlichkeit, personality)。黑格尔明确指出,“人只有在所有权中才是作为理性而存在的。”因此,“人格权本质上就是物权。这里所谓物是指其一般意义的,即一般对自由来说是外在的那些东西甚至包括我的身体生命在内。这种物权就是人格本身的权利。”[105] 正如 M. J. Radin 借用黑格尔的哲学

---

[103] 除了明确把“良序社会”作为其论说的规范性范导外,罗尔斯有时还以“作为公平的正义”限定“良序社会”的性质,即把“公平正义的良序社会”(the well-ordered society of justice as fairness)作为其规范性范导。比如,在解释为什么没有把性别和种族作为偶然因素纳入正义原则考量的原因时,罗尔斯明确指出,“我们主要关心的是理想理论(ideal theory):对公平正义的良序社会的阐释。”J. Rawls, *Justice as Fairness: A Restatement*, E. Kelly ed., Cambridge, Mass, Belknap Press of Harvard University Press, 2001, p. 65.

[104] 几乎与丹尼尔·贝尔“后工业社会”指称的历史时段相同,美国经济学家加尔布雷思在1959年出版的《丰裕社会》中,认为美国已经进入“丰裕社会”。参见[美]加尔布雷思:《丰裕社会》,徐世平译,上海人民出版社1965年版。

[105] 参见[德]黑格尔:《法哲学原理》,范扬等译,商务印书馆1982年版,第50页、第48~49页。

洞见阐发其“为了人格的财产权”(Property for Personhood)理论时指出的,把财产权与人格联系起来建立在这样的预设之上:“为了实现真正的自我发展,即成为一个人,个体就需要对外部环境的资源有所支配,这种支配的必要保证就采取了财产权的形式。”〔106〕黑格尔的上述思想是在“抽象法”的语境中阐述的,自然也就没有诸如文明条件之类的限制。可以说,他其实隐含地阐述了一个全称命题:对所有人来说,“身外之物”都是人格(权)的内容和规定。不过,即使在“非丰裕社会”,将“人格”或“自尊”这种常常被赋予道德内涵的概念无一例外地与财产这种“身外之物”联系起来,似乎也有违人们的道德直觉。为了给“人格”或“自尊”保留必要的道德蕴含,笔者认为,我们可以根据孟子的相关论说,将黑格尔式的上述全称命题稍做修正。孟子曰:“民之为道也,有恒产者有恒心,无恒产者无恒心”〔107〕;“无恒产而有恒心者,唯士为能。若民,则无恒产,因无恒心。”〔108〕如果说只有儒家式的士君子可以做到“无恒产而有恒心者”,那么对普罗大众(“民”)来说,只能是“有恒产者有恒心,无恒产者无恒心”。如果假定罗尔斯的前述命题(即在特定文明阶段以后,财产的边际效应递减、自由的边际效应递增)是成立的,即使不考虑物质财富在“金融资本主义”时代之重要性的绝对提升,〔109〕我们仍可以说:在“非丰裕社会”,即人们未普遍获得必要甚至体面的生

---

〔106〕 M. J. Radin, Property and Personhood, *Stanford Law Review*, Vol. 34, No. 5(1982), p. 957.

〔107〕 《孟子·滕文公上》。

〔108〕 《孟子·梁惠王上》。

〔109〕 自20世纪后期以来,“金融资本主义”(financial capitalism)即金融资本主导物质财富生产过程的生产方式,已成为现代市场经济体系的主导模式。这其实意味着:资本本身在收入增长和财富积累中的重要性获得了前所未有的提升(关于金融资本主义,可参见Larry Neal, The Rise of Financial Capitalism: International Capital Markets in the Age of Reason, Cambridge, Cambridge University Press, 1993)。法国经济学家皮凯蒂(Thomas Piketty)在《21世纪资本论》中的研究,较为全面地揭示了资本(特别是金融资本)在财富积累过程中的重要性。他的研究表明:当今世界贫富差距之所以难以遏制,是因为资本收益率 r > 经济增长率 g 长期主导着经济发展过程,而这使得资本收益率恒定地高于劳动收入的增长率。正如他指出的,“如果拥有大量财富的人想办法获得较高的收益率,而中等财富只获得适当的收益,那么资本收入的不平等可能大于资本不平等本身。这一机制会使不平等成倍地扩大,21世纪尤其如此。”(参见[法]皮凯蒂:《21世纪资本论》,巴曙松等译,中信出版社2014年版,第247页。)

活条件之前,财产是大多数人自尊或人格的基础。换言之,麦克弗森(C. B. McPherson)所说的"占有性的个人主义"(possessive individualism)——我们可以将其理解为从物质占有中获得自尊、人格或自我认同的个体,[110]是"非丰裕社会"中大多数人的生活方式和生存形态。

第二,在"非丰裕社会",为了确保实质性的人格平等,国家和社会有义务保障经济正义,既要充分保障公民以平等人格获取教育和培训机会、参与职务和地位公平竞争的必要物质条件,也要充分保障"最少受惠者"人格独立所必备的生活条件。如果财产在某个社会是大多数人人格或自尊的基础,那么罗尔斯式的"公平的机平等原则"和"差别原则"所规范的经济正义(分配正义)事项,就可视为对公民实质性人格平等的保障。一般来说,人格平等要求"把人视为平等者"(德沃金),形式上的机会公平就是这种人格平等要求的体现。但由于主要因家庭出身所导致的人们"接近机会公平"之物质条件的差异(财产差异),人们并不能真正获得"接近机会公平"的同等机会,从而导致实质上的人格不平等:具有同等禀赋且对禀赋有同等利用意愿的人们,不能获得同等的发展机会和成功前景。因此,为了确保实质性的人格平等,我们还应当做到"平等地对待每个人"(德沃金)——笔者指的是不仅要保障人们获得实质性机会公平的物质条件,亦要确保人们人格独立所必备的生活条件。

---

[110] 值得注意的是,麦克弗森对"占有性个人主义"的理解具有更丰富的内涵,并对此持批判态度。大体而言,他所理解的"占有"不仅体现为个人对物质财富等外在资源的占有,还体现为其对自己人身及其禀赋等内在资源的占有——其中,前者导致了消费主义、物质主义生活方式的流行,后者促使了非社会化的个人主义取向的盛行。后文所引麦克弗森对罗尔斯理论的批评意见,其实表明:他倾向以某种形式的社会主义纠偏资本主义(自由民主制)的不足。他的这种兼顾资本主义生产方式和社会主义价值理想的稳健立场,对于正在探索"中国特色社会主义"道路的转型中国来说,具有较大的理论启发意义。后文借鉴了他对罗尔斯分配正义理论(特别是针对其非社会化的个人主义取向)的批评意见,但此处对"占有性个人主义"的理解,稀释了他对物质主义向度的"占有性个人主义"的批判立场。这种处理,乃因为笔者对转型中国作为"非丰裕社会"之特质有着更自觉的情境体认:在笔者看来,克服匮乏要比麦克弗森所批判的消费主义、物质主义(即因无止境的克服匮乏所导致的对物质欲望的无限放纵),更能把握转型中国的经济发展状况。关于麦克弗森与"占有性个人主义"相关的政治思想,可参见[英]迈克尔·H. 莱斯诺夫:《二十世纪的政治哲学家》,冯克利译,商务印书馆2014年版,第131~154页。

之所以明确提出要确保实质性机会公平的物质条件,主要基于如下考虑:在"非丰裕社会",这些物质条件既直接关涉实质性机会公平的实现,也关涉具有同等自然禀赋的人们之间的人格平等。在"非丰裕社会",制约同等自然禀赋的人不能获得同等成功前景的,主要是物质条件以及由物质条件所决定的成长环境。如果具有同等自然禀赋的人因物质条件的缺乏,无法获得好的教育和培训条件,得不到职位和地位竞争的公平机会,从而得不到应有的成功前景,他可能两度遭遇人格的不平等对待:面对教育和培训机会时的人格不平等、面对职位和地位竞争时的人格不平等。因此,为了确保实质性的人格平等,实质性的机会平等在很大程度上要求某种结果平等,特别是确保具有同等禀赋并且对其禀赋有同等利用意愿的人获取教育和培训机会、参与职务和地位公平竞争所必要的物质条件。这些物质条件,有时以直接"配给"给当事人的方式表现出来(如社会保障、特定类型的奖学金等),有时以教育设施等体现出来。惟其如此,我们始能在确保实质性人格平等的意义上,做到实质性的机会公平。正如斯坎伦(T. M. Scanlon)指出的,"只要家庭之间存在显著的经济不平等(就像我们熟悉的社会中所盛行的那种不平等程度),这几乎必然会影响到孩子们所受到的早期培训、他们在学校的成功以及他们与获取职位相关的竞争能力,而这种职位又同特定的报酬紧密相连。"因此,"要获得公平的机会平等,即使不是实现'结果平等',也至少比我们在熟悉的大多数社会中看到的更接近于它。"建立"优良的公立学校,包括帮助贫困家庭学龄前儿童的计划,防止那种产生破坏性家庭环境的贫困,都可以以某种方式获得有意义的机会平等"。[111]

之所以明确提出要保障"最少受惠者"的必备生活条件,笔者同样是在人格平等的意义上主张的。一个社会的"最少受惠者",如果没有以必备生活条件体现出来的必要财产,他们不可能享有与他人平等的人格,甚至没有最基本的独立人格,比如依附于亲友的帮助或陌生人的施惠。一个正义的社会,或许可以允许"朱门酒肉臭",但不应当允许"路有冻死骨"。保障"最少受惠者"的必备生活条件,不仅仅是仁爱或仁政的表现,更是正义的内在要求。正如德沃金所言,"宣称对全体公民拥有统治权并要求他们忠诚的政府,如果它对于他们的命运没有表现出平等的关

〔111〕 参见[美]斯坎伦:《平等何时变得重要?》,陈真译,载《学术月刊》2006年第1期。此处引证根据英文版对译文进行了调整,参见 T. M. Scanlon, *When Does Equality Matter?*,载 http:// www. law. yale. e du/ documents/pdf/Intellectual_Life/ltw-Scanlon. pdf。

切”，即没有在他们之间确保“某种形式的物质平等”，它就违背了正义的要求。[112]

第三，作为“非丰裕社会”，转型中国应当坚持经济正义（分配正义）的优先性。把中国称为“非丰裕社会”，似乎是不言而喻的。2014 年，中国人均收入为 7476 美元，位居世界第 94 位，仍处于世界银行划定的中等收入国家水平。前文关于中国分配正义境况的分析表明：阶层的相对固化已使机会公平面临着社会结构层面的挑战；同时，以农民为代表的“最少受惠者”，在很大程度上被排斥于经济机会和社会福利之外。抛开社会结构层面的问题不论，中国仍存在大量必备生活条件没有保障的贫困人口。以国家确定的人均年收入 2300 元（约相当于日均收入 1 美元，略低于联合国日均消费 1.25 美元的贫困标准）为标准，仅中国农村还有 7000 多万贫困人口。显然，中国不仅是一个典型的“非丰裕社会”，还是贫富差距十分严重的社会。根据上文关于“非丰裕社会”自尊或人格基础的分析，我们可以说，财产构成了大部分中国人的自尊或人格的基础。相应地，为了确保实质性的人格平等，国家和社会有义务优先促进经济正义（分配正义），既要充分保障公民以平等人格获取教育和培训机会、参与职务和地位公平竞争的必要物质条件，也要充分保障“最少受惠者”人格独立所必备的生活条件。

经济正义（分配正义）的优先性，根源于财产对于人格或自尊的构成性影响，即它构成了“非丰裕社会”中绝大多数人人格或自尊的基础。因此，相对其他正义事项而言，经济正义（分配正义）更应当成为转型中国社会正义的优先目标——事实上，这亦符合马斯洛“需求层次论”的思想：生存（生理需要和人身安全）需求，应当优先于自我实现等需求。[113] 一旦认识到财产对于个体人格的构

---

[112] See R. Dworkin, *Sovereign Virtue: The Theory and Practice of Equality*, Cambridge, Mass, Harvard University Press, 2002, p. 1, p. 3.

[113] 不少论者以经济发展或作为集体权利的发展权为由，为不同于西方的中国或东亚人权观辩护（比如，参见[加]贝淡宁：《超越自由民主》，李万全译，上海三联书店 2009 年版，特别是第三章：“人权与‘亚洲价值’：对东西方对话的反思”）。对此，笔者想指出两点：第一，对一个政治共同体来说，如果其经济发展不能带来“共享发展”，那么发展本身的正当性将受到质疑。第二，我们并不能想当然地断定中国已然形成了“社会经济文化权利”优先于“公民和政治权利”的格局。如果深入分析，在“社会经济文化权利”内部，我们在很大程度上已形成了经济权利优先于社会文化权利的格局。本文只是从财产作为人格或自尊的基础出发，推导出分配正义在转型中国的优先性，并不主张再做其他的理论推演。

成性的塑造作用,我们就可以在保障人格平等的名义下扩展财产权的含义,即把接受国家因维护社会正义所进行的社会保障视为公民的财产权的内容。事实上,正是遵循这样的逻辑,法哲学中基于“人格财产权”的“新财产权”理论认为,接受国家的社会保障,并不是接受国家的馈赠,而是公民的一种财产权;同时,为了避免某些人凭借财富优势形成对他人人格尊严的挑战,国家有义务通过再分配和市场规制等举措重新配置财产权。[114]

(三)转型中国的“底线正义”诸原则

走笔至此,我们可以把转型中国的“底线正义”诸原则表述如下:

经济正义(分配正义)原则:国家和社会应当保障:(1)拥有同等资质和才能且对自身资质和才能有同等利用意愿的社会成员,以实质性的平等人格获取教育和培训机会、参与职位和地位公平竞争的必要物质条件(实质性的机会公平原则);(2)具有奋斗志向的“最少受惠者”人格独立所必备的生活条件,而不论其自然禀赋如何(差别原则);

政治正义原则:经济、政治与文化的不平等安排以及基于“共同善”对权利的限制,应同时满足如下两个条件:(1)在政治共同体内得到充分的民主商谈(商谈民主原则);(2)以法律的形式确立下来,并在法律适用中平等地适用于所有人(法治原则)。

上述两个大原则、四个小原则,均形成了“词典式的序列”:经济正义/分配正义原则总体上优先于政治正义原则;在经济正义/分配正义原则内部,实质性机会平等原则优先于差别原则;在政治正义原则内部,商谈民主原则优先于法治原则。这种“词典式序列”意味着:如果在先的原则未获得充分满足,即使完全实现在后的其他正义原则,社会基本结构的正义性仍会受到质疑。

1.关于实质性机会公平原则优先于差别原则

关于实质性机会公平相对差别原则的优先性,笔者仍大体遵循罗尔斯的理由:差别原则的适用,以实质性机会公平确保的必要经济效率和发展成就为前提——换言之,“最少受惠者”亦将从实质性的机会公平中获利。“排除这些不平等的尝试将大大干扰社会体系和经济的运行,以至于从长远看处境不利者的

---

[114] See C. A. Reich, The New Property, *The Yale Law Journal*, Vol. 73, No. 5(1964), pp. 733 - 778.

机会将受到更多限制。”[115]而且,同样作为基本益品,机会比收入和财富更具有普遍性基础。换言之,机会的实质性平等比收入和财富的实质性平等,更容易获得道德上的证成。因为导致收入和财富差异的,不仅有自然禀赋和家庭出身等不具道德评价意义的客观(偶然)因素,还有个人志向等可作道德评价的主观要素——德沃金正是在这个意义上提出了“敏于志向但钝于禀赋”(ambition-sensitive but endowment-insensitive)的著名分配原则。

一种满足了实质性机会公平原则的制度安排,笔者把它称为“流动性的贤能主义”(mobile meritocracy)。因此,强调实质性机会公平优先于差别原则,其实是主张:一种“流动性的贤能主义”的分配,要优越于均等主义(结果平等)的分配。它所展现的社会正义理念是:要最大限度地确保机会公平,同时国家和社会要对那些在公平机会竞争中落败的“最少受惠者”承担起基于正义(而不仅仅是仁爱)的关切。总体来看,它不过是力图在现代经济和社会条件下,实现《礼记·礼运》所向往的社会政治理想:“大道之行也,天下为公。选贤与能,讲信修睦,故人不独亲其亲,不独子其子,使老有所终,壮有所用,幼有所长,矜寡孤独废疾者,皆有所养。”

2. 关于商谈民主原则优先于法治原则

商谈民主原则优先于法治原则,根源于立法对司法(法律适用)的优先。这包括两方面的含义:第一,从逻辑或时序上来看,立法先于司法。在一个具有成文法传统的国家,没有在先的立法,就没有对法律的平等适用。第二,从价值上看,立法正义优位于司法正义。其正当性依据在于,实质正义在价值上(而不仅仅是功能上)优位于形式正义或程序正义。因为如果法律本身是不正义或缺失正义的,那么无论多么严格地进行适用,都不能证成其本身的正当性。

树立立法正义优先于司法正义的正义理念,对转型中国有着十分重要的意义。强调立法正义对司法正义的优先,旨在否弃一种霍布斯“法律命令说”版本的实证主义法律观(工具主义法治观),恢复法律的规范性特征,特别是法律正当性的可证成性(justifiability)和可争辩性(arguability):法律并不是主权者的命令,而是承载了政治共同体关于何为正当之道德承担和何为良善生活之伦理想象的一种价值秩序。将法律视为主权者的命令,尽管可以高效地加快立法进

〔115〕 J. Rawls, A Theory of Justice (revised edition), Cambridge, Mass, Belknap Press of Harvard University Press, 1999, p. 265.

程,但不仅会使法律沦为政治的工具,进而牺牲作为法治之基础的法律的"不可随意支配性"(unverfügbaren,indisponibility),[116]而且会使法律本身的合法性受到挑战,从而丧失使法律秩序不断趋近正义的契机。对现代法律秩序仍待确立的转型中国来说,这无疑是一件得不偿失的事情。

3. 关于分配正义与"配给正义"

熟悉罗尔斯正义理论的人都知道,他区分了"分配正义"(distributive justice)和"配给正义"(allocative justice),并在"纯粹程序正义"的意义上定位分配正义。他认为,对收入和财富的分配,是一种没有确定正当结果但有确定正当程序的分配,即属于典型的"纯粹程序正义"的范畴。他着眼于背景制度的程序性设计,本身对结果平等抱持极大的警惕和排斥。因此,无论是公平的机会平等原则,还是差别原则,在他那里都不是针对具体个体或群体的"配给",而是着眼于社会基本结构层面的程序性制度设计。正如涛慕思·博格(Thomas Pogge)指出的:

"差别原则指涉的不是特定的人,比如那些在既定的制度安排中实际上属于最少受惠者的人们。如果是那样,那么每一个社会基本结构都将违背差别原则,因为使最少受益者马上受益的制度改革总是可能的。差别原则必须依据匿名性的条件来解释:产生社会经济不平等的基本结构,必须为处于最低社会经济地位的人带来最大化的可能利益。"[117]

依此看来,本文对实质性机会公平,特别是差别原则的阐释,具有"配给正义"的色彩。

前文已经初步交代了本文如此阐释的理由。在此,笔者仍想重申如下:一方面,在中国这样的"非丰裕社会",财产是绝大多数人人格或自尊的基础;另一方面,社会阶层结构的相对固化、贫富差距的持续恶化,既使物质条件的差异成为人们利用公平机会的实质性差异的主要制约因素,更使大量"最少受惠者"阶层缺乏必备的生活条件。因此,为了确保实质性的人格平等,同时兼顾"道德上

---

[116] See J. Habermas, *Law and Morality*, trans. K. Baynes, in SM McMurrin ed., The Tanner Lectures on Human Values, Volume 8, (Salt Lake City: University of Utah Press, 1988), pp. 263 – 264.

[117] See T. Pogge, *John Rawls: His Life and Theory of Justice*, trans. M. Kosch, Oxford, Oxford University Press, 2007, pp. 106 – 107.

的应得”，国家和社会既要确保拥有同等资质和才能且对自身资质和才能有同等利用意愿的社会成员，以实质性的平等人格获取教育和培训机会、参与职位和地位公平竞争的必要物质条件（实质性的机会公平原则）；亦要保障具有奋斗志向的“最少受惠者”人格独立所必备的生活条件，而不论其自然禀赋如何。

如果进一步分辨罗尔斯分配正义观所预设的背景性条件，我们将更清楚地洞察到在转型中国的特定情境中以“配给正义”对其“公平的机会平等”和“差别原则”的含义进行适当转换的必要性。罗尔斯之所以反对“配给正义”，除了认为关于收入和财富的分配结果缺乏正当的评价标准外，还源于他对社会的定位。他认为，分配正义应当确保社会是“一个公平、有效且富有生产力的社会合作体系”：“我们拒绝配给正义的观念，因为它与作为公平的正义据以组织起来的基本理念是不相容的，即社会永远作为某种公平的社会合作体系的理念。”[118]他所举的符合分配正义（很大程度上可视为差别原则）的典型事例是，NBA 选秀时让上赛季排名末位的球队优先选择。在他看来，这种程序性设计既符合“最少受惠者”的最大利益，又可以确保年复一年的 NBA 联赛大体保持较高的竞赛水平。这种纯粹程序正义意义上的分配正义的运行，其实预设了“公平的社会合作体系”的某些必备的制度前提已经存在，并且运行良好。这就是那种遵循市场经济和立宪民主运行机理，同时建立了全民教育和普惠性社会保障制度（福利国家）的社会合作体系。在阐述差别原则的适用条件时，罗尔斯明确指出了几个必备的制度前提：

“假定法律和政府法令有效地维持着市场的竞争和资源的充分利用，并通过合适形式的税收或其他任何类似事物确保了财产和财富（特别是如果生产资料的私人所有被允许）的广泛分配，并且保障了一种合理的社会最低生活水准（social minimum）。同时，假定全民教育保障了公平的机会平等，并且其他平等的自由权项也获得了保障，那么，最终的收入分配和预期模式将倾向于满足差别原则。”[119]

罗尔斯的上述自我指陈，其实表明：在不满足上述制度前提的条件下，他所

---

[118] J. Rawls, *Justice as Fairness: A Restatement*, E. Kelly ed., Cambridge, Mass, Belknap Press of Harvard University Press, 2001, p. 50.

[119] J. Rawls, *A Theory of Justice*, Cambridge, Mass, Belknap Press of Harvard University Press, 1971, p. 871.

表述的“差别原则”(即社会和经济的不平等及其附着的职位和地位,应当满足“最少受惠者”的最大利益)就是不堪适用的——至少是不充分的。仅就经济层面而论,罗尔斯的分配正义观试图在反思福利国家模式的语境中,建构与“作为公平的正义”相适应的财产分配体系,即他后来所说的“财产所有的民主制”(property-owning democracy)。但他至少预设了市场经济体系、惠及全民的教育和最低生活保障体系等制度前提。罗尔斯所做的工作是要为福利国家适度“减负”,从而力图将其转化为世代相续的、公平的社会合作体系。[120] 然而,对转型中国来说,罗尔斯所列明的那些制度前提几乎都付之阙如。单从经济层面来看,我们基于市场经济、全民教育和社会保障的“公平的社会合作体系”不仅正在形成或有待突破,而且社会中的大量“最少受惠者”,其贫困正与这种社会合作体系形成过程的不正义紧密相关。转型中国的“最少受惠者”,主要包括中西部边远地区的农民和城镇下岗职工等,前者的贫困,在很大程度上是由于身份差异而被抛在了这套正在形成的“公平的社会合作体系”之外,从而丧失了充分发展自身潜能的机会,特别是获取教育和培训的机会、参与职位和地位公平竞争的机会;后者的困窘,则是由于机运、天赋或家境等偶然性因素而被迫为这套“公平的社会合作体系”(特别是市场经济体系)的建立让路,从而沦为“最少受惠者”——换言之,这“是一个人为制造的、完全缺乏公正性和合理性的社会过程的产物。”[121] 如果说前者根本缺乏接近公平机会的机会,那么后者在很大程度上是在社会竞争中落败的“最少受惠者”。无论如何,底层民众中的大量“最少受惠者”,要么缺乏把握实质性公平机会的物质条件,要么缺乏必备的生活条件。他们不仅应当成为转型中国经济正义(分配正义)的重点关切对象,而且在很大程度上需要“配给正义”始能解决他们深入参与社会合作的现实难题。如果说罗尔斯的分配正义观试图为西方福利国家“减负”,那么对转型中国来

---

[120] 与福利国家相比,罗尔斯所谓的“财产所有的民主制”同样支持最低生活保障(“差别原则规定的最低生活保障与有限功利原则所规定的,在实践中可能差别不大”),只是其出发点或理由不同:平等自由的公民积极参与社会合作体系的需要 vs. 基于人性的生活需要(共同的人类需要)。See J. Rawls, *Justice as Fairness: A Restatement*, E. Kelly ed., Cambridge, Mass, Belknap Press of Harvard University Press, 2001, pp. 129 – 130.

[121] 参见汪晖:《改制与中国工人阶级的历史命运》,载氏著:《去政治化的政治:短 20 世纪的终结于 90 年代》,三联书店 2008 年版,第 312 页。

说,我们更应该以社会福利为国家和社会“添责”。

在评论罗尔斯的分配正义观时,麦克弗森曾指出:“罗尔斯遵循其伦理原则对收入再分配的数量设定了某种苛刻限制,并且这种限制是被市场经济支配的结果。”

“他的伦理性分配原则,不允许福利国家再分配的增长达到这样的临界点,即‘较多的税收如此严重地干扰经济效率,以至于当前世代最少受惠者的前景已不再提高,并开始下降’。对经济效率的检验被明确适用于‘竞争性经济’中,并且后者在逻辑上必定是一种市场完全主导的经济,在这种经济中,企业对税收增长的消极回应降低了整个经济的生产力。这是那种古典模式的竞争性资本主义市场经济,在这种经济模式中,非人格化的市场力量决定着投资和生产力。因此,罗尔斯的伦理性分配原则不是压倒了资本主义的市场生产关系,相反是被后者所压倒的结果。并且,这确实是与他那种霍布斯式的假设相兼容的唯一立场:非社会性地(利益)最大化的个体(unsocial maximizing individuals),作为现代社会不可还原的单位。”[122]

作为西方马克思主义政治理论家,麦克弗森的上述评断指向了罗尔斯分配正义观所预设的两个前提:市场力量的压倒性和个体存在的非社会性(即“占有性个人主义”的非社会性维度)。如果他的上述解读是正确的,我们就有必要根据国家所承诺的“社会主义”理想,对罗尔斯式的分配正义观进行某种理论上的矫正。无论我们在何种意义上理解“社会主义”,它都不应该允许市场成为整个社会中的压倒性力量,以及“非社会性地(利益)最大化的个体”的肆虐——换言之,我们必须避免卡尔·波兰尼(Karl Polanyi)所说的“市场脱嵌于社会”的局面。显然,要扭转转型中国已然出现的“市场脱嵌于社会”局面,仅靠“纯粹程序正义”意义上的分配正义是远远不够的。毋宁说,这种分配正义观在中国情境的运用本身就迎合并纵容了“市场脱嵌于社会”。在分配正义问题如此严重的中国社会,如果不为社会成员之间的实质性机会公平创造必要的物质条件,如果对“最少受惠者”的必备生活条件漠不关心,那就无益于“视社会为市场的

〔122〕 C. B. Macpherson, *The Rise and Fall of Economic Justice and Other Essays*, New York, Oxford University Press, 1985, pp. 12 – 13.

附属品,而将社会关系嵌含于经济体制中,而非将经济行为嵌含在社会关系里。”[123]

4. 关于个人责任、权利限制及其他

在实质性的机会平等原则和差别原则的表述中,笔者在社会成员和“最少受惠者”之前,分别添加了“拥有同等资质和才能且对自身资质和才能有同等利用意愿”和“具有奋斗志向”的限制,其意有二:其一,它旨在回应晚近政治哲学家关于“个人责任”的论述;其二,它旨在呼应前文将正义视为“一致性与应得的统一”的观点。关于个人责任问题,最具代表性的论述是德沃金明确提出的“志向”(ambition)和“选项运气”(option luck)等问题,即个体应当对因自身的志向而产生的“选项运气”承担责任。德沃金据此批评了罗尔斯“差别原则”忽视个人责任的问题:“差别原则假定基本益品上的简单平等(flat equality)是基本的或真正的平等,而没有考虑人们在志向、品位(taste)、职业或消费方面的差异,更遑论生理条件或残障方面的差别了。”[124]前文并没有对“道德上的应得”进行界定。事实上,考虑到转型中国的“底线正义”要求,笔者更倾向从“正义”或“正当”(而不是凯克斯倾向的“善”)的角度来理解“道德上的应得”,并主张这种“正义”或“正当”应具有更为丰厚的道德内涵,即它既要具备超越法条主义的更丰富道德蕴含,亦要以更丰满的视角恰当把握个体的道德责任(个体行为正义)与社会正义的关系。质言之,笔者更赞同把凯克斯所说的“接受者在道德上的优点或缺点”与德沃金正义理论视野中的个体行为正义——个体在社会正义中的道德责任——联系起来。具体来说,它主要包括两方面的含义:(1)因个人“志向”导致的“选项运气”不佳而主张的社会补偿在道德上是不应得的——其“不应得”,可从个体对自己人生选择负责的道德责任中获得证成;(2)具有奋斗志向的个体,因“原生运气”(brute luck)乃至“可行能力”(capacities)不佳而主张的社会补偿在道德上是应得的——其“应得”,可以从个体的道德品质(奋斗志向)、个体相对于自身“原生运气”的不可归责性(罗尔斯意义上个体对于其自然禀赋的“不应得”或自然天资作为“共同资产”)及整个社会具有道德

---

[123] 参见[匈]波兰尼:《巨变:当代政治与经济的起源》,黄树民译,社会科学文献出版社 2013 年版,第 129 页。

[124] R. Dworkin, *Sovereign Virtue: The Theory and Practice of Equality*, Cambridge, Mass, Harvard University Press, 2002, p. 116.

价值的政治理想(社会正义)等理据中获得证成。考虑到转型中国仍需通过激发社会成员的奋斗志向而使整个社会保持较高的发展水平,即使秉承基于社会正义的“配给正义”原则,亦应充分考虑社会成员的个体责任问题,由其导致的不平等则是我们必须忍受的痛苦。正如德沃金指出的:

“我们必须承受违反平等的痛苦,允许资源的分配在任何特定的时刻都是——就像我们可以说的——敏于志向的。换言之,它必须反映出人们作出的选择对他人带来的成本或收益,比如说对那些选择投资而不是消费的人,那些消费较为节俭的人,或者那些以盈利较多的方式工作的人,必须允许他们持有从遵循自由贸易的平等竞卖(equal auction)中做出一些决定后所获得的收益。”[125]

值得注意的是,尽管罗尔斯的“差别原则”常常被认为忽视了个人责任问题,但笼统地说他忽视个人责任却是不准确的。罗尔斯对“公平的机会平等原则”的界定明显兼顾了个人责任,因为他明确把个体对自身资质和才能的“利用意愿”——大体相当于德沃金所谓的“志向”——纳入机会平等的视野中。因此,我仍遵循罗尔斯的理解,将“拥有同等资质和才能且对自身资质和才能有同等利用意愿”,作为运用实质性机会公平原则的限定条件。同时,为了纠偏其差别原则对个人责任的忽视,笔者为“最少受惠者”添加了“具有奋斗志向”的限定。

在第二个正义原则的表述中,笔者在“经济、政治与文化的不平等安排”之后,增加了“基于‘共同善’对权利的限制”。这一表述,并不意味着笔者认为对权利的限制在规范上或道德上是正当的,而是主要基于如下两方面的考虑:第一,中国作为“文明型国家”,特别是“超大规模型国家”,存在基于“共同善”限制特定权利的某种政治必要性或“目的合理性”空间(如对生育权的限制)。第二,更为重要的是,本文所阐述的只是“底线正义”。换言之,它是前述罗尔斯意义上“根据某些境况和社会条件足够正义”,而不是“完美地符合正义”。就此而言,我们更应当遵循阿玛蒂亚·森的建设性思路:消除现实中的不义,要比坐而论道地追求完美的正义世界更为紧要。[126] 因此,对转型中国来说,更具建设性的做法或许不是从道德上质疑限制权利的正当性,而是对权利限制本身进行

〔125〕 R. Dworkin, *Sovereign Virtue: The Theory and Practice of Equality*, Cambridge, Mass, Harvard University Press, 2002, p. 89.

〔126〕 See Amartya Sen, *The Idea of Justice*, Cambridge, Mass, The Belknap Press of Harvard University Press, 2009, pp. 4 – 8.

某种程序性限制,也就是要把它放在政治正义的框架下审查,通过确保权利限制本身的合法性,提升某种限制权利的政治决策的正义品格。

有读者可能会问:如果我们像哈贝马斯那样赋予"商谈民主"以理性品质从而赋之以特定规范性要求(如哈贝马斯所谓的"理想言谈情境"),那么,即使对西方发达国家来说,它也是一种未充分实现的政治理想,它在何种意义上是一种"底线正义"要求?对本文来说,其"正义性"根源于它顺应了现代政治和法律秩序的合法化机理:商谈民主以"受到影响者"(those affected)与"商谈参与者"(the participants in discourse)的同一及"受到影响者"作为"商谈参与者"的"同意",使政治和法律秩序的合法化有了充分的"公意"基础。[127] 其之为"底线",至少体现在两个方面:其一,作为一种程序主义的人民主权观,商谈民主不仅对现代政治和法律秩序的实质性要素作出了较薄的承诺,而且有助于为特定时空现代政治和法律秩序之实质性要素的建构提供充分的合法化基础。其二,作为一种有别于"选举民主"的民主观,它无涉普选这样更具实质性亦更有争议性的政治议程。

有读者可能仍心存疑问:本文所建构的"底线正义"诸原则,符合前文对正义的界定——一致性与应得的统一——吗?笔者想从三个方面回答这一问题。首先,一如前述,本文之所以将个人责任(志向)纳入经济正义(分配正义)的视野中,即在一定程度上回应了前文关于正义是一致性与应得相统一的界定。其次,前文已指出的,笔者对正义的界定是一种"可操作性"的定义。所谓"可操作性",主要是指它服从于本文的问题意识,即对某种结构化的正义观念——"反正义的公平"观念——的理论把握。最后,笔者对"底线正义"诸原则的建构,旨在为超克"反正义的公平"观念创造社会基本结构层面的条件。所谓"底线正义",即"根据某些境况和社会条件足够正义"。作为本文问题意识(经验参照点)的"反正义的公平"观念,就是笔者所识别出的转型中国与社会正义有关的某种"结构化情境",即罗尔斯意义上的"境况和社会条件"。相应地,所谓的"底线正义诸原则",正是与这种结构化情境("境况和社会条件")相适应的正义原则。经济正义(分配正义)原则对"应得"的重视,有助于矫正人们习焉不察的"反正义的公平观",从而醇化出"合乎正义的公平观"。政治正义原则对

[127] 参见孙国东:《合法律性与合道德性之间:哈贝马斯商谈合法化理论研究》,复旦大学出版社2012年版,第114页、第118~121页。

公共自主(商谈民主)和法治的重视,则预设了这样的理论认识:“合乎正义的公平观”内在地呼唤公民的美德,即对权利的合目的性(正当性)运用,而这种公民美德的养习,既离不开社会成员作为法律的“创制者”(authors)对公共自主实践的充分参与,亦有赖于社会成员作为法律的“承受者”(addressees)对作为“公意”之法律的充分尊重。故此,社会基本结构层面,特别是政治结构层面的制度建设,可以抽空与“反正义的公平观”相适应的背景制度,从而为其转化为“合乎正义的公平观”创设新的结构化情境。

本文把促进经济正义(分配正义)的责任主体确定为“国家与社会”,但这并不意味着笔者认为它们之间的责任是相当的。毋庸置疑,促进经济正义/分配正义首先是国家的责任。这不仅是因为国家是公共资源的最大占有者,更有责任和能力提供公共物品和公共服务;更是因为社会能否承担起相应的公共责任,最终取决于国家确立什么样的社会体制。之所以把社会也列为责任主体,既考虑到了拓展社会建设空间的紧迫性,亦考虑到了把促进分配正义凝聚为全社会集体共识的必要性。本文未直接论及转型中国的文化正义问题,一方面考虑到了该问题的高度复杂性;另一方面仍延续了“底线正义”的思路,即力图通过政治正义的制度安排确保文化正义问题。[128] 本文特别强调商谈民主原则,一方面是看到了它对于公民在公共自主中形成道德确信和道德共识、培育公民美德的重要性;另一方面也同样贯穿着“底线正义”的思想:它保留了以“超大规模型国家”的政治条件和“文明型国家”的文化条件对中国社会基本结构的正义进行“范导和适当构建”的运作空间,但主张把这种运作空间限制在程序上符合政治正义的范围内。此外,“法治原则”中的“法律”可作广义理解,包括宪法、基本法律、行政法规、部门规章和地方性法规,也可以把通过合宪性和合法性审查的执政党政策含括在内。

由于题旨和篇幅所限,本文仍有诸多问题未能深入探讨。笔者对“反正义的公平观”的把握是一种高度理论性的把握,它在多大程度上现实地存在于人们的正义观念中,仍有待社会科学研究的检验。笔者对分配正义/经济正义原则的阐释,是对罗尔斯分配正义观的某种“转化性创造”。这种处理方式,主要

---

〔128〕 在其他场合,笔者已较为详细地阐述了转型中国的文化正义原则,参见孙国东:《共同政治文化范导下的国家中立性:转型中国文化认同建构的根本法则》,载《浙江社会科学》2016 年第 1 期。

是考虑到了在有限篇幅内“另起炉灶”的难度。笔者对所有正义原则的阐述,均着眼于规范性层面,并未涉及制度层面的问题。但是,我们是否有必要或可能完全撇开罗尔斯的分配正义观进行转型中国分配正义/经济正义原则的建构?符合“底线正义”诸原则的合适制度安排应当是什么样的?诸如此类的问题,尽管在本文的题旨之外,但同样值得思考。

本文的研究完全是探索性的。它试图从转型中国的政治与社会—历史条件出发,自主地建构适合转型中国结构化情境的“底线正义”原则。这种研究取向,不是从任何既定的理论模式出发,而力图以中国现代社会—政治和法律秩序的建构为理论担当,以中国独特的政治与社会—历史条件为参照,构建兼顾这种理论担当和实践约束条件的政治哲学或法哲学理论模式。然而,由于论题博大,加之笔者本人学力不逮,其中的学理逻辑可能存在诸多跳跃、断裂甚或臆想,惟愿读者诸君不吝赐教为幸。

From“Fairness-against-Justice”to“Bottom-line Justice”:
A Politico-Philosophical AnalysisBased on a Conception of
Social Justice in Transitional China

Sun Guo dong

Abstract: When we devote ourselves to the theoretical construction of social justice in transitional China, we will encounter three historical conditions: modern transformation is an ongoing process, which means we should leave some imaginary rooms for the road to ‘alternative modernity’ that China eagerly seeks and balance the normativity, pertinence and feasibility of the theory that we are constructing; the synchronicity and the wholeness which the matters of justice present themselves in the practice, means we should integrate the matters of different fields such as economic, political and cultural matters as a whole; and the unsolvedness of some significant matters of justice means we should concentrate ourselves on the basic structures of society.

Justice should be understood as the combination of consistency and dues, the unity of comparative principle and non-comparative one. The former defines the formal element of justice, while the latter, including legal rights and moral deserts, delimits the substantive one of justice. By the "fairness-against-justice", I mean a conception which conforms to consistency but offends against dues. There are two forms of "fairness-against-justice": one is "extralegal fairness-against-justice", the other is "legal fairness-against-justice". As a discourse in Foucauldian sense, this conception operates in an opportunistic way in practice, entailing justifications for all kinds of social protestsand intensifying the disorder of "the easy circulation of the anti-just acts".

The tradition of fairness of opportunity in Chinese culture, the "post-conventional" structure of moral consciousness developed in revolution of People's Republic in 20 century, the discourse of rights in contemporary practical philosophy, and the justice-deficient basic structures of society at present, provide the conception of "fairness-against-justice" separately with ideological resource, structure of consciousness, foundations of discourse, and "background institutions".

Guaranteeing economic justice/distributive justice (practicing "substantive fairness of opportunity" and "difference principle"), constructing the political mechanisms of public discourse, and enforcing the rule of law, are the three directions overcoming the conception of "fairness-against-justice". Beginning with the Rawlsian social foundations of self-respect and civilization conditions the priority of liberty based on, transitional China, as an "unaffluent society", should give priority to economic justice/distributive justice. Based on the analysis of Rawlsian social foundations of self-respect, the institutions Rawlsian principles of distributive justice presupposes and so on, economic justice in transitional China, to a large extent, is embodied in "allocative justice" in Rawlsian sense. The "bottom-line justice" in transitional Chinaincludes four principles arranged inlexical order: substantive fairness of opportunity, difference principle, discursive democracy and the rule of law (the two formers belong to economic justice, and the two latters fall within the scope political justice).

Key words: Justice; Fairness; Dues (Deserts); Discourse; Distributive Justice; Public Discourse.

（责任编辑：于　浩）

法律解释的方法性原则*

——对四种法律解释方法性原则之方法属性的辩驳与重构

魏治勋**

内容摘要：

按照传统的法律解释理论，法律解释方法一般都包含体系解释、历史解释、目的解释与合宪性解释四种所谓解释方法。通过本文的辩驳与重构，我们应将这四种所谓解释方法还原其本相，而视之为法律解释的四种主要方法性原则或标准，即体系性原则、目的性原则、历史性原则和合宪性原则。法律解释的这四种方法性原则贯穿于法律解释基本原理与具体方法之中，渗透于对任何一种具体法律方法的运作机理的建构过程之中，体现了这些方法性原则对法律方法在理论与操作上的引领、指导、判断甚至矫正功能，具有不可替代的意义。

关键词：

法律解释　方法性原则　辩驳与重构　指导意义

所谓法律解释的方法性原则，是指贯穿于各种法律解释方法的过程并对运用这些法律方法得出的解释结论予以衡量以判断其合理性和正当性与否的那些基础性原则。这些原则主要包括体系性原则、目的性原则、历史性原则和合宪性原则。按照传统的法律解释理论，体系或系统解释、目的解释、历史解释和

---

* 本文系2012年国家社科基金后期资助项目“法律解释的原理与方法体系”(12FFX016)的阶段性成果。

** 山东大学法学院副教授。

合宪解释都被视为与文义解释并列的法律解释的具体方法。[1] 早在萨维尼的法律方法论理论中,历史要素就被看作法律解释的三大要素之一,其后的大多数法律解释理论基本上都将体系解释、历史解释、目的解释视为不可或缺的法律解释方法。[2] 当人类进入宪政时代之后,合宪解释自然成为主流的法律解释方法之一。但是,在笔者看来,前述所谓的四种法律解释方法,其本身并不是能够直接指导法律适用的法律方法,这些所谓"法律解释方法"的运用恰恰需要具体法律方法,而且其基本要求也需要体现在具体法律方法中,因此,与其将其称为法律方法,远不如称为法律解释方法的原则更为恰当。当然,从对法律解释

---

〔1〕 大量的法律解释文献都将体系解释视为法律解释的主要方法之一,近年来比较重要的文献有:肖中华:《刑法目的解释和体系解释的具体运用》,载《法学评论》2006 年第 5 期;张明楷:《注重体系解释实现刑法正义》,载《法律适用》2005 年第 2 期;杨彪:《〈侵权责任法〉中物件致害责任的体系解释与结构分析》,载《法学杂志》2010 年第 3 期;王彬:《体系解释的反思与重构》,载《内蒙古社会科学》(汉文版)2009 年第 1 期;曾粤兴:《死刑条款的体系解释》,载《法学家》2007 年第 6 期;朱岩《〈物权法〉中"交付"的体系解释及其相关疑难问题》,载《社会科学研究》2008 年第 3 期;朱广新:《被监护人致人损害的侵权责任配置:〈侵权责任法〉第 32 条的体系解释》,载《苏州大学学报》(哲学社会科学版)2011 年第 6 期;张勇:《强迫交易及其关联罪的体系解释:以酒托案为例》,载《中国刑事法杂志》2011 年第 5 期;刘再辉、邓多文:《论刑法体系解释方法的司法适用:兼谈合同诈骗罪与诈骗罪的区分及认定》,载《金陵法律评论》2009 年第 2 期;吴允锋:《罪群式经济犯罪规范与体系解释》,载《江西社会科学》2009 第 3 期;万国海:《论刑法的体系解释》,载《南京社会科学》2009 第 7 期;肖建国:《体系解释方法在该案审理过程中的运用》,载《人民法院报》2006 年 10 月 9 日;陈金钊:《"依法"标签下错误思维及其校正案说法律体系解释方法》,载《法律适用》2011 年第 7 期。

〔2〕 萨维尼在其《萨维尼法学方法论讲义与格林笔记》中提出,法律解释必须具备逻辑、语法、历史三个要素,每一个要素都应当属于解释的方法。参见[德]弗里德里希·卡尔·冯·萨维尼:《萨维尼法学方法论讲义与格林笔记》,法律出版社 2008 年版,第 78 页。而在其名著《当代罗马法体系》一书中,萨维尼认为必须在制定法解释之中区分出四个要素:文法要素、逻辑要素、历史要素和体系要素,他明确地将整体解释视为法律解释的基本方法之一,认为如果法律解释能够达成,上述四个要素必须是协调作用的不同活动。参见[德]弗里德里希·卡尔·冯·萨维尼:《当代罗马法体系》(I),朱虎译,中国法制出版社 2010 年版,第 166 ~ 167 页。

行为具有指导意义这一点来看,它们无疑与文义解释方法有着近似的功用,从而表现出明显的方法意蕴,但更多的是在抽象和宽泛意义上体现出方法的价值,其最重要的意义则在于从形式意义上对具体法律方法的运用具有指导价值。这一点与我国台湾地区学者林诚二对解释原则的定义有异曲同工之效果。只不过在林诚二那里,被称为解释原则的是专门性解释、进化性解释、一致性解释和目的性解释。[3] 但是,林氏的界定没有很好地体现出这些原则所同时具有的原则属性与方法论意蕴。鉴于这些所谓"法律方法"所具有的"法律解释原则"的属性及其体现出的方法意蕴,笔者称为"法律解释的方法性原则"。

一、法律解释的体系性原则

法律解释的体系性原则,在以往的法理学与部门法的理论中,一般是被作为一种具体的法律解释方法看待的,通常被称作体系解释、系统解释或者一致性解释。按照学者的界定,它一般是指根据法律条文在整部法律中的地位,联系相关法条的含义,阐明其规范意旨的解释方法,这种解释方法的目的在于避免断章取义,以便使整部法律整体协调,从而杜绝违背整部法律整体的不妥当的解释结论,进而有利于实现法律的正义性。[4] 法律解释之所以应当遵循体系性或系统性的原则,其原因正如法律执业者所言:"任何法律条文、法典乃至法律体系与制度,都由若干个具体成分构成,形成整体与部分的关系。两者互为依托,不可分割。从法律规范的意义上来说,每一个构成元素都表达着整个规范或制度的含义,而这些规范或制度又赋予每一个构成元素特有的含义。系统解释法则是正确把握元素与整体之间的关系,使法律文本的含义冲出了被解释的法律文本本身,并通过存在于周围的其他文字、规范、制度乃至事实背景,发现其最为合理的含义。"[5]从上述阐述来看,系统解释法或系统性原则,并非文义解释方法的范畴,它指示的是应当在法律规范或法律制度的体系之内寻求法律解释的妥当性,但它自身并不直接包含具体的解释方法,因此,将其界定为法律解释的方法性原则是具有明显的合理性的,从系统解释原则的制度地位来

[3] 林诚二:《民法总则》,中国政法大学出版社 2008 年版,第 49 页。

[4] 参见张明楷:《注重体系解释实现刑法正义》,载《法律适用》2005 年第 2 期。

[5] 致远:《系统解释法的理论与应用》(上),载《法律适用》2002 年第 2 期。

看,这一原则不仅贯穿于绝大多数国家不同历史阶段的法律解释实践之中,从而获得了事实上的合法地位;而且,在某些法律体系中,它还获得了明示的法定地位,如加拿大魁北克省的《法律解释法》第四十一条第一款就明确规定:“对一部法律的条款进行解释时,应当借助于其他条款的规定,同时从整个法律中得出每一个条款的含义。”从魁北克省这一规定予以审视,我们可以发现系统解释或系统性原则在法律解释中的地位和功用:“对一部法律的条款进行解释时”意味着运用特定的法律方法解释某一法律的具体条款,表明即使不借助系统解释,也能够完成对特定条款的解释;而“应当借助于其他条款的规定,同时从整个法律中得出每一个条款的含义”则对特定法律解释方法的运用提出了限制——对某一具体条款规定的解释应当借助于其他条款以使之符合整个法律的规范性意旨,也就是说,这里对特定解释方法得出的具体解释结论提出了系统性的要求——法律解释应当照顾到法律的整体意义,并使具体条款的解释与之保持一致。在关于“立法意图”这一概念的辩论中,布赖恩·比克斯就赞成这样的说法,即“‘立法意图’这个词大多数用法的关键是确定立法文本在特定的法律体系中应当怎样被解释”,虽然这一观点与约瑟夫·拉兹的立法观相违背。[6] 这就表明,系统解释是以更基础的特定的法律解释方法为前提的,它的存在和效用只不过是为更基础的解释方法提供方向、限制和约束,以保证解释结论的妥当性。这样看来,所谓的系统解释方法更多的是具有解释原则的特性,将之界定为法律解释的方法性原则更加准确。

既然系统解释本质上是法律解释的一种方法性原则,是任何特定法律解释方法都必须遵循的、具有普遍性的指导性原则,同时又是衡量每一种解释方法所得出的解释结论之妥当性的形式性衡量标准,那么,准确的界定系统解释原则之“系统”的范围,对于这一原则的实践运用就具有了根本性的重要价值。按照致远在《系统解释法的理论与应用》一文中的阐述,面对一项需要解释的法律条文,在运用系统解释法则时,必须首先确定把它放在一个多大规模和范围的系统里。他根据法律解释所涉及的制度或规范系统的层次,将系统解释原则具体区分为狭义、广义和最广义三个界域,并对其基本意义进行了界定。[7] 在此

---

〔6〕［美］布赖恩·比克斯:《法律解释中的问题》,载安德雷·马默主编:《法律与解释——法哲学论文集》,张卓明、徐宗立译,法律出版社2006年版,第181页。

〔7〕致远:《系统解释法的理论与应用》(上),载《法律适用》2002年第2期。

分别予以重述性阐释：

首先，是狭义的系统。所谓狭义系统从其外延来讲是指紧密围绕在需要解释的法律条款周围的在意义上与其有重要关联的款、条、节、章等法律规范的“群落”，按照致远法官的说法，如果法官发现某个条款对某个问题没有作出明确规定，其他条款就会站出来“帮着说话”，解释为什么该条款把某层意思给省略了，为什么要把该条款中没有规定的含义或文字“读入”该条，或者把该条字义上明确表达的含义“读出”，而不是取其字面含义或通常含义。从这一阐述来看，狭义的系统解释法则应用于如下具体的情境：当法律的某个条款对某一问题没有作出含义明确的规定，即它的相关规定在意义上具有相当的模糊性，根据通常含义或文义解释的方法无法确定这一规定的准确含义或者得出的相关解释结论具有不合理性，此时需要引入系统解释法则以有助于明确相关条款的真正含义。这里的问题在于，系统解释法是不是超越于文义解释的独立方法呢？笔者认为不是，原因在于：如果一种法律方法还能够被称作解释方法，它就必须是基于法律文本的，否则它就不是“解释性的”，而只能是“创造性的”。那么，所谓从法律条款中“读出”该条款文字本来没有规定或者本来没有包含的意义，就很可能不再是“解释性的”操作，而有滑入“创造规范”的危险。因此，系统解释要成为一种真正的解释或者解释的原则，它就不能扮演“创造性的”角色，它要么成为独立的“解释性的”方法，要么就成为辅助于其他解释方法的“方法性原则”，除此之外不存在第三条道路。既然我们已经将系统解释界定为法律解释的“方法性原则”，那么系统解释就只能是辅助于具体的法律解释方法——无论是文义解释方法还是论理解释方法——的一种原则了。如此，则其使命就在于根据被解释的法律条款周围的与之相关的其他条款或章节的含义所指示的方向，在具体解释方法所解读出来的该条款的诸种可能含义之间，作出符合前述体系范围的妥当的意义选择。当然必须注意到，通过系统解释我们会把某一法律条款不具备的某些含义“读入”该条款，但既然是一种解释性的原则，就应当坚持认为这些被读入的含义绝不可能是“创造性的”附加物。那么它们的属性是什么呢？这恰恰是体系性解释原则所必然带来的东西：这些被“读入”的含义只能是其他条款或章节已经具有的明确的规定或者能够被合理解释出来的含义，只是根据系统的原则或者系统的理解，这些含义被平行地移动到作为具体解释对象的、被解释的条款的视野范围，作为理解该条款应当参考的指导性素材，以有助于解释方案的合理选择。因此，系统解释法则或原则就必然是解释性的、辅助性的，而不可能是创造性的，它是法律解释方法的必要组成部分。

其次，是广义的系统。按照致远法官的理解，如果在狭义的系统里进行的整体解释仍然不能解决问题，则法官需要求助于“广义的系统”。在这种情况下，解释者应当把整个法律制度作为一个整体来对待，而不限于一部法律文件，甚至不限于一个法律部门，有时会同时涉及几部同位阶的法律文件，上、下位阶的法律文件，甚至包括宪法和全部法律部门在内的整个法律体系，有时还需要把某个条款与中国加入的国际条约联系起来，直至与外国的相关规定或制度结合起来考虑，以便寻求到某一法律条款的真实而妥当的含义。从上述界定来看，广义的体系解释已经广泛到要把整个人类法治文明作为法律解释的参照范围了，这自然会产生多个方面的问题，如解释的正当性、合法性和可操作性问题。当然，作为一种宽泛的指导性原则，如果仅限于把前述范围内的法律制度作为一个整体性的意义背景来对待，仍然具有一定的实质性意义。基于此，以广义的系统性原则来指导法律解释，其现实意义仍然是比较明显的。按照学者的理解，成文法本身就是比较系统的承载正义价值的规范体系，法的理念一般是通过三个基本价值的紧张关系表现出来的，这三项基本价值是正义、合目的性和法的安定性。[8] 其中，正义是一种形式性的理念，它要求对平等的公民应当采取平等的对待方式，从而法律规制的普遍性就是题中应有之义；但法的合目的性一般来说是一种实质性的价值要求，它要求立法者所肯认的主要价值观念必须在法律中得到体现并在司法实践中得到落实，但基于公民与生俱来的个体差异性，则公共权力对实质合目的性的追求就有可能要求权利和利益分配上的不对等性；而就法的安定性而言，它要求司法者对法律的理解和解释应当尽量采用文义解释或论理解释的方法，要求法律执业群体对法律理解具有确定性和统一性，以维持法律规范体系的稳定性。从法的理念的三个方面来看，这三种价值相互之间难以避免紧张关系。为了协调法的理念的内在冲突并维持法的理念的恒久性，在法律解释的过程中需要把系统性原则作为重要的方法指针来对待，既然对法的理念的协调与维持是在一个相当宏观和相当层次的高度来进行的，那么此时所讲的系统性原则就必定要超越款、条、节、章和部门法的限制，而应当将其放置到整个法律体系中予以审视，甚至要引进国际法和外国法

〔8〕 参见张明楷：《注重体系解释实现刑法正义》，载《法律适用》2005 年第 2 期。

的原则予以匡正。由此,此一范围的体系性解释就只能是广义上的。

最后,是最广义的系统。致远法官指出,那种能够在法律解释中发生影响的系统,除了包括有效的法律规范和制度系统而外,还包括影响这些规范和制度的各种因素,包括历史背景、政治环境、经济发展水平、时代的问题和要求、变革的过程等。因为所有的法律规范都是在一定的社会、经济和历史条件下产生的,要理解其真实含义就必须考察这些因素对法律规范意义赋予的影响,否则就很难得出令人满意的结论。比如要正确地解读美国宪法的某一条款,就很可能要联系其他条款和章节以及其他法律文件,甚至还要阅读宪法制定过程中产生的语境材料,需要参阅《联邦党人文集》等政治、学术文献,只有建立在较为客观、全面的系统性视野之上,一种有关宪法解释的观点才会获得最好的证立。从上述观点来看,所谓的最为广义的系统解释原则,实际上是一种法律解释的"语境论"。关于这一问题,苏力在其《语境论》一文中所言,"它承认历史是人创造的,只是它又认为人总是在一定的社会条件下创造历史;它承认法律制度也是人创造的,但是由众人而不是由某个天才在具体的社会历史条件下共同创造的,法律制度不是一章法条,可以由某一个学者起草、某个机关颁布的。它承认,即使针对的是同样的社会常规问题,也未必要以同样的制度来回应,或一定要以某种制度来回应,因此,它不相信有放之四海而皆准或无须对症就可下药且能包治百病的灵丹妙药。相反,从这一进路看来,恰恰是价值论或文化论可能隐含了更多的决定论或反文化论的因素,恰恰是那种强调不惜一切代价也要坚持某一原则或制度,认为坚持某个原则就必定会如何如何的思路更具决定论的因素。"〔9〕概言之,"从语境论得出的观点将同从其他进路获得的观点在一个思想和学术的市场中竞争,最终的裁判者将会是社会和历史。"〔10〕从这一视角来看,法律解释的最广义的系统原则构成了法官法律解释活动的整体背景,任何具体的解释活动都是在系统性原则的天幕下进行的,任何法律解释的具体结论都是系统性原则各要素在具体时空点的意义凝结。

应当说,法律解释的系统性原则为司法实践中的法官解释提供了多个层面上的行动指针,虽然这种指导意义在很大程度上仍过于宏观。进一步的追问就是,系统性解释原则能不能被具体化从而具有具体的法律解释方法的属性?从

〔9〕 苏力:《语境论:一种法律制度研究的进路和方法》,载《中外法学》2000年第1期。

〔10〕 同上注。

致远法官提供的方案来看,系统解释既可以具体化为某些指导原则,又能够进一步表现为某些解释规则。但从这些解释规则的具体内容来看,其中的绝大部分,比如文理规则、表述统一规则、同类规则、逻辑规则,基本上都是文义解释或论理解释应当遵循的基本规则。而按照前面的论述,既然系统性解释原则是以文义解释和论理解释为基础的但又不同于它们的、为之服务的具有辅助价值的普遍性原则,那么它就应当是与文义解释和论理解释无论在内涵还是外延上都有严格区分的,因此,笔者不赞成再将文义解释与论理解释的可操作性规则引入系统解释以达到把这种方法具体化的目的,系统解释毋宁应当被视作是克服和补充文义解释与论理解释的方法性原则。但这是否意味着体系性解释原则就不能被具体化并在司法实践中予以微观意义上的运用呢?答案应当是肯定的,任何对原则的运用都应当是具体化的,我们只是反对那种对不同事物不能明确区分对待的思维程式而已。张明楷教授在谈及体系解释方法的运用时,就主张要同时善于运用其他解释方法,通过合理运用其他解释方法,并以之为基础,再辅以体系解释方法,有利于实现法律的体系解释并达至司法正义。他详细列举了能够和体系解释方法相结合并使体系解释方法得到具体运用的可操作性解释规则,经过笔者关于体系解释方法基本观点的过滤,结合致远法官的相关阐述,认为对具体化体系解释具有重要意义的具体方法,主要有以下几点:其一,内部连贯规则。内部连贯规则是指一项法律规范或用语应当与该法律当中的其他规范和用语相互协调一致,它要求应当把一部法律作为一个整体来对待,从而能够把某一法律规范或用语置于它所赖以存在其中的法律文件及其构成元素之中,以求取其真正含义。对这一规则进行具体化则可以得到如下四个更加具体的规则:(1)被视为同一系统范围的法律文件中,同词同义的规则,即同一语词具有同一含义;(2)异词异义的规则;(3)凡词皆有意义的规则;(4)例外规则,它包括三层含义:第一,在处理问题时,除非有足够的根据,不应当去考虑那些罕有发生的事物;第二,每一项例外一旦成立,其自身就是一条规则;第三,正确认识例外与原则之间的特有的连贯关系,例外情况的存在,本身就是对一般原则的一种确认和证明。[11] 其二,水平连贯原则。所谓水平连贯原则,是指为了保持同一位阶的不同法律之间的相互协调一致而应当遵循的原则。它又包括三项具体的规则:(1)规范同类事物的法律之间的连贯解释规则:一是同

---

〔11〕 致远:《系统解释法的理论与应用》(上),载《法律适用》2002年第2期。

一领域的不同法律中的相同用语和表述应当具有相同的含义;二是相关法律之间在立法精神上应当保持同一性;三是用语的重复不是矛盾而是相互补充。(2)时间效力规则:后法优于前法。(3)法律类型规则:特别法优于普通法。其三,垂直连贯原则。所谓垂直连贯原则是指不同机关制定的不同层次的法律规范之间应当保持连贯和协调,如果出现规范冲突的情况,则应根据其效力位阶予以协调或确定。其具体规则是:宪法地位至高无上;国际法优于国内法;规则受原则的指导并与原则保持一致;上位法优于下位法。

二、法律解释的目的性原则

法律解释的目的性原则,传统上被称为目的解释方法或法律解释的目的要素。按照国内学者的理解,所谓的目的解释法,是指法律解释者运用法律的目的来确定法律文本的真实含义的理论与方法。在目的解释的视野下,解释者的任务并非仅仅去发现法律文本表面上包含的意义,而是要到法律条文的背后去探寻立法者制定该法时意欲达到的法律目的或目标。这些目的或目标也就是立法者希望通过该法的实施所欲达成的社会目标或社会效果。[12] 从目的解释法的起源来看,它根源于 16 世纪英国官方法律解释中的"除弊规则"(Mischief Rule),其主要功能在于,克服英国判例法长期积累的内在矛盾性和缺乏系统性的弊端。实现这一目的,需要采取大量制定成文法的办法来弥补普通法的漏洞和不足,消除普通法的弊端。根据柯克关于除弊规则之于英国普通法的主要功能的论述,在进行法律解释的时候,应当考虑如下四个要素:其一是应了解制定成文法之前的普通法是如何规定的;其二是应充分了解该普通法的缺陷或弊端是什么;其三是议会为消除或解决普通法弊端的救济办法是什么;其四是该补救措施真正目的和理由是什么。[13] 只有考虑了上述四个要素,尤其是在充分考虑消除普通法弊端的目的性要素的基础上,才有可能通过法律解释真正达到消除普通法弊端,促进公众利益的实践目标。

在这里,有关法律解释目的性原则的一个核心问题是,如何理解法律的目的。按照一般的理解,无论对于一个国家的整个法律体系而言,还是对其中的

---

〔12〕 参见蒋惠岭:《目的解释法的理论及适用》,载《法律适用》2002 年第 5 期。

〔13〕 同上注。

某部法律而言,法律的目的都是决定性的,法律毋宁是一个建基于立法者的特定目的之上并为这一目的服务的规则体系。当然,政治哲学家对这一问题可能有不同的理解。在哈耶克看来,现代性法律的一个重要特征就是它的无目的性:“随着规则从目的相关的(end - connected)部族社会(或者叫 teleocracy)向规则相关的(rule - connected)开放社会(或者称为 nomocracy)扩展,这些规则必定会一步一步地摆脱它们对具体目的的依附,并且在达致这一标准以后还会渐渐变成抽象的和否定性的规则;因此,那些为大社会制定规则的立法者就必须使他们试图适用于大社会的规则接受普遍性标准的检测。”[14] 因此,现代性法律与其说是实现某种特定目的的工具,不如说是这种普遍规则的存在为人们多样性行为的展开和秩序的达成提供了一个基础性的前提条件,因而它与特定的目的、特定的权利或利益并不产生特定的关联:“正当行为规则的作用就在于告知人们,在什么样的条件下,某一行动属于被许可的行动;但是这些规则却会把创建个人确获保障领域的事情交由个人依照这些规则去完成。或者套用法律的话来说,这些规则并不赋予特定的人以权利,而只是确立一些人们依据它们便可以获得这种权利的条件。”[15] 建基于这种理解之上,我们可以这样去理解哈耶克的“法律的无目的性”这一判断:“如果目的指涉特定行动的具体可预见的结果,那么功利主义当然是错的,在目的的通常意义上,即特定可预知事件的预期上,法律不是任何目的的手段,而只是人们追求各自目标的一个条件。在此意义上,法律不服务于任何具体目的,而服务于不同个人的无数不同目标。或者说正当行为规则不服务于具体的和特定的目的,而服务于抽象的和一般的价值。”[16] 这样看来,哈耶克所讲的“法律的无目的性”与我们这里所言的法律之中包含的立法者的目的或法律的目的并不矛盾,法律的目的本身并不是授予或体现特定集团的特定权益,而毋宁说立法者的目的仅指向法律秩序这一一般目的或普遍价值。

从人类法律发展类型更替的视角来看,在不同类型的法律中,立法者所追求的法律秩序目标有着较大的区别。诺内特和塞尔兹尼克在其关于法律发展

[14] [英]F. A. 哈耶克:《法律、立法与自由》,邓正来、张守东、李静冰译,中国大百科全书出版社 2000 年版,第 60 页。

[15] 同上注,第 58 页。

[16] 同上注,第 58 ~ 61 页。

从压制型法向自治型法再向回应型法的法律进化过程中,探讨和区分了不同法律类型对法的目标的追求:在压制型法中,法律的首要目的是公共安宁,法律的合法性建立于社会防卫和以国家利益为名的理由之上,以至于对法律的尊奉本身变成了一种目的,对权利的承认则是靠不住的,维护公共安宁是政府的首要职责。〔17〕 而在自治型法中,法律的目的在于维护统治的正统化:在法治社会中,规则和法官是法律的中心,法律通过形式性规则和程序公正来维护社会公平,程序正义成为合法性的主要保障,法律所施加的各种强制都受到法定约束的严格控制。那么在这样的社会秩序类型下,法律解释中一般要反对直接的目的论解释方法,而主张通过"认真对待法律语词"来达到"认真对待权利"的目标,文义解释成为首要的法律解释观念与方法。于是,"法治被适用于公民,它展示出一种'法律和秩序'的精神"。〔18〕 但这种秩序类型却孕育和助长了形式主义和退却主义,行政机构与社会的活力逐渐丧失,法律秩序无力应付新的形势和新的变化,于是,法治类型开始向着回应型法回归。在回应型法类型之下,法的实质目的再次被开放出来,回应型法"采取这样一种姿态,一个机构需要目的的指导。目的为批判既定的做法设立的(了)标准,从而也就开辟了变化的途径。同时,如果认真对待目的,它们就能控制行政自由裁量权,从而减轻屈服的危险。"〔19〕于是,在回应型法的视野中,法律推理是有目的性的,公共权力机构的权能得以释放,并指向以实体正义为中心的新型法律秩序。其中,法律目的虽然扩大了自由裁量权,但加强对自由裁量权的指导,并通过鼓励性的、非强制的措施维持一个负责任的义务体系。那么,法律的目的再次向着法律秩序的中心回归,法律解释与法律推理都是以实体正义的目的为指向,目的决定了法律解释的手段与结论的选择。从诺内特与塞尔兹尼克关于法律秩序三种类型之目的内涵的考察来看,人类社会的立法者在任何阶段对秩序的构造都是受目的指导的,只不过在现代法治社会中,对法律的形式合理性的追求使法律的目的同样形式化了,在这种意义上,哈耶克所谓"法律的无目的性"可谓切中肯綮。哈耶克所讲的"法律的无目的性"是理想意义上的,就人类现代法律生活的事实而

〔17〕 参见[美]P. 诺内特、P. 塞尔兹尼克:《转变中的法律与社会:迈向回应型法》,张志铭译,中国政法大学出版社 2004 年版,第 18 页、第 38 页、第 39 页。

〔18〕 同上注,第 76 页。

〔19〕 同上注,第 85 ~86 页。

言,“从宏大的视角来说,任何的人类活动都是蕴涵一定的目的的,而法律活动由于承载着多种价值,其目的性就更加明显。就实体部分而言,法律是不可能做到价值中立无涉的,因此实体法律规范必然带有明显的结果指向因素,也就是包含有特定的目的。”[20]因此,在法治国家的法律解释过程中,通过追求法律的目的以达到指导和纠正法律解释方向的目标,就依然是有意义的、重要的,就此而言,目的性解释构成了法律解释的重要方法性原则。

在法律解释过程中,目的性原则发挥着如下几个方面的重要功能:其一,指导并辅助文义解释和论理解释。通过文义解释和论理解释得出的初步解释方案,其合理与否的最重要的判断标准就是目的性准则,通过发掘法律的目的来审视、辨别和选择文义解释与论理解释的结果,一方面为法律解释提供了原则的指导,另一方面对于被选择的解释方案也是一种最强有力的支持。其二,修正法律解释的明显错误。通过对法律解释初步方案的合目的性考察,就可以发现这一解决方案是否存在明显的错误,是否有明显的荒唐之处以及是否能够通过法律的目的作出明显的修正,法律的目的由此对修正法律解释的错误担负着显著的校正功能。其三,消除法律的不确定含义。在法律解释过程中经常碰到某些概括性语词或语句,其意义带有明显的不确定性,如“数量特别巨大”、“情节特别严重”等概括性语句,以及在法律条文中含义不清晰的包含指代关系的语句,其意义范围都需要结合法律的目的予以确定,如《行政诉讼法》第18条所规定的“原告所在地”,则可以结合诉讼法的规范目的将其限定为户籍所在地、经常居住地和被限制人身自由地。其四,在某些情况下由于法律语词的可能外延过大或过小,需要通过对概念内涵的限制以影响其外延所指,才有可能实现立法者设定的秩序目标,这就是法律解释方法中的限缩解释和扩大解释。那么,到何处寻找法律的目的呢?学者认为主要有如下几个方向:第一,法律文本的开头或中间明确规范了立法目的。第二,从立法准备资料中找到立法的目的。第三,从法律的具体条款中推导出立法目的。第四,从立法的外部辅助资料中推导出立法目的。[21]

尽管我们能够通过法律的目的去指导法律解释,但笔者并不赞同将目的解

〔20〕 龙世发:《适用与限制:法律解释中的目的解释方法》,载《政法学刊》2009年第2期。

〔21〕 参见张燕玲、白帮武:《简论目的解释及其应用》,载《东岳论丛》2005年第3期。

释方法化的思路，因为将目的解释方法化最终无非是把法律解释的文义或论理解释方法挪移到目的解释的名下，实际上不仅会造成方法的混淆，而且还弱化了目的解释对法律解释的原则性指导价值。因此，笔者赞成将目的解释确立为法律解释的一项普遍原则，并为这一原则的适用寻求具体合理的模式。在这方面，国内学者提出了司法实践中运用目的解释原则的三种适用性模式：[22] 其一是“温和型模式”。它是指为了对抗法律文本的不合理的字面原义而从立法目的中寻求文本的真实含义，只有在解释者认为法律文本的含义不清晰或者其含义与立法目的不相符合甚至相冲突时，才构成运用立法目的寻求文本真实含义的基本条件。“温和型模式”是目的解释原则最常用也是较为容易获得普遍接受的一种运用模式。其二是“极端型模式”。所谓“极端型模式”是指法官基于对立法目的的理解，最大限度地发挥其自由裁量权，甚至完全抛开法律文本的限制，完全根据法律目的的指向来确定法律的含义，甚至添加法律文本中根本不存在的内容，以达到所谓伸张法律的目的、追求社会正义的目标。这种“极端型模式”以现实主义法学为代表，这一派的法官们往往通过求助于社会利益、社群权益、未来发展等实质性目的，完全忽视法律规范的约束，以期作出所谓有利于整个社会的功利性判决。事实上，我国的最高人民法院所作出的很多“法律解释”，并没有法律文本上的根据，而是根据已有法律的目的作出的“法官立法”。其三是“动态型模式”。所谓“动态型模式”，是指解释者对既存的法律文本并不采取机械的、静态的方式去探求其客观含义，而是本着与时俱进的精神采取动态的方式去考察和追踪其含义的变化，以适应社会的不断发展并以“社会命题”去充实和校正法律的内容，拉动法律的不断进步。这种模式以英国的法律解释为典型代表。应当说对于法律解释的目的性原则，如果采取规范法学的态度，其首选的模式是“温和型模式”，而如果采取历史社会学的视角，则“动态型模式”可以视为一个良好的选择。从当前世界各国运用目的性解释原则的具体方式来看，主要存在如下几种：其一是英美模式，主要采取目的性论点来强化语义论点：“在美国，只是在没有可信的语义论点，或者在目的论点是强化语义论点时，使用目的论才比较常见。”[23] 在英国，对立法者意图和立法目的的解

[22] 参见蒋惠岭：《目的解释法的理论及适用》，载《法律适用》2002 年第 5 期。

[23] 管金伦：《法官的法解释》，载陈金钊、谢晖：《法律方法》（第二卷），山东人民出版社 2003 年版，第 117～118 页。

释性运用是受到严格限制的,除非对立法意图和立法目的的考察有利于证成或加强客观的文义解释,传统英国的法律解释是抗拒对立法目的的引用的。但晚近以来情况已经有所变化,丹尼斯·劳埃德指出:"英国上议院现在决定,考虑到法庭在查考立法机构的真实意图方面,已然采取了卓有成效的合目的性的立法解释进路,因此,应当放宽禁止法庭引述议会立法资料以为解释立法之助的规定,以便在立法含混不清、暧昧费解或者文义可能导致荒谬不经之时,准允法庭援引之;在此,可资引述的立法资料包括推动法案的部长或者其他人的陈述,倘若为了理解这些陈述及其影响,必须引述其他此类会立法资料的话,得引用之。情形似乎是,此项规则明示宽缓,实欲收紧,而且,议会上院早已伸言议会记录中的立法语言并无含混不清之处。"〔24〕可见,英国对法律解释过程中引用立法目的的限制仍旧非常严格,目的解释仍然被视为法律解释基本方法之辅助性原则。其二是德国模式,德国的目的论解释方法又分为两种形态,一是主观目的论方法,要求解释者考虑立法者的实际意图;二是客观目的论的方法,要求解释者考察法律规定本身的合理目标或社会功能。〔25〕 其三是新西兰模式,这是一种以法律目的为指导的自由解释与创造性解释的模式,1924 年的新西兰《立法解释法》(Acts Interpretation Act)试图扩展立法解释方法,该法规定:"为了确保基于立法的真实意图、含义和精神的目标得以实现,对于每一项立法均当适予修正,并据此予以公平、广泛和自由的解释与阐释。"〔26〕从新西兰的立法规定来看,新西兰的官方法律解释基本上属于法律现实主义,其落脚点在于以自由的法律解释实现法的精神和目的,如此则创造性的阐释难以避免甚至受到鼓励,这实际上已经超越了法律解释的畛域,而滑向了目的解释的"极端模式"。

法律解释目的性原则的意义在于:"合理地理解制定法的前提是,我们合理地理解自己。唯有当我们事先已构想出决定和决定所基于的实质根据,也即本来已预先推定出来时,我们才能向制定法提出那个问题;在何种程度上,这个决

〔24〕 [美]丹尼斯·劳埃德:《法理学》,许章润译,法律出版社 2007 年版,第 552 页。

〔25〕 参见陈金钊:《目的解释方法及其意义》,载《法律科学》(西北政法学院学报)2004 年第 5 期。

〔26〕 [美]丹尼斯·劳埃德:《法理学》,许章润译,法律出版社 2007 年版,第 553 页。

定是制定法语词的'内在固有的'可能的意义。"〔27〕

三、法律解释的历史性原则

法律解释的历史性原则,传统上被称为历史解释方法或法律解释的历史要素,自萨维尼以来就被视为重要的法律解释方法。鉴于历史解释是各种法律解释方法都应当予以参考的重要因素或者它本身就是对各种法律解释方法具有指导性的原则,从更广义的角度来看,法律发展的历史构成了法律解释的重要背景,并因此成为"语境论"的重要元素,但同时应当注意到,明晰了法律发展的背景因素,与对立法有重要影响的历史事件、历史问题、历史时期以及重要的历史资料,并不能为法律解释直接提供一个具有历史向度的解释结论,历史解释事实上只能提供一个解释的背景资料和语境,至于从上述要素中能够提炼出何种意义或限制性条件以有利于对当今相关法律制度的理解,根本上还要取决于其他更具基础性的法律解释方法,如文义解释或论理解释。就此而言,历史解释并不能算作一种真正的解释方法,而是各种法律解释方法都应当予以参照的方法性原则,即我们对合法有效的法律条款作出的解释应当具有历史的语境,能够得到相关历史资料的证成和支持,或者在时代变迁比较显著的情况下,使得我们作出的法律解释可以因为历史发展因素的引入而证成不同解释结论的合理性。

对于历史解释的确切内涵,学界存在多种主张,阐明这些主张的含义及其区别对于我们准确地把握历史解释的内涵当大有裨益。第一种观点是以张志铭为代表的认为历史解释是对作为一种历史演进的制定法或法典进行恰当解释的方法:"如果对一项或一组制定法的解释逐渐并最终演变成是按照对其要点和目的、或者对其所体现的正当性观念的业经演化了的历史理解,那么在个案中对制定法的解释适用应当与这种理解保持一致。"〔28〕按照这种观点,对法律的理解和解释应当持有一种历史演进论的视角,也就是说要在社会历史发展的历时性过程中,抱持一种动态性的解释态度,要总是在历史发展的具体时点

〔27〕［德］卡尔·恩吉施:《法律思维导论》,郑永流译,法律出版社2004年版,第120页。

〔28〕张志铭:《法律解释操作分析》,中国政法大学出版社1998年版,第116页。

上适时地理解法律,而不存在一成不变的稳定含义,这种观点实际上是克罗齐的历史观在法律解释领域的具体化表现:“一切历史都是当代史。”[29] 另一种观点则认为,历史解释是指“探求立法者或其批准者于制定法律时所作的价值判断及其所欲实现的目的,以推知立法者的意思。”[30] 我国台湾地区学者杨仁寿也持同一观点。这一观点事实上是一种寻求立法者原始意图的原旨主义解释观,对于这一解释理论,笔者在“法律解释的观念与立场”这一章已有详细探讨,在此不再赘述,但总体上看,这种解释理论意在通过法律的语境材料探求法律在制定或通过时的原初含义,因而其解释观是“向后看的”、回到历史原点的一种发生学的解释观念。审视和比较这两种历史解释观念,我们发现,在司法实践的法律解释过程中所运用的历史解释方法或原则,事实上与前述两种历史解释都存在重大区别:与那种要在历史变迁的某一具体时点上进行的历史解释不同,法官所使用的历史解释方法或者方法性原则,其目的不在于寻求某一法律条款在某一历史时点的具体含义或其变化情况——这是原旨主义解释观的主要功能,而在于通过辨明法律发展的历史背景与历史语境,从而为当下进行的法律解释过程中对解释选项的选择和证立提供指导和论证,因而历史解释更多的是一种解释的原则而不是具体方法,否则我们就无法将它与其他具体方法区分开来,也无法表明历史解释相对于众多具体法律解释方法的超越性地位。

那么,在法律解释的过程中应当如何具体地运用历史资料和语境材料,以指导和帮助对具体法律条款的理解呢？对于这一问题,有学者从以下三个方面将历史资料和语境材料的解释与具体法律条款的解释勾连起来,从而将历史解释的原则予以具体化运用:[31]

其一,通过对法律发展和法律制定的一般历史背景的考察,以助益于法律条款或其具体概念的意义释明。这方面的一个恰当的例证是抗战胜利后对1938年制定的《惩治汉奸条例》中的“汉奸”这一概念的解释。国民政府1938年通过的《惩治汉奸条例》,目的在于以国家司法权力对所有背叛国家和民族的叛国分子予以制裁。但问题在于,按照该法律使用的“汉奸”一词的日常理解,

---

〔29〕 [意]贝奈戴托·克罗齐:《历史学的理论和实际》,傅任敢译,商务印书馆1982年版,第2页。

〔30〕 梁慧星:《民法解释学》,中国政法大学出版社1995年版,第219页。

〔31〕 参见蒋惠岭:《历史解释法在司法裁判中的应用》,载《法律适用》2002年第11期。

将会有大量的卖国、叛国分子无法依据该法得到相应制裁,原因是"汉奸"指的是"背叛国家和民族的汉族人"。因此,需要对该条例中的"汉奸"一词作出恰当解释,以达成法律的目的,并在当时的法律实践中有助于推动和完成对抗日战争中出现的大量卖国、叛国者的法律清算。在当时对"汉奸"的理解除了文义解释之外,还有通过重新定义这一概念作出的解释,如陈嘉庚先生主张的"敌未退出我国土即言和当以汉奸国贼论。"但是,严格地说这种解释是有缺陷的,其针对性突出因而主观性也过于明显,对"汉奸"这一概念还是历史解释最具合理性。根据相关资料,在二十五史中,只有《清史稿》中使用了"汉奸"这一概念。"汉奸"两字始现于清朝,根据日本神户大学教授王柯的考证,雍正年间,曾有汉人与"苗顽"联手对抗清廷在西南边疆的"改土归流"政策,这些人,就被清室皇帝骂为"汉奸";这意义下的汉奸,指的是汉族奸细,其所损者乃满族统治利益。[32] 但是,到了清朝后期,对"汉奸"一词的理解就已经出现了泛化的倾向,道光年间,西方列强入侵,"汉奸"这顶大帽子不再属于汉人专利,反被广大理解为勾结外国势力的背叛者,此一意义下的汉奸,不分民族,指的是叛国奸细,其所损者乃中国整体利益,已经比较接近当代的流行说法。因此,如果只对"汉奸"作平义的理解,已经有违该词含义历史发展的事实了。因此将"汉奸"界定为"背叛和损害国家和民族利益的中国人"应当是比较恰当的解释,也符合立法者的初衷,能够使包括蒙古族德王在内的"蒙奸"等少数民族叛国者得到应有的制裁。可见,本应与"蒙奸""藏奸""满奸"等概念并列的"汉奸"一词,在历史的发展过程中已经演化为它们的上位概念了。这一例证表明,通过对法律条款或法律语词历史背景的考察,对于明晰其真实含义助益颇多。

其二,对法律制定过程的具体考察,尤其是对法律制定过程中积累下来的历史资料和语境材料的考察与辨析,有助于对相关法律条款或法律概念含义的理解和解释。

例如,探寻法律概念的立法史以明确其意义。我们假设,一条法规规定,"一个人盗窃属于另一个人的动产,他就犯有盗窃罪。"如果被法院查明的事实表明,甲偷了乙的汽车,并旨在占有这辆汽车,那么法院就可以得出甲犯了盗窃罪的逻辑结论,而且该结论是具有无懈可击的说服力的。诚然可以想象到,法

---

〔32〕 参见百度百科之"汉奸"词条,载 http://baike.baidu.com/view/18620.htm,最后访问日期:2016年2月9日。

院会被不可靠的证言引入歧途，并就该案的是非曲直得出错误结论，但是这种可能性却不能否定这一事实，即法院是根据演绎推理而得出其结论的。如果甲拿走乙的汽车只是为了从纽约到旧金山旅游一趟并返回纽约，又如果他在返回纽约后把汽车还给了乙，那么问题就发生了重大变化。从而会产生这样一个问题，即这种行为是否属于如同有关盗窃罪法规中所使用的“盗窃”这一术语的范围，或者该术语是否意指要排除只是临时使用一样东西的情形。如果该法规的另一条款或终审法院的一个有拘束力的判例赋予了这个模棱两可的术语以广泛的含义，以包括临时使用行为，那么法官就可以得到两个大前提——原始法规以及对它所作的权威性解释——并且从这两个前提中必然导出符合三段论的有罪结论。这种情况也有可能发生，即有关一条模棱两可的法规的立法史可能会给法院所面临的解释困难提供解答，这样，立法者就某条法规语词、概念或短语的含义所作出的一致认定就可能会为得出演绎结论提供一种辅助性渊源。[33]

其三，通过对法律修改历史过程及其产生的相关资料的考察，能够明晰法律发展变化的情况，对于当下相关法律条款与法律概念的理解和解释提供指导。例如，修改后的《民事诉讼法》第 120 条规定，“人民法院审理民事案件，除涉及国家秘密、个人隐私或者法律另有规定的以外，应当公开进行”。而修改前的《民事诉讼法（试行）》规定，“人民法院审理民事案件，除涉及国家机密、个人隐私或者法律另有规定的以外，一律公开进行”。本条有两处修改，一是“机密”修改为“秘密”，这是根据新通过的《保守国家秘密法》统一用语，以避免作为密级中的一种“机密”引起混乱。二是“一律”修改为“应当”，也属于不产生实质变化的词语修改。

四、法律解释的合宪性原则

法律解释的合宪性原则或曰合宪解释，虽然在法律解释中得到广泛运用，但对其本身属性为何却有着相当不同的认识，在德国法学家拉伦茨看来，合宪性解释是法律解释应当遵循的一种解释标准，它要求在“依字义及脉络关系可

---

〔33〕［美］埃德加·博登海默：《法理学：法哲学与法律方法》，邓正来译，中国政法大学出版社 1999 年版，第 492～493 页。

能的多数解释中,应优先选择符合宪法原则。"[34] 在另一位德国法学家魏德士看来,合宪解释则是体系解释的一种特殊情形,它是法律解释在以宪法统领的整个法律体系为参照系的一种检验标准,"其目的就是根据宪法的标准,尽量维护立法的调整目的。"[35] 但总的来看,二者基本上都将合宪解释视为法律解释是否符合法律体系之基本精神的一种检验标准。在凯尔森看来,一个主权国家的法律秩序乃是以宪法为顶点的动态展开的体系,法的具体化过程是一个从宪法到法律再到个别规范的等级体系,如此则宪法自然成为整个法律体系的统帅和价值基础,那么对法律和个别规范的解释,其在整个法律体系中的合理性检验,就必须回溯到宪法并以之为基本的衡量标准,才能为法律解释方案的选择提供判准。[36] 这样看来,将合宪解释视为法律解释的一项基本原则甚至是最根本的原则,就不仅有着基本价值的基础,而且这一基础还是奠基于整个法律秩序的规范等级体系之上的。当然,在我国学者中,已有不少人将合宪解释视为法律解释的一种具体方法,如以梁慧星为代表的民法学者和以孔祥俊为代表的法官群体,皆有持此见解者。[37] 但总的看来,法学理论界更多的是将合宪解释视为一种衡量法律解释方法之合法性的解释原则,其基本观点为:合宪性解释乃是司法过程中当法律规范依照其文义及脉络关系产生多数可能解释方案时,法官依照其职权倾向于选择最符合宪法原则并使该规范得以维持的一种解释策略,它是基于现代文明社会突出强调宪法的基本价值而发展出的一种法律解释方法,其实质在于通过为法律解释提供一种解释的准则,以保证解释结论的合法性。[38]

近几年来,关于合宪性解释之法理内涵与属性的认识,国内学者争议渐起,国内学者目前对合宪性解释的认识可以概括为两种意见:第一种意见是将合宪

---

〔34〕 [德]卡尔·拉伦茨:《法学方法论》,陈爱娥译,商务印书馆 2003 年版,第 221 页。

〔35〕 [德]伯恩·魏德士:《法理学》,丁小春、吴越译,法律出版社 2003 年版,第 355 页。

〔36〕 参见[奥]汉斯·凯尔森:《法与国家的一般理论》,沈宗灵译,中国大百科出版社 1996 年版,第 127 ~ 129 页。

〔37〕 参见梁慧星:《民法解释学》,中国政法大学出版社 1995 年版;梁慧星:《裁判的方法》,法律出版社 2003 年版;孔祥俊:《法律解释方法与判解研究》,人民法院出版社 2004 年版。

〔38〕 参见姜福东:《司法过程中的合宪性解释》,载《国家检察官学院学报》2008 年第 4 期。

性解释视为法律解释的基本原则,如有的学者将合宪性解释视为解决法律解释有效性问题的衡量标准,其认为,合宪性解释可借助体系——目的解释及类推的方法协调全国人大常委会,集中使用合宪性控制方式,以充分发挥宪法在法治国家中的作用,如此则合宪性解释成为法律解释过程中对解释方案作出合理性选择的优先性原则,是尊重立法权的必然性要求。[39] 合宪性解释作为普通司法机关选择最为符合宪法的解释方案的衡量标准,被认为有三种规则模式:一是单纯的解释规则,是指宪法的相关规定在法律解释的时候应当发挥直接的影响;二是冲突性规则,是指在法律解释存在数种可能的方案时应优先选择与宪法相符合的方案;三是保全规则,是指当法律有违宪之疑虑且存在数种解释可能时,应选择不违宪的解释方案。在学者看来,这三种解释方式都不过是合宪解释原则在法律解释中的运用,即使是那种表面上看来具有违宪审查表象的保全规则模式,其本质上仍然是一种法律解释,是个案权利救济的法律适用方法。[40] 第二种意见是将合宪性解释视为违宪审查的一种具体方式,并认为法律合宪性解释在违宪审查制度中居于核心地位。[41] 该观点认为,法律解释合宪性原则主要包括两个方面的内容,一是在多种系争的法律解释方案中,选择合宪有效的解释;二是通过合宪解释对系争的法律条文的含义进行转换:当法律条文的字面含义存在违宪的可能性时,违宪审查机关运用体系解释、限缩解释等解释方法对法律条文的含义进行调整和转换,使之通过宪法的检验。由此,合宪性解释就被视为违宪解释的具体方式,并在西方宪政国家得到广泛的运用:[42] 在美国,联邦最高法院将合宪性解释奉为违宪审查的圭臬,当一部法律存在的数个目的之间发生冲突时,违宪审查机关就应当以合宪性原则作为基本判准,以决定法律条文的合宪性,只要其中的一个立法目的符合宪法,则系争法律就应当被宣布为合宪有效,该立法目的就被视为法律的正当目的,并构成法律

〔39〕 参见蔡琳:《合宪性性解释及其解释规则》,载《浙江社会科学》2009 年第 10 期。

〔40〕 同上注。

〔41〕 参见杜芳:《论法律合宪性解释原则》,载《湖南师范大学社会科学学报》2010 年第 3 期。

〔42〕 本文有关美国、德国、法国和意大利等国家的违宪审查机关对合宪性解释之运用的介绍,参见杜芳:《论法律合宪性解释原则》,载《湖南师范大学社会科学学报》2010 年第 3 期。

解释的重要原则性标准。在德国,联邦法院对于合宪性原则的司法运用作如下理解:"运用不同解释规则对系争法律条文加以解释,如果所有的结论都认为与宪法不符,则只能宣告其违宪无效。反之,若有一种结论可避免该项法律违宪时,则应优先选择之并将其作为判决的结论。"[43]可见在德国,对系争的法律解释进行合宪性判断并尽量择取其中可能的合宪结论以保留既有的法律规范,乃是违宪审查的重要目标。在法国,宪法委员会则采取"附保留合宪"的审查方式,将合宪性解释运用于违宪审查过程。这种违宪审查方式一般通过三种形式予以运作:第一种形式是"否定性解释保留",它是指宪法委员会为了消除系争法律条文可能存在的违宪隐患,明确指出系争的法律条文在何种特定条件下才达到符合宪法规定的标准;第二种形式是"建设性解释保留",这是指宪法委员会基于宪法的原则与精神,通过"明晰"或"增补"的方式确定系争法律条文的内容;第三种形式是"指令性解释保留",它是指宪法委员会为行政机关和司法机关日后实施或适用系争法律条文事先发布指令性意见,以指导法律的执行或适用。在意大利,合宪性解释通过解释性判决的形式得到体现。解释性判决又包含两种类型,第一种类型是肯定性解释判决,它是指违宪审查机关对于那些从各种角度来看具有违宪嫌疑的系争法律,通过从某一个角度进入并运用某一解释方式,如果具有违宪嫌疑的法律条文可以被消除这种嫌疑,则就判定该法律具有合宪性的一种违宪审查形式。由此这种解释方式实际上是一种指明法律合宪性要件的限缩解释。第二种类型是否定性解释判决,它是指在某种情况下用某种方式对某一法律进行解释时,则系争的法律条文就会与宪法相冲突从而违宪,那么违宪审查机关则判定所有法官均不能依据这种方式来解释法律,法官有义务穷尽各种手段尽量避免将系争的法律宣布违宪。[44]

对于合宪性解释的前述两种理解,有学者将之概括为合宪性解释的两个层面:在违宪审查中的合宪性解释和在普通司法中的合宪性解释。前者是指在违宪审查中,对法律所做的合宪性解释,这事实上是一种宪法解释的形式;后者则是指在普通司法活动中,法官按照宪法的原则与精神去解释法律,以求得法律

---

〔43〕 吴庚:《宪法解释的理论与实践》,台北,三民书局 2004 年版,第 587 页。

〔44〕 参见[意]玛利亚·劳拉·特丽芬:《意大利宪法法院:功能与结构》,载中国人民大学宪政与行政法治研究中心编:《宪政与行政法治》,中国人民大学出版社 2006 年版,第 76 页。

解释结论的合宪性。鉴于中国并不存在得到有效运行的违宪审查制度，通常的合宪性解释仅指后者，也就是将合宪性解释视为法律解释的一项基本原则。[45] 但尽管如此，却仍然不能将合宪性解释视为法律续造的指导性原则，因为法律续造绝非法律解释，而不过是“法官造法”，解释始终意味着对既存法律文本不超出其字面含义与概念内涵之范围的说明性活动，任何以创制规范为目标的所谓解释的形式，都超出了法律解释的范畴。[46] 因此，在笔者看来，我们既不能用其他法律解释方法来具体化合宪性解释，如此则必然导致诸法律解释方法之界限的混淆，也根本无助于证成合宪性解释的法律方法属性；同时，也要明确反对那种将非法律解释方法强行拉入法律解释的范畴，并以所谓合宪性原则论证其正当性的做法，本质上不具有法律解释之属性的任何其他法律方法，都不应当负载法律解释方法之名。

根据以上论述，笔者将法律解释的合宪性原则之功用概括为三种模式：其一，在普通法院的法律解释过程中，法官应当将合宪性原则视作其法律解释活动的根本指针，并以反思平衡的批判性态度，时时注意对其作出的解释结论进行衡量和检验。其二，对于那些已经建立了违宪审查机制的国家而言，违宪审查机关通过对宪法的解释来衡量立法、执法和司法行为及其结果的合宪性，其中就包括对法律解释合宪性的审查。就此而言，合宪性解释既是违宪审查的一种手段，也是法律解释的合宪性判准。但就其根本而言，合宪性解释应当属于宪法解释和违宪审查的范畴。其三，合宪性解释原则被用作法律解释过程中判

---

〔45〕 参见张翔：《合宪性解释的两个面向》，载《浙江社会科学》2009 年第 10 期。

〔46〕 在《两种宪法案件：从合宪性解释看宪法对司法的可能影响》一文中，张翔博士认为，合宪性解释可以在法律解释的体系解释、目的解释以及法外续造中应用，而蔡琳博士则在其《合宪性解释及其解释规则》一文中对张文的观点提出批评，其认为：普通法官并不能依据对宪法价值和基本权利的理解直接代行立法，亦不宜代行立法，而应分别就不同的情形尽量在现有的法律规范体系内部进行类推适用、目的解释和请求拥有几种合宪控制权的全国人大常委会解释宪法和法律的方式进行合宪性解释。从蔡琳博士的批评来看，其对合宪解释的理解属于普通法院模式，但其将类推适用亦作为合宪解释原则之下的法律解释方法看待，亦从根本上偏离了法律解释属性的理解：法律解释是对法律文本的说明性活动。分别参见张翔：《两种宪法案件：从合宪性解释看宪法对司法的可能影响》，载《中国法学》2008 年第 3 期；蔡琳：《合宪性性解释及其解释规则》，载《浙江社会科学》2009 年第 10 期。

断其他方法性原则的最终判准。在法律解释过程中,为了判断法律解释的合理性与合法性,诸种方法性原则都会被用作衡量的标准,当诸种标准的衡量结果存在不一致的情况时,就应当以合宪性原则作为其他方法性原则的最终判准。有学者在谈到目的解释原则的作用时指出,“目的解释在司法过程中发挥着重要作用,其他各种方法实质上都是围绕目的解释进行运作。但是,目的解释又具有主观性和任意性的特征,需要多种因素共同限制,才能发挥目的解释的最大效用。无论是从正式制度还是利用制度外因素限制目的解释,都需要各个因素之间以一种和谐共进的态度处理相互关系,整体性地指向同一目标。法律解释的各种方法之间也是如此,为了将法律规范与案件事实结合,各种法律解释方法的运用都致力于厘清法律规范的真正含义,同样是一种整体运作。”[47]但在此需要补充的是,目的解释原则也必须以合宪性解释原则为最终的正当性判断准则,合宪性解释原则在法律解释诸方法和诸原则中具有“具其所而众星拱之”的基础性和核心性地位。

五、小结:法律解释方法性原则的地位与实践价值

法律解释的这四种方法性原则贯穿于法律解释基本原理与具体方法之中,渗透于对任何一种具体法律方法的运作机理的建构过程之中,体现了这些方法性原则对法律方法理论与操作的引领、指导、判断甚至矫正功能,具有不可替代的意义。具体表现在:

其一,在法律解释的立场方面,强调法官必须尊重法律制度的价值基础,确保法律解释的方向不能偏离基本法律价值;法官在解释过程中应当坚守忠诚于法律的“内在观点”,捍卫依法治国的基本底线,确保法律解释的结论符合法的精神。而法的基础价值、基本精神以及法官的内在观点,都植根于对宪法基本精神与价值的坚守。在法律解释理论建构与实践操作过程中,解释者都必须保持自我谦抑,自觉接受宪法理念和价值的限制与引导。

其二,在文义解释方法中,“黄金规则”具有限制和引导文义解释的不同规范向度,只要文义解释的结论出现了明显脱离法的精神和社会普遍理解的荒谬

---

〔47〕 龙世发:《适用与限制:法律解释中的目的解释方法》,载《政法学刊》2009 年第 2 期。

结果,法官就应当抛弃文义解释的结论而转向其他解释方法,在此黄金规则构成了法官文义解释的基本限制和向其他方法过渡的“寰转之枢”。支撑黄金规则的基本判断标准依然是法律解释的方法性原则,其中尤以体系性原则、目的性原则、合宪性原则的作用尤为突出。

其三,法律解释的方法性原则在论理解释各方法中发挥着基础性乃至决定性的作用:(1)在作为论理解释具体方法的扩张解释和限缩解释的运作机理方面,这两种解释方法都严格受制于法的精神和目的的支配,不允许法官引入外在的目的和利益作为法律解释和司法判决的目标取向,在这背后依然是合宪性原则起着最终的限制作用。(2)在当然解释的运作机理中,规范宗旨、事物本质和递进关系三者共同发挥作用,才能够为当然解释及其结论的合理性奠定基础,这其中对规范宗旨、法的目的和价值的强调是最重要的,它们在根本上规范着当然解释的运作方向和基本结论。(3)而反对解释则体现了“同等情况应受同等对待”“不同情况应受同等的不同对待”的法律公平价值。在对反对解释前提条件的选择方面,要结合法的体系性判断和立法目的加以识别,这构成了反对解释是否成立的基本制约条件。(4)法律解释的方法性原则在类推解释中也有充分体现,类推解释方法的产生就是基于法的正义价值所要求的平等对待;对类推解释的贯彻应用同样体现了对法的目的和价值的尊重。因而可以说任何严谨的法律解释方法都必须结合或者参照法的宗旨或目的,最重要体现合宪性要求,同时还必须尊重法律体系的统一性,这是任何法律解释方法必须满足的原则要求。可见,法律解释的目的性原则、体系性原则、合宪性原则无论在解释的理论结构还是具体方法操作过程中,都具有根本性的指导意义,同时又构成了具体解释方法合法性与否的基本判断标准。相比之下,历史性原则体现得不够明显和确定,原因在于:历史性原则一方面可以为当下的法律解释提供方向和指导,因而构成法律解释合理性的历史理由;但另一方面在法的精神和宗旨、法律制度发展的方向发生明显改变的情势下,法律解释的结论很可能不受历史性原则的限制;相反,违背历史性原则反而有可能构成当下法律解释合理性变革的重要理由。因而可以说,历史性原则不能构成对法律解释的严格限制,但对法律解释的方向与合理性可以提供某种历史理由。综上,在法律解释的四种方法性原则中,合宪性原则、目的性原则和体系性原则对法律解释的方向和结论的合理性构成严格限制,而历史性原则仅对法律解释的方向和结论具有选择性影响。

在法律解释的四种主要方法性原则中,体系性解释原则与历史性解释原则都是法律解释的形式性标准,而目的性解释原则和合宪性解释原则则是法律解释的实质性标准。正是这四种解释性原则从实质与形式两个方面为法律解释的合理性与正当性提供了基本保障。其中,体系性原则是法律解释过程中被经常运用的、最具直接性的解释标准,在一般情况下,凡是形式性标准能够克服的法律解释问题,一般应当避免直接求助于实质性标准。但是,历史性解释标准则不然,它是在文义解释过程中为了探寻法律语词的含义,或者为了证成采用法律语词发生改变的意义或其历史原义而采用的意义探寻方法或证明方法,这种表面上具有形式性的方法性原则的运用,实际上彰显着法律解释过程中的主观性,因而历史性解释原则并不能真正证明法律解释的正当性。在这一点上,体系性解释原则也有类似的缺陷,即它在证成形式正当性的同时,并不能掩盖可能存在的实质正当性的不足。为了解决上述问题,在法律解释的过程中,就应当不时地求助于法律的目的性原则。但是,法律的目的性原则也不是法律解释的终极判准,当对目的性衡量的解释结论存在疑问时,在整个法律体系内,合宪性原则构成了解释正当性的终极判准,它是“法律之内的正义”最后的保障性原则。

The Methodological Principle of Legal Interpretation: Based on Refuting and Reconstructing Methods and Attributes of Four Methodological Principles of Legal Interpretation

Wei Zhixun

Abstract: According to the traditional theory of legal interpretation, methods of legal interpretation generally includes four so-called interpretation methods, which is composed of systematic interpretation, historical interpretation, objective interpretation and constitutional interpretation. By the rebuttal and reconstruction from this paper, we should restore the essence of these four so-called interpretation methods and regard them as four major methodological principles or criteria, namely, systematic principle, Objective principle, historical principle and constitutional principle. These principles run through basic theory and specific method of legal interpretation and penetrate the construction process of the operation mechanism of any specific method, which reflects that these methodological principles have irreplaceable significance to function of leading, guidance, judgment and correction in theory and operation of legal method.

Key words: Legal interpretation; Methodological principles; Rebuttal nd reconstruction; Guiding Significance

(责任编辑:安恒捷)

政治问题法律化及其限度

王理万*

内容摘要：

“政治问题法律化”是法学界的用语和主张，但是此主张与现实趋势之间存在张力。“政治问题法律化”并不意味着取消政治问题，而是法律和司法需要凭借政治力量获得正当性。政治和司法之间应有合理的边界，“政治问题”是关于司法审查边界的理论，即司法应该对于本质上属于政治范畴的问题不予审查。“政治问题法律化”与法院的政治功能并行不悖，二者在不同方向上廓清司法和政治的关系。在司法审查过程中，司法对政治干预的方式、力度和范围均应该受到限制，尤其是司法应该具有保守和自制的性质。对于中国政治与法律的关系而言，应将“政治问题法律化”的主要任务交由立法机关完成，法院应正确定位与承担自身的政治功能。

关键词：

政治问题法律化　政治问题　司法审查　政治功能

自2000年以来，“政治问题法律化”成为中国法学界的惯常用语。[1] 简言之，“政治问题法律化”在以下语境中被反复使用：(1)作为建立现代政治的方

---

* 中国政法大学人权研究院讲师，法学博士。

〔1〕 虽然无法准确考证“政治问题法律化”在中国的首倡者，但是可以肯定的是，在2000年前后“政治问题法律化”已经成为学界普遍接受的概念和命题。在初始阶段，“政治问题法律化”还只是用来描述国外司法审查制度，并没有直接的“中国问题”意识。具体请参见何峻：《论行政诉讼中的司法自我克制》，载《学海》1998年第6期；范进学：《论现代化司法的理性基础》，载梁德超主编：《依法治国专题研究》，北京燕山出版社1999年版，第57页；程洁：《从贝克诉卡尔案看美国政治问题的法律化过程》，载《面向21世纪的司法制度》，知识产权出版社2000年版，第315~323页。其中，程洁教授的文章较早系统介绍了美国“政治问题”的理论和范畴。

式和途径,将政治行为纳入法律规范的制约之下,从而克服政治权力的恣意、缩减行政自由裁量的范围:“政治法律化就是要在政治服从于宪法和法律,服从于规范和客观性,排斥专断和任意的前提下保持政治问题自主处理的空间”。[2] (2)作为批评和改造“法律问题政治化”的对称和目标,认为在法律适用(特别是司法过程)中应体现法律的可预测性和权威性:“应避免法律问题转化为‘政治’问题,即使‘政治’问题也可纳入司法体系并彻底解决;运用司法改革的‘去政治化’技术,推进司法体制的根本变革”。[3] (3)作为引介国外法治成功经验的总结,强调法律和法院在稳定政治权力、化解政治问题、协调政治矛盾方面的独特功能:“英美这些国家之所以能够资产阶级政党长期执政、国家长治久安,就是因为最先实现了宪政,国内政治从此法律化、制度化,任何问题包括政治问题,都可以通过法律来解决,国内的任何矛盾都不可能恶化为内乱、内战”。[4] (4)作为体现法律人的政治功能的表述,认为法律人赋予政治以理性、思辨和妥协的要素,并且可以将政治冲突化解为法律争议并寻求确定性答案:“法律人的职责就是促成政治问题法律化,让奔腾咆哮的政治冲突在法律大堤的约束下缓和、平静下来,政治秩序因此而得到维护,政治动乱因此而得以避免”。[5]

其后,关于“政治问题法律化”的表述渐趋丰富,学者提出了诸如“政治问题法律化、法律问题程序化、程序问题技术化”[6]的主张,尽力将“去政治化”的思路延续下去,使得法律判断更加专业和中立。但是这种精致化的“专业主义”趋势,并未得到政治家的肯定,甚至作为法律人也并非完全赞成“政治问题法律化”的思路。正如“政治发展蓝皮书”中所坦陈的,“就司法制度的整体发展来看,更多地依赖其政治属性,中央的部署和推动是司法制度发展的核心力量”,以至于司法对于政治的回应“主要不是依靠司法在法律框架内适用法律的技术

---

[2] 郑贤君:《宪法解释是政治法律化的基本途径——兼议司法释宪的形式化特征》,载《法学杂志》2006 年第 1 期。

[3] 徐昕:《司法改革应“去政治化”》,载《财经》2011 年第 3 期。

[4] 王振民:《宪法政治:开万世太平之路》,载《人民论坛 · 学术前沿》2013 年 8 月刊(上)。

[5] 喻中:《法律人的多重使命》,载《检察日报》2007 年 11 月 5 日第 003 版。

[6] 季卫东:《法治中国路线图》,载《财经》2013 年第 32 期。

过程来实现,而是延续简单便利的'政治化'的方式,通过上级下达各类内部文件、集体学习中央精神、细化各类工作指标、改进工作管理机制和工作方法等来响应和服从政治需求"。[7] 与之相应,最高人民法院的领导层也曾经提出"要善于把政治问题法律化,又要善于把法律问题政治化",认为"尤其是在我国社会变革的特定历史条件下,必须善于从政治上分析和处理问题,充分运用法律之外的手段(包括政治手段)解决争端和处理案件"。[8] 进而,最高人民法院的"全国大法官研讨班"也曾强调"各级人民法院一定要始终保持清醒的政治头脑和坚定的政治立场"、"讲政治、讲宗旨、讲法治、讲操守";[9] 有基层法官更是撰文认为"政治问题法律化钝化了社会阶层的斗争和各种经济利益政治利益的纷争"。[10]

由此可见,在学界主张和现实状况之间存在一定程度的张力,而此种现象恰好可以直接反映中国法院的地位和功能。本文即以"政治问题法律化"为切入点,意在分析中国"政治问题"的特殊性,以及法院应该如何行使其"政治功能"。在结构上,本文第一部分考察托克维尔语境中的"政治问题法律化"的真实含义;第二部分论述现代司法语境中"政治问题"的概念,以及应如何界定中国语境中的"政治问题";第三部分论证中国法院的政治功能,以及法院应该如何实现其政治功能;最后一部分对中国政治问题法律化的方式和限度进行总结。

一、托克维尔如是说

考诸"政治问题法律化"的表述来源,一般都会引证法国政治思想家托克维

---

[7] 付夏婕:《司法制度的建设与发展》,载《中国政治发展报告(2013)》,社会科学文献出版社 2013 年版,第 127 页。

[8] 参见江必新:《正确认识司法与政治的关系》,载《求是》2009 年第 24 期;卢子娟:《正确认识司法与政治的关系——访最高人民法院副院长江必新》,载《中国党政干部论坛》2011 年第 4 期。

[9] 马学玲:《最高法:各级人民法院要始终保持坚定政治立场》,载 http://www.chinanews.com/fz/2012/06-25/3982807.shtml,最后访问日期:2012 年 6 月 25 日。

[10] 徐艳丽:《论法官角色的政治性》,载亓宗宝主编:《沂蒙司法》(2014 年卷),法律出版社 2014 年版,第 130~139 页。

尔(Tocqueville)对于美国"几乎所有政治问题迟早都要变成司法问题"[11]的论述。而美国现代政治也已经为该原则提供了诸多注脚,包括为中国学者所熟知的"布什诉戈尔"(Bush v. Gore)案件所展示的美国最高法院的权威以及其化解政治权威的能力,这被认为是"政治问题法律化"的典型。"布什诉戈尔案意味着,法官可以基于实用主义的考虑,以政治预测为表现形式,审慎决定是否将政治问题纳入审理范围。"[12]而近年来,一些发展中国家的最高法院或是宪法法院深度介入本国政治,并一定程度上决定或改写政治进程,则为该原则的倡导者提供了更为丰富的制度联想。比如,2004年韩国宪法法院判决国会"迁都法案"违宪,2010年乌克兰宪法法院判决国会通过的"政治改革"宪法修正案违宪,2014年泰国宪法法院裁决大选无效案件。这说明"政治问题法律化"不仅是一种具有诱惑力的理论,而且是生长成为普遍采用的制度实践。

但是,托克维尔语境中的"政治问题法律化"是否真正反映了美国当时的政治现实,换言之,托克维尔在1831~1832年间的观察和评论是否真切?美国马里兰大学的Mark Graber坦言:托克维尔的理论时常被引用,但是很少被分析——他关于"在美国几乎所有的政治问题迟早都要变成司法问题"的著名观察,被评论家们关注到,并且不断被复述以至于成为国家知识的一部分。Mark Graber注意到,在杰克逊总统(Andrew Jackson)当政时期的美国(1829~1837年)重要的政治,包括了奴隶制、国家经济发展(包括国家银行、债务、关税政策等)、民族文化(摩门教)、国家扩张、外交政策、土著印第安人、军事政策、政府机构的人员和结构等,这些传统意义上的"政治问题"很少转化为法律问题或成为法院的审理对象。[13] 而该时期正是托克维尔所论及的美国,为何与真实历史相去甚远?

事实上,回到托克维尔的语境之中,"政治问题法律化"的论述是出现在《论美国的民主》第八章"美国人怎么削弱多数人暴政"中的"美国的法学家精神及其如何成为平衡民主的力量"一节——意在强调法学家团体以其所独有的保

---

[11] [法]托克维尔:《论美国的民主》,董果良译,商务印书馆1988年版,第310页。

[12] Bruce Ackerman, *Bush v. Gore: The Question of Legitimacy*, Yale University Press, p. 146.

[13] Mark Graber, Resolving Political Questions into Judicial Questions: Tocqueville's Thesis Revisited, University of Maryland, *Public Law Research Paper*, No. 2(2004)004 - 04.

守、理性的贵族气质,对于民主制度可能带来的“多数人暴政”的缓和,以及法学家团体最终影响了政治权力的思维习惯、语言习惯乃至运作方式。然而切不可忽视的是,托克维尔在该章接下来一节中,对于“陪审团政治功能”的论述。托克维尔认为,陪审制度像普选权一样,同样作为“人民主权”学说的直接结果,并且是这种学说的最终结果;陪审制度不应只视为一种司法制度,陪审制度首先是一种政治制度,应当把它看成是人民主权的一种形式。陪审制度意味着由人民分享了司法权,赋予法院判决以道义力量,并将法治力量渗透至社会最底层,作为人民实施统治的最有力手段,也是使人民学习统治的最有效手段。法学家精神所带来的“政治问题法律化”,与作为政治制度的陪审制所带来的“司法的政治化”是互为表里的——“政治问题的司法化”是以精英主义抑制民主制度中的暴政因素,而陪审制度则是以民主精神强化司法的主权力量。

由此可见,托克维尔所称颂的美国的“政治问题法律化”蕴含着以下前提和基本内涵:其一,“政治问题法律化”同时意味着法学家团体的保守性以及其延伸的司法的保守型。这意味着,政治问题法律化的前提是“司法自制”(judicial self-restraint),司法必须具有自我克制的能力,对于涉入政治问题的范围和方式具有高度的审慎。中国学者对于“司法自制”问题的研究,也证明“司法不应裁判政治问题是司法自制原则的主要渊源”。[14] 其二,“政治问题法律化”是用于克服大众民主带来的“多数人暴政”,赋予民主体制以保守和理性的规制,使其更加符合共和政体的设想。对此包括“司法审查”在内的“政治问题法律化”技术和手段,已经被证明可以在“多数决”民主制度下有效保护少数群体的利益。[15] 其三,“政治问题法律化”并不意味着取消政治问题,反而法律和司法需要凭借来自人民主权的力量,才能获得合法性。所以应当明确的是,并非所有的政治问题均可法律化,而司法审查也并非法律化的唯一途径。虽然现代国家赋予了法院更大的权力,越来越多原本属于“政治问题”的事项纳入了司法审查范围——但这也可以从反面理解,即司法承担了越来越多的政治功能。其四,“政治问题法律化”事实上也是“训政”的一种方式,教育人民如何更好地行使

---

〔14〕 刘练军:《论司法自制——以美国案例为材料》,载《中国矿业大学学报》(社会科学版)2007年第1期。

〔15〕 F. Andrew Hanssen, Robert K. Fleck, Judicial Review as a Constraint on Tyranny of the Majority, *Journal of Law, Economics, & Organization*, Vol. 29, No. 2.

统治权力,将精英意志植入普罗大众的思维之中,这也是托克维尔所强调的陪审制的附带功能。

二、政治问题的中国语境

基于上述对托克维尔"政治问题法律化"命题的分析,可以初步得出的结论是:"政治问题法律化"显然不是单纯"去政治化"的过程,事实上也包含了"再政治化"的维度,即重新塑造和凝聚民意的过程。法律人应当参与到这个过程中——但是很难主导这个过程——因为这个过程根本主导者是作为"主权者"的人民。汉密尔顿在《联邦党人文集》第七十八篇中提出,法院有权审查立法机关制定的法律是否合宪,并拒绝适用违宪的法律,但这并不意味着司法权高于立法权,仅说明人民主权高于立法权和司法权。[16] 即使在被视为司法审查开端的"马伯里诉麦迪逊"(Marbury v. Madison)一案中,马歇尔法官仍慎重地提醒了"政治问题"是法院不可涉入之地:法院的职责仅在于决定个人的权利,而非查究行政机关及工作人员在其自由裁量范围内是否履职,那些本质上属于政治的问题,或者那些由宪法和法律授予行政机关的事项,法院不应予以干涉。[17] 诚如学者对该案的评论,认为"政治问题范围是现代宪法裁判的核心,也是作为宪政史开端的马伯里诉麦迪逊案件的成果,但是颇为反讽的是,在该案发生两个世纪后的今天,政治问题的范围依然困扰着我们"。[18]

本文无意对"政治问题"的相关历史和理论进行全面梳理,事实上这项工作已经产生了颇多优秀的作品,[19] 仅是意在探讨中国语境下的"政治问题"。按照刘宏恩教授对"政治问题"的类型化界分,"政治问题"依其先后顺序分别为:

---

〔16〕 [美]汉密尔顿、杰伊、麦迪逊:《联邦党人文集》,程逢如等译,商务印书馆 1980 年版,第 392 ~ 393 页。

〔17〕 Marbury v. Madison, 5 U. S. (1 Cranch) 137, 170 (1803).

〔18〕 Seidman, L. M. (2003), The Secret Life of the Political Question Doctrine, Vol. 37, Iss. 2.

〔19〕 参见李建良:《论司法审查的政治界限:美国"政治问题原则"初探》,载《人文及社会科学集刊》第 9 卷第 4 期,1997 年 12 月;蒲方合:《宪法审查中的政治问题不审查原则研究》,中南财经政法大学 2011 年博士学位论文。

(1)司法的外在界限,即行为属于自由裁量范围或缺乏宪法规定,此时司法无法对其进行审查;(2)司法的内在界限,即司法审查受到权力分工、人权保障等原则的约束,而不能审查该问题;(3)司法自制的范畴,即该问题确实在司法管辖范围之内,但是考虑到司法介入后的政治后果,而主动自我节制。[20]值得注意的是,中国法院从未直接采用过"政治问题"理论——其原因并非现实中国缺乏"政治问题"的存在,而是由于存在其他筛选机制,客观上降低了采用"政治问题"理论的迫切性。

首先,中国法院对于关乎政治安全、意识形态、国家重大利益的案件,有着高度的政治敏感。2003年最高人民法院副院长江必新讲话指出,"对于法律政策界限把握不准,可能产生较大负面效应的案件,要慎之又慎,不能贸然行事,要多做协调工作;对于具有高度政治性或政策性、不能或者难以进行合法性判断、由行政机关协调处理更为妥当的行政争议,可以不予受理"。[21] 在2007年最高人民法院《关于加强和改进行政审判工作的意见》也提出:对因农村土地征收、城市房屋拆迁、企业改制、劳动和社会保障、资源环保等社会热点问题引发的群体性行政争议,更要注意最大限度地采取协调方式处理。[22] 这些司法受案范围(特别是行政诉讼)的自我设限的举动,被学者解读为"持续的克制性信号,是整个法院系统在受案方面坚持的死线"。[23] 但是,这种克制和对于底线的界定,对于中国法院而言不仅是必要的、而且是富有政治智慧的举措。"在缺乏足够司法权威的情况下,面对重大的政治性问题,大陆法院的选择是紧闭司法审查之门,这是明智之举,也是无奈之举。"[24]

其次,由于法院长期以来对于案件有较为严格的立案程序,从而降低了政

[20] 刘宏恩:《司法违宪审查与"政治问题"(Political Question)——大法官会议释字三二八号评析》,载《法律评论》第61卷第1、2期。

[21] 最高人民法院副院长江必新在全国法院行政审判工作座谈会上的讲话:《牢固树立司法为民思想把行政审判工作提高到一个新的水平》,2003年10月21日。

[22] 《最高人民法院关于加强和改进行政审判工作的意见》,法发〔2007〕19号,2007年4月24日。

[23] 于晓虹:《策略性服从:我国法院如何推进行政诉讼》,载《清华法学》2014年第4期。

[24] 王玄玮:《违宪审查与政治问题——关于"政治问题不审查"原则的初步比较》,载《云南大学学报》(法学版)第22卷第6期。

治性案件真正进入审理程序的可能性。根据法院对于“敏感案件”的处理经验，“对于一些特别重大敏感、超出法院处理能力的案件，而且接手后可能会对法院权威和公信力产生严重负面影响的案件，要在立案阶段做到早发现、早处理，及时采取措施，立案前要努力引导当事人采取其他途径解决矛盾纠纷，做好敏感案件分流工作”。[25] 仅就功能而言，政治问题和立案阶段的“原告适格”均是法院常用的拒绝进行司法审查的常用方式——后者在中国法院普遍使用，即对于“敏感案件”，法院通过立案程序，以“不具有起诉资格”等形式理由不予立案。诚如学者所指出的，由于“政治问题”与“原告适格”均系由权力分立导出来的司法权界限，法院如果在前门从宽认定“司法所欲保护之利益”（适格问题），那么后面注重“事件可司法性”的政治问题就有较重要的筛选功效。[26] 所以，中国法院通过“守前门”的方式排除了包括政治性案件在内的“敏感案件”，因此作为“守后门”的“政治问题”理论就不是实践中的急务了。但是自2015年以来推行的“立案登记制”事实上已经降低了立法审查的门槛，[27] 这在加重法院工作负荷的同时，也会使大量政治案件或“准政治案件”进入审理程序。并且从长远看来，“守前门”的方式虽然稳妥，但是缺乏足够的说理，也无法达成司法与政治之间的良性互动；而允许“政治问题”案件进入审理程序，则有望逐步廓清政治与司法的界限，避免对于“敏感案件”的司法神秘主义，也可以促进采取适当政治手段解决问题。

再次，中国目前存在“政治问题”相似的法律概念，即《行政诉讼法》中的“国家行为”。在此需要辨析的是，“政治问题”的范围虽然包括了国家行为，但是其范围更为宽泛。《行政诉讼法》规定“国防、外交等国家行为”不纳入行政诉讼受案范围，而后最高人民法院颁行的司法解释中认定“国家行为是指国务院、中央军事委员会、国防部、外交部等根据宪法和法律的授权，以国家的名义实施的有关国防和外交事务的行为，以及经宪法和法律授权的国家机关宣布紧

[25] 朱昆：《论法院建立敏感案件风险评估制度的必要性》，载《人民司法》2012年第11期。

[26] 廖元豪：《从政治问题理论，论两岸关系宪法定位之可司法性》，载《政大法学评论》2009年第71期。

[27] 《关于人民法院推行立案登记制改革的意见》，2015年4月1日中央全面深化改革领导小组第十一次会议审议通过。

急状态、实施戒严和总动员等行为”。最高人民法院认为,将国家行为排除在行政诉讼受案范围之外,主要理由包括:(1)国家行为是政治性行为而非法律性行为,只能由相关领导人承担政治责任而非法律责任;法院属司法机关,无权追究政治责任;(2)国家行为不是单纯的具体行政行为,而是特定机关代表整个国家以国家的名义实施、体现国家主权的行为,法院不宜对其作出合法性判断;(3)国家行为关系到国家和民族整体利益,不是针对特定行政相对人作出的,即使这种行为可能影响某些公民、法人或者其他组织的利益,个别利益也要服从整体利益,不能因为行政相对人的权益受到损害而使国家行为无效。〔28〕 所以,国家行为的范围是受到严格限制的,当法院面对并非国防或外交等主权行为、同时具有高度政治性的案件,比如因户籍限制无法参加高考而提起的诉讼——虽然其并不属于国家行为的范畴,但是法院可以援引“政治问题”理论而回避这些政治性或政策性的问题,亦可由此督促政治过程对诉求尽快做出回应。

最后,如何界定中国的“政治问题”并由此界分政治和法律的范围,这项工作是颇为困难的。政治问题曾被广泛适用于各个与国计民生关系密切的领域,出现在全国人大及其常委会决议、国务院行政法规,以及执政党中央文件中的“政治问题”包括了国企发展、农民减负、整顿市场与边贸、少数民族扶贫、稳定物价,甚至开放蔬菜市场、勤俭节约等领域。但是上述领域显然无法明晰政治与法律的界限,而目前在司法实践中使用的“政治问题”也一般指涉“有政治问题的出版物”。所以需要首先确定“政治问题范围”的原则,根据美国最高法院 1962 年“贝克诉卡尔案”(Baker v. Carr)中确定的原则,政治问题通常具有下列特点:宪法明确将其授权其他机关,没有司法标准,缺乏初始政策,冒犯其他机关,尊重现有政治决定,以及判决可能导致混乱局面。〔29〕 参照此原则,中国的“政治问题”或可初步确定下述界限:(1)政治体制问题:由宪法和“组织法”所确定的国家政治和行政体制,以及保卫国家安全所涉及的非法律事项;(2)国家行为事项:《行政诉讼法》确定的国防、外交等主权事项;(3)国家意识形态:由

---

〔28〕 编写组:《最高人民法院关于执行〈行政诉讼法〉若干问题的解释:答疑、案例、适用、指南》,中国社会科学出版社 2000 年版,第 27 页。

〔29〕 Baker v. Carr,369 U. S. 186(1962). 对于该原则的讨论或质疑,亦可参见陈承堂:《政治问题理论的衰落与重构》,载《法学研究》2012 年第 5 期;李晓兵:《论违宪审查实践中的“政治问题排除原则”》,载《河南省政法管理干部学院学报》2007 年第 3 期。

执政党或中央政府确立的国家发展目标和策略,以及服务与该目标的价值倡导;(4)国家或区域政策,即《立法法》第八条规定的应以订定法律确定的国家政策,或者具有广泛利益影响的国家或区域性的经济社会政策;(5)以及宜由民主过程或行政自由裁量确定的利益分配和政策导向。在这些领域中,法院可以采用"政治问题"理论拒绝对问题本身进行实质判断——政治问题排除司法审查,并不意味着该问题不重要或是无法解决,仅是表明该问题不适合由法院作出决断,而应留诸于政治过程。

三、中国法院的政治功能

虽然基于权力分工、司法自制等原理,司法应该对某些本质上属于政治范畴的问题不予审查,但是这并不意味着法院不承担政治功能。[30] 恰好相反,任何国家的法院都以不同形式承担着政治功能,具体而言至少包括:(1)在横向权力分工结构中制约其他权力,"各个政治主体的活动均需在法律范围内进行,以达到政治权利结构在总体上的平衡";[31] (2)在纵向权力结构中调整中央与地方关系,以达到维护中央权威与法制统一,调和中央与地方利益关系的目的;[32] (3)创设社会公共政策,即以个案裁判的方式,通过违宪审查、创造判例和法律解释的方式,为公共生活和社会秩序创设规则;[33] (4)引导社会价值形成,协调法律和"民意"、事实和规范之间的张力,塑造社会主流价值。承认法院的政治功能与"政治问题法律化"并行不悖,二者是在不同方向上廓清司法和政治的关系,前者是从正面界定法院应该承担何种意义上的政治功能,后者是从反面说明哪些问题应以法律方式处理——而横亘在二者之间的就是上文论及的"政治

〔30〕 吴重礼、陈慧玟:《政治与司法:实然面的分析途径》,载《问题与研究》第 39 卷第 9 期。

〔31〕 郑宇硕、罗金义:《政治学新探:中华经验与西方学理》,香港中文大学出版社 2009 年版,第 247 页。

〔32〕 王理万:《行政诉讼与中央地方关系法治化》,载《法制与社会发展》2015 年第 1 期。

〔33〕 丁以升、孙丽娟:《论我国法院公共政策创制功能的建构》,载《法学评论》2005 年第 5 期。

问题”,其作为界定司法与政治分野的标志。

作为司法机关,法院承担政治功能的方式应区别于政治机关和行政机关,其往往是在个案裁判和法律解释中,以裁判文书的形式发挥其对于政治的间接影响。“为了平衡司法和政治之间的种种时滞性,立法往往扮演着调和的角色,因为立法可以相当快地开始并迅速结束;这样看来,法律系统中,唯有司法,通常更为远离政治,更能够做到与政治保持适当的距离而不是亦步亦趋”。[34] 所以需明确的是,“政治问题法律化”的重要任务应该主要是由立法完成的,司法只能是在立法缺失并且无法拒绝裁判的情况下,才能有限度地介入政治过程。对于此类案件,法院应该具有清晰的“政治意识”,认识到其不仅是在个案中配置权利义务,而是履行了类似于政治和立法的“民意表达”和规则创设功能,其影响超出了司法个案的范围、具备了政治意义。在中国目前司法过程中,之所以有多起“民意反弹”案件,除了传媒在其中发挥的渲染效果外,也部分归因于法院对于案件的政治效果缺乏预判。

法院在特定情况下介入政治,其力度和范围应该受到限制。学者概括出司法介入政治的力度需要遵循的原则:(1)司法介入政治只能是就个案进行的;(2)司法介入政治应尽可能以穷尽其他救济手段为前提;(3)遵循比例原则;(4)应符合“成熟原则”,将具有臆想的、可能不会发生的或可能以无法预见的方式发生的事项排除在法院的受案范围之外。[35] 此外,司法在个案面临多种价值取向和结果选择时,应当选择符合宪法原则、引导社会价值的判决结果。对于司法所介入的政治性案件,也是在完成司法的“再政治化”功能,这个过程不能以牺牲个案的程序和实体公正为代价,而是通过个案的公正审理,从而达到凝聚和表达民意、创设社会规则、平衡政治权力结构的目的。

法院的政治功能的发挥,与法院受案范围的扩张、法院政治权威增强的过程是同步的。但是法院应当对自身的性质有着清晰的界定,具体而言,法院职能和受案范围的扩张受到两个根本限制:上限就是“政治问题”的坚硬内核,下限就是“技术问题”的无形壁垒——司法往往只能在非政治范围内进行法律推理和常识判断。在上文中已经对政治问题的范围进行了论析,与政治问题并存

〔34〕 杨建军:《法治国家中司法与政治的关系定位》,载《法制与社会发展》2011年第5期。

〔35〕 庞凌:《司法如何介入政治》,载《法学》2002年第11期。

的是“技术问题”，即对于专业技术标准的判断。政治问题应该交由政治过程去达成，而技术问题则应当交由专业人士或机构去判断。“法院不能代替行政作最终的实体性判断，在更多的情况下尊重行政机关依据技术标准作出的事实认定”。[36]

以中国目前经常面临的拆迁案件为例，某地域居民是否同意更新改造住宅区域，应该交由民主和政治的过程去判断，即属于上文“政治问题”中的“宜由民主过程或行政自由裁量确定的利益分配和政策导向”；而是否达到进行更新和改造技术必要性，应该交由专业认识机构去评估，即根据该区域的市政、治安、宜居程度、发展规划等进行综合判断。而司法所介入的范围宜限于在政治过程和专业判断确定后，对于具体权益归属和补偿标准的判断。[37] 目前法院之所以疲于应对拆迁案件并招致诸多批评，很大程度来源于对于司法功能和范围的界定失策，混淆了司法问题、政治问题和专业问题的界限。

简言之，对于中国法院而言，一方面应该坦诚面对司法的政治功能，司法承担政治功能，并不意味着司法屈从政治，而是发挥司法对于政治的引导和规制功能；另一方面不能将司法的政治功能泛化，司法对于政治干预的方式、力度和范围均应该受到限制，尤其是司法应该具有保守和自制的性质。对于中国法院而言，由于其不具有违宪审查的权限，也很少受到宪法原则的制掣，所以法院政治功能的发挥和“政治问题”的范围，都很大程度上取决于法院对于自身功能的界定。“不同政府分支之间的权力关联在政治运作中是不可避免的，法院不仅需要法律标准，而且也需要运用政治标准”。[38] 法院在司法实践中应该避免两种趋势，一种趋势是以“敏感案件”为名推卸法院应当承担的政治功能，另一种趋势是以“积极能动”为名对于政治过程的不当干涉，两种趋势都会损害法院的权威。

---

〔36〕 宋华琳：《制度能力与司法节制——论对技术标准的司法审查》，载《当代法学》2008 年第 1 期。

〔37〕 参见卢超：《都市更新判断中的民主过程与司法审查——基于美国法的考察比较》，载《行政法学研究》2012 年第 4 期。

〔38〕 Richard A. Posner, The Rise and Fall of Judicial Self-Restraint, *California Law Review*, Vol. 100, No. 3.

四、结语:政治问题法律化的限度

作为对"政治问题法律化"这一学术主张的拓展和反思,上文对"政治问题"理论和法院的政治功能进行了论述,问题的关键可以归结为两点:(1)政治问题的范围;(2)法律化的方式和限度。关于政治问题范围的确立,应该逐步建立中国的"政治问题"理论,从而界定法院对于政治的涉入程度,避免法院过度政治化,也为法院的权力监督撑开制度空间。特别是在目前中国法院并无足够的政治权威的情况下,引入"政治问题"理论事实上是在保育法院的中立性和权威性,避免因"司法冒进"而引起的权力边界争议,据以协调与平衡法院所承担的政治功能和专业功能。

关于"政治问题法律化"的方式,应主要依赖于政治和立法方式。特别是中国权力机关和立法机关合一的宪制构造,使立法机关具有政治超然地位和民意代表性,具有配置资源和规划发展的政治权威。就中国权力运行的真实状态而言,执政党经由完善自身制度建设,并通过订立政策目标进而以立法机关确认和推进的方式,亦可视为"政治问题法律化"的必要步骤和前提条件。学者提出,"与消极的、一事一议式的宪法解释或违宪审查制度相比,积极的、体系性的立法更容易赢得共识且制度构建的效率也更高",〔39〕这种判断对于政治问题法律化也是适用的。特别是在政治领导层强调"凡属重大改革都要于法有据"的契机下,通过完善现有立法体系的方式,逐步将政治性问题以法律的方式制度化。

事实上,按照古德诺关于政治和行政的二分法,政治关注的是国家意志的表达,解决的是主权和政府问题;〔40〕一般只能接受民主程序的验证,而不能接受司法审查的检验。然而在现代国家中,对于司法权及其监督审查功能愈发倚重,原属政治范畴的许多问题开始需要接受司法审查。然而司法对于政治的介入程度与一国的政治体制、司法理念和司法技术有着直接关系,这个过程既是司法监督政治的过程,也是司法履行其政治功能的过程。

〔39〕 林彦:《通过立法发展宪法——兼论宪法发展程序间的制度竞争》,载《清华法学》2013年第2期。

〔40〕 [美]F. J. 古德诺:《政治与行政》,王元译,华夏出版社1987年版,第16页。

为了保证司法的保守性和消极性,需要合理界分司法和政治的基础界限。“政治问题”的核心范畴是司法不可干涉的领域,此可以视为“政治问题法律化的限度”。从根本上说,之所以司法不可介入“政治问题”的专属领地,原因在于“政治问题”需要留诸民主政治过程、政治博弈过程,甚至是“非常政治”状态下的主权重新塑造过程去解决。这也意味着,政治问题法律化面临着边界和限度问题,即并非所有的问题都可以转化为法律问题,也并非所有的法律问题都可以经由司法判断完成。从历史上看,司法往往在这个过程中是非常负面的角色,这不仅对政治发展产生了消极影响,也构成司法特质和权威的损耗。[41]

在明确了政治问题法律化的限度后,从具体司法制度建设的角度而言,“政治问题”理论的运用不限于行政诉讼领域,在民事和刑事领域同样适用。比如在被称为“封锁 Google 全球第一案”的“汪龙诉中国联通封锁谷歌案”、乃至“狼牙山五壮士”后人起诉洪振快侵害名誉案中,法院即可运用“政治问题”理论而拒绝审查。而在重大政治—刑事案件中,“政治问题”理论事实上也在发挥作用,曾经采取的“审罪不审错”与“审罪行不审路线”[42]的司法策略,正是“政治问题法律化”的形象表达。在该类案件中,“政治问题”理论可以构建司法与政治之间的“防火墙”,使法院可以在“政治问题法律化”的方向与限度内发挥其应有的限制作用。

Legalization of Political Question and Its Limit

Wang Liwan

(Institute for Human Rights, China University of Political Science and Law)

Abstract: As a popular academic vocabulary in Chinese jurists, the legalization of political question suggested an attempt of dis-politicalization. But this assumption

〔41〕 比如美国联邦最高法院在 1857 年的“斯科特诉桑福德案”(Dred Scott v. Sandford, 60 U. S. 393, 1857),成为美国南北战争的关键起因;而中国香港终审法院 1999 年的“吴嘉玲案”(终院民事上诉 1998 年第 14 号, FACV14/1998)不仅对香港地区发展带来现实威胁,也造成中央政府与特区间的宪制争议。

〔42〕 参见杨龙、李湘宁:《中国现代司法的再启动——评〈李作鹏回忆录〉》,载《二十一世纪》2013 年第 138 期。

is patently contrary to realism, that the Chinese court maintains close relations with the political process. To this article, "legalization of political question" does not mean to cancel the political question; on the contrary, the legitimacy of judicial review originates political forces. It' should set rational limit between judicial power and political process, and the theory of political question just aims to determine the boundary between them. In addition, the court with judicial-political functions is general trend in current judicial system. The range and method of "legalization of political question" should be rigorously confined to guarantee the justice individual. For China's rulers, the task of "legalization of political question" should conduct by the legislature instead the court.

Key words: Legalization of Political Question; Political Question; Judicial Review; Political Function

(责任编辑:杨疏影)

为什么应当将法律看作是可废止的？*

宋旭光**

内容摘要：

以正义为名，将法律看作是可废止的，是要在司法裁判中恢复法律作为道德事业的本来面目。这要求我们尽可能地在法律的弹性空间内将道德考量纳入其中；而在合法性空间用尽时，审慎考虑在当前个案中引入法外因素废止可适用的法律规范。无论如何，在援引法外因素时，裁判者都需要给出妥当的论证，作出废止决定者更是要承担更高的论证责任。现代法律体系为这种可废止法的运行提供了可用的轨道。

关键词：

可废止性　正义衡平　道德　自主安定性

一、导　　论

（一）问题背景：转型中国的裁判难题

处于转型时期的中国，司法裁判面对的一个重要难题就在于法治本身所要求的守法义务可能与借由司法实现公平正义的本来期待相冲突。自改革开放之初，甚至可以追溯到清末变法，在法治理念的影响下，国人已经逐渐习惯了将"依法裁判"当做司法的基本常识，至少也是应然的追求。但直至今日，"依法裁判"作为法律或者司法被普遍信任的理想，却似乎依然没有成为一种现实。虽然司法人员的综合素质在提高，裁判技术在上升，但是偶尔地，对于法官的"依

* 本文系司法部国家法治与法学理论研究项目"变迁社会的司法证成模式研究"（16SFB3005）的阶段性成果。

** 深圳大学法学院助理教授。

法裁判”,人们并不满意,甚至会感觉到不正义。当这种不正义感随着各种资讯渠道进一步发酵并形成强大的公众判意之后,不仅会给司法机关带来巨大的改判压力,而且也可能会对司法权威以致法治建设造成损害。

在我们看来,法治不仅要求法官依法裁判,而且要求法官通过依法裁判实现社会正义,即使这两种义务之间有时可能存在冲突。英国哲人边沁曾经描绘过英国司法裁判中出现的一种“非弹性悖论”的情况,即在没有先例可以遵循的时候,法官完全依照个人良心和意志裁断案件;但当遵循先例的规则建立之后,他们又可能被要求完全依照先例规则裁断案件,而丝毫不考虑正义与否的问题;等到这种个案不正义的积累超越了临界点的时候,法官又有了超越法律而选择衡平裁判的正当理由。但是,也正是在最后一个阶段,法官们实际上获得了一种完美裁量权:既可以选择“依法裁判”而漠视个案的不正义,也可以遵循司法的正义使命而选择在个案中废止(defeat)相关的法律规范。[1] 两种选择都有极强的正当性理由,而如何选择完全成了裁判者的自由裁量问题。

这样的完美裁量权是几乎任何一个法律体系都不愿容忍的。但是,在中国这样一个处于转型期的快速发展的国家,社会的急剧变化和改革的持续进行,都会给司法裁判带来更多的冲突和难题,特别是考虑到,当代中国法学的利益—兴趣已由政策定向经由立法定向而转向司法定向,[2] 如何处理依法裁判和个案正义的张力,将成为摆在中国法律人面前的最重要问题之一。面对社会变迁、法律缺陷、文化差异、矛盾加剧等复杂情况,如果司法裁判者不考虑其裁决的社会效果和可接受性,而固守一种僵硬的法条主义,无疑会损害人们对于司法公正的信心和信赖,并进一步损害整个法律事业的公信力和权威。而当社会公众对于不正义裁决的忍耐达到临界点的时候,中国的司法裁判就可能陷入前述完美裁量权的危险之中。

---

〔1〕 See Gerald J. Postema, *Bentham and the Common Law Tradition*, Oxford, Clarendon Press, 1986, pp. 280 – 285; Fernando Atria, *Legislation and Adjudication*, in Jordi Ferrer Beltrán and Giovanni Battista Ratti eds., *The Logic of Legal Requirements: Essays on Defeasibility*, Oxford University Press, 2012, p. 340.

〔2〕 参见舒国滢:《并非有一种值得期待的宣言:我们时代的法学为什么需要重视方法》,载《现代法学》2006 年第 5 期。

(二)问题界定:捍卫规范性法律可废止命题

可废止性(defeasibility)理念的兴起,在某种程度上就是为了面对法律的权威与正义的诉求、守法的义务与道德的良心、遵循规则与个案正义、演绎推理的有效性与实践论证的可接受性之间的两难境地。这一理念不仅为那些青睐形式主义风格的裁判者提供了一个理论缺口,帮助他们走出严格守法主义(法条主义)的牢笼,而且也为那些法律怀疑论者提供了相信法律相对确定性的理由。而且,借由这一理念,我们可以在概念上更清楚地界定规则之隐含例外出现的可能性(或必然性),因此将这些因素纳入制度设计的考量范围。本文即试图在规范层面上论证法律可废止性的可欲性:通过建构一种制度性的保障,以可废止性为特征的法律体系和司法实践更有利于正义的实现、法治的权威以及司法公信力的提高。

那么,什么是法律可废止性呢?简单来说,法律可废止性面对的是法律规范(以及法律概念等)因其一般化形式(它只能以一般条件句或概括句的形式被制定)而导致的适用难题。这种难题是指,即使制定良好的法律规范也只能为其所规制领域的大多数案件带来好的结果,在立法者没有预料到的例外情境中,它依然可能会带来立法者所不欲的(或道德上不正确的,或受众不能接受的)结论,这时候裁判者就会面临一种选择:遵循规则而坚持这种不可欲的结果,或排除按照规范文义本应推出的结论,而选择另外的更好的结果。若选择后者的话,这一规范就被击败(defeated)了,支持后一选择的人被称为可废止论者,而所支持的命题就可以被称为可废止命题。

可废止命题在法学家那里并不尽相同,有些人认为法律规范本质上就是可废止的,即法律规范必然具有可废止性,而另一些观点则否定了法律规范的本质可废止性,而把可废止性命题看作一个描述性命题或规范性命题,前者是指在某些法律体系中法律规范是可废止的,而后者则是指法律规范应当被看作是可废止的。本质性可废止命题是一种概念性命题,关涉的是法律规范的结构和性质的问题;作为描述性命题的可废止命题,主要是通过对法律活动参与者事实上的论证行为进行描述,来研究其所参与的法律实践对待法律规范的态度;最后,作为规范性命题的可废止性命题,它所主张的是基于各种理由或价值,法律规范应当被看作是可废止的。[3]

本文所关注的就是最后一个问题,即规范性可废止命题。我们将从各个方面论述为什么应当将法律规范看作是可废止的。

二、以正义为名,将法律看作是可废止的

作为一个道德事业,从本质上来讲,"法乃善良与公正的艺术"(*Iusestarsboni et aequi*),是以实现公平正义为目的的。因此,如果某一法律本身不再以实现正义为己任,这种法即使依然可以保留法的名称,但却早已失去了法的本性。以正义为名,将法律看作是可废止的,就是要努力在司法实践中恢复法的正义面孔。但是,除了正义之外,法还有其他的价值,诸如安定性的价值。法律应当保持稳定性、可预测性,只有这样才能确立人们对法的信仰,或者至少可以确立一种预期,正是基于这种信仰或者预期,人们可以在法律框架之内自主地安排自己的生活。换句话说,如果将法律看作是可废止的,以正义为名,时刻准备着对法律做出修正或改变,那么,在社会中就无法形成这种信仰或预期,生活规划可能因为法律的不可预期性而面临崩溃。总之,法具有两种面孔:作为正义问题之解决的法;作为生活规划之确定的法,如何在二者之间进行协调成为本文的核心内容。

在这一部分中,我们将首先论述,为什么应当将法律看作是一种正义的道德事业?其次,也更为重要的是,我们将论述,为什么将法律看作是可废止的,将法律看作是可废止的不仅不会违背道德自主,而且可以促进对于法治的合理预期。最后,我们将论证,如何才能避免法律可废止性对于法的安定性的损害。

(一)为什么应当将法律看作是一种正义的道德事业

德国法学家齐佩利乌斯(Reinhold Zippelius)在《法学方法论》的开篇就提醒我们:作为正义问题之解决的法"应对一个社会当中出现的各种法律问题予

---

[3] See MichałAraszkiewicz, *Legal Rules: Defeasible or Indefeasible? In Michał Araszkiewicz et al.* eds., *Problems of Normativity, Rules and Rule-Following*, Cham, Springer International Publishing Switzerland, 2015, pp. 422 – 423.

以公正地解决。"[4]可以说,司法裁判的本来目的是实现正义,而适用法律规范只是法律事业赋予裁判者的一个手段。[5] 但是,法律规范的适用并不是实现正义的唯一方式,不仅通过其他方式实现正义是可能的,而且在某些时候这些方式明显要比适用法律规范更能实现正义,例如,法律规范的适用带来的是不正义的结果,这时候,实现正义的目的与适用法律规范的手段之间出现了冲突。在目的与手段相冲突的时候,我们当然可以采纳原有手段来保证手段的持续性和有效性,但当这种手段已经完全无益于甚至有悖于目的的实现之时,选择其他手段实现目的的正当性理由就可能超过了维持手段本身的正当性基础。

实际上,对于某一个法律规范甚至法体系来讲也是一样,法律规范的表述仅仅是实现其背后目的的一种手段,当这种手段明显出现差错的时候,我们修正甚至抛弃这种手段以实现其背后的目的就具有了强大的正当性。[6] 虽然这并不意味着,我们每一次都要抛弃手段而选择目的,因为手段本身可能也会有自身存在的价值。

以正义为名,将法律规范或者法律体系看作是可废止的,并不必然要以牺牲法律的安定性、确定性、可预测性和稳定性为代价,而是要帮助法律建立它本身应当追求的正义目标。我们需要的不是那种无须任何标准的完全裁量权,而是守法义务与正义诉求之间的一种平衡。

---

〔4〕 [德]齐佩利乌斯:《法学方法论》,金振豹译,法律出版社2009年版,第13页。类似的观点,例如,拉伦茨(Karl Larenz):"法官无论如何均应避免作出——会被认为——'不正'的决定。"([德]卡尔·拉伦茨:《法学方法论》,陈爱娥译,商务印书馆2003年版,第60页);再例如,阿列克西(Robert Alexy):"可证成性的宣称……更及于判决在一个可证成的、从而为正确的道德之意义上是正确的。"([德]罗伯特·阿列克西:《法概念与法效力》,王鹏翔译,五南图书出版股份有限公司2013年版,第120页。)

〔5〕 See Richard H. S. Tur, Defeasibility and Adjudication, in Jordi Ferrer Beltrán and Giovanni Battista Ratti eds., *The Logic of Legal Requirements: Essays on Defeasibility*, Oxford University Press, 2012, p. 364.

〔6〕 例如,德国法学家萨维尼(Friedrich Carl von Savigny)所主张的:"表述仅仅是手段,而意图是目的,因此,毫无疑问,意图应占据优先地位,而表述应当根据意图而被修改。"[德]萨维尼:《当代罗马法体系I:法律渊源·制定法解释·法律关系》,朱虎译,中国法制出版社2010年版,第180页。

可废止性理念提醒我们,不仅要努力将道德因素引入法律体系和司法过程之中,而且要将整个法律事业看作是一个道德的正义事业。为了法律的安定性与正义性之间的平衡,一方面,应该通过在法律规范中使用一些道德术语将道德的一部分内容纳入法律范围之内,保持立法对于道德的开放性;[7]另一方面,这些法律本身应该具有排除其他考量的预先力(pretension),这种排他性的预先力并非仅仅来自它们是法律,而是因为它们是已经纳入道德考量的法律,才无需再次衡量。但这并不意味着,法律从此就与道德或者正义无缘,而是说只有在很特殊的情况下,例如遵循规则会造成明显不可逃脱的(极端)非正义、显然的无效果,道德可能会再一次以补救性的角色进入司法过程中。[8] 我们之所以服从法律,是因为我们相信法律是一个道德的正义事业,当它已经不能履行我们心中的这一神圣职责的时候,我们就有理由不再去服从它,即使这不妨碍它本身还是法律。因此,法律规范的可废止性,不仅仅是因为法外的道德因素,更是因为法律深层的内在道德,也就是它本身作为一种道德事业的存在。当然,这样的一个过程并不能是独断的,而是依赖于说理和论证。

以正义为名,将法律看作是可废止的,不仅是恢复作为道德事业的法律的本来面孔,而且也有利于形成人们对于司法的信赖,增强司法的权威性。长期以来,我们都会强调司法权威的制度性来源,其背后似乎预设着司法裁判因其制度性角色而具有权威性是不证自明的问题。但这样的论述可能更多地是来自于对西方法律体系的观察,而非中国的现实。中国的司法改革长期以来追求法院和法官的地位提升,于是法袍加身,法槌在手,审判席得以加高,审判庭也越来越大。虽然这种努力非常珍贵,但是期待中的结果并没有出现:司法的权威并没有因此得以强化,司法的满意度也没有明显的提高。也许,司法权威不是或者主要不是来自制度的设计或者立法的赋予。司法并不会因为裁判者"刻板无私"的面孔而自然地获得权威和信赖。作为社会分工的一个角色,司法并不天然具有权威,它必须不断地维护和夯实自己的权威基础。权威和公信力的基础,来自人们对于司法决定的接受,而这种"可接受性"一方面来自法律决定

[7] See Richard H. S. Tur, Defeasibilism, *Oxford Journal of Legal Studies*, Vol. 21, No. 2, 2001, pp. 360 – 361.

[8] See Jaap Hage and Aleksander Peczenik, Law, Morals and Defeasibility, *Ratio Juris*, Vol. 13, No. 3, 2000, pp. 305 – 325.

对人们已有共识的公平感和正义观的分享，另一方面则是来自妥当理由的支持。法律决定的做出，若没有理由的支持，法治就不能称为法治，而可能变成法律裁判者“说什么就是什么”的暴政。[9]

(二)为什么道德自主论据并不构成反对可废止性的恰当理由

可废止性理念的反对者常常以道德自主(autonomy)为理由来反对可废止性，他们的论证大抵是这样的：为了保障个人的道德自主，法律规则应该以一种清晰的、确定的方式来为人们的行动提供指引，人们可以清楚地知道哪些行为是被禁止的(或允许的、应当的)，这样就可以自主地安排自己的生活，决定相关行动方案；可废止性将使这种确定性遭受损害，因为道德正确性的标准存在普遍的争议，如果将道德考量纳入到法律识别的过程或者司法裁判的过程，同时也就将这种争议引入相关领域，那么人们就可能不太清楚法律的拘束范围，道德自主就会遭遇到损害。[10]

这种说法成立的一个重要条件是法律可以为人们提供清晰的、无争议的指引，只有这样，我们才能清楚地知道行为的合法性界限，才能自主地安排自身的活动。但是，在我们看来，法律是一个弹性的秩序，只能提供框架性的指引。如果在立法过程中，立法者就已经将相关的道德原则(诸如基本权利、制定法原则等)纳入到了实在法体系之中，这种弹性就进一步地被大大扩张了。在现代法律体系中，法律意义的合法性框架所具有的弹性，在大多数情况下都能为裁判者确定正确结论提供法律依据。[11]

如果我们对法律之弹性秩序的论述是恰当的话，那么可废止主义的反对者所要求的那种所谓的确定性和清晰性就是难以企及的。每一个法律条款都可能有着各种不同的解释，每一次被适用的法律规范都是裁判者自身理解的“法律规范”，当裁判者以这种法律规范来排除正义之考量的时候，就可能带有极大

---

[9] [美]玛蒂尔德·柯恩：《作为理由之治的法治》，杨贝译，载《中外法学》2010年第3期。

[10] See José Juan Moreso, *Legal Defeasibility and the Connection between Law and Morality*, in Jordi Ferrer Beltrán and Giovanni Battista Ratti eds., The Logic of Legal Requirements: Essays on Defeasibility, Oxford University Press, p. 232.

[11] 参见宋旭光：《依法裁判与民意诉求：基于弹性法律秩序的方法论反思》，载《浙江社会科学》2016年第2期。

的主观性和专断性。因而,这种弹性或不确定性使我们机械地适用法律成为不可能,而必须融入我们的自主的道德判断。[12]

更为重要的是,道德废止者并不必然会损害道德自主,有时候反而是法律对其投以更多尊重的一种方式。这些道德废止者往往是表达"允许特定的行为"(例如,正当防卫)或"禁止特定的规定"(如禁止酷刑)",[13]"正当的"、"严酷的"这些词语并不能帮助我们以完全清晰、确定的方式表达哪些具体行为是被禁止的或被允许的。但因为我们本身就无法将正当防卫或者酷刑等价值词所关涉的例外情境完全地列举出来,所以这些道德语词反而可以帮助我们以一种可接受的模糊性程度来确定相关行为的界限。此外,道德自主要求我们在法律规范所给出的结果与职业道德或者个人道德产生冲突的时候,保持一种批判反思态度。[14] 这种批判反思性态度,一方面要求我们尊重法律实践和司法传统,尽可能按照既有的方案来完成司法判决;另一方面也要求我们对于当前的实践保持一种潜在的警觉,即在法律规则可能带来不正义结果的时候,审慎地决定是否为此一规则创设一个例外。这种批判反思的态度不仅是道德、法律等规范事业向前发展的动力,也是智识事业和概念进化的主要来源。[15]

总之,将法律看作是可废止的,不可避免地会对法的安定性造成一定的损害,因而会影响行动者的道德自主。但这却并不是拒绝可废止性理念的必然理由:一方面,可废止的法律,在某些方面,不仅不会构成对道德自主的威胁,而且可以促进行动者的道德自主;另一方面,当可废止法律可能对道德自主造成损

〔12〕 See Klaus Günther, The Pragmatic and Functional Indeterminacy of Law, *German Law Journal*, Vol. 12, No. 1, 2011, pp. 407－408.

〔13〕 See José Juan Moreso, *Legal Defeasibility and the Connection between Law and Morality*, in Jordi Ferrer Beltrán and Giovanni Battista Ratti eds., The Logic of Legal Requirements: Essays on Defeasibility, Oxford University Press, pp. 234－235.

〔14〕 Richard H. S. Tur, *Defeasibility and Adjudication*, in Jordi Ferrer Beltrán and Giovanni Battista Ratti eds., The Logic of Legal Requirements: Essays on Defeasibility, Oxford University Press, 2012, p. 367.

〔15〕 参见宋旭光:《理由、推理与合理性:图尔敏的论证理论》,中国政法大学出版社2015年版,第52～96页。

害时，我们应当避免或者减轻这些损害。

（三）面对安定性与正义性双重要求的司法裁判

根据前文所述，将法律看作可废止的，最为重要的便是正确看待法律作为正义事业的本质。其次，我们也论述了，道德自主论据为什么不是我们拒绝可废止性理念的恰当理由。在这里，我们将进一步论述：如果我们接受可废止性理念，将法律看作是可废止的，又如何才能尽可能地避免或减轻它对于法的安定性的损害。

首先，我们必须承认，安定性确实是法的重要价值之一，如果法律不能以一种明确的方式指引人们的行动，无疑将失去正当性的部分基础。但是，正义、衡平同样也属于法律所应当追求的价值，如果说对于这些价值的追求可能会损害法的安定性的话，那么对后者的追求同样也可能会损害前者的实现。因此，面对安定性与正义性的双重要求，裁判者必须选择一种更为稳妥的方式将这种损害减少到最低。

首先，法律规则应当以一种清晰的、精确的行为方式（或事实范型）为人们的行动选择提供指引，尽可能减少不必要的歧义和模糊性，这些规则的可适用性具有初显的优先性，即在决定行动的合法性证成上它们具有优先性，但这种优先性可能会基于更为重要的理由而被推翻。其次，不论其是以法律原则的形式还是道德原则的形式出现，道德废止者的纳入在很大程度上都是为了避免维护法的安定性所带来的不正义结果。但为了最大限度地减少对于法的安定性的损害，我们一方面要为这种不正义程度赋予模态限定：极端的、无法忍受的且不可能逃脱的；另一方面则需要对于道德废止者的纳入加以额外的论证负担，即直接引用法律规则被默认为是正当的，而对于道德废止者的引入必须给出正当化理由，否则这种援引便是不合理的。

1. 穷尽合法性空间，方得考虑法外因素

以正义为名，将法律看作是可废止的，并不是要求司法裁判者在面临任何不正义结果的时候，都要去挑战法律的权威；相反，它要求的是裁判者应当尽可能在法律框架内实现正义的要求，而只有在合法性空间用尽的时候，才考虑在个案裁判中无视或挑战法律规范本身。

根据上文所述，依法裁判并不是机械地“找法”和“用法”的过程，也并不是僵硬地将自己理解的“正确”法律作为基础推演出一个唯一正确答案的过程。因此，在适用法律的过程中，引入一些法外考量来填补法律的弹性空间，不仅是不可避免的,而且是可欲的,这样可以在法律秩序所提供的合法性空间中尽可能地保障公平和正义。只有在某些极端的情境中,裁判者才能超脱于实在法的规定而完全依赖于法外因素作出裁断。但这也并不必然影响法治理念和法秩序的权威,因为法治不仅要求依法裁判,同样也要求公平正义,当公平正义面临邪恶制定法或良法带来之荒谬结果的严峻挑战时,选择前者反而更能维护法治秩序。但是,在多数情况下,这种为法律规定创设例外的活动应当尽可能在法体系内寻找到依据,并将其影响限制在个案裁判的范围之内。也就是说,除非法律体系明确授予了裁判机关审查制定法的权力,否则法院无权宣布任何制定法的无效,即使这些制定法极端邪恶,裁判者所能做的也只是在个案裁判中避免适用它们。

总之,只有当法律框架的弹性用尽,我们无法找到合法性手段来为当前问题的正义解决完成证成的时候,才可以考虑将本可适用的法律规范置之不理,而诉诸法外因素。而且,除非有法律的明确授权,否则"废止"仅仅是指在个案中选择不去适用可适用的法律,而不涉及法律规范本身的效力。

2. 合法性框架内的裁量,需要妥当的论证

如果法律规范无法做到绝对的精确性、规范与事实之间无法完全对应、规范之间无法避免冲突或抵触、事实认定无法做到真实无误,那么,法律规范体系为裁判提供的指引就是有限的。在不违背服从法律的义务之基础上,裁判者享受着巨大的自由裁量权。

如果这样的论述是妥当的,那么,与其选择对完美体系的理想和理性演绎的力量投以过分的信任,不如放弃这种理性主义的自负,以一种实用的态度来面对人类理性的有限性,并在此基础上将一些合理的、可接受的但却并不是绝对的、保真的实质性标准引入裁判理论中,以此丰富裁判者可以借用的理论和工具。或者,换一种更为激进的表达,与其任由裁判者将自己的意志(甚至包括那些违反道德和法律精神的意志)以"依法裁判"作为标签合法地施加于当事人身上,不如承认法律秩序之弹性空间的不可消除,仅仅将合法性看作是裁判工作的初步要求,而将目光锁定在司法决定的妥当性和正确性之上,引导裁判者以一种合理的、可控的方式来行使裁量权。简言之,承认合法性框架内的裁量空间,并要求这种裁量权的行使应当有妥当的论证。

3. 作出废止决定者，需要承担更高的论证负担

无论是基于极端的不正义、明显的无实效或者其他因素，作出废止决定者都需要明确地给出理由。根据佩雷尔曼（Chaïm Perelman）的惯性原则，既有的一贯的主流观点由于其惯性将继续存在，而无须额外的证成，但其一旦偏离正轨，我们便需要给出更重要的理由。[16] 作出废止决定者为法律规范创设了新的例外，无论如何，都是一种偏离既有惯性轨道的行为，需要承担废止的论证负担。

法治是讲理的，如果仅仅或明或暗地给出一个"废止"决定，而不附带至少是法律人可以看懂的理由，就切断了人们对于这一判决进行深入讨论的可能性。拒绝批评和评价的决定，无疑是专断和干瘪的，如果想获得权威的地位，只能依靠简单粗暴的强制力和暴力工具。裁判者有义务向当事人和社会公众公开其判决理由，这提供了人们对相关规范之意义进行讨论以及批评相关判决的可能性。而通过社会公众的关注也可以引起学术界和实务界的不断讨论，以此形成关于具体论题的理性论辩。另外，当裁判者以"依法审判"的名义滥用裁判权时，或者以"法律没有提供救济渠道"为理由拒绝抵制极端不正义的法律决定时，社会公众的批判就成为有效的监督渠道。当个案不正义已然达到了无法忍受或者无法通过理性讨论予以解决时，社会公众的压力也可能在立法过程中得以体现，即通过新的立法纠正司法中的错误。在这样的过程中，社会公众虽然不能也没有直接干涉司法判决，但通过这样持久不断的批判，社会公众也是在提醒裁判者，后者仅仅是被挑选出来代替社会行使司法权的角色。[17] 这样不仅为法官课以一些道义上的拘束，使司法免于专断，更重要的意义在于为社会提供了不断就此问题论辩并努力达成共识的机会。

---

〔16〕 See Chaïm Perelman and Lucie Olbrechts-Tyteca, *The New Rhetoric*: *A Treatise on Argumentation*, Notre Dame, University of Notre Dame Press, 1969, pp. 106 – 107, 218 – 219, 363.

〔17〕 See Klaus Günther, "Legal Adjudication and Democracy: Some Remarks on Dworkin and Habermas", *European Journal of Philosophy*, Vol. 3, No. 1, 1995, pp. 52 – 53.

三、可废止法的制度轨道与智识保障

本文的论述有个重要的预设,那就是:可废止性并不是法律性质的问题,而是裁判机制或裁判者如何选择对待法律规范的问题。前文主要论述了,将法律看作是可废止的,不仅体现了法律作为一种正义事业的本来面孔,而且通过恰当的限制,也不会损害法的安定性和行动者的道德自主。那么,下文我们将尝试着在现行既有的制度框架和智识传统中,寻找可废止法的运行可以借用的一些渠道和手段。

(一)制度轨道:司法与立法的良性互动

从历史上来看,两大法系的许多国家都很重视衡平和正义,例如,罗马法有裁判官(Praetor),普通法系拥有衡平法院的御前大臣(Chancellor)。在当代,许多国家也拥有一个像美国那样将政治性问题或道德问题转化为法律问题的最高法院,或者像德国那样处理宪法问题的宪法法院。可以看出,在现代法治国家的制度设计中,实际上已经为可废止性的存在留下了可用的轨道。

首先的渠道便是立法与司法之良性互动的一些制度。从最基本的层面上来讲,司法机关和立法机关之间的区分,在实践中,并非是简单的职能区分,更多可能是一种角色分工。那种认为法官只是立法机关的发声筒的观点,无疑只是一种美好的理论,在实践中司法和立法之间并没有十分清晰的界限,司法机关往往会代行许多立法的造法职能,而不仅仅遵循制定法的“白纸黑字”,否则法官的许多基本职能都无法实现。[18]

多数国家都已经建立了这种司法与立法之间良性沟通的制度和体系。例如,美国最高法院大法官马歇尔(C. J. Marshall)借马伯里诉麦迪逊案(Marbury V. Madison)在世界上第一次建立起司法审查制度,将审查立法和普通法是否违宪的权力掌握在法院手里,这不仅提高了法院在三权分立体系中的地位,也确认法律只有经过法官的认同才能获得有效施行的思想,更是为法院通过司法裁决废止制定法的行为提供了合法渠道。这种废止因为此种合法授权而具有了一般性效力。与美国不同,德国建立了专门法院(联邦宪法法院)来集中审查合

〔18〕　参见[美]利尔德·汉德:《法官到底有多大的自由裁量权》,吕征译,丁广宇校,载《法律适用》2007 年第 2 期。

宪性问题，德国基本法还规定了各种基本权利，将自然权利与公正理念引入裁判之中。[19] 甚至在法国，这个曾经严格贯彻三权分立而有着反司法审查传统的国度，也在1958年建立了宪法院，并越来越依赖基本权利的运作。[20] 根据近期的资料，在世界上195个国家或地区的最新宪法文本中，已经有165个文本中规定了某种形式的司法审查制度。也就是说，世界多数国家至少在司法审查的制度框架之内包容了法律的可废止性。

另一个更为值得注意的制度是立法对于司法的干涉。一方面，立法机关可以对某些特别案件进行监督，它们虽然不能直接审理案件，却可以实际影响这些案件的判决；[21] 另一方面，立法机关还可以通过制定法律的形式使得已经生效的法院判决形同虚设。无论如何，这都意味着法院通常具有终极性的决定也可能被立法推翻。例如，美国最高法院的决定也被认为"只是暂时的"："截止到1992年1月，（美国）国会已经制定了针对最高法院一项或者多项判决的123部法律，因此完全或者在实质意义上撤销了最高法院的决定。"[22] 这种立法对司法的干涉，在很大程度上会对法院所可能作出的专断废止裁决构成监督，并在废止决定荒谬的时候，纠正这种错误的继续。

总之，如果能够在制度上确立、在实践中推行一种司法审查、基本权制度和立法干涉相结合的动态保障体制，将可废止性更大程度地纳入合法性轨道，不仅可以减少因为个案不正义带来的裁判难题，而且也在最大限度上减少了废止决定可能对法律的权威和司法的公信力造成的损害。

（二）智识保障：职业共同体与法学教育

虽然从裁判者个人层面来看，选择如何对待法律是一个偶然的偏好问题，

---

〔19〕 参见李建良：《论法规之司法审查与违宪宣告：德国联邦宪法法院裁判之分析》，载《欧美研究》1997年第1期。

〔20〕 参见张千帆等：《司法审查制度比较研究》，译林出版社2012年版，第99页。

〔21〕 其实，在我国宪法、地方人大组织法、《全国人大常委会〈关于加强对法律实施情况检查监督的若干规定〉》以及一些地方性法规等已经明确规定了人大对于个案的监督权。可是，这样的一个制度在实践中虽然也在运作，但依然没有起到应有的作用。参见蔡定剑：《人大个案监督的基本情况》，载《人大研究》2004年第3期。

〔22〕 ［美］亨利·J. 亚伯拉罕：《司法的过程》（第七版），泮伟江等译，北京大学出版社2009年版，第395页。

而法律的弹性机制几乎完全能够帮助他用合法性的外衣包裹起这份裁量。但是,人们总是会担心公权力的滥用和扩张,会压缩公民的自由空间,而且过度弹性的司法裁判也让人难以预测,无法安排自己的生活。不过,现代法律体系并没有因为这种弹性而崩溃,司法裁判的规律性和可预测性依然足以为人们的行动提供可靠的保障。主要的原因在于,无论是司法审查权的赋予还是法律秩序的弹性所内含的裁量权,都不意味着法官权力的超边界、无规则运行。在一个制度健全的国度内,法律传统对于法官的制约是不能忽视的。这一传统以一种有序的、合理的方式,通过数世纪的法律决定而建构。在这样的传统中,任何法律决定都涉及一个复杂的推理线,在这一意义上,特定案件的决定并不是最终的结局,而仅仅是法律论坛中裁决社会纠纷的持续过程的更进一步。〔23〕 因此,可废止性在法律传统中的运行不仅不是任意的,而且是具有可预测性和稳定性的。

除此之外,这种可预测性在很大程度上还来源于职业共同体和法学教育为不同裁判者趋同裁判所提供的智识保障。首先,在很大程度上,法学教育成为了决定法官司法角色之定位的关键因素。之所以美国的法官倾向于采纳一种较为宽泛的司法角色定位,而英国的法官倾向于一种形式主义的裁判风格,是与其教育体系密切相关的。〔24〕 美国的职业法学教育是一种研究生教育,这就决定了将来成为职业法律人的那些法学学生,在进入法学教育之前,就已经接受了社会学、历史学甚至物理学、化学的教育,他们的知识体系中依然会保留着与其他学科知识的联系,因此,他们不太可能信奉某种教条主义的法观念。英国的法官更倾向于一种保守的、形式主义的角色定位则是因为,长期以来,英国的职业法律人是在专门的法律学校接受教育的,在走进这些学校的时候,他们并不成熟,也不深谙世事,他们被教授的是十分专业的法学教义和方法,并不熟悉其他学科的运作模式,走上岗位之后,很容易忽略社会中其他因素的影响。

除了法学教育之外,法律职业共同体构筑的法律围墙也是捍卫法治传统、

〔23〕 See Stephen Toulmin, Richard Rieke and Allan Janik, *An Introduction to Reasoning*, New York, Macmillan Publishing Co., Inc, second edition, 1984, pp. 299 – 300.

〔24〕 See Louis L. Jaffe, *English and American Judges as Law Makers*, Oxford Clarendon Press, 1969, p. 105.

维持法律稳定预期的重要因素。“法律持续地被侵犯，但从未被征服。”[25]法律的模糊性和不确定性之所以没有构成威胁法治的破坏性力量，反而成为提供矫正正义、实现司法公正的窗口，在很大程度上，并不是因为法律文本、法律理论的束缚，而是因为法律共同体提供了其所共同信奉的某些原则以及相互沟通的平台。职业共同体的存在保障了法学学科的核心性质，也促进了一种尊崇法治的司法传统和以法律作为社会治理手段的国家体制安排，同样，宪法和法律的权威、法学学科的自主性又促进了法律共同体的存在和发展。[26]

我国目前的法学院教育和司法考试，很大程度上还是在传授和考察以法律规定为基石的法学知识，而很少会涉及法律本身所服务的更高目的：正义。仿佛依法裁判就是一个“找法”和“用法”的机械过程，无须更多的价值衡量；仿佛法律人只应当忠诚于法律条文，而不能将道德和衡平的考量引入裁判领域。但是，这种僵化的法条主义教育是无法教育出“有血有肉”的法律人的。一旦走入社会实践，这种理想化的知识和方法就会被现实击得粉碎。

首先，从教育的职能来讲，仅仅依靠教条的说教无法教育出真正的实践法律人。正如福山所说，“现代教育中自我表现的目的是把人从偏见和传统的权威中解放出来，受过教育的人可以说不会盲目地屈服于权威，而是学着自我思考。”[27]法学院的教育不应该仅仅局限于法条、法律教义的讲解以及逻辑方法的运用，更为重要的是教法律人学会如何在疑难的情境中作出适当的判断，如何将法律文本与真实的生活以及当事人的真实遭遇相互联系在一起。这可能涉及法学教育的整体改革，不仅包括知识体系的转变，诸如引入通识教育以培养情操、纳入更多实践案例以丰富实践见识、建立法律诊所培养实践技能，

---

〔25〕 Roger Cotterrell, *Law's Community: Legal Theory in Sociological Perspective*, Oxford University Press, 1996, p. 178.

〔26〕 参见宋旭光：《法律实践、法学教育与法学的学科性质》，载黄进主编：《中国法学教育研究》2015年第4辑，中国政法大学出版社2015年版。

〔27〕 [美]弗朗西斯·福山：《历史的终结与最后一人》，黄胜强等译，中国社会科学出版社2003年版，第131页。

还包括教育方法的革新,例如,尝试使用一些可视的、口述的、感官的教学方式。[28]

其次,合格的法律人不仅应当了解当前的法律规定,更重要的是要具有正义感,他们应当在从事法律实务中牢守自身角色所应有的职业道德和社会道德,将维护正义和推进社会公平的考量牢记在心中。正如汉德法官(Learned Hand)所说的:

"我们是否对宪法、法律和法庭寄予过多的希望。这些是虚幻的希望,真的,这些是虚幻的希望。自由存在于人们的心中;一旦它在人们心中死去,没有任何宪法、法律或法院能拯救它;甚至没有任何宪法、法律或法庭能予给它多大帮助。"[29]

同样,且更甚者,如果自由、正义在法律人心中死去,我们的法律实践将变成什么样子,也是无从想象的。

总之,法律是一个道德事业,无论普通公民,还是法律人,在遇到极端不正义的个案时,都要学会自己独立地审慎思考,要敢于向教条的法律观说"不"!即使不坚持那种古老的"恶法非法"的理念,也一定要记住,法律本身是否有效是一回事,我们是否服从它是另外一回事,而历史上,正是这种不服从的传统才是构成法律体系更新和法治进步的促进力量。

四、结　语

正如美国哲学家杰拉德·麦卡勒姆(Gerald C. MacCallum, JR.)所言:"我们要求法官不是单纯地解决争议,而是要公平地解决争议——不是单纯地适用法律规则,而是正确地适用这些规则。"[30]也就是说,之于裁判者来讲,在合法

---

[28] 例如,爱丁堡大学所主持的"超越文本的法学教育"(Beyond TextinLegal Education)这样一个课题,对此进行了深入的探索。See Zenon Bańkowski and Maksymilian Del Mar eds., *The Moral Imagination and the Legal Life: Beyond Text in Legal Education*, Farnham, Surrey; Burlington, VT, Ashgate, 2013.

[29] Judge Learned Hand, The Spirit of Liberty (1944), *New York State Bar Journal*, Vol. 33, 1961, p. 415.

[30] Gerald MacCallum, Jr., On Applying Rules, *Theoria*, Vol. 32, No. 3, 1966, p. 202.

性要求的基础上，还面对着正义地解决当前问题的要求。而可废止性理念就提醒我们：人们对于“法治”的诉求并不仅仅体现了他们对“依法之治”的期待，更蕴涵了其对于通过法治导向社会公正的向往。如果我们仅仅关注依法裁判的机械推论，而忽视了裁判的正义性，就可能损害社会公众对于法治的这种向往。

中国是一个处在社会转型期的发展中国家，这一基本国情就决定了我们的司法所面临的问题远比西方先发展国家更为复杂，而我们的法律却又远比它们粗糙和脆弱。我们更需要呵护法律的权威和司法的公信力，但这绝不意味着坚守一种僵化的法条主义。面对社会的急剧变迁和极易激化的复杂矛盾，在较为极端的情况下，正义和公平的考量要大于对法的安定性的考量，也就是说这个时候对判决可接受性的考量要大于对判决是否符合制定法文意的考量。如果有人担心，赋予法官因个案正义排除法律规范之适用的权力，可能会损害法律的权威和安定性，那么，坚持严格的“依法裁判”，也未必能够避免有些裁判者“以法为名”，利用法律的漏洞，行不公正之举。如果考虑到法律本身具有的模糊性、弹性和漏洞，那么，后一种情况实际上更为让人担心。

不过，我们依然必须承认，将法律看作是可废止的，在裁判中主张引入道德因素，无疑会对法的安定性和可预期性造成损害，并进一步影响人们的生活规划和道德自主。但是，这种损害并不像形式主义者所主张的那样严重，因为法律秩序是具有弹性的，这种弹性可以为大部分道德因素的引入包裹起合法性的外衣，也就是说，在这一弹性空间内，并不存在法律效力和和合法性的问题，关键的问题是具体个案中法律决定的妥当性证成。在这些情况中，关键的限制并不是合法性的要求，而是道德妥当性的要求。在那些弹性用尽而必须将法律规范弃之不用的情况中，为了避免或减轻这种损害，我们要对作出废止的决定者课以更高的论证负担，而且除非有明确的授权，这种废止的效力应当仅及于当前的案件。

对于这些因素，现代法律体系实际上已经建立起一些恰当的制度性轨道，可以帮助可废止的法律在这些轨道中顺利地运行。也正是因为现代法律体系的这些机制，将法律看作是可废止的，不仅没有对法治事业造成损害，反而成为协调规范拘束与个案正义的恰当手段。

Why should Law be treated Defeasible?

Song Xuguang

Abstract: The fact that law is treated defeasible in the name of justice is to restore the original face of law as a moral enterprise in judicial adjudication. It requires us to take moral considerations into account in the flexible space of law and in running out of legality space, we should seriously consider bringing factors beyond law into the specific case to defeat the applicable legal norm. Anyway, when bringing the factors outside law, the adjudicators need to give sound arguments and the adjudicators making defeating decisions should bear the higher burden of justification. Modern legal system provides applicable track for such operation of defeasible laws.

Key words: Defeasibility; Justice; Equity; Moral autonomy; Legal certainty

(责任编辑:陈梦寻)

布莱克斯通自然法理论之批判：边沁主权观念的起源

李燕涛*

内容摘要：

边沁的早期主权观念形成于对布莱克斯通自然法理论的批判中。他认为自然权利、自然法、原始契约都是理论拟制，布莱克斯通建立在原始契约上的主权是一种霍布斯式的绝对主权。这种主权观念混同了权力的事实维度和应然维度，是一种抵制改革的主权观念，它无益于实现自由。边沁吸收了布莱克斯通的立法主权概念，但与布莱克斯通不同，他认为主权受到明确协议的限制，人民基于功利判断而拥有反抗权，主权具有事实和应然双重维度。这成为边沁后来系统阐发人民主权观念的理论基础。边沁的主权理论实际上提供了一种功利主义的政治联合方式，他批判布莱克斯通的目的在于为改革辩护。

关键词：

主权　自然法　社会契约　服从　习惯　功利主义

引　言

任何理论的产生和发展大都是针对某种理论或现实中存在的问题，对于这些问题，相关的主权理论或者批判性的反思，或者继承和发展，从而实现了一个理论的扬弃过程，而正是这种扬弃的过程构成了某种学术传统。边沁的主权学说同样如此，近代欧洲民族国家的发展成为其主权思想的现实背景，美国、法

---

* 河北工业大学文法学院讲师。

国、英国等国家的政治实践为其主权思想提供了丰厚的现实资源;而且,处于西方近代主权思想的理论背景中,边沁也继承并批判性地发展了始自霍布斯并由洛克和卢梭延续的主权思想,这是一种用自然法理论或者说社会契约论来论证主权的方式。这种思想方式同样存在于布莱克斯通的著作中,而布莱克斯通的法律和政治思想构成了边沁法律和政治思想的"开端"。阿伦特认为"开端"具有创生未来的属性,[1]就此而言,边沁早期的思想,尤其是他对布莱克斯通的批判,对于理解其后来的思想具有不可忽视的作用,考察边沁的著作可以发现,无论是在法律问题上,还是在主权问题上,抑或在哲学本体论问题上,边沁在《政府片论》等早期著作中论及的很多问题都成了他后来详细论述的主题,尽管在早期著作中,他对这些问题的讨论通常较为简单,有的只是在注释中偶尔提及。

边沁的主权学说实际上肇始于对布莱克斯通主权理论的批判,在《政府片论》中,他详细地分析了布莱克斯通《英格兰法律释义》前言中论述政府性质的那部分内容,在布莱克斯通时而自相矛盾、时而模棱两可、时而逻辑混乱的论述中,边沁提炼出了布莱克斯通的观点并逐个加以批驳。在蒙塔古看来,这种细致入微的分析显得有些吹毛求疵。边沁之所以如此费力地批判布莱克斯通,不仅是因为认识到了这位法学大家的名著中存在逻辑上的不一致,而且也是因为认识到了布莱克斯通著作的观点实际上"反对改革"。无论边沁写作此书的目的是批判布莱克斯通,[2]还是如 C. D. Tarlton 所认为的那样,也是为了向英国当局建言,[3]为改革辩护都成为这本书最大的特点。实际上,在边沁为《政府片论》第二版写的《前言》中,边沁明确指出了他对布莱克斯通的批判实际上也是出于对当时法律制度的不满,因为那些法律制度仅仅服务于国王和律师等少

[1] 参见[美]汉娜·阿伦特:《人的状况》,王寅丽译,上海人民出版社 2009 年版。

[2] L. Burkholder, "Tarlton on Bentham's Fragment on Government", *Political Studies*, Vol. 21(4), 1973, pp. 523 – 526.

[3] C. D. Tarlton, "The Overlooked Strategy of Bentham's Fragment on Government", *Political Studies*, Vol. 20(4), 1972, pp. 397 – 406.

数人的邪恶利益,并因此牺牲了人民的普遍利益。[4] 这种辩护不仅表明他认为对既有制度的批判符合功利原则,而且,这种辩护背后也隐含着他基于功利主义对制度的稳定和变迁之间关系的态度,更体现了他对于改革的热忱和对于自由的期望。

《政府片论》讨论了政府的产生、政府的形式、英国政府、最高权力等问题,这是一本讨论政府问题的书,然而,实际上如蒙塔古所言,这也是以主权为主题的书。边沁理论中的政府并不局限于行政机关,而是包括立法机关在内的广义的政府,他对于政府的讨论,实际上就是讨论主权的组织方式,所以,将《政府批判》定位于一种讨论主权问题的书也并非不恰当。在《政府片论》中,边沁实际上讨论了主权的产生、主权的形式、主权的属性等问题。在主权的产生(或者说)主权的基础问题上,边沁实际上不仅批判了社会契约论,而且用服从习惯为主权重新提供了基础。由于本文主要集中于关注边沁在主权问题上对于布莱克斯通的批判,由于《政府片论》中的第二章和第三章主要讨论的是英国的政体问题,所以本文将集中分析《政府片论》中的其他三章,也就是第一章对于主权的产生和基础的论述,和第二章、第三章中对于主权概念本身的讨论。此外,由于边沁主要是在批判布莱克斯通的基础上讨论相关主权问题的,也就是说《政府片论》体现出"既批判,又建构"的特点,所以,本文也将会详细分析边沁对于布莱克斯通的批判过程。

本文将首先分析边沁在主权产生问题上对布莱克斯通的社会契约论的批判,也就是对布莱克斯通的原始契约观念的批判。边沁首先分析了自然社会和政治社会概念,他指出了布莱克斯通对这个概念的使用存在混乱,并用服从习惯重新界定了这两个概念;进而,边沁批判了原始契约观念,他认为主权并非来自原始契约,服从的理由也并不是源于对契约的承诺。其次,本文将分析边沁在主权属性问题上对布莱克斯通的批判,对于布莱克斯通的观点,即任何国家都有一个不受限制的绝对主权,边沁基于历史和理论的分析认为主权可以受到

---

[4] Jeremy Bentham, *A Comment on the Commentaries and A Fragment on Government*, J. H. Burns and H. L. A. Hart ed., Oxford, Clarendon Press, 2008, p. 511. 对于边沁和布莱克斯通的法律理论的比较,可参见 Cross Rupert, "Blackstone v. Bentham", in *Law Quarterly Review*, 92 (1976), pp. 516 – 527. Sokol Mary, "Bentham and Blackstone in Incorporeal Hereitaements", in *Journal of Legal History*, 15(1994), pp. 287 – 305。

明确协定的限制,因而这种绝对主权观并不可取。再次,本文将从政治联合或社会联合的角度考察边沁对布莱克斯通的批判,本文认为边沁的批判实际上是对布莱克斯通论证社会联合的模式的否定,并指出这种批判背后的理论目的是为自由和改革辩护。最后,在分析边沁对布莱克斯通主权理论批判的基础上,本文总结了边沁早期主权学说的特点及其理论意义。

一、主权的产生:边沁对原始契约观念的批判

(一)边沁对自然法和自然权利的批判

近代以来,社会契约论是论证主权的一个广为接受的理论,边沁之前的格劳修斯、普芬道夫、霍布斯、洛克、卢梭等人均是这一理论的拥护者。尽管他们所主张的契约论理论形态各异,但由于共享了个人主义和理性主义等相似的近代哲学前提,以及在论证方式上的相似性,他们的理论仍然因为具有较大的家族相似性而都归于社会契约论名下。同样,蒙受启蒙哲学熏陶的布莱克斯通也主张社会契约论。他在《英格兰法律释义》中论述主权产生问题时不仅从历史角度进行了分析,认为国家或主权产生是家庭发展的自然结果,而且也用原始契约解释这个过程,正是这种理论上的模棱两可引发了边沁对布莱克斯通社会契约论的批判。

从论证逻辑上看,社会契约通常假设存在一个自然状态,自然状态中的人们或者无法实现对自然权利的保护,或者无法执行自然法,因而需要缔结契约组成政治社会或国家,把最高权力授予主权者并建立政府,以此实现了对主权的论证。[5] 可见,自然法、自然权利、自然法、社会契约、主权者等概念都是社会契约论必不可少的理论要素,其中,自然法和自然权利构成了社会契约论的理论前提,只有世界上存在自然法同时人也拥有某种自然权利时,才有执行自然法并保护自然权利的需要;自然状态构成了社会契约论的理论起点,正是自然状态中的缺陷,使人们有必要采取某种方式摆脱自然状态,建立政治社会;缔结社会契约是社会契约论的理论条件,这一行为使建立政治社会成为可能,这意味着,政治社会不仅可以成为一种现实的存在,而且具有了正当性,而政治社会

---

[5] 关于对社会契约论的讨论,可参见[英]马克尔·莱斯诺夫等:《社会契约论》,刘训练等译,江苏人民出版社2006年版。

或主权者便是这种缔约的结果,也是社会契约论的逻辑终点。考察边沁对布莱克斯通的批判可以发现,他的批判中均论及了上述各种理论要素。虽然在《政府片论》中他把批判的矛头主要对准了布莱克斯通的自然状态、政治社会概念以及原始契约观念,但是,从理论整体上看,他在其他著作中对自然法、自然权利的批判同样值得重视。[6] 正是这些批判共同构成了边沁批判契约论的逻辑体系,因而,在分析边沁对布莱克斯原始契约观念进行批判的时候,有必要首要讨论下他对自然法和自然权利的批判。

边沁在《〈英格兰法律释义〉评论》中批判了布莱克斯通的自然法观念。与《政府片论》一样,《〈英格兰法律释义〉评论》也是为评论《英格兰法律释义》而作,但此书在边沁生前并没有出版。边沁在其中批判性地分析了布莱克斯通的法律理论,其中就包括对其自然法理论的批判。布莱克斯通承认自然法理论,认为自然法和和神法都是法律的存在形式,它们是造物主(上帝)的意志,前者是上帝意志的直接体现,后者是上帝通过启示以《圣经》等形式出现的自然法。作为造物主的依存者,人应当遵守自然法。自然法虽然是由上帝制定的,但人拥有理性和自由意志,并能够通过理性认识自然法,可见在布莱克斯通的理论中,对自然法的遵守实际上是用理性为自由意志划定边界。同时,布莱克斯通也认为,自然法高于人定法,是制定人定法的依据和效力来源,一切人定法应当与自然法相符合,否则无效。"它在地球上的所有国家和所有时代都有约束力,人定法如果与之背离,都将归于无效;这些有效法律的全部强制力和权威,都直接或间接地源自于自然法。"[7] 在边沁看来,布莱克斯通在论述自然法过程中使用的那些主要词汇"毫无意义",自然法是人们的一种幻觉,其实并不存在命令人们去做某事的自然法律令(precept)。他认为,如要人们运用理性去发现这

[6] 边沁不仅在《政府片论》中批判了自然法学说,在后期讨论法国大革命的相关文献中也对于自然权利学说进行了激烈批判。参见[英]菲利普·斯科菲尔德:《邪恶利益与民主:边沁的功用主义政治宪法思想》,翟小波译,法律出版社2010年版,第70~107页;Jeremy Bentham, *Rights, Representation, and Reform: Nonsense upon Stilts and other Writings on the Frence Revolution*, Oxford University Press, 2010, pp. 291–297. Richard A. Posner, "Blackstone and Bentham", in *Journal of Law and Economics*, (19) 1976, pp. 569–606.

[7] Blackstone, *Blackstone's Commentaries on the Laws of England*, Wayne Morrison ed., Vol. 1, Cavendish Publishing Limited, London Sydney, 2001, p. 31.

些自然法,无异于在非存在体的领域(the regions of non-entity)中寻找它们。[8] 边沁实际上否定了自然法作为一种"法律"的资格。这里需要注意的是边沁对自然法的定位,他认为自然法是一种非存在体(non-entity),在边沁后来关于语言和哲学的著作中,他把所有事物都分为两类,存在体(entity)和非存在体(non-entity),前者是通过感知或理性推理被人体察到并用于语言中的实质名词,与此相对,非存在体就是不能通过感知或理性被人察觉的那些名词。[9] 当边沁把自然法定位为一种非存在体时,实际上已经隐含了其法律实证主义的一个基本观点,即认为法律是一种人造物,而非源自自然或上帝。这又预示了他对自然权利的批判,因为既然法律只能是人所制定的,自然法是一种非存在体,那么,依据自然法而产生的自然权利也就必然成为无本之木。

边沁对自然权利的批判始于对《独立宣言》的反思,1776 年美国《独立宣言》发表后,也就是《政府片论》出版几个月后,边沁与好友林德合作写了一本《答宣言》,以批判《独立宣言》中所倡导的学说。[10] 在《答宣言》中,边沁对自然权利学说进行了激烈的批判,虽然边沁在法国大革命期间写作的《无政府主义的谬论》中对自然权利学说进行了更为系统的批判,但是对于理解边沁早期的思想而言,《答宣言》无疑具有重要的地位。《独立宣言》在篇首明确提出人拥有某些不可剥夺的权利,这体现了自然权利学说的精神。"我们认为这些真理是不证自明的,即人生而平等,他们被造物主赋予了特定的不可剥夺的权利,这些权利包括:生命、自由和追求幸福的权利。"[11] 边沁对这种主张进行了批驳,他认为这些主张不符合法律的实践,因为法律往往通过强制的方式剥夺人

[8] Jeremy Bentham, *A Comment on the Commentaries and A Fragment on Government*, J. H. Burns and H. L. A. Hart ed., Clarendon Press, Oxford, 2008, p. 14.

[9] 关于边沁的拟制理论,参见 C. K. Ogden, *Bentham's Theory of Fictions*, Routledge, 2000;张延祥:《实证主义抑或自然主义? 边沁法理学的理论基础研究》,吉林大学 2012 年博士论文;Philip Schofield, *Utility and Democracy: The Political Thought of Jeremy Bentham*, Oxford University Press, 2006, pp. 1 – 28。

[10] 关于边沁与约翰·林德的关系,参见 H. L. A. Hart, *Essays on Bentham: Studies in Jurisprudence and Political Theory*, Oxford, Clarendon Press, 1982, pp. 53 – 65。

[11] See *The Declaration of Independence*, in http://www.usconstitution.net/declar.html.

的生命、自由和幸福。对此,哈特指出了这种批判的核心所在,他认为在边沁的批判中有一个主张,即认为在不可剥夺的权利和建立政府的必要性之间存在矛盾。[12] 诚如哈特指出的,这些批评在今天看来尽管非常简单,但却是功利主义和权利理论争论的起点。[13] 在笔者看来,边沁对自然权利的批判中存在一个基本的区别,也就是自然权利和法律权利,法律是一种人造物,法律权利也是法律的派生物,而自然权利不过是“高跷上的胡言乱语”,它只会引发无政府状态。所以,否弃自然权利不仅与他对自然法的批判相一致,也暗含着他的法律权利主张。至于哈特所说的自然权利和政府权力之间的冲突问题,实际上涉及了社会契约论的核心部分,也就是通过契约建立政治社会或政府,这也正是边沁在此前的《政府片论》中讨论的主要问题,他的做法是用功利主义取代社会契约论中的自然权利假定。至于这种努力是否成功,则是下文要讨论的问题,不过《答宣言》中的论述再一次表明了其和《政府片论》具有理论上的联系,这种联系说明边沁在这一时期具有了较为确定的理论立场和问题意识,至少在对待社会契约论的问题上如此。

(二)自然社会和政治社会的意义重构

对自然法和自然权利的批判为边沁扫除了社会契约论的理论前提,进而,边沁将批判矛头指向了社会契约论的理论起点,也就是自然状态概念。[14] 在《政府片论》中,边沁通过批判布莱克斯通对“社会”概念的误用,而提出了自己对自然状态和与之相对的社会状态概念的理解。通过分析《英格兰法律释义》中的相关段落,边沁认为布莱克斯通对“社会”概念的使用存在问题,在布莱克斯通的论述中,“社会”有时是指自然社会,有时是指政治社会,从而,这便存在一个语义混乱的问题;同时,对于自然社会或自然状态,布莱克斯通既承认存在过这种状态,又在其他地方否认这种状态,这便存在一个语义矛盾的问题。对于布莱克斯通论述过程中的这种语义混乱,一向追求语言精确性的边沁在详细

〔12〕 H. L. A. Hart, *Essays on Bentham: Studies in Jurisprudence and Political Theory*, Oxford, Clarendon Press, 1982, pp. 53 - 65.

〔13〕 H. L. A. Hart, *Essays on Bentham: Studies in Jurisprudence and Political Theory*, Oxford, Clarendon Press, 1982, pp. 63 - 64.

〔14〕 参见李猛:《自然社会:自然法与现代道德世界的形成》,生活·读书·新知三联出版社 2015 年版,第 43 ~ 222 页。

地分析出这种混乱之后,并没有完全否定这些词的意义,而是在批判布莱克斯通的基础上重新界定了自然状态、自然社会、社会状态、政治社会等概念的含义。在此,需要讨论的不仅是边沁在何种意义上驳倒了布莱克斯通,而且要看他自己如何"旧瓶装新酒",赋予自然状态和社会状态等概念以新的含义。

布莱克斯通确实如边沁所说的那样在两种意义上使用了"社会"概念,即或者是政府产生之前的状态,或者是存在政府的状态。通常而言,在社会契约论的语境中,在社会产生之前人类处于一种自然状态中,此时人们尚不能说处于一种社会状态中,唯有缔结社会契约后,人们才约定组建社会,也就是建立一个政治社会,或者说社会意义上的国家,这是霍布斯和卢梭等人的理论主张,他们看来"自然状态"和"社会"是两个相对的概念;然而,在社会契约论的另一位代表人物洛克的理论中,自然状态是一种自由且平等的状态,这种状态虽然不存在政府,但仍然是一种社会状态,在他的理论中,自然状态和社会是可以包容的概念。虽然布莱克斯通并没有详细说明在他的自然状态中人们是一种什么样的生存处境,是霍布斯所认为的那种人人为敌的状态,还是如洛克所认为的那种人们和平相处的状态,但从他把这种状态描述为一种"没有法官来界定人们的权利,并纠正他们的错误"〔15〕的状态来看,布莱克斯通的自然状态概念与洛克有某种相似性,他们都把自然状态等同于社会,并都认为这种状态中没有法官。以此来考察边沁对布莱克斯通社会概念的批判可以发现,即使布莱克斯通有他自己的理论体系,即使他是对的,也并不意味着边沁是错的,而只是说明了在批判布莱克斯通之前,边沁已经有了他自己的对于自然状态、社会状态的理解。

确实,边沁在《政府片论》中批判布莱克斯通的同时阐明了他自己对这两个概念的界定。他指出"社会"存在两种含义,一种是自然状态意义上的社会,另一种是政府状态意义上的社会,并把前者称为自然社会,把后者称为政治社会。〔16〕 他认为区别这两种社会的标准是"服从习惯":"当一群人(我们可以称他们为臣民)被认为具有服从一个人或由一些人组成的集团(这个人或这些人

〔15〕 Blackstone, *Blackstone's Commentaries on the Laws of England*, Wayne Morrison ed., Vol. 1, London Sydney, Cavendish Publishing Limited, 2001, p. 31.

〔16〕 Jeremy Bentham, *A Comment on the Commentaries and A Fragment on Government*, J. H. Burns and H. L. A. Hart ed., Oxford, Clarendon Press, 2008, p. 428.

是知名的人和某一类的人,我们可以称为一个或一些统治者)的习惯时,这些人(臣民和统治者)合在一起,便可以被说成是处在一种政治社会状态中。"反之,"当一群人被假定有相互交往的习惯,但同时又不具有上面提到的那种习惯,我们就可以说他们处在一种自然社会的状态中。"〔17〕他把自然社会视为一个否定概念,把政治社会视为一个肯定概念,并进一步说明了这两个概念的内涵。首先,自然社会和政治社会概念并非绝对的概念,而是一个相对的概念,这主要取决于某社会中服从习惯的状态,"服从习惯愈完全,政府就离自然状态愈远;这种习惯愈不完全,政府就愈接近于自然状态。"〔18〕因而,并不存在完全的自然社会,也不存在完全的政治社会。其次,要构成政治社会,不仅需要数量很大的成员,而且也需要能够持续下去的无限的持续力,在这个意义上,虽然孩子从小就对于父母处于服从状态中,但不能说他们构成了一个政治社会。最后,借以区分是否存在服从习惯的标志是看某个社会中是否存在官员的名称,也就是国王、市长、酋长等能够表明人们服从对象的官职名称。如此一来,边沁使用自然社会和政治社会取代了人们经常使用的自然状态和政治状态,并实际上成为了他批判布莱克斯通的理论标准。

通过用服从习惯界定自然社会和政治社会,社会契约理论传统中的自然状态概念便被赋予了新的含义。在此意义上,自然状态不再是指为推导国家如何产生而假定的一种理论状态,也不再是历史或当下存在的一种社会事实,而是人们之间的一种不存在服从习惯的相对关系;政治社会也不再是指人们走出自然状态之后的那种人类团体社会,而只是双方存在命令与服从关系的一种相对状态。因而,处于自然社会状态和处于政治社会状态中的人并不是永远处于一种状态中,他可以同时处于这两种状态中,并且也可以从一种状态进入另一种状态中。边沁在这里实际上是用服从习惯把一种绝对意义上的概念转化为一种相对的概念,把具有时序意义上的概念转化为一种逻辑意义上的概念,而确保这种转化的关键则是服从习惯。因而,在大的人群中间,服从习惯的有无及其持续时间的长短是界定群体中是否存在政治属性的关键,也是界定群体中双

〔17〕 Jeremy Bentham, *A Comment on the Commentaries and A Fragment on Government*, J. H. Burns and H. L. A. Hart ed., Oxford, Clarendon Press, 2008, p. 428.

〔18〕 Jeremy Bentham, *A Comment on the Commentaries and A Fragment on Government*, J. H. Burns and H. L. A. Hart ed., Oxford, Clarendon Press, 2008, p. 429.

方关系的关键。从边沁在此处对这个概念的使用来看,服从习惯首先是一种事实上的界定。

(三)原始契约的拟制性及其谬误

边沁在《政府片论》中对布莱克斯通的自然状态和社会状态概念进行了分析和批判之后,便继续批判了布莱克斯通的原始契约概念。边沁在《政府片论》中最为重要的理论贡献之一莫过于对布莱克斯通原始契约观念的批判,他认为布莱克斯通的原始契约是在国王和人民之间缔结的约定,这种约定的内容是"人民承诺普遍服从于国王,国王承诺以对人民幸福有利的方式统治人民"。[19]对此,首先需要明确的是,边沁的这种理解是不是布莱克斯通所说的原始契约,或者说,布莱克斯通主张的是什么样的原始契约观念?实际上,布莱克斯通在《英格兰法律释义》中论及原始社会契约时是为了解释社会的形成,他首先采取了一种历史性的解释方法,认为社会是由家庭逐渐演变而来的,是人们的软弱和不完美使人们联合成社会,同时,在边沁看来非常矛盾的是,对于这种社会形成的方式,他又进行了一种契约论解释,"或许任何国家在初创之际都未明确表达过这种原始社会契约,然而,每一次联合在一起的行为,在性质和理由上都必须被理解成隐含了这样的契约,也就是整体应当保护它的部分,每一部分都应该服从于整体的意志。"[20]

可见,布莱克斯通所说的原始契约其实是对社会产生进行的一种理论假定,他也并没有清楚地解释这种契约的内涵,而只是说"社会一旦形成,出于保护和维持社会秩序的需要,政府就必然产生。"[21]对此,边沁认为这种"想象性"的契约可以有任何形式,实际上,在这种"想象性"的契约中可以有三种可能性:第一种可能性是原始契约是人们相互之间缔结的契约;第二种可能性是原始契约是人们和统治者(国王或政府)缔结的契约;第三种可能性是原始契约同时包含了上述两个过程。边沁所批判的实际上只是其中的第二种可能性,即在国王

〔19〕 Jeremy Bentham, *A Comment on the Commentaries and A Fragment on Government*, J. H. Burns and H. L. A. Hart (ed.), Oxford, Clarendon Press, 2008, p. 442.

〔20〕 Blackstone, *Blackstone's Commentaries on the Laws of England*, Wayne Morrison (ed.), Vol. 1, London Sydney, Cavendish Publishing Limited, 2001, p. 31.

〔21〕 Blackstone, *Blackstone's Commentaries on the Laws of England*, Wayne Morrison (ed.), Vol. 1, London Sydney, Cavendish Publishing Limited, 2001, p. 31.

和人民之间的达成的契约,这种契约是此前普遍存在的一种契约形式,其理论功能主要在于为国王的权力提供论证。[22] 需要指出的是,尽管边沁在后来的《立法理论》中明确批判了霍布斯、洛克和卢梭等人的社会契约论,[23] 但是在《政府片论》中,"原始契约"的含义与通常所说的社会契约并不完全等同,因为通常认为社会契约论中存在两个契约,一个是人们走出自然状态需要达成的那种契约,也就是为了成立政治社会或公民社会而缔结的契约;另一个是在政治社会已经成立的前提下,成立政府所达成的契约,这个契约是人民和政府成员之间达成的。这两个契约中,第一个契约是第二个契约存在的前提,第一个契约是通常所说的社会契约,第二个契约被称为政府契约。[24] 由于布莱克斯通的原始契约观念本身存在不明确性,所以当边沁只把政府契约当作批判的目标时,他的批判仍是有效的,因为,对于边沁而言,不仅这两种契约本身都是一种过时的拟制,而且,构成契约核心要素的承诺本身也存在问题。

边沁批判原始契约观念的第一个理由在于,他认为这种观念是一种拟制。作为一种拟制,原始契约观念曾经在历史上发挥过积极的作用,它也曾有助于某些政治工作的完成,但是现在它已经"过时了",人类理性的发展已经无需这种拟制了。边沁后来在《政府片论》第二版的"前言"中承认,他当时是从辉格党律师那里听到了这种原始契约观念,而他之所以反对拟制,实际上是由于把拟制运用到政治和法律分析中会有利于实现君主、贵族或其他群体的邪恶利益。[25] 正是这种拟制导致的对最大多数的不利后果,成为边沁反对拟制的理

---

〔22〕 对此问题,斯科菲尔德教授认为,"边沁不曾明确区分这两种契约(布莱克斯通也没有区别它们),但是,他对原初契约的虚拟性的评论,似乎是针对政府的契约的;契约论区别了无政府存在的自然状态或自然社会与政府的确存在的社会状态或政治社会,边沁揭示了这种区别的虚假性,这种揭示似乎是针对社会的契约的。"[英]菲利普·斯科菲尔德:《邪恶利益与民主:边沁的功用主义政治宪法思想》,翟小波译,法律出版社2010年版,第77页。

〔23〕 Jeremy Bentham, *Theory of Legislation*, R. Hildreth trans., second edition, London, Trüber& Co., Paternoster Row, 1871.

〔24〕 徐大同主编:《西方政治思想史:16—18世纪》(第三卷),天津人民出版社2005年版,第416页。

〔25〕 Jeremy Bentham, *A Comment on the Commentaries and A Fragment on Government*, J. H. Burns and H. L. A. Hart ed., Clarendon Press, Oxford, 2008, p. 511.

由,同样,这也是边沁反对原始契约观念的根本理由。

边沁批判原始契约观念的第二个理由在于,作为原始契约理论核心的“承诺”本身缺乏坚实的基础,原始契约所依赖的理由并不可取。在我看来,他分别从以下方面论述了这个问题:首先,原始契约中的承诺本身就是假设的,正如这个契约本身是假设的一样,历史上并不存在这样的契约和承诺;其次,人们通常用“正义”、“正当的理性”(right reason)、“自然法”这些词语来论证守诺和履行契约的理由,但是这些理由本身并不可取,人们更为关心的是这些词语背后的利益;再次,即使承认承诺的义务独立于其他义务,承认承诺本身就具有约束力,这依然不可取,因为这并不能解释代际之间的义务问题,也就是说上一代或上几代人作出的承诺,不能约束后代人;最后,边沁基于其功利原则指出了他所认为的人们遵守承诺的理由,人们之所以会遵守承诺,其实是基于对利益的考量,“总之,只是为了他们的利益,而非别的原因,全体都有义务(duty)去服从。”〔26〕在笔者看来,这种批判不仅对于原始契约观念成立,对于社会契约理论也成立,社会契约同样假定了人们的承诺或同意的存在,并把主权建立在人们的同意之上,所以,结合边沁此前对自然权利和自然法的批判,我们可以把他在这里的批判推广到对社会契约论的批判,他所要否定的,不仅是布莱克斯通的原始契约观念,而且是社会契约论理论模式本身,实际上,他在后来就把这种批判扩展到了霍布斯、洛克、卢梭等人的社会契约论中。

如果考虑到社会契约论在历史上发挥的巨大作用,考虑到社会契约理论作为一种理论模式或思想实验对后来思想和学术的发展产生的不容忽视的影响,边沁的上述批判似乎不无偏颇。然而,如果考虑到边沁所批判的是那种为君主绝对权力辩护的原始契约,考虑到他的批判最终指向了某些权贵阶层的邪恶利益,考虑到边沁在批判契约论的过程中发展出了一种功利主义的政治和法律哲学,那么,这种批判可谓意义重大,他不仅颠覆了以社会契约来论证主权的理论模式,而且在思想史上,这种对社会契约论的批判实际上开启了自由主义内部的一次理论转型。

〔26〕 Jeremy Bentham, *A Comment on the Commentaries and A Fragment on Government*, J. H. Burns and H. L. A. Hart ed., Clarendon Press, Oxford, 2008, p. 444.

二、不受限制的绝对权力:边沁对布莱克斯通主权概念的批判

边沁对于布莱克斯通主权概念本身最为直接的讨论是在《政府片论》的第四章和第五章,针对布莱克斯通所认为的主权是一种"最高的不受限制的绝对的"制定法律的权利(义务)的观点,边沁进行了详细的分析与批判。在笔者看来,边沁在这种批判中主要讨论了以下三个问题,即主权是一种立法权力,主权是一种绝对权力,对主权的服从边界与反抗权的行使。这三个问题分别体现了主权属性的不同方面,第一个问题是从权能方面讨论主权,第二个问题是从权力界限方面讨论主权,第三个问题从臣民的服从义务方面讨论主权。下文将分别讨论边沁在这三个问题上对布莱克斯通的批判,并努力从中发掘出边沁自己对主权属性问题的观点。

(一)作为最高权力的立法权

布莱克斯通在《英格兰法律释义》中认为最高权力或主权是一种制定法律的权力,同时又把这种制定法律的"权力"界定为一种"权利"和"义务"(duty),也就是说,在布莱克斯通看来,立法权同时兼具权力、权利、义务三种属性。"由于制定法律的权力构成了最高权威,因此,无论在任何国家中这种最高权威置于何处,它都是那种权威制定法律的权利",[27]"对于这种制定法律的最高权力的权利,进一步说,这又是它的责任。"[28]布莱克斯通实际上是用立法权来界定主权,边沁批判了布莱克斯通界定立法权时存在的语言混淆,他并不认为立法权是一种权利,也不认为立法是主权者的一种义务。虽然布莱克斯通存在对权力、权利和义务的误用,但是边沁的意图显然并不仅仅在于指出这种对词语的误用,而更在于揭示词语误用背后所隐含的理论观点。

在边沁的理论中,权利是和事实相对的一个概念,它不是对现实的描述,而蕴含了应当如此的意义。当布莱克斯通把立法权界定为一种权利时,这就意味着,无论这种权力是怎么产生的,无论这种权力的基础如何,它都是一种具有应

---

〔27〕 Jeremy Bentham, *A Comment on the Commentaries and A Fragment on Government*, J. H. Burns and H. L. A. Hart ed., Oxford, Clarendon Press, 1977, p. 474.

〔28〕 Jeremy Bentham, *A Comment on the Commentaries and A Fragment on Government*, J. H. Burns and H. L. A. Hart ed., Oxford, Clarendon Press, 1977, p. 493.

然意义上的权利,借助于权利概念,一种立法权的事实成为权利。这显然是边沁所不能赞同的,他对布莱克斯通的批判,针对的就是这种通过偷换概念而为现实进行辩护的做法。同样,边沁也在相似的意义上批判了布莱克斯通对义务概念的误用。边沁认为义务是对应于权利的概念,一方拥有权利,意味着另一方拥有义务,同时,他用惩罚来界定义务,“如果我有做某事的义务,但是我没有去做,那么根据法律,我便会受到惩罚。这就是义务这个词语的原初的、日常的、恰当的含义。”〔29〕义务有宗教、政治、道德三种形式,所谓政治义务就是由上级施加法律惩罚所产生的。既然政治义务和惩罚相关,如果把立法界定为主权者的一项义务,当主权者违反这项义务的时候,便会受到惩罚,但事实并非如此,没有人能够惩罚主权者,因为布莱克斯通已经认为主权者拥有不受限制的最高的绝对权力。边沁批判了布莱克斯通把主权界定为“权利”和“义务”的做法,但是他并没有批判主权是一种制定法律的权力这个观点,结合后来边沁对立法主权的讨论可以发现,他实际上赞同这个观点,无论他后来的立法主权观念是否直接来自布莱克斯通。

在边沁的理论中,语言的清晰性对于法律和政治的讨论和实践意义重大,语言的不当使用容易成为“谬论”产生的根源,也可成为特殊利益集体获取邪恶利益的工具。如同边沁对布莱克斯通的自然状态和原始契约观念的讨论一样,边沁在讨论主权的立法属性时对把立法作为“权利”和“义务”这种做法的否定,其实质目的仍然在于澄清语言的明确含义,防止概念误用服务于邪恶利益。然而,在这种目的之外,我们可以发现他对“权利”和“事实”的区分,以及对“权力”和“权利”的区分,实际上隐含了一个重要的观点,即对于主权或立法权力而言,拥有这种权力的“事实”不能转化为拥有权力的“权利”,用边沁的话来说就是要区分“是什么”(the is)和“应该是什么”(the ought to be)。〔30〕这种区分适用到立法权力或一般意义上的权力中,便意味着一种权力现实和权力资格之间的区分。也就是说,某个群体拥有一项权力的事实并不等同于他可以拥有这种权力的资格,并不意味着这种权力本身是正当的,从权力的事实到权力的资格

〔29〕 Jeremy Bentham, *A Comment on the Commentaries and A Fragment on Government*, J. H. Burns and H. L. A. Hart ed. , Oxford, Clarendon Press, 1977, p. 496.

〔30〕 Jeremy Bentham, *A Comment on the Commentaries and A Fragment on Government*, J. H. Burns and H. L. A. Hart ed. , Oxford, Clarendon Press, 1977, p. 478.

之间的理论空隙需要通过某种方式来填充,只有通过这种方式或具备某些条件之后,拥有权力的事实才可以成为一种权利。虽然边沁在此时并没有明确表明这种使权力获得正当性的方式是什么,然而,从他对"明确的协议"、普遍功利、服从习惯和服从倾向的讨论中可以发现,这些理论要素都与立法权的正当性相关。边沁不仅认同了主权是一种立法权的观念,而且也认为拥有立法权的事实并不是一种权利。

(二)主权的绝对性及其限制

虽然把主权确立为一种立法权有助于明确主权的属性,但是仍需进一步明确的是,对于这种立法权,其权力的边界在哪里。对此,布莱克斯通认为主权是一种绝对的不受限制的权威。"无论这些政府是如何开始的,无论它们依据什么权利存在,在它们中间都有且必须有一个最高的(supreme)、不可违抗的(irresistible)、绝对的(absolute)、不受限制(uncontrolled)的权威,*jurasummiimperii*,或主权的权利,就存在于这个权威中。"[31]这是伴随着近代民族国家兴起而产生的一种非常流行的主权观念,它强调主权的对内最高性和对外独立性,[32]这种把主权看作一种绝对权力的观念实际上延续了霍布斯、博丹的主权理论。霍布斯把主权界定为一种绝对的不受限制的权力,[33]博丹把主权界为一种绝对的权力,然而这种绝对性也存在一定的条件,因为他们都认为主权受到自然法和神法的限制,而且博丹也认为主权受到习惯的限制。布莱克斯通的主权概念也具有相同的含义,他认为主权是绝对不受限制的,而且也认为主权应当受到自然法和神法的约束,凡是与自然法和神法相违背的认定法都无效,人们不应当服从。具体而言,布莱克斯通对主权属性界定有以下含义,"最高的"是指从权力位阶来看,这种权力位于其他权力之上,处于国家的权力终端;"不可违抗的"是指处于这种权力之下人具有普遍性的服从义务,无论他们出于宗教或道德的理由在内心是否认同这种权威,都需要服从这种最高权力;"绝对的"进一步强调了这种权力强度,正如博丹所指出的,如果主权受到限制,

[31] Jeremy Bentham, *A Comment on the Commentaries and A Fragment on Government*, J. H. Burns and H. L. A. Hart ed., Oxford, Clarendon Press, 1977, p. 480.

[32] Christopher W. Morris, *An Essay on the Modern State*, Cambridge University Press, 1998, p. 174.

[33] [英]霍布斯:《利维坦》(*Leviathan*),中国政法大学出版社(影印本)2003年版。

就不是真正意义上的主权或绝对权力;[34]“不受限制”是指在权力的范围方面,它并不受到除自然法和神法以外的权威或法律的限制。

从对抗宗教权威和封建特权的角度上看,布莱克斯通把主权界定为这样一种不受限制的绝对权力,具有历史上的进步意义,然而,他把这种权力界定为所有国家中都存在的一种权力形态,无疑是建立在对现实和历史进行了一种简单化处理的基础上。边沁认为这样的主张“言过其实”了,因为在人类政治法律实践中,广泛存在相反的例子,比如在德意志帝国、荷兰联省共和国、瑞士联邦、古希腊人的联盟中,都存在对最高权威进行限制的例子。[35] 边沁在这里实际上提出了对布莱克斯通的绝对主权观念的第一个批评,即这种主权观念与历史和现实的政治实践不符。如果完全以这种主权观念为标准,那么就很难理解许多国家中的权力形态,在上面提及的这些联邦国家中,就很难发现这样的绝对权力,因而,这种绝对主权其实更适合解释某些单一制国家中的权力形态;在此基础上,边沁进一步提出,主权实际上可以受到“明确的协议”(express convention)的限制,边沁自己的这个主张实际上构成了对布莱克斯通的第二个批评。需要指出的是,边沁并不认为受到明确协议的限制是主权存在的一个规范性要求,而仅是认为主权事实上可以受到这样的限制,他其实也承认存在一些不受这种限制的国家。他也并没有指出这种明确的协议是什么,但从他所举出的例子中,我们可以发现国家之间的盟约、国家之内的联邦协定都属于这种明确的协议。由于这种协议的存在,主权者的行为就受到了限制。人们基于功利的考虑决定是否服从,在主权者违反协议的时候,人们便可以不再服从主权者。

然而,这里的问题在于,如果主权者受到明确协议的限制,受到了人们服从行为的实际限制,那么主权者还是一国之内最高权力的拥有者吗,这种主权还是最高权力吗?对这个问题的不同回答,构成了边沁与布莱克斯通、霍布斯、奥斯丁等人主权学说的根本区别。出于对主权者最高性的坚持,布莱克斯通、霍布斯、奥斯丁均认为主权者不受这种协议的限制,但边沁则认为主权者受到这种协议的限制。哈特认为这种不同对于边沁而言意义重大,因为这可以解释对

---

〔34〕 [法]让·博丹:《主权论》,李卫海、钱俊文译,北京大学出版社2008年版,第37页。

〔35〕 Jeremy Bentham, *A Comment on the Commentaries and A Fragment on Government*, J. H. Burns and H. L. A. Hart ed., Oxford, Clarendon Press, 1977, p. 489.

政府进行法律限制的可能性。[36] 然而,这种明确的协议对主权的限制是否与主权的最高性相矛盾?边沁虽然否认了主权的绝对性,但并不否定其具有最高性,对这个问题的回答需要结合他对"自然社会"和"政治社会"的区分。如前所述,边沁认为政治社会只具有相对的意义,这就意味着,在不同的人之间,在不同的行为之间,都可能存在政治上的服从和被服从关系,在这种情况下,当不同主权者之间受到某个协议的约束时,他们便对于那个因协议而成立的新团体共同处于服从地位,但是相对于各自的人民,这些主权者又是最高的,这两者并不冲突,因为它们可以针对不同主体的不同行为。[37] 同时,即使存在这种明确的协议,它也不具有绝对的不可改变的性质,虽然主权者受到它的约束,但是如果协议的各方或新成立的团体同意修改协议,这仍然不违背协议的初衷。

可见,在边沁的理论中,主权并不具有绝对性,它的性质直接依赖于人民的服从习惯和服从性情,人民并不绝对服从于主权者,所以主权的权力限度依赖于人们服从时所要考虑的因素;实际上,从边沁对绝对主权的批判中,我们可以发现边沁认为主权是一种有条件的权力形态,而且其权力范围也并不是无限的。明确的协议便构成了这种对主权施加限制的"条件",也是人们服从时考虑的因素之一,对这种条件的违背也构成了人民不服从或反抗的依据。结合边沁对布莱克斯通立法主权观念的讨论中所提出的"事实"和"权利"之间的区分,我们可以认为这里的"条件"实际上构成了主权从事实转化为权利的一个理论要素,这是通过人民的服从行为体现出来的。边沁认为权力以人们的服从习惯和服从倾向为基础,当主权者不遵守明确的协议时,人们便可以不再服从主权者,这就削弱了主权存在的基础,使主权的存在越来越依靠暴力。为了进一步明确对主权的这种限制条件的意义,我们便需要讨论边沁在反抗权问题上对布莱克斯通的批判。

(三)服从的边界与反抗权

上文对明确协议的讨论实际上涉及了主权的界限问题,虽然这种界限需要从人民的服从行为中直接体现出来,但是人民是否应当服从和服从的边界却并

---

〔36〕 H. L. A. Hart, *Essays on Bentham: Studies in Jurisprudence and Political Theory*, Oxford, Clarendon Press, 1982, pp. 220 – 243.

〔37〕 Jeremy Bentham, *A Comment on the Commentaries and A Fragment on Government*, J. H. Burns and H. L. A. Hart ed., Oxford, Clarendon Press, 1977, p. 489.

不只取决于这种明确的协议。换言之,明确的协议只是人民决定是否继续服从的条件之一,而不是最为直接的条件。这种最为直接的条件便是人民对功利的判断,这种判断并不是由那种有机体意义上的人民整体作出的,边沁认为社会是个人的集合,他从根本上否定了那种社会有机体理论。因而,这种对功利的判断实际上是由社会中的每个人作出的,边沁在这里从个人主义的理论立场出发看待这个问题。个人的功利判断构成了是否决定继续服从或者进行反抗的条件,他的这个观点实际上针对的是布莱克斯通主张的人民应当完全(unreserved submission)服从政府的观点。这两个针锋相对的观点共同指向了这样一个问题,即作为一个政治社会中的人民,有没有某种反抗政府或主权者的权利?进而言之,如果存在这种反抗权,在什么条件下能够行使,或者说,人们服从的边界在哪里?如果不存在这种反抗权,其理由是什么?正如我们在上文中已经看到的那样,边沁在对布莱克斯通的批判中为他自己的更为成熟的观点奠定了基础,对于反抗权问题同样如此,正是从对布莱克斯通的"完全服从"观点的批判中,边沁论证了反抗权的存在和行使的边界。边沁对反抗权的讨论,不仅延续并深化了对主权绝对性的批评,而且进一步明确了主权概念的理论属性。

在服从的边界和反抗权问题上,布莱克斯通主要坚持了以下几个观点:人民应该完全服从政府、人民没有反抗权、这种完全服从的义务来自于自然法。边沁认为这些观点并不可取并分别指出了其中存在的不足。

首先,布莱克斯通认为人民应该完全服从政府,在边沁看来,这无异于说人民在任何情况下都应该毫无例外地服从最高权力,也就是要服从拥有最高权力的那个人或集体。[38] 布莱克斯通实际上主张了一种"无条件"服从的观点,也就是认为无论外在环境如何人民都应该服从政府,并不存在人们可以当作不服从的依据的某种事由。当然,这也存在一个例外,即对自然法和神法的违反,因为布莱克斯通明确说过如果人定法违背了自然法和神法,那么人们就不应该继续遵守这些法律。[39] 边沁显然无法认同这些主张,他不仅反对那种人民应该完

---

〔38〕 Jeremy Bentham, *A Comment on the Commentaries and A Fragment on Government*, J. H. Burns and H. L. A. Hart ed., Oxford, Clarendon Press, 1977, p. 478.

〔39〕 Jeremy Bentham, *A Comment on the Commentaries and A Fragment on Government*, J. H. Burns and H. L. A. Hart ed., Oxford, Clarendon Press, 1977, p. 478.

全服从的观点,并认为人民的服从是有条件的,而且他也否定了自然法和神法作为服从条件的可能性。他认为人民的服从是有“条件”的,从上文的分析可以看出,明确的协议和对功利的判断都可以作为这种服从的条件,在政府违反明确的协议和个人认为反抗比继续服从能够带来更多功利的时候,个人就可以选择不再服从;同时,他也不认为自然法和神法可以作为这种服从的条件,因为作为一种拟制的自然法具有不确定性,人们难以找到某种方法去证明某种行为和法律违反了自然法和神法,而且,这种法律容易被那些反对法律的人利用,任何人基于任何理由都可以把自然法当作不服从的理由。联系边沁对自然法的批判可以发现,边沁在这里实际上认为依据自然法的反抗容易导致无政府状态。

其次,边沁也并不像布莱克斯通那样认为人民没有反抗权。布莱克斯通认为为了维护政治社会的安全,需要社会中的人们像一个人那样去行动,在自然条件下,每个人都有自己的独立意志,要像一个人那样去行动,就需要把所有人的意志集合为一个意志,这便是整体的意志。所有人都同意服从这个意志,并把自己的行为置于这个意志指导之下。据此,布莱克斯通认为,人们并没有反抗政府的权利,因为他们都已经把自己的个别意志混同于其他人意志之中,共同构成了整体统一意志。边沁反对的正是这种意志的联合和这种联合所需要的人们的同意,他认为这两者都不存在。“至于使我的意志服从于你所说的那些制定法律的人的意志,我所知道的是,我并不希望发生任何这样的事情;我告诉你,我厌恶他们,以及他们一直以来的所作所为;此外,对于我的‘同意’,到现在为止,我从来没有对他们的法律表示过,自始至终,我一直在竭尽全力对它表示抗议。”[40]否定了这种同意,便否定了意志的联合,既然不存在布莱克斯通所说的意志联合,那么,人民不能行使反抗权这个观点便失去了理论根基。

最后,在边沁看来,布莱克斯通把这种完全的服从归于普遍的便利(the universal expedience)的需要,也就是出于一种必然性(necessity)的需要。[41] 布莱克斯通的这种必然性实际上是一种生存的需要,但是,边沁认为布莱克斯通又用上述“同意”“意志的联合”等说法为这种必然性辩护,这便沦为一种形而

---

〔40〕 Jeremy Bentham, *A Comment on the Commentaries and A Fragment on Government*, J. H. Burns and H. L. A. Hart ed., Oxford, Clarendon Press, 1977, p. 479.

〔41〕 Jeremy Bentham, *A Comment on the Commentaries and A Fragment on Government*, J. H. Burns and H. L. A. Hart ed., Oxford, Clarendon Press, 1977, p. 481.

上学的法律上的无效。他实际上认为布莱克斯通的这套理论说辞无法完成这种辩护,唯有诉诸功利原则才能更好地对此进行分析。

通过分析边沁对布莱克斯通的上述批判,我们可以发现,他实际上在相关问题上已经形成了自己的观点,这些观点是功利原则在反抗权问题上的运用。所以,他的这些批判直接依赖于这些观点,从根本上说依赖于功利原则。具体而言,他认为人民拥有反抗权,这可以从他对服从的"条件"的论述中看出来,这种反抗权的依据不在于洛克等人主张的自然权利和自然法,而在于功利原则;同时,行使这种反抗权的时机在于人们对功利的计算,也就是反抗带来的灾难少于服从带来的灾难,判断这种时机是否到来的标志则在于每个人内心对功利的权衡。[42] 从而,每个人自己对反抗和服从的权衡,每个人的服从行为,成为了决定最高权力能否继续存在的重要因素,这就表明边沁对主权并不只是坚持一种自上而下的原则,只把主权看作主权者的权力的实施。同时,他认为来自于人民的服从行为对于主权的存在同样很重要,他实际上认为这两者都是理解主权所不能忽视的因素。虽然边沁认为人民具有反抗权,但是这并不意味着他认为可以无限度地行使反抗权,行使反抗权的目的并不是要回归并停留在自然状态中,并不是要实现一种无政府的状态;相反,行使反抗权是为了实现普遍功利,这就需要重建社会秩序,需要回归到政治社会中。因而,反抗权行使的限度就在于实现社会秩序或者安全。在边沁看来,安全是社会的首要价值。

三、原始契约之上的绝对主权:一种反自由的政治联合形式

(一)作为一种政治联合的主权建构

上文的分析表明边沁在主权的基础和主权的概念属性两个问题上均反对布莱克斯通的观点,他既批判了社会契约论的拟制性,从而认为主权的基础不在于这种拟制的社会契约,又批判了布莱克斯通主权绝对性的观点,认为主权可以受到明确的协议的限制,主权的存在也是有条件的。然而,仍需进一步回答的问题是,边沁的这种批判背后隐含了什么样的理论初衷,或者说,他为何把布莱克斯通的这些观点作为批判的重点,其理论目的何在?这就需要把边沁批

[42] Jeremy Bentham, *A Comment on the Commentaries and A Fragment on Government*, J. H. Burns and H. L. A. Hart ed., Oxford, Clarendon Press, 1977, p. 484.

判布莱克斯通的过程中所提出的观点结合起来进行分析,也就是需要把他对社会契约论和主权绝对性的批判结合起来分析,从而明确边沁所关注的问题和其理论目的。

实际上,近代思想家对主权问题的讨论都是在回答如何在人们之间进行政治联合或社会联合的问题,霍布斯的主权理论如此,洛克和卢梭的主权理论同样如此。波斯特玛认为,"只有通过主权者和他的法律,社会联合和共同标准才是可能存在的。因此,理解霍布斯关于主权和法律的观念的关键,就在于社会联合的观念,以及对它的急迫需求。"[43]欧洲民族国家兴起的过程中面临着宗教政治秩序的解体和世俗权力的集中化,理论家们需要为近代国家的存在提供理论上的论证,这种论证旨在解决的基本问题就是通过何种方式构建一个不屈从于宗教权威的世俗社会或政治联合体,并为这种政治联合体的权威奠定理论基础。自霍布斯以来的思想家们抛弃了亚里士多德的那种政治自然主义,他们并不像亚里士多德那样认为国家像其他自然物一样,是一种可以自然生长出来的事物,从而,他们也就抛弃了亚里士多德那种从家庭出发论证国家形成的方式。在他们的思想中,人并不是天生的政治动物,自然状态中的人并不具有政治属性,人需要进入政治社会中,才能从自然人转变为政治社会或国家中的政治人。于是,这种政治联合体的建立就不是一种自然的联合,而是一种政治的联合。对此,奥克肖特认为,近代政治思想家们的一个主要任务就是解释社会如何进行政治联合,也就是要解释国家这种"人为的"联合是如何产生的。[44]

而对这种政治联合的论证,既是要论证它是如何产生的以及为什么需要这种政治联合,又要论证其中政治权威的基础是什么。在主权成为国家最高权威之后,这些问题实际上就是一个主权建构的问题,即如何论证主权的产生、基础及其组织形式。近代以来的各种理论,无论是君权神授论、社会契约论,还是功利主义理论,都从不同的方面基于不同的理论逻辑回答了这些问题。菲尔麦提

---

〔43〕 [美]杰拉德·波斯特玛:《边沁与普通法传统》,徐同远译,法律出版社 2014 年版,第 52 页。

〔44〕 Micheal Oakeshott, *Lectures in the History of Political Thought*, Terry Nardin and Luke O' Sullivan ed. ,Imprint Academic,2006,pp. 413 - 426.

出了君权神授论,洛克、卢梭在对其批判的基础上提出了社会契约论,[45]休谟、边沁又基于对社会契约论的批判提出了功利主义理论。虽然这些理论的存在形态不一样,但它们都把政治独立于宗教和道德领域,就此而言,它们都体现了一种现代人的思维。政治联合既是要建立一种权威,又是为了实现一种社会合作,无论通过什么方式进行这种政治联合,人们都认为政治联合之后通过权力对人们行为进行协调,人们会比自然状态中生活得更好,所以,从理论上说,无论对于统治者还是对于被统治者,政治联合都是一种基于互惠之上的社会合作。[46] 这种社会联合或政治联合也是在追问一个正当的社会秩序何以建立?如施特劳斯在讨论霍布斯的自然权利理论时所指出的,霍布斯对于现代政治哲学的一大贡献就在于用自然状态和社会契约来为新的社会秩序进行论证,这种社会秩序中的人的存在以自我保存和个人权利为目标,而不是古代社会秩序人以人的义务和美德为目标。国家的职能也不是实现美德,而在于保护权利。[47]

与霍布斯、洛克、卢梭等社会契约论者一样,布莱克斯对社会契约论以及对绝对主权观念的论证也是在讨论政治联合问题。他在《英格兰法律释义》中明确表达了自己对政治联合的看法。他认为人们通过政治联合走出了自然社会,其目的在于建立最高政治权威,以避免自然社会中的不便。这种政治权威是通过社会契约的方式建立的,这就要求所有人相互约定同意服从于某个人或团体,并让自己的意志服从那个人或团体的意志。这种典型的社会契约论的论证方式就是在讨论一个政治联合问题,由于每个人的自然联合中并不能产生建立权威所需的这种集体意志,所以需要政治联合,“它只能从一种政治联合(a political union)中产生出来;通过所有人都同意使他们自己的私人意志服从于某个或某些团体的意志,最高权威就委托给了这些人;在不同的国家中,根据他

---

〔45〕 参见洛克:《政府论两篇》(*Two Treatises of Government*),中国政法大学出版社(影印本)2003年版;[法]卢梭:《社会契约论》,李平沤译,商务印书馆2012年版。

〔46〕 对于互惠问题的分析,参见[美]罗素·哈丁:《自由主义、宪政和民主》,商务印书馆2009年版。

〔47〕 参见[美]列奥·施特劳斯:《自然权利与历史》,鹏刚译,生活·读书·新知三联出版社2006年版,第185页。

们各自不同的宪法,可以把这种某个人或一些人的意志理解为法律。"[48]既然布莱克斯通的主权理论是在论述一种政治联合,那么明确了这种政治联合的理论特征和目的,我们便可以推导出边沁批判布莱克斯通主权理论的目的所在。如上文所述,布莱克斯通主权理论的特点在于,基于一种拟制的社会契约,推导出了一个绝对且不受限制的主权,对于这种主权,人们只能服从,而没有反抗的权利。而且,这种以立法权为主要权能的最高权力既是一种权力,又是一种权利,这就意味着布莱克斯通经由一种拟制的社会契约,赋予了一种绝对的事实上的权力以正当性。

他为何要以这样一种方式来论证主权,或者说来论证政治联合?这便涉及了政治联合的不同目的。从边沁对布莱克斯通的上述批判中可以发现,他们对于政治联合的目的具有不同的看法,布莱克斯通所坚持的目的,正是边沁所反对的目的。从布莱克斯通对于政治联合的论证可以发现,对于布莱克斯通来说,政治联合的目的在于维护一种绝对的主权,尽管他在讨论英国国王权威的时候,认为国王权力也受到某种限制。当他认为政治联合中应该存在一个绝对主权的时候,他必定也假定这种情况比自然状态下更好,更有利于参加政治联合的人们。为何政治联合状态比自然状态更好?布莱克斯通认为政治联合是一种必然,是为了避免自然状态中的不便。虽然我们不能确定布莱克斯通的自然状态中存在何种不便,但我们可以从《英格兰法律释义》中得知布莱克斯通主张绝对主权的理论目的。对此,波斯纳指出,"《英格兰法律释义》的一个未明确表明的关切就是如何维持社会秩序,即如何分配并组织政治权力,以避免暴政和内战,并最小化社会中的威胁和暴力。边沁关心福利或效用问题,几乎不关心布莱克斯通的问题。"[49]至此,我们能够明确布莱克斯通政治联合的目的,即通过绝对的权力来维护社会秩序。

作为布莱克斯通的批判者,边沁认为政治联合的目的并不在于创设一个绝对的不受限制的主权,也不仅仅是维护社会秩序,而在于实现社会功利,他更为关心社会的福利。由于边沁认为社会是每个人之和,实现社会功利也就

---

〔48〕 Jeremy Bentham, *A Comment on the Commentaries and A Fragment on Government*, J. H. Burns and H. L. A. Hart ed., Oxford, Clarendon Press, 1977, p. 475.

〔49〕 Richard A. Posner, "Blackstone and Bentham", *Journal of Law and Economics*, Vol. 19, No. 3, Coc., 1976, pp. 569 – 606.

是需要实现每个人的功利。然而,由于邪恶利益阻碍社会功利的实现,这便需要改革,需要实现自由。邪恶利益在边沁后期的宪法理论中具有重要的地位,他在《宪法典》中构想一系列精细制度措施的目标便在于排除社会中的邪恶利益,实现人民的普遍利益。他认为正是这种邪恶利益阻碍了人民获得普遍利益。尽管如此,边沁在早期对于英国普通法的思考中,已经意识到普通法繁琐的样式为律师获利提供了便利。他致力于用普通人更容易掌握的法律中“自然安排”取代的“技术安排”。[50] 作为一个法律改革家,边沁在布莱克斯通的主权理论中看到了一种反对改革的论证,这种主权理论从根本上不符合功利的要求,所以,边沁才对其进行了详细的批判。可见,边沁批判布莱克斯通的目的就是通过揭示布莱克斯通主权理论的反自由的特征,从而为改革辩护。不同于此前社会契约论者基于自然权利来论证主权和政治联合,边沁基于服从习惯和功利主义来论证主权,他实际上提出了一种功利主义的政治联合方式。

(二)绝对主权观念无益于实现自由

边沁并不反对政治联合,相反,他认为人们置身其中的政治社会状态就是一种政治联合,不仅如此,人们也经历了从低级联合到高级联合的过渡。[51] 他所反对的是布莱克斯通的那种政治联合,从布莱克斯通的那种政治联合理论中,推导出来的是一个绝对的主权,这从根本上反对自由和改革。布莱克斯通的政治联合是以社会契约为基础的,但是,如前文所述,在边沁看来,这种社会契约仅仅是一种律师们的拟制。无论是自然法和自然权利这些其赖以存在的前提,还是达成社会契约的过程,甚至是假设的契约的目的,都值得怀疑。最为重要的是,达成契约的那种人民的同意实际上并不存在。所以,在边沁的理论中,社会契约本质上是某些特殊利益群体为了实现其邪恶利益采取的一个理论拟制。

基于社会契约,布莱克斯通认为在同意的基础上,每个人都会让度自己的

---

〔50〕 对于邪恶利益在边沁理论中的发展和地位,可参见[英]菲利普·斯科菲尔德:《邪恶利益与民主:边沁的功用主义政治宪法思想》,翟小波译,法律出版社 2010 年版,第 148~184 页。

〔51〕 Jeremy Bentham, *A Comment on the Commentaries and A Fragment on Government*, J. H. Burns and H. L. A. Hart ed., Oxford, Clarendon Press, 1977, p. 431.

个人意志,这些不同的个人意志汇集到一起,便会形成一个集体意志(one uniform will),这个意志就是国家的意志。就像一个人拥有意志一样,国家也有一个意志,这便使私人意志处于集体意志之下,这其实也就是一个对于统治者的授权(entrust)过程。布莱克斯通的逻辑其实就是在人民同意的基础上,达成社会契约,进而实现了意志联合,国家像一个人那样具有了集体意志,这种意志联合就是政治联合。在此,我们可以发现霍布斯的影子,因为,霍布斯同样认为主权者具有集体意志,是个人造的人(artificial man)。实际上,如果把布莱克斯通所描述的那种形成集体意志的过程看作一种缔约过程的话,那么,这种社会契约实际上就是霍布斯式的契约,某种意义上可以说,边沁之于布莱克斯通,犹如洛克之于霍布斯。如果结合上文对于布莱克斯通的主权概念的分析,这就会体现得更加明确。

布莱克斯通的主权是一种绝对的立法权力,它不仅是一种权力,还是一种权利,而且,这种权力之下人民也不具有反抗权。虽然布莱克斯通认为是人民授予了统治者以最高权力,但是在他的理论逻辑中,人民一旦出让自己的个人意志,并对最高权威表示了同意,便不能收回自己的同意。就像边沁指出的,当人民违背契约并意图反抗时,却被要求"禁止反言",从而,"他们再想不同意,再想大声吵闹,再想表示反对,再想收回他们的意志,都被会告知,现在已经太晚了;这是被禁止做的事;他们的意志已经和其他人的意志混合到了一起,他们已经联合了,他们已经同意了,他们已经服从了。"[52]这就表明,在边沁看来,布莱克斯通的意志联合实际上创设了一个永久性的绝对主权。如果从社会合作的角度来看这种政治联合,也就是说把社会契约看成一种社会合作的基础,那么,在缔结契约初期,人民或许可以避免自然状态中的不便,并能够从社会合作或政治联合中获利。但是,当人民发现受到统治者的压迫时,或者说不再能够从社会合作中获利时,他们便不能够重新建立政治联合,显然,这是边沁所不能够接受的。布莱克斯通政治联合理论其实就是用一个虚假的社会契约建立了一个绝对的不受限制的主权,它以意志联合的方式一劳永逸地剥夺了人民的反抗权,这实际上是对自由的最大威胁,也是改革的阻力所在。

---

〔52〕 Jeremy Bentham, *A Comment on the Commentaries and A Fragment on Government*, J. H. Burns and H. L. A. Hart ed., Oxford, Clarendon Press, 1977, p. 481.

边沁在《政府片论》中曾明确论及自由政府和专制政府的区别。他认为自由政府和专制政府之间的区别不在于权力是否受到限制,也不在于一个政府中主权者比另一个政府中有更多的权力,而是取决于以下几个不同因素,即取决于最高权力在不同阶层的人之间的分享,取决于统治者身份和被统治身份之间的频繁的改变,取决于统治者负有的责任,取决于人民对掌权者的行为的公开批评,取决于出版自由和结社自由。〔53〕边沁对自由论述的重要性在于,它不仅有助于理解边沁批判布莱克斯通的目的,而且,也为此后边沁思想的发展奠定了重要的基础。仅就前者而言,我们可以发现,边沁所赞同的自由政府中的各种因素,均是布莱克斯通的理论中所缺少的,从布莱克斯通的理论中,我们难以发现上述特征。布莱克斯通的绝对主权并没有强调统治者和被统治身份上的频繁变化,而是强调意志的联合;也没有强调统治者的责任,而是强调人民的绝对服从。边沁认为人民的出版和结社自由有助于人民交流对统治者的意见,从而方便批评统治者,并在必要时联合起来进行反抗,但布莱克斯通则断然否定人民可以反抗,因为人民的同意是不可收回的。

可见,在自由的问题上,布莱克斯通和边沁有着根本区别,在这里,自由不仅是反抗专制政府的手段,而且也是一种目的。边沁认为在这两方面上,布莱克斯通的理论均体现了对于自由的反对。实际上,正如 Douglas G · Long 所指出的那样,自由是边沁早期著作中一个重要的主题,边沁在早期的批判法理学手稿、《〈英格兰法律诠释〉评论》和《政府片论》中都论及了自由,他既讨论了自由的定义也讨论了自由的实现,其中,《政府片论》中讨论自由的特点在于"从自由和主权的关系中思考这个概念"。〔54〕从这个关系出发,边沁认识到布莱克斯通的主权理论无助于实现自由,他的社会契约之上的绝对主权观念实际上是一种反自由的主权观。

保障自由实际上是边沁批判布莱克斯通的一个潜在目的,然而,在《政府片论》的"导言"中,边沁也认为布莱克斯通的著作中重要的缺点在于反对改革

---

〔53〕 Jeremy Bentham, *A Comment on the Commentaries and A Fragment on Government*, J. H. Burns and H. L. A. Hart ed., Oxford, Clarendon Press, 1977, p. 485.

〔54〕 Douglas G. Long, *Bentham on Liberty: Jeremy Bentham's Idea of Liberty in Relation to His Utilitarianism*, University of Toronto Press, Toronto and Buffalo, 1977, p. 92.

(antipathy to reformation)。[55] 布莱克斯通不仅认为人民没有反抗权,而且也反对法律或政治制度中的改革,他认为无论是英国的政体,还是英国的法律,都各得其所,完美无缺。就此而言,边沁对布莱克斯通的批判也包括他的这种反对改革的态度。换言之,边沁是通过批判布莱克斯通而为改革辩护。虽然边沁认为人民在特定条件下可以行使反抗权,但是这也并不意味着存在压迫的时候就必须进行反抗或革命,他其实更倾向于对社会进行改革,这种改革的目的在于实现人民的自由,或建立一个自由政府。"在稳定的社会条件下,一个自由政府的特征在于保持严格的服从和自由的批判之间的平衡,这产生了一种稳定而安全的社会变革和进步形式。"[56] 就自由和改革的关系而言,自由是边沁在批判布莱克斯通的理论中所潜在的目的,而改革则是边沁的外在目的,只有通过改革,才能实现自由。这两个目的都是通过边沁对布莱克斯通主权理论的批判体现出来的,虽然边沁认为他对布莱克斯的批判"与其说是去立,不如说是去破",[57] 但是,他依然在批判中实现了他的理论目的,即为改革辩护,为自由呐喊。

四、边沁批判布莱克斯通主权理论的意义

本文分析了边沁对布莱克斯通的社会契约论和主权概念的批判,前者属于对主权基础的分析,后者则直接分析了主权概念的属性,从中,我们可以发现,边沁批判性地改造了布莱克斯通的主权理论。他否定了社会契约论的成立前提:自然法和自然权利,认为社会契约也是一种拟制,但同时,他却赋予了自然状态和政治社会新的意义;他批判了布莱克斯通的绝对主权概念,认为主权可以受到限制,而且人们也拥有反抗权,但他同时也坚持了布莱克斯通的立法主权概念,即从立法角度界定主权。这就表明,虽然边沁是以批判为主,但是,他也把自己的观点融入了这些批判中,这为他后来的主权学说奠定了基础。而且,

[55] Jeremy Bentham, *A Comment on the Commentaries and A Fragment on Government*, J. H. Burns and H. L. A. Hart ed., Oxford, Clarendon Press, 1977, p. 394.

[56] Douglas G. Long, *Bentham on Liberty: Jeremy Bentham's Idea of Liberty in Relation to His Utilitarianism*, Toronto and Buffalo, University of Toronto Press, 1977, p. 95.

[57] Jeremy Bentham, *A Comment on the Commentaries and A Fragment on Government*, J. H. Burns and H. L. A. Hart ed., Oxford, Clarendon Press, 1977, p. 420.

在边沁对布莱克斯通的批判中,我们可以发现很多贯穿于他一生的理论主张,他后来对些问题都进行了详细的讨论,比如功利主义、拟制理论、自然权利、主权概念、法律改革等,就此而言,边沁对布莱克斯通的批判也成为他一生思考的出发点。对于本文而言,边沁对于布莱克斯通的批判的意义主要体现为以下几方面:

首先,边沁彻底批判了布莱克斯通的社会契约论,这也就批判了布莱克斯通的主权观念的理论基础。不仅如此,边沁的这种批判也指向了近代以来的社会契约论传统,其中就包括霍布斯、洛克、卢梭等人的社会契约论。实际上,边沁在后来的《立法理论》中就明确对这些主张近代社会契约论的人提出了批判。他在功利主义和拟制理论基础上对社会契约论的批判,不仅批判了社会契约观念本身,认为它不能作为主权的基础,而且也批判了社会契约赖以存在的理论前提:自然法和自然权利。此外,边沁也用服从习惯和服从性情作为了主权的基础,在他此后的著作中,将主权和权力的基础确定为服从性情成为了他的一个基本理论主张,而这个观念最初也形成于对社会契约论的批判之中。实际上,边沁对于近代流行的这一套理论话语进行了彻底的否定,这为边沁用功利主义系统论述自己的主权理论奠定了基础。从而,自边沁开始,与以自然权利为前提来论证主权不同,以功利为前提也能够来论证主权,他开创了一种新的理论模式和思考方式。

其次,边沁从对布莱克斯通主权理论的批判中也形成了自己对于主权的思考,这成为他以后系统阐述主权理论的基础。这表现在以下两方面,第一,边沁赞同了布莱克斯通的立法主权观念,认为主权主要的权能是立法,并通过立法体现出来,在此后的《法学中的刑法分支的界限》中,边沁就详细阐述了这种立法主权观念;第二,边批判了布莱克斯通的绝对主权观念,认为主权受到了明确的协议的限制,主权也不是绝对的,他初步形成了主权可受到限制的观点。在后来著作中,这个观点得到了进一步的发展。在《法学中的刑法分支的界限》中,他认为存在一种"关于君主的法律"(laws in principem),在《宪法典》和《宪法典首要预备原理》中,他也认为主权受到各种措施(securities)的制约。这就表明,边沁对于布莱克斯通绝对主权的批判成为他宪政观念的理论起点。

最后,对于本文而言最为重要的在于,边沁在批判布莱克斯通的主权概念中区分了主权具有的两个维度,即事实和权利维度,他认为布莱克斯通把主权权力等同于主权权利是不可取的。因为,权力可以仅仅是一种事实,如果称为一种权利,则表明这种权力具有正当性。如上文分析指出的,在边沁的理论中,使权力从事实成为权利,需要满足一些条件,比如主权受到限制,人民的服从性情等。而且,他也论及了权力的信托属性,认为权力的行使应当服务于“公共利益或安全”这些目的。[58] 边沁虽然没有详细论述这个观念,但是在此后的《法学中刑法分支的界限》中,他仍然坚持了权利和事实之间的基本区分。这个区分非常重要,正如下文的分析将会表明的,边沁正是基于这种区分而发展出了两种“不同”的主权学说:立法主权和人民主权。在笔者看来,立法主权和人民主权只是在理论侧重上有所不同,前者侧重于主权的事实方面,后者侧重于主权的权利方面。

The Critic of Blackstone's Natural Law Theory: On the Origin of Jeremy Bentham's Doctrine of Sovereignty

Li Yantao

Abstract: Bentham derives his doctrine of sovereignty from the critic of Blackstone's natural law theory. He insists that the natural law and the social contract are the theoretical fictions, and Blackstone's doctrine of sovereignty based on original contract is a Hobbesian absolute conception of sovereignty. This doctrine of sovereignty mixed power's factual dimension and the normative-dimension, and it is a anti-reform conception which can not promote people's freedom. Bentham accepted Blackstone's concept of legislative sovereignty, but different from Blackstone, he insists that sovereign power is limited by the express convention, the people have the power of resistance, sovereignty is a concept of factual and the normativedimension. This is the theoretical basis of his later doctrine of sovereignty. Bentham's doctrine of sovereignty is a utilitarian political union theory, his critic of Blackstone is to advocate reform.

Key words: Sovereignty; Natural law; Social contract; Habit of obedience; Utilitarianism

(责任编辑:亢晶晶 张牧君)

[58] Jeremy Bentham, *A Comment on the Commentaries and A Fragment on Government*, J. H. Burns and H. L. A. Hart ed., Oxford, Clarendon Press, 1977, p. 462.

法律实证主义：理论、方法及实践立场

彭　宁*

内容摘要：

通过对哈特、拉兹和夏皮罗等实证主义学者的分析，本文试图勾勒出法律实证主义的基本面貌。在求同存异的基础上，法律实证主义分别在本体论、认识论（方法论）和司法裁判理论方面展现了一以贯之的基本立场，即在回答法律是什么这一根本性问题时，无论是哈特的规则模式、拉兹的权威理论还是夏皮罗的规划理论，它们都可以归结为一种二阶理论；在如何认识法律的规范性方面，法律实证主义始终坚持认为一种客观的描述性方法是可能的；对于具体的司法裁判活动，法律实证主义提供了一种双层次理论。

关键词：

法律实证主义　规则　规范性　规划理论

从起源上看，法律实证主义最早可以追溯至霍布斯，法律并非永恒不变的神秘实体，它只不过是统治者意志的表达，人们在主权范围之内负有绝对服从的义务。除了本质上作为一种意志理论之外，法律实证主义一开始就主张对法律现象和社会秩序进行概念分析和经验研究，尤其以边沁的“分类癖”为代表，一种事物按照特定的种属关系总可以被不断地细分，抽象的概念只有借助于更为具体的陈述才能得到清楚的认识和理解。从哈特开始，法律实证主义开始走向成熟和精致化，当代实证主义与反实证主义之间的争论在某种程度上可以说是在哈特规则理论的延长线上进行的。

法律实证主义发展到现在，从实质性立场到方法论主张，在法哲学的学者之间几乎都引发过不大不小的争论，为法律实证主义著书立说的人也异彩纷

---

* 北京大学法学院博士研究生。

呈,瓦卢桥教授甚至认为,法律实证主义的学说内部充满了困惑和矛盾,是时候停止使用"法律实证主义"这个词来指称某个人的观点了,而应该分别以展现法律实证主义不同方面的诸多版本来各自陈说。[1] 言下之意,法律实证主义已经成为失去实际意义的空洞标签,难以用来澄清某种实质性立场或观点,而仅仅具有一种修辞的力量。

在哈特与德沃金论战之后,法律实证主义逐渐一分为二,排他性实证主义和包容性实证主义在承认规则的性质等方面相持不下,随着更多学者的加入,又出现了伦理或规范的实证主义与认知的实证主义的区分。[2] 问题在于,我们能否因为标榜法律实证主义的观点看上去难以协调甚至争锋相对就得出结论说法律实证主义本身已经面目全非了?换个角度来说,越来越多的学者参与到法律实证主义的讨论中来,这不正说明了法律实证主义所彰显的旺盛生命力吗?其实,从哈特、拉兹到夏皮罗,[3] 主流的法律实证主义观点并非杂乱一团,而是有一条清晰可见的发展脉络和内在理路,无论是对法概念和法理论的认识,还是对司法裁判的分析,法律实证主义都存在清楚、明确和内在一致的基本立场。

---

〔1〕 W. J. Waluchow:"The Many Facts of Legal Positivism", 48 *U. Toronto L. J.* 390 1998. Also can see, R. George Wright: Does Positivism Matter? in The Autonomy of Law: Essays on Legal Positivism ed. Robert P. George, Oxford, Clarendon Press, 1996. Klaus FuBer, Farewell to Legal Positivism: the Separation Thesis Unravelling, in The Autonomoy of Law: Essays on Legal Positivism ed. Robert P. George, Oxford, Clarendon Press, 1996. Karen Petroski: "Is Post-positivism Possible?", 12 *German L. J.* 663 2011.

〔2〕 Please see, Owen M. Fiss, "The Varieties of Positivism", 90 *Yale L. J.* 1980 - 1981. As to the Normative Positivism, you can see more statements in Andrei Marmor, *Philosophy of Law*, Princeton University Press 2011, Chapter Five.

〔3〕 选取这三个人物代表法律实证主义的主流观点,主要基于两点考虑:首先,哈特、拉兹和夏皮罗在法律实证主义的发展中起到了至关重要的作用,各自形成了完整的理论体系;其次,法律实证主义的其他版本存在这样或那样的内在缺陷,有些甚至完全偏离了法律实证主义的理论立场,比如伦理实证主义本质上是一种关于法律实践应该怎样的规范性理论而不是对法律实践的描述。伦理实证主义的代表人物坎贝尔就主张法律的定义和适用应该尽可能的与进入法律制定中的道德判断相分离,因此,坎贝尔其实是为一种政治道德理论辩护。具体参见 Tom Campbell, *The Legal Theory of Ethical Positivism*, Dartmouth Publishing Co Ltd., 1996。

一、规则、理由与规划:二阶理论的主旋律

从古至今,法律是什么这一问题曾经吸引过无数理论家驻足沉思,因而也成为学者们争论不已并且挥之不去的核心话题。古希腊罗马思想家将法律作为一门善良与公正的艺术,它是实现正义的必要手段,在平等对待每一个人的同时,给每个人所应得的东西。近代自然法学家认为,人类社会就像自然万物一样,同样也有一个永恒不变的本质属性,法律就代表了生活世界中的内在本质,它是人按照自然法原则建构起来的理性秩序。法律实证主义发展初期,法律即命令是当时非常流行的说法,法律关系表现的是优势者与劣势者之间的力量对比,主权建立在习惯性服从之上。对此,哈特指责"法律命令说"或"法律强制说"无法区分两种具有重要意义的情境,即以武力为后盾的抢匪威胁和法律的要求,更为重要的是,将法律视为命令忽视了法律所应该具有的两个普遍性维度,它总是针对具有一般性的行为类型并且适用于符合某种条件的一类人或群体。[4] 在批判奥斯丁的基础上,哈特提出了法律的规则模式。

在哈特看来,法律不同于单纯的命令,它具有合法的权威;法律也不同于简单的习惯,人们对它持有一种内在的接受态度。最好把法律看作一种特殊类型的社会规则,其中不仅有禁止性规则,也有授权性规则,除了由行为的规律性构成之外,规则还具有内在方面,它表现为人们对规则的批判性反思,这是规则具有约束力的重要来源。随着对规则的深入分析,哈特认为一个成熟的法律体系应当由两类规则构成,即初级规则和次级规则,其中承认规则是整个法律体系得以存在的核心。按照哈特的看法,初级规则指涉行为内容,可以直接作为行为的指引,而次级规则的出现是为了弥补初级规则不确定、僵化和无效率的缺陷,它是关于规则的规则。由此可见,哈特的规则模式提供的是一种双层次理论,初级规则和次级规则的划分并不是语义学分类的必然结果,与区别禁止性规则和授权性规则不同的是,这种做法也不符合一般的逻辑思维,甚至可以说,它是哈特"刻意"为之的理论产物。

承认规则是规则模式中的核心概念,它是哈特对法律理论做出的最重要的

---

[4] H. L. A. Hart, *The Concept of Law* (second edition), Clarendon Press. Oxford, 1994, p. 21.

贡献,从根本上改变了法律实证主义与自然法理论家关于法的本质的持久对立。[5] 法体系的基础建立在普通民众对初级规则的普遍服从以及官员们对承认规则的内在接受之上,关键是官员们能够运用承认规则将初级规则识别出来。夏皮罗曾提出"鸡与蛋"的挑战,一条授予权力的规范与具备授权资格主体究竟谁先存在呢?也就是说,官员们的制度角色需要在法律体系建立之后才能确立,但官员们对承认规则的接受却又是法律体系得以存在的关键。面对这样的攻击,麦考密克也承认哈特的理论的确存在"循环论证"的缺陷,只不过他更愿意将这种循环的问题转化为制度性实体的问题。[6] 类似的问题还有,既然哈特区分初级规则和次级规则,并且赋予它们不同的地位,也就是说,如果一般公民不被要求接受有效的初级规则,同时法律官员仅仅是被要求接受次级规则,那么将没有人被要求去接受法律体系中的初级规则。[7] 似乎哈特的双层次理论不仅是刻意的,也是有缺陷的,真的如此吗?

让我们回到规则本身。哈特是通过对社会规则的分析来认识法律的,他所说的规则可以同时从外在视角和内在视角进行描述,并且规则区别于习惯的关键在于人们对规则有一种内在的接受态度。对于法律体系的存在来说,官员对承认规则的接受才是至关重要的,因为作为初级规则的合法性标准,它能够将所有其他规则识别出来,并使其成为正式的法律。对比之下,哈特对社会规则的描述也许只是就次级规则而言的,只有次级规则才能够直接还原为社会规则。因此,迪克森认为,夏皮罗对哈特的挑战其实犯了一个分类上的错误,像承认规则、改变规则和审判规则这样的次级规则都是习惯性实践,这些规则一经实践就存在了;然而,在法律上有效的规范却不是社会规则,它们仅仅是被特别社会规则(承认规则)所具体化的规则。[8] 也就是说,初级规则其实就是我们

〔5〕 Stephen V. Carey, "What is the Rule of Recognition in the United States?", *University of Pennsylvania Law Review*, Vol. 157, No. 4 (Apr., 2009), p. 1163.

〔6〕 Matthew Kramer, "The Rule of Recognition in the Hart of Jurisprudence", 8 *Oxford J. Legal Stud.* 412 1988.

〔7〕 Michael Payne, "Hart's Concept of A Legal System", 18 *Wm. & Mary L. Rev.* 310 1976 – 1977.

〔8〕 Stefan Sciaraffa, "The Ineliminatability of Hartian Social Rules", *Oxford Journal of Legal Studies*, Vol. 31, No. 3 (2011), p. 609.

在法典中见到的白纸黑字,是我们通常意义上的法律;而次级规则很多时候是隐而不现的,它告诉我们规则怎样产生、改变和适用。

将社会规则限定为次级规则至少有以下两点意义:第一,哈特的规则模式需要进行重新解读,一些模糊认识应该得到澄清,比如初级规则和次级规则的区分究竟是在何种意义上作出的;第二,在认识法律性质的过程中,它可能为以后的法律实证主义指示了一条独特的分析路径。Thomas Reid 提出社会操作(social operation)理论来揭示语言行为(speech act)理论的缺陷,社会运作过程不可能是相互孤立的个体凭借单纯的精神过程就能完成的,它在借助语言或信号的同时还要将这些语言和信号被其他人所知道。在他看来,哈特的规则模式有这样的前提假设,即规则可以由单边意志行为构成,初级规则看上去是内在的语义方面的表达,次级规则则代表了外在的语用面相,它在表达者与接受者之间适用具有独立的语义构成的规则。[9] 然而,Reid 认为,初级规则是不能依靠自身独立存在的,所有规则都必须在初级与次级的意义上区分,它们既包含初级的因素也包含次级的因素,也就是说,内在的语义方面和外在的语用方面是统一的。如果按照迪克森的理解,初级规则与次级规则似乎并不是两个看上去相互独立的类型,因为一个是社会规则而另一个并不是,次级规则并不是我们通常意义上的法律规范。再往前一步,也许 Reid 对规则(法律)的分析与迪克森的理解是不谋而合的,把两人的观点整合在一起就是,初级规则和次级规则都是对法律性质的界定,它们强调的是法律的不同方面,指涉其一必定隐含另一个的存在。

由此,我们可以得出结论:哈特的规则模式孕育了这样的理论发展空间,法律主要是由规则构成的,通过对规则来自何处的追问,我们能够将规则区分为直接指引行为和调整规则本身这两个层次。前者代表规则的内容维度,具体指示我们应该、可以和不得做什么;后者代表规则的规范性维度,它主要解决我们为什么需要服从规则的问题。通过对不同层次的区分,哈特试图能够在传统的定义模式之外开辟一条准确界定法律是什么的新道路,不妨将其称为法律实证主义的二阶理论,通过对拉兹和夏皮罗的逐一审视,我们发现,哈特开创的这条路径在他们那里体现得更加明显,结合相应的理论资源,二阶理论也得到了更

[9] Thomas Roberts, "Legal Positivism and Scottish Common Sense Philosophy", 18 *Can. J. L. & Jurisprudence* 291 2005.

加成熟的运用。

在转入正式介绍拉兹之前,有必要对一些基本命题进行梳理。法律究竟是一种社会事实还是道德事实?法律实证主义与自然法理论在这一问题上分道扬镳,所有的法律实证主义最终都坚持社会事实命题。但在回答法律是否仅仅由社会事实决定时,法律实证主义内部出现了分歧,排他性实证主义坚持来源命题,否认法律的内容有时可以由道德事实决定,承认规则识别法律只能依赖于权威性来源而不能依赖实质性内容。相反,包容性法律实证主义主张道德安置命题能够成立,承认规则作为合法性标准可以容纳道德原则,也可以融入其他内容,也就是说,承认规则对内容是没有条件限制的。问题在于,道德原则只有在得到法官适用的前提下才能够发生法律效力,在合法性标准中的道德原则是否与法律的效力相关这一问题上,排他性法律实证主义似乎有更强的理由。[10] 为此,拉兹建构起一套完整的权威理论,主张权威概念才是理解法律的核心要素。

首先,让我们看下拉兹对权威概念的理解。无论是东方的传统社会还是西方的中世纪时期,都曾有过专制独裁的惨痛经历,因而,人们对权威的传统认识总是伴随着专制的恶名。拉兹认为,这种将服从权威理解为非理性甚至违背道德自主性的看法实际上预设了权威背后的强制和暴力,这种强制和暴力仅具有事实上的意义。然而,不仅存在所谓的"正当、可证立、合乎法理的权威",而且只有借助正当权威的概念,才能说明事实权威是如何存在的。因此,拉兹提出正当权威命题:权威总是正当的,即使是作为事实权威而存在。原因在于,凡是取得事实权威的人,必然会自动主张或被他人认为具有正当性。[11] 正是从权威概念中拉兹引申出法律的本质特征即宣称自己具有正当权威。如果说奥斯丁也在某种程度上提供了一幅权威图像的话,那么拉兹的权威概念又有何不同呢,或者说权威的正当性在哪里?

于是,拉兹开始从实践理由的角度分析法律如何成为一种权威性指引,如果 X 对 Y 具有权威,那么让 Y 做 φ 就是 Y 做 φ 的理由,也就是说,权威是一种

---

〔10〕 范立波:《分离命题与法律实证主义》,载《法律科学》2009 年第 2 期。

〔11〕 Joseph Raz, *The Authority of Law: Essays on Law and Morality*, Oxford University Press, 1979, pp. 3 – 9.

改变行动理由的能力,它具有一种改变被保护的理由的规范性权力。[12] 其实,将法律视为一种特殊的行动理由可以在哈特那里找到类似的表述。哈特发现,法律有许多明显不同于命令的地方,但它们却共享了一个关键的特性,即"阻断性"和"内容独立性"。[13] 阻断性又可以理解为理由的非穿透性,它是指当人们按照法律的规定或命令行事时,无须继续追问该规定或命令背后的实际考量;独断性必然得出"内容独立性"的结论,人们对法律的接受独立于法律的具体内容,对此,哈特区分出两种层面上的接受,"第一层面是对法律内容的接受,第二层面是对法律存在事实的接受",并且,我们可以在没有第一层面接受的同时,保留对第二层面的接受,"这种接受是无须基于道德理由的接受"。[14] 在阐述权威作为改变行动的理由的过程中,拉兹提出了排他性理由的概念,而这一概念明显具备独断性和内容独立性的特征。排他性理由是作为二阶理由而存在的,当它与一阶理由相冲突时,"这种冲突不能通过相互竞争的理由的强弱来解决",根据实践推理的原则,"一个人就不应该基于理由的权衡而行动",而"总是应当出于一个不败的理由而行动"。[15] 当我们按照法律规定采取行动时,无需追问法律产生的背景性理由,我们接受法律也可以完全不管法律究竟具有怎样的内容,权威的正当性建立在排他性理由之上。

尽管排他性理由的提出引起了极大的争议,以排他性理由为基础的权威理论也受到不少学者的多方责难,[16] 但排他性理由并非拉兹凭空捏造的一个新概

---

[12] Joseph Raz, *The Authority of Law: Essays on Law and Morality*, Oxford University Press, 1979, p. 12.

[13] H. L. A. Hart, Commands and Authoritative Legal Reason, in *Essays on Bentham: Jurisprudence and Political Theory*, Oxford, Clarendon, 1982, pp. 253 – 255.

[14] 庄世同:《法律的图像:一种人文主义的分析与诠释》,载《台大法学论丛》第40卷第4期,第2020页。

[15] [英]约瑟夫·拉兹:《实践理性与规范》,朱学平译,中国法制出版社2011年版,第33~34页。

[16] 德沃金在总结他对法律实证主义的批判时,指出拉兹的权威理论提供的是一种非常古怪的概念,不仅与常识相冲突,而且也难以在拉兹的理论内部保持一致性。具体内容,请参见罗纳德·德沃金:《身披法袍的正义》,周林刚、翟志勇译,北京大学出版社2010年版,第233~234页。

念,它是在法律实证主义传统下得出的理论成果,并且,拉兹构建的理论体系很大程度上以排他性理由为出发点,排他性理由是其维持理论连贯性和内在逻辑性的关键一环。排他性理由划分了一阶理由和二阶理由,从指引行为来看,法律对各种可能存在的直接行动理由进行了综合考虑并且排除并替代了人们对这些理由的权衡,人们只需直接依照法律采取行动,法律的权威性是作为二阶理由而实现的。如果说哈特的规则模式只是隐含了一种二阶理论的可能性,那么拉兹的权威理论就是一种明显的二阶理论,从排他性理由、正当权威命题到服务观念,对法律的二阶考察一直都是拉兹分析经验世界的思维预设。

虽然二阶理论在拉兹那里得到了最明显的运用,甚至在某些争论场合成为反驳拉兹的主要攻击对象,但二阶理论并非止步于拉兹,拉兹以后的学者紧随其后继续以此为基础构建自己的理论体系,夏皮罗就是其中的代表。如果将拉兹对二阶理论的展现形容为锋芒毕露,那么夏皮罗对二阶理论的贯彻则是隐而不现。从学术传承来看,夏皮罗直接受教于拉兹,他本人也曾坦言,拉兹对他的影响是非常深远的,从拉兹那里学到的东西几乎是最多的。然而,夏皮罗并不完全是拉兹理论的坚定捍卫者,除了在一些具体问题上双方持有异议之外,他还构建起了一套完全不同的理论体系,无论是从对待问题的角度还是能够汲取的理论资源来看,夏皮罗都是一个很有创见的学者。

正如许多法律实证主义学者一样,夏皮罗也是从反思哈特的社会实践理论开始的,在他看来,哈特对休谟挑战所提出的解决方案是不成功的,它假定了对于行为标准的任何一个承诺都能产生一条社会规则,然而这个假定是错误的。并且,正如上文所说,哈特的规则模式始终会面临规范与规范的授权究竟哪个先存在的问题。对此,夏皮罗希望寻找到一个新的起点。他认为,在社会生活中,存在一个人们未曾察觉的领域,即规划领域。法律存在的条件与规划是相同的,因为法律体系的基础规则就是规划,换言之,所有规则都可以视作某一范围内的规划,具备法律效力的习惯是一种类似于规划的规范,而承认规则就是整个规划体系中的帝王规划,它为该社会群体所共享,旨在指引、组织和监管官员们的共享活动,并且试图克服"伴随着社会规划制度的安排而来的大量复杂、富有争议且专断的问题。"[17] 夏皮罗认为,某一社群面临严重而复杂的道德难

---

〔17〕 Scott J. Shaprio, *Legality*, The Belknap Press of Harvard University Press, 2011, pp. 177 - 178.

题,同时这些道德难题又难以通过谈判、协商以及即兴措施等传统方式加以解决,因为解决这些问题的方法往往是复杂的、有争议的且专断的,在这种条件下,合法性环境就产生了。

合法性环境催生了人们对一种称之为规划理论及其制度安排的需求,这种规划理论认为,"法律制度是一种社会规划制度,它们的基本目标是弥补在合法性环境下其他形式的规划的缺陷。"规划理论所要解决的道德困境是一般层面上的问题,因为法律是对一个更高阶问题作出的回答,"正如意向不应该服务于特定的目标一样,法律也不应该达到或实现任何实质性的目标或价值。"[18] 在这一点上,夏皮罗基本追随了拉兹对法治的看法,拉兹认为法治本身就是法律的一种内在价值,这意味着法律只是扮演着一种辅助性的角色,它可以用来实现正义、平等和民主等各种价值目标,但它本身并不是最终目的。[19] 除了在规划理论所追求的目标上与拉兹存在暗合之外,夏皮罗的规划命题同样是沿着拉兹的思维路径展开的。规划的功能就是指引和组织社会成员的行为,切断慎思,避免社会成员重新思考采取各种社会行动的优缺点,以此来弥补认知上的缺陷和信息上的不对称,"假如正确发现规划存在或者内容的方式要求我们自己来思考,那么以规划来作为我们思考方式就是自拆台脚。"[20] 夏皮罗称为"规划的简单逻辑命题"。通过与排他性理由进行对比,我们发现规划的运作逻辑也是在指引行为的过程中排除和避免社会成员的慎思和利弊权衡,如果社会成员在行动之前总是需要思考规划何以存在及其内容的问题,那么规划的目的将会落空。同样,以排他性理由为前提的断然性命题或先占命题也意图排除和替代社会成员对各种一阶理由的思考,人们无须对已经做出的决定再做衡量。

规划理论是对法律旨在解决的高阶问题所提出的可行性方案,它遵循的逻辑依然是将行动和规划区分为两个层次,社会成员按照规划的指令采取和组织不同的行动,但无需对规划本身驻足沉思。与拉兹一样,夏皮罗的规划理论阐

---

〔18〕 Scott J. Shaprio, *Legality*, The Belknap Press of Harvard University Press, 2011, pp. 170 – 173.

〔19〕 Joseph Raz, The Rule of Law and Its Virtue, *The Authority of Law*: *Essays on Law and Morality*, Oxford University Press, 1979, p. 228.

〔20〕 Scott J. Shaprio, *Legality*, The Belknap Press of Harvard University Press, 2011, p. 275.

述的也是一种二阶理论,规划得以存在的关键在于阻断社会成员对规划存在及其内容的重新思考,这与拉兹将权威的正当性基础建立在排他性理由之上实则殊途同归,本质上都是对法律展开的二阶反思。

在法律实证主义的发展过程中,无论是早期的边沁和奥斯丁,还是哈特和拉兹,甚至后来的夏皮罗,他们都在某种程度上试图赢得他们所关心的领域内的理论权威。他们中的每个人都继承并发展了他们前辈的学说观点,同时继续在他们各自所关心的议题上赋予法律实证主义某种连续性的特征。〔21〕 通过对哈特、拉兹以及夏皮罗的考察,我们似乎已经看到法律实证主义发展过程中的这种连续性特征,无论是规则模式、权威理论还是规划理论,它们归根结底都是一种二阶理论,这种二阶理论不仅将社会成员区分为官员与普通民众、拥有权威的人与依理由行动的人、社会规划者与一般行动者,也开辟了一条不同以往的法律正当化之路,由此,法律的正当性不再依赖传统或道德权威,而能够实现自主正当化。

二、规范性事业与描述性法理学

一般来说,法律通过"应当""不得"或"可以"等规范性词汇设定行为模式,法律本身并非已然发生的事实,也不是纯粹的价值判断,它介于事实与价值之间,用凯尔森的话来说,法律属于第三领域,即规范领域,法律既非事实也非价值,而是沟通事实和价值的桥梁。对于这样一个规范领域,法律实证主义认为客观中立的描述性方法是适宜的,我们完全可以在不掺杂价值评判的前提下成功说明法律是什么这一本体论问题。

(一)法律的规范性何从描述

法律实证主义与自然法学派的最大分歧在于,前者主张法律最终是由社会事实决定的,而后者认为道德或价值才是最终决定因素。在分析法学初创之时,奥斯丁就将法理学的范围限定在实际存在的由人制定的法律领域,像神法、自然法等习惯上的法律称呼都是不严谨的说法,因为它们很多时候讨论的是法律应该怎样的问题。因此,法律实证主义的一个核心抱负就是用一种客观的方式把法律识别出来,通过经验研究的方式从主权者或官员等权威形象中追寻法

〔21〕 Karen Petroski, "Is Post-Positivism Possible?", 12 *German L. J.* 681 – 683 2011.

律的踪迹。[22] 问题在于,按照法律实证主义的一贯立场,虽然法律最终来源于社会事实,但法律本身却包含了权利、义务等规范性内容,这意味着法律实证主义需要用一种经验判断或描述性方法得出规范性判断,大多数人都服从法律这一事实意味着"我也必须服从法律"。很明显,法律实证主义遭遇了休谟关于是和应当、不得相互推导的挑战,要想捍卫描述性方法论的立场,法律实证主义必须对休谟难题作出正面回应,从理论上解决规范性事业如何能够进行描述的可能性难题。

首先,较早认识到这一方法论难题的是哈特,在与德沃金长达数十年的论战过程中,哈特开始在《法律的概念》一书再版的后记中重新整理和澄清了自己的理论观点和方法论立场。哈特指出,他的旨趣是提供一种一般性和描述性的关于什么是法律的理论,这种一般性或描述性的法理学与德沃金所设想的诠释性或评价性法理学是有根本区别的,即使为了确定被给定的法律命题的意义,描述性法理学家不得不回应诠释性和评价性问题,也不意味着描述是不可能的。[23] 在哈特看来,法理学家并非只能是像德沃金那样的道德哲学家或政治哲学家,他还可以是一个持有内在视角的社会学家,初到法国的一个英国人完全可以在经过一番了解之后对法国的法律体系了如指掌,而不需要以内在参与者的态度直接投身于该国的法律实践中去。在解释描述性判断本身能够成立之后,哈特还需要说明为什么规范性事物能够进行描述。哈特认为,用休谟难题指责法律实证主义社会事实命题的人其实犯了一个分类上的错误,他们认为这个世界上存在两种事实,一个是针刺引起疼痛的描述性事实,另一个是针刺应当被避免的规范性事实。哈特认为,实际上此处只有一种事实,那就是描述性事实,对于这一事实,人们可以"以实践参与的方式"来处理,正是这种方式产生了规范性判断,"在人们关于做什么的慎思中,把世界的描述性状态赋予一定分量的承诺"。[24] 因此,当人们说"我应当做什么"的时候,其实并不存在与之相对应的规范性客体,这一陈述表达的是对规范性活动的一种实践参与。换言

〔22〕 Bryant Smith, "Reflecting on the 1980s: Positivism Versus Pluralism", 39 *U. N. B. L. J.* 247 1990.

〔23〕 H. L. A. Hart, The Concept of Law (second edition), Oxford, Clarendon Press, 1994, pp. 240 – 245.

〔24〕 Scott J. Shaprio, Legality, The Belknap Press of Harvard University Press 2011, p. 98.

之,用从描述性判断推出规范性判断这一结论来批判法律实证主义的描述性立场完全是一种误解,因为并不存在所谓的规范性事实。

其次,拉兹在哈特之后对描述性方法如何可能的问题的“接着说”。不可否认的是,拉兹在一些重要议题上已经超出了哈特的理论范围,甚至得出了截然不同的结论,比如在承认规则的内容是否有限制的问题上,拉兹与后记中哈特的转向是有明显分歧的。但在另外一些问题上,拉兹更多的是对哈特的观点重新进行强调和完善。他认为哈特在论述中模糊了对法律理由“独立于内容”的认识,这一点对于界定法律的概念至关重要。在方法论层面,拉兹发展了哈特关于内在陈述和外在陈述的区分,哈特本人似乎也承认自己忽略了第三种陈述的可能性,认为这种陈述可以用来说明法律人或其他人所使用的规范性语言,而不用以任何方式采取一种道德认同的姿态。[25] 在阐述法律体系的过程中,拉兹重新区分了两种陈述,即承诺性陈述(committed statement)和超然性陈述(detached statement)。[26] 前者表明了陈述者对规则的接受,而后者则不是。当我与素食主义的朋友一起吃饭时,我说“你不应该吃肉”,这并不表示我认为吃肉在道德上是值得谴责的,而是说,我觉得我的朋友不应该吃肉,虽然我表达的是规范性判断,但这并不意味着陈述者一定得接受规则。超然性陈述是一种法律科学家的角度,在这一点上,拉兹认为凯尔森混淆了法学家与像法官和律师这样的法律实践者,前者仅仅是从法律人的角度来描述法律,而后者不仅描述而且也接受法律。与哈特的内在陈述不同的是,拉兹认为超然性陈述并非全心全意(full-blooded)的规范性陈述,这是一种分离式陈述,法律人和学者可以站在那些全心全意陈述的立场上描述法律,只不过这种超然性陈述预设了内在陈述的存在。[27] 如此一来,经过超然性陈述这道中介,从描述性判断到规范性判断也就不再存在任何理论障碍,法律实证主义者完全可以站在某一社群成员的立场上陈述该社群的法律。

---

〔25〕 H. L. A. Hart, *Essays in Jurisprudence and Philosophy*, Oxford, Clarendon Press, 1983, p. 10.

〔26〕 Joseph Raz, *The Concept of A Legal System*: *An introduction to the Theory of Legal System*, 2nd 234 – 238, Oxford University Press, 1980.

〔27〕 Shih-tung Chuang:《Some Aspects of Reason-Based Positivism》,载《东吴大学法律学报》,第 329 页。

最后,夏皮罗对休谟难题的解决也非常值得关注。通过对哈特和拉兹的考察,我们发现,与其说他们是在积极寻求解决之道,不如说是回答休谟难题为何不能直接套用在法律实证主义身上。相比之下,夏皮罗坦承哈特的承认规则将面临休谟法则造成的可能性难题,因为哈特的理论"允许人们从纯粹描述性判断中推出规范性判断",他称这种推理模式为 Dino 模式,"明显违反了休谟法则"。[28] 对此,夏皮罗开始重新思考描述性判断与规范性判断以及联系两种判断的推导过程。当人们说某人拥有法律权威,意味着什么?一种解释是这种权威同时赋予了施加道德义务和授予道德权利的权力,但是,道德权威伴随法律权威而来的同时,也排除了道德上不正当的法律制度存在的可能性。夏皮罗称这种解释是一种"形容性"(adjectival)解释。还存在另外一种解释,这种解释允许我们将法律权威归之于道德上不正当的主体,因为从法律的视角来看,某人拥有道德上正当的权威,这是一种"视角性"(perspectival)解释。这种法律视角"使我们能够谈论一个特定法律制度的道德观念,而不必然接受那个观念",夏皮罗认为这是一种"特定的规范性理论的视角",从法律的视角来看,法律必然宣称自己在道德上是正当的,进而能够代表道德的视角,尽管很多时候它并不能实际做到这一点。[29] 在法律视角的观照下,法律权威、法律权利和义务其实都可以是描述性的,根据 S 的视角,X 对 Y 具有某种法律权利,这一陈述是在特定的法律视角下进行的描述,我们得出的结论也就会是描述性判断,在休谟法则的检验下,整个推导过程将会从描述性判断进入描述性判断导出,法律推理的可能性难题被成功化解了。与哈特相比,夏皮罗对描述性方法论的贯彻是更为彻底的,他的规划理论不需要法律推理者采取哈特所说的内在视角,坏人也能够运用规范性术语陈述法律,也许,问题的关键不是如何解开规范性视野与描述性方法的死结,而是怎样更好地认识描述性方法本身。

(二)规范性是道德的吗

法律的规范性问题几乎是所有理论家不得不考虑的核心要素,法律实证主义一开始就关注有义务做某事与被迫做某事的区别,从行动理由的角度来看,有义务做某事又与应当做某事强烈关联在一起,从法律与道德相关联的角度来

[28] Scott J. Shaprio, *Legality*, The Belknap Press of Harvard University Press, 2011, p. 98.

[29] Scott J. Shaprio, *Legality*, The Belknap Press of Harvard University Press, 2011, pp. 184 – 187.

看,法律上的应当与道德上的应当是何种关系,或者说法律义务是道德义务的一种特殊类型吗?[30] 法律固然是一项规范性的社会实践活动,在哈特看来,规范性是法律区别于抢匪命令和简单习惯的关键,"我应当做某事"是一项规范性判断,只有陈述者持有内在视角才会接受规则,才会理解法律的规范性存在。然而,法律作为规范性事业并不意味着像哈特这样的外在观察者不能对其进行恰当的描述,其中一个重要原因是,哈特坚持认为规范性判断与道德判断是不同的,或者说法律上的应当不等于道德上的应当。在哈特看来,规则具有内在面向,它的存在依赖于人们的内在接受态度,但是人们接受法律的理由可以是完全开放的,法律不要求人们接受它并给出一个好的道德理由。因而,哈特对规范性的看法是不能混淆应当和道德性,有多少行动理由就会有多少形式的"应当"。[31] 在方法论层面上,哈特继续坚持法律与道德相分离的立场,"我应当做某事"虽然是从内在视角作出的规范性判断,但这并不是说它在道德上就是正当的,在分离命题看来,法律与道德在概念上不存在必然的联系,法律义务不必然与道德义务相关联。如果说哈特是从第一人称的角度来描述规范性判断的可能性,那么拉兹的超然性陈述则是从第二人称或第三人称的角度进行的。拉兹的基本设想是我们可以陈说某一法律规则是怎样要求的,同时不必然同意或接受该规则或制度,换言之,从第二人称或第三人称的角度作出的规范性判断不必然意味着陈述者在第一人称的立场上同意或接受规则。虽然经过人称的转换,拉兹在规范性与道德性的看法上基本延续了哈特的思路,至少在方法论问题上,描述性方法得以成立的前提是坚持分离命题,规范性判断不同于道德评价。

然而,法律与道德真的在任何意义上都没有关联吗?或者说法律上的应当与道德上的应当果真是完全两回事吗?虽然同样是在捍卫法律实证主义的描述性立场,但在规范性的问题上,夏皮罗的视角性解释为我们重新审视法律与

〔30〕 范立波:《论法律规范性的概念与来源》,载《法律科学》2010 年第 4 期。

〔31〕 比克斯对服从法律的理由的理解比较符合哈特本人的意思,无论是在《法律的概念》原文还是该书后记中,哈特始终坚持认为人们服从法律的理由可以是多种多样的,不管是出于审慎还是基于内心信仰,法律在本质上所具有的规范性不会受到影响,也就是说,法律没有因人们服从它而要求额外的理由,please see Brain H. Bix, *Rules and Normativity in Law*, IVR Krakow Paper 29, Dec. 2014, pp. 17 – 19。

道德之间的关系提供了一条有启发性的道路。无论是哈特的第一人称还是拉兹的第二人称或第三人称,它们都没有彻底解决规范性事业如何能够进行描述的可能性问题,坚持法律与道德相分离的命题使他们意图在道德之外寻找规范性得以安置的场所。通过对法律、道德和价值进行梳理,法律实证主义的分离命题其实是一种外在的,社会事实命题支持的是法律与价值的分离,“在合法性标准的内在方面,法律与道德存在必然联系”,并且“只有坚持内在必然联系命题才能合理地说明法律的规范性”。〔32〕 换句话说,在最终的意义上法律与道德的要求是相符合的,这不仅是法律的内在和理性使然,也是法律得以存在的意义和价值所在。规划理论预设了合法性环境的存在,它旨在解决人类社会所面临的一系列复杂且严重的道德难题。夏皮罗认为,以往的实证主义将正义与非正义法律制度的区分归结为道德意义上而非法理学意义上的区分是错误的,法律与道德相符合,这是由法律自身的性质所决定的;同时,尽管规划理论确认道德目标是法律性质的一部分,但这不意味着菲尼斯的主张是正确的,即只有具备了道德本质或道德目标的法律制度才能称得上是真正的法律。在夏皮罗看来,那些正义的且具备合法性身份的法律制度其实是一种理想类型的法律,它完全实现了法律所应该具有的全部本质属性,但是这种理想类型不能否认具备合法性身份但没能完成道德目标的法律制度就不是法律。〔33〕 法律的规范性最终需要借助于道德才能得到恰当和完整的表述,在这一点上,法律的视角在坚持描述性立场的同时能够正视规范性与道德之间的关系,法律声称总能代表道德的视角,尽管很多时候它不能做到这一点。因此,在方法论层面上,法律实证主义为了能够成功描述法律的规范性就不能否认内在必然联系命题,从法律的

〔32〕 范立波:《分离命题与法律实证主义》,载《法律科学》2009年第2期。表面上看,主张法律与道德存在必然联系似乎与分离命题是背道而驰的,但法律实证主义对法律进行的是概念分析,体现出一种独立于内容(independent of content)的形式化属性,因此当我们从法律的内容来考虑,法律与道德共享着同一套合法性价值也就不难理解了。哈特本人曾经就提出过最限度的自然法概念,虽然他并不是在传统自然法的意义上使用自然法这一概念的,但在某种程度上为法律与道德的内在必然联系命题提供了有力的佐证。See, H. L. A. Hart, *The Concept of Law* (second edition), Oxford, Clarendon Press, 1994, pp. 189 - 194.

〔33〕 Scott J. Shaprio, Legality, The Belknap Press of Harvard University Press 2011, pp. 390 - 392.

视角出发,制度安排和体系规划在道德上是正当的和有约束力的,陈述者完全可以对这种视角报道,描述性法理学仍然是能够成立的。

三、司法裁判的双层次理论

除了本体论和方法论之外,法律实证主义集中关注的第三个领域就是司法裁判。与具体裁判方法不同的是,实证主义者乐于探讨的经常是与本体论密切相关的法律适用问题,或者说是规范意义上的裁判理论。经过一番梳理,我们发现法律实证主义的裁判理论可以总结为两个步骤:在有法律时,法官须依法裁判;在没有法律时,法官则自由裁量。不妨将这种理论称为司法裁判的双层次理论。

(一)开放结构与自由裁量命题

在早期法律实证主义那里,司法裁判问题尚未成为一个值得关注的研究对象,司法或法官只是臣服于主权和统治者命令的附属工具。到了哈特,从一种规范视角上分析司法裁判的实际运作才逐渐成为一个被认真对待的法理学问题。哈特对司法裁判的阐述有其特殊的理论背景,当时存在两种普遍流行的看法,一种是法律形式主义,这是刻板的概念法学的产物,认为法律的条文规定就代表了实际运作状况,法官如同自动售货机一般是法律的忠实奴仆;另一种是法律现实主义,它展现的是一种彻底的怀疑论立场,法律就是对法官判决的预测,真正的法律不是白纸黑字的明文规定而是左右法官做出决定的各种因素。在哈特看来,形式主义和规则怀疑论都存在过分夸大的危险,关于法律推理的真理可以在这两个极端之间寻找到。[34] 对此,哈特通过对规则的分析来揭示为何形式主义者和怀疑论者的看法都是片面的,二者都过分放大了规则某一方面的特性。

哈特对司法裁判的认识是从日常语言开始的,在大多数时候,语言的使用是明确的,说话的人和他的听众能够实现有效的交流和沟通,但有些时候,语言会出现模糊和不明确的地方,即使结合特定的语境加以理解,这种模糊性还是不能完全消除。法律是由语言进行表达的,规则的适用依附于人们对语言的理

---

〔34〕 H. L. A. Hart, *The Concept of Law* (second edition), Oxford, Clarendon Press, 1994, p. 147.

解,故而,哈特认为规则的特性与语言的这种特性是一致的,它内在于语言的性质之中。[35] 哈特将规则的这种特性称之为开放结构,简单说来,规则的中心地带是非常清楚的,由此出现的情形就是所谓的核心事例;规则的边缘地带则比较模糊,落在该领域的情形能否适用规则是不确定的。对此,哈特可以得出结论说,“形式主义只是抓住了一般性规则的典范事例,而遗漏了开放结构的边缘部分;现实主义只是抓住了开放结构的边缘部分,而遗漏了开放结构的中心部分。”[36] 开放结构为哈特分析规则的适用提供了一条中间道路,既不完全相信规则涵盖了所有现实情形,也不认为法律的规定是一回事而它的实际运行情况又是另外一回事。

对于规则如何适用而言,哈特曾经举出一个著名的例子,假如存在这样一条规则,“禁止车辆进入公园”。很明显,小汽车和大卡车必然是该规则的指涉对象,这类机动车不得进入公园;婴儿车和玩具车在一般人的常识理解中显然不适用该规则。换一种情形,救护车和消防车能够进入公园吗,特别是在紧急情况出现的时候?此时,规则出现了不确定的地方,也就是说,单凭对规则的理解我们无法判断规则能否适用于眼前情形。哈特认为,对于司法裁判来说,当规则无法或难以直接适用的时候,法官的自由裁量就应该派上用场,法官可以凭借经验和法感觉对这种疑难案件做出裁决。针对法官恣意的担忧,哈特主张法官发展法律的前提是在大部分时候和大多数案件中法官都能依法裁判,社会公众和法官自身都有一种对规则的确定性需求,“存在对确定规则的需求,它在行为的不同领域中能够足够适用于私人主体,而不用等待现时的官方指引或者临时权衡各种不同的社会事项。”[37] 法官的自由裁量则反映了法律体系中的另外一种需求,即保持开放的需要,在哈特看来,这两种社会需求都是客观存在的,我们对司法裁判活动的理解必须考虑到这两种需求。

如此一来,一种清晰的司法裁判理论逐渐浮现出来,可以作出的总结是,在

---

〔35〕 H. L. A. Hart, *The Concept of Law* (second edition), Oxford, Clarendon Press, 1994, p. 126.

〔36〕 陈景辉:《“开放结构”的诸层次——反省哈特的法律推理理论》,载《中外法学》2011 年第 4 期。

〔37〕 H. L. A. Hart, *The Concept of Law* (second edition), Oxford, Clarendon Press, 1994, p. 130.

规则的中心地带出现的情形是简单案件,此时规则是足够的,法官只须依法裁判;处于规则的开放结构之中的情形属于疑难案件,此时规则是模糊的,需要法官进行自由裁量。哈特的裁判理论是一种双层次理论,它将所有案件区分为简单案件和疑难案件,法官的裁判模式也被划分为依法裁判和自由裁量。尽管后来的法律实证主义并不完全认同哈特的这些区分,但这种双层次的裁判理论却为法律实证主义内部所接受,并成为他们对司法裁判问题的基本看法。

(二)界限总是清楚的吗

法律实证主义在不断走向精致化的过程中,学者们关注的问题领域也在发生悄然的变化,尤其是在德沃金的猛烈攻击之下,哈特以后的学者开始更加注重法官的判决。在具体的司法裁判中捍卫并完善法律实证主义的基本立场,反思哈特的司法裁判理论就是其中的重要一步。规则真的存在所谓的开放结构吗?开放结构与法官的自由裁量有着必然的联系吗?其实,我们发现法律的一般条款或规则出现所谓的开放结构并不意味着法律漏洞必然产生,因为一般条款的开放结构是一回事,规则的开放结构是另一回事,并且法律的开放结构又是一回事。[38] 换言之,语言的开放结构、规则的开放结构和法律的开放结构是三个不同的概念,哈特用日常语言来分析规则存在误解的成分。

用简单案件与疑难案件的区分来决定法官的裁判模式也是站不住脚的,一些看似简单的案件有时候却会成为长久困扰法官的实践难题。众所周知的案例是德沃金反复阐述过的,1882 年在美国发生的 Elmer 案就是一起规则非常

---

〔38〕 David Lyons, "Open Texture and the Possibility of Legal Interpretation", *Law and Philosophy*, Vol. 18, No. 3(May, 1999), pp. 300 – 301. 哈特将开放结构引入规则之中很大程度上受到了语言学家魏斯曼的影响,然而他与魏斯曼在语言特性的看法上是不同的,更重要的是,哈特忽略了在规则之外司法裁判活动能够汲取的其他法律资源。Please see, Richard J. Sclafani, "'Art', Wittgenstein, and Open-Textured Concepts", *The Journal of Aesthetics and Art Criticism*, Vol. 29, No. 3 (Spring, 1971). Also you can see, Brian Bix, "H. L. A. Hart and the 'Open Texture' of Language", *Law and Philosophy*, Vol. 10, No. 1 (Feb., 1991). As the permissive sources and legal interpretation, see John Gardner: "Concerning Permissive Sources and Gaps", *Oxford Journal of Legal Studies*, Vol. 8, No. 3(Winter, 1988), and Jan M. Broekman: "Beyond Legal Gaps", *Law and Philosophy*, Vol. 4, No. 2, Legal Reasoning & Legal Interpretation(Aug., 1985).

明确的案件,该案件几乎不存在任何事实争议,Elmer 在纽约用毒药杀害了他的祖父确定无疑,并且规则也是清楚的,按照当时《遗嘱法》的规定,Elmer 能够依据有效的遗嘱获得祖父留给他的一大笔遗产。实际情况是,审理该案件的法官意见并不一致,尽管他们都知道规则是怎样规定的,代表大多数法官意见的 Earl 法官认为立法者的意图对于理解法律规定有着重要意义,立法者显然不希望人们因为自己的过错而获益;但同样参与审理的 Gray 法官认为应该坚持法律的字面含义,承认 Elmer 的继承权,最终法院以任何人不得因自己的过错而获益的原则判决 Elmer 败诉。[39] 哈特所说的简单案件属于那些事实比较清楚和规则比较明确的情形,但这并不意味着规则的适用就是明确的,法官仍然可能进行自由裁量。

因此,在认识到划分简单案件与疑难案件的缺陷之后,拉兹将关注的焦点从案件转到争议本身。在他看来,法律争议可以区分为"受调整的争议"(regulated disputes)和"不受调整的争议"(unregulated disputes)。[40] 在前一种争议中,法官要么直接适用已经存在的法律,要么创造新的适用依据,通过区别技术推翻或改变已经存在的法律;在后一种争议中,现有法律没有提供一个正确答案,法律漏洞是真实存在的,这一方面归于语言和意图的有意或无意中的不明确,另一方面是由于相互竞争的规则存在未解决的冲突。在拉兹看来,这种不受调整的争议产生于立法者在该种情形下以一种不确定的声音或同时以多种声音表态。与哈特的划分做对比,拉兹显然意识到即使在简单案件下也存在法官制造新法的可能性,以案件是简单还是疑难来判断法官如何作出判决是有欠考虑的,以规则调整是否存在争议来审视各类案件可能是更明智的做法。除此之外,拉兹还对自由裁量命题作出了进一步的澄清,法官的造法权力与立法性权力是有性质区别的,法官在裁量有争议的案件时须受到"裁量准则"

---

〔39〕 对于该案背后的理论争议,德沃金做了详细阐述,并由此说明法律实证主义所提供的语义学标准不能对此作出说明,具体可参见 Ronald Dworkin, Law's Empire, Harvard University Press 1986, pp. 16–18。与哈特认为法律出现了漏洞不同,德沃金认为该案判决是公正的,因为他不将该案视为是"不受调整的",参见 Kenneth Einar Himma, "Judicial Discretion and the Concept of Law", *Oxford Journal of Legal Studies*, Vol. 19, p. 79。

〔40〕 Joseph Raz, *The Authority of Law: essays on law and morality*, Oxford University Press, 1979, pp. 181–191.

(laws of discretion)的控制,它指引法庭在解决法无规定的争议时行使修改法律的权力,为未来创制新的先例。[41] 既然法律漏洞存在并且不可避免,法官裁量权的行使也是必不可少的,同时,只有让裁量权的运用受到来自"裁量准则"的规范性约束,法律体系的统一性才能够得以维持,司法裁判才能不至于沦为主观恣意。

司法裁判不仅仅关涉规则是否存在,它还涉及司法活动本身。在法律漏洞不可避免这一问题上,拉兹继承了哈特对开放结构的看法,但是在法官何时依法裁判、何时自由裁量方面,他对哈特的简单认识进行了修正,裁量不仅可能存在于所谓的简单案件中,也是受限制的。在没有争议或者争议已解决的案件中,法官严格依法裁判;在争议未解决的案件中,法官有义务行使裁量权做出裁判,并且法官的裁量权受到"裁量准则"的约束。由此看来,拉兹的裁判理论其实也是一种双层次理论,它也明确划分了依法裁判与自由裁量这两个阶段,与其说是一种新的理论,不如说是哈特司法裁判理论的修正版本。

(三)司法裁判作为一项渐进的规划活动

在实证主义与反实证主义论战的过程中,司法裁判理论是双方争论的焦点之一。法律领域存在唯一正确答案吗?法律解释能够彻底消除法官的自由裁量权吗?或者说法律解释的作用限度在哪里?早就哈特提出的那个著名例子而论,富勒曾经质疑法律实证主义的自由裁量命题,因为对"禁止车辆进入公园"作恰当的目的解释完全可以得出救护车和消防车必要时应该被允许进入公园的结论,哈特过于看重规则的核心地带和边缘情形而忽视了对规则的解释问题。[42] 虽然法律解释在有些时候的确有助于引导法官对案件的裁判,但在拉兹

---

[41] 在拉兹看来,法律的社会事实属性主要决定于某种形式性渊源的存在,如果找不到这种渊源,那么法律陈述就必然是假的。因此,就渊源论而言,法律漏洞不仅是可能的而且也是不可避免的,只是法官随之而来的裁量活动最终会受到"裁量准则"(laws of discretion)的限制,please see Joseph Raz,The Identity of Legal Systems,*The Authority of Law:Essays on Law and Morality*,Oxford University Press,1979,pp. 96 – 97。

[42] Frederick Schauer,"(re)Taking Hart-Book Review about A Life of H. L. A. Hart:the Nightmare and the Noble Dream",*Harvard Law Review*,Vol 119:866. Also can see,David Lyons,"Open Texture and the Possibility of Legal Interpretation",*Law and Philosophy*,Vol. 18,No. 3(May,1999),p. 309.

看来,法律解释作用的限度终究是有限的,法律领域不仅存在表面上的漏洞,这些漏洞可以通过法律解释的手段解决,也存在所谓的真正的漏洞,无论是立法者有意还是无意的结果,法官都有义务运用裁量权进行造法。在疑难案件的问题上,德沃金建构起一套全新的概念体系为他的裁判理论服务,他主张法律实证主义的强式裁量权是不能成立的,法官不仅始终都是依法裁判,而且也能够在疑难案件中找到正确答案。德沃金认为,就像自由和民主等概念一样,法律也是一个解释性概念,它要求解释者以内在参与者的姿态投身于法律实践中,并以其最佳姿态呈现出来,要求法官以一种建构性解释的方法将不同的法律原则融贯起来,并与更大范围的原则保持一致,最终找到那个能够令当事人胜诉的先已存在的权利。在德沃金看来,实证主义的裁判理论无视理论争议的存在,不能恰当解释真实的法律实践。

长久以来,德沃金的攻击逐渐成为法律实证主义提出新的主张对自身进行完善的重要动力来源,夏皮罗在近期的著作中就在法律解释的问题上对德沃金的诠释性法理学作出了正面回应。夏皮罗认为,德沃金试图提供的其实是一种元解释理论,它旨在回答如何评估解释方法论的问题。在这种元解释理论看来,理论争议不仅是可能的,也是普遍存在的,这是由法律的解释性本质所决定的。对此,夏皮罗指出德沃金的这种元解释理论至少存在两点缺陷:其一,它违背了规划的简单逻辑命题,规划已经决定了的事项在德沃金那里成了悬而未决的,"因为德沃金主义的元解释者必须钻研道德哲学,以回答国家权力的证立问题,所以德沃金的元解释就使得之前法律机构对于这些道德问题的决定变得模糊了。"〔43〕其二,德沃金从一开始就忽视了一个至关重要的问题,即制度安排中的信任因素。通过对美国制宪过程的历史考察,立法机关和司法部门、代表与选民等不同群体间的不信任感是普遍存在的,许多制度设计都反映了当时普遍流行的相互猜疑和制衡心理。即使用德沃金的理论来分析当前的美国制度,它也是失败的,不信任遍及法律制度的各个角落,一部法律的出台往往都对能力和品质的多样性作了充分的考虑。与之相对,规划理论不仅没有忽视法律制度中的不信任,还有效利用了这种不信任的状况,规划者依据行动者的不同角色定位进行信任程度的有效配置,从而最大限度实现规划的目的。

---

〔43〕 Scott J. Shaprio, *Legality*, The Belknap Press of Harvard University Press, 2011, pp. 311 - 312.

就法律解释而言,信任与不信任的问题构成了夏皮罗司法裁判理论的核心,简单地讲,当某一社会的法律制度对法官的能力和品质充满了信任,那么该制度下的法官自然会拥有较多的自由裁量权;反之,当制度在整体上并不信任法官时,法官的裁量空间将是非常有限的,甚至只能严格依法裁判。如果将司法裁判看作整个社会规划活动的一部分,信任的有效配置问题其实是随着规划的进行而逐渐发生改变的,因为规划体现为一个渐进的过程,一开始规划只会解决一些当时认为最重要的问题,随着时间的推移,其他的重要问题也会随着法律处理能力的增强而出现,新的次级规划必不可少。[44] 对于渐进的裁判过程,我们完全可以作这样的理解:当疑难案件出现时,如果被赋予较大程度的信任,法官将会回避或推翻现有规定,甚至直接创造新法,此时一个新的次级规划在法官的引导下成为先例,逐渐融入更大范围的规范进程中;如果此时的信任是缺失的或者只具有低程度的信任,那么法官最可能做的就是依法裁判,裁量权可能是微弱的。

至此,我们也可以对夏皮罗的司法裁判理论作出简单的总结:与哈特关注案件类型和拉兹强调争议是否被解决不同的是,夏皮罗主张信任和不信任的问题才是理解法官裁判活动的关键。也就是说,当信任较多时,法官的裁量权较大;当信任不足时,法官则更倾向于依法裁判。并且,在信任与不信任的连续带上可能存在许多具体情形,法官究竟是依法裁判还是自由裁量也许只是程度问题。然而,这并不妨碍我们仍然将夏皮罗的裁判理论归结为宽泛意义上的双层次理论,当信任压倒不信任时,自由裁量将对最终的判决结果产生决定性的影响,反之亦然。

四、暂时的结论:一个走向成熟的法学流派

像任何新兴事物一样,法律实证主义也经历了产生、发展和繁荣兴盛的演变过程,通过对哈特、拉兹和夏皮罗等实证主义学者的分析,本文试图勾勒出法律实证主义的基本面貌。在求同存异的基础上,法律实证主义分别在本体论、认识论(方法论)和司法裁判理论方面展现了一以贯之的基本立场,即在回答法

---

〔44〕 Scott J. Shaprio, *Legality*, The Belknap Press of Harvard University Press, 2011, p. 279.

律是什么这一根本性问题时,无论是哈特的规则模式、拉兹的权威理论还是夏皮罗的规划理论,它们都可以归结为一种二阶理论;在如何认识法律的规范性方面,法律实证主义始终坚持认为一种客观的描述性方法是可能的;对于具体的司法裁判活动,法律实证主义提供了一种双层次理论。

法学的发展需要继承和发展,也离不开相互学习和批评。法律实证主义的发展历程为我们很好地展现了不同时代学者之间的传承和创造,在核心议题上对基本立场的坚定捍卫也许在很大程度上成就谱写了实证法学派的生命力。特别是在这个思想多元和注重道德多样性的现代社会,各种学术观点异彩纷呈,不同的学者几乎很难在所有的问题上达成一致意见,即使在同一学派内部,观点的分歧和立场的差异也是令人吃惊的。拉兹就曾注意到当人们在讨论某一特定学派的思想时存在树立稻草人的危险,"当代法律和政治哲学一个不好的倾向是一个评论者不是讨论某一个人的观点,而是某一类观点。这让他可以从一些作者的观点进行选择并建构起一个批评的目标,以至于这幅拼凑在一起的图景不是任何人的观点,所有被认为属于该立场的人实际上并不同意。"〔45〕虽然主张法律实证主义的学者在许多观点上难以达成一致,但我们完全可以在众说纷纭的主张中寻找到代表法律实证主义的核心主张,在实证主义与反实证主义的争论中,这些主张宣示了一个学派的理论解释力。

Legal Positivism: Position Theory, Method and Practice

Peng Ning

Abstract: Based on Hart, Raz and Shapiro's positivism analysis, this paper tries to draw the outline of the basic features of legal positivism. On the basis of seeking common ground while putting aside differences, legal positivism in ontology, epistemology, (methodology) and judicial referee theory showed the basic position of a consistent, namely when asked what law is the fundamental problem, whether the rules of the Hart mode, Raz's theory of authority or Shapiro planning theory, they all belongs to a kind of second order theory; In terms of how to realize

〔45〕 Joseph Raz, *Postema on Law's Autonomy and Public Practical Reasons: A Critical Comment*, 4 Legal Theory 1, 1 (1998).

the standardization of the legal, legal positivism has always insisted that a descriptive method of objective is possible; For specific judicial referee activities, legal positivism provides a double hierarchy theory.

Key words: Legal Positivism; Rules; Normative; Planning Theory

(责任编辑:张牧君)

论法家的“势”中心说及其实践*

朱 腾**

内容摘要：

法家是先秦诸子学派中最重视法律的一派，因此学界亦流行一股到法家思想中寻找现代法治要素的思潮。这种构思首要的就是回答在法家法律思想体系中，法究竟处于什么地位，它与法家的另外两个重要范畴“势”“术”之间是一种什么关系。事实上，法家学说是以“势”或君权为核心的。在这样一个思想体系中寻找现代法治的精神，必须明确目标指向与表现形式的区别。法家学说既然以尊君为要务，那么法与术就不得不从阴阳两个方面维护君权，同时法与术也在不断地畸形发展。然而，法家的问题也恰恰在于过分注重君权导致的政权合法性的缺失。秦帝国的实践已经充分说明了这一点。

关键词：

法家　法　术　势　合法性

法家是先秦诸学派中最重视法律的一派，因此学界也流行一股到法家思想中寻找现代法治要素的思潮。[1] 然而，在进行这种尝试之前，首先应当回答一个极为关键的问题，即在法家法律思想体系中“法”究竟处于何种地位，或者说

---

* 本文为中国人民大学科学研究基金（中央高校基本科研业务费专项资金资助）项目“近出简牍所见秦汉法制史料研究”（15XNB002）成果。

** 中国人民大学法学院副教授，法学博士。

〔1〕 这种思潮在清末民国即有其迹象，如梁启超就认为，法家诸子的法思想可分为两大派别，其一为法治主义，其二为包括势治主义与术治主义在内的非法治主义或者说人治主义。参见梁启超：《先秦政治思想史》，天津古籍出版社2003年版，第164页。在近十几年间，倡言法家思想与现代法治之契合处的学者仍可谓多有。参见王人博：《宪政的中国之道》，山东人民出版社2003年版，第183～194页。

“法”与法家的另外两个重要范畴“势”与“术”之间是什么关系？对这一问题的解答不仅有助于理解法家的理论，而且对法家在之于现代法治的参照性价值提供相对客观的定位。事实上，在法家的思想体系中，尊君一直处于核心地位，所谓“法”与“术”只是君主维持“势”的两种工具，韩非就说：“君无术则弊于上，臣无法则乱于下，此不可一无，皆帝王之具也。”[2] 这种倾向掩盖了法家在谈论法律时闪现出的智慧与理性的光芒。秦国的实践正是法家溃败的力证，也表明对法家思想的现代意义不应给予过高的评价。为了论证这一点，必须先明确两个前提：第一，笔者所指称的法家主要包括慎到、申不害、商鞅、韩非四人，并希望从这四个法家巨子中发现法家思想的合理性与缺陷；第二，笔者所理解的法家是一个学术共同体，孤立的思想家不足以构成一个学派，因此对法家思想的认识应当将上述四人的思想视为一个整体，并于其中探索思想的内涵及流变。以往的研究多为单独分析慎到、申不害、商鞅，最后再论述集大成者韩非。这种研究方法不宜于真正指明法家诸子思想的前后承继关系，似乎给人一种各自为战的感觉。同时，韩非对慎、商、申三人的继承决不可能是简单相加，只有将四人放在一起并置于各自的主题之下，才能真正认识到韩非与其他三者的联系。以下将循此思路逐步展开。

一、法家之势论与君主专制

法家思想有三个重要范畴，即“法”“势”“术”。关于三者的关系，学界主要有三种观点：“术”中心说（如熊十力）、“法”中心说（如杜国庠）、“势”中心说（如谷方）。[3] 笔者倾向于第三种观点，这可以从商鞅、慎到以及韩非的论述中获得明证。

《尹文子·大道上》云：“势者，制法之利器，群下不可妄为。”非常明显，“势”就是君主统有天下的权位。商鞅虽然没有直接使用“势”这一概念，但也提出一个近乎类似的名词——权。“权者，君之所独制也”。[4] 尽管商鞅推崇

---

〔2〕 韩非：《韩非子新校注》（下册），陈奇猷校注，上海古籍出版社 2000 年版，第 957 ~ 958 页。

〔3〕 参见谷方：《韩非与中国文化》，贵州人民出版社 2001 年版，第 169 ~ 170 页。

〔4〕 蒋礼鸿：《商君书锥指》，中华书局 2014 年版，第 82 页。

君权,但是他又是一个"法治"主义者,这就使他必须处理君权与法权之间的关系,在这方面商鞅是一个君权胜法权的典型。商鞅认为国家的治乱寄于君主一身,法律只不过是维护君权的手段,"夫利天下之民者莫大于治,而治者莫康于立君。立君之道,莫广于胜法,胜法之务莫急于去奸,去奸之本莫深于严刑"。[5] 同时,商鞅否认君主的圣人化,他指出君主的德行、智力并不是最出众的,君主必须依赖法维持至高无上的权位。"凡人主德行非出人也,知非出人也,勇力非过人也。然民虽有圣知,弗敢我谋;勇力,弗敢我杀;虽众,不敢胜其主;虽民至亿万之数,县重赏而民不敢急,行罚而民不敢怨者,法也"。[6] 基于此,商鞅将君主的地位完全建立在实力的基础之上,"国之所以重,君之所以尊者,力也"。[7] 这种一味推崇实力的政治观点将法权完全置于君权的控制之下,商鞅设想的"君臣共操"之理想绝无实现的可能,相反却转变为"强权即公理"的霸术。事实上,造就一个实力强劲、上下一心、君主独尊的帝国本就是商鞅的心愿,在此过程中君主已成为可怕的"权力利维坦",在君主之上没有任何客观的价值准则足以形成制约。在这一点上,韩非传承了商君的事业,并将"法""术"理论异化,使君主成为恐怖的、深不可测的独裁者,恰如萧公权先生所说:"其势治之论,不问君主之行为如何,而责臣民以无条件之服从。于是君主本身遂成为政治之最后目的,唯一之标准,而势治成为君主专制最合逻辑之理论。"[8]

与商鞅的极端尊君不同,慎到虽然直接提出了"势"这一范畴,但他又是比较坚定的黄老思想的拥护者,故在君主之上设置了"道"这个永恒的宇宙运行法则作为权力的制约。他基于黄老学的立场,明确主张君主的行为应受到"道"的限制,如"以道变法,君长也","小人食于力,君子食于道,先王之训也"。[9] 他所说的"道"是宇宙运行法则的同义语,"古之全大体者,望天地,观江海,因山谷,日月所照,四时所行,云布风动,不以智累心,不以私累已"。[10] 可见,慎到

---

〔5〕 蒋礼鸿:《商君书锥指》,中华书局2014年版,第58页。

〔6〕 同上注,第111页。

〔7〕 同上注,第139页。

〔8〕 萧公权:《中国政治思想史》,辽宁教育出版社2001年版,第216页。

〔9〕 《诸子集成》,浙江古籍出版社1999年版,第928页。

〔10〕 同上注,第928页。

的观念里仍残留有“天人合一”的痕迹,他并不为君权的绝对膨胀张目。相反,他的理想是以社会之外的权威制约国家权力的中心——君主,尽管这种制约也许只能停留在观念上。换句话说,慎到将君权的合法性寄托在宇宙法则的层面,从而使君权获得永恒存在的理由,这一点显然是商鞅所不能理解的。当然,不容置疑的是,慎到的目的仍然在于维护君权的至高无上性,只不过将这种至高无上性局限于人类社会之中,以慎到理论为提纲或许能构建起理性化的君主统治。可惜的是,韩非对慎到的继承仅流于形式,而将商鞅的强权政治发挥到了极至。

韩非生活的时代是统一帝国即将形成的时期,秦帝国统一六国之势已无可阻挡。韩非顺应这一形势,又大倡尊君理论,“万物莫如身之至贵也,位之至尊也,主威之重、主势之隆也”。[11] 他认为,君臣之间没有任何排除利益之外的联结因素,君主驾驭臣下只能依靠法、术两种手段,而势则是法、术之威慑力的来源。“人臣之于其君,非有骨肉之亲也,缚于势而不得不事也”。[12] 韩非认识到了权势对君主的极端重要性,因此他主张君主应当独揽权势。更为关键的是,韩非之重势采取严格的君主主义立场,他指责关龙逢、比干等六人为“疾争强谏以胜其君”。[13] 可见,他甚至不能容忍直臣对君主的强烈对抗。同时,他主张的“势”是使君主对所有的子民都实行有效的控制,绝不允许隐士的存在。他认为,隐士“见利不喜”“临难不恐”,是“不令之民”,这种对抗政府的消极态度使韩非所倡导的赏罚的效力化为乌有,他们无政府主义的立场是君主主义的大敌,所以韩非坚决主张“除之”。

在“势”的维持上,韩非同意商鞅的观点,“是故力多则人朝,力寡则朝于人,故明君务力”。[14] 然而,“力”依靠什么得以形成并扩大呢?这就涉及韩非“人设之势”的理论。韩非认为,慎到所说的“势”是一种“自然之势”。事实上,韩非抽掉了慎到“自然之势”背后隐伏的一任自然的黄老理念,而他对慎到的继承又是不彻底的。他同样不认同君主的圣人化,其目的就是要替“中人之主”寻找维持权势的方法,这就是所谓“抱法处势”的理论。韩非宣称:“无庆赏之功,刑

[11] 韩非:《韩非子新校注》(上册),陈奇猷校注,上海古籍出版社2000年版,第59页。

[12] 同上注,第321页。

[13] 同上注,第971页。

[14] 同上注,第1141页。

罚之威,释势委法,尧舜户说而人辩之,不能治三家。"[15]这就表明,君主维持权势必须借助赏罚的力量,法律转而成为君主维持权势的工具。可以肯定,韩非所谓"人设之势"实质上是君主毫无制约的至尊权力,并且借助法与术的力量从阴阳两个方面强化势的权威。在这一改造过程中,韩非扫荡了慎到"势"论中残存的黄老信念,只采用了其"势"论的表面理想并直接导致了此种"势"论的沦陷。同时,韩非不仅继承了商鞅的权论,而且增添了"术"的要素,使其权论继续向集权主义方向迈进。韩非的"势"论显然非常适合统一帝国君主专制统治的展开,因此韩非明言:"凡明主之治国也,任其势。"[16]尽管韩非也有使天下长治久安的关怀,并且在行动上也已设计了"中人之主"执政的方案,期望借此避免"必待贤"而出现的"乱多于治"的现象。但是,韩非理论所造成的消极影响远远超过了他的人文关怀,使"势"真正成为"胜众之资"。

应当说,法家学说的目的在于维护君主的权威,构造统一帝国的新政治秩序。然而,权力对社会的危害也是客观的,"赤裸权力用于混乱非常之时,不啻为救急之药,但它也正是人类的灾害和悲剧的主要来源。爱好权力是人类最强烈的一个动机,因此,每一个掌权的人都想扩大他的权力,而且贪婪不休"。[17]权力至上论使法家法治理念黯然失色,法家法治只能是君权的附随物,这一点在法家对法定义的空缺上就可以看出来。毋庸置疑,法家理论对当代的正面价值应当立足于一个前提之上,即它应当接受全面改造,法律本身须得到更多的强调。

二、法家之术论与君臣关系

上文已经指出法家以法、术两种手段从阴阳两个方面维护君主的至尊地位,但法、术有较大的区别,萧公权先生认为法与术的区别主要有三点:"法治之对象为民,术则专为臣设,此其一;法者君臣所共守,术则君主所独用,此其二;

〔15〕 韩非:《韩非子新校注》(下册),陈奇猷校注,上海古籍出版社2000年版,第946页。

〔16〕 同上注,第918页。

〔17〕 王赞源:《中国法家哲学》,东大图书公司1989年版,第156页。

法者公布众知之律文，术则中心暗运之机智，此其三。”[18]这就是说“术”是独立于法之外、为君主所专有的驾驭群臣的手段。从申不害、韩非的论述来看，“术”更多的是阴谋权术的总称。

“术”论的理论渊源有两个：其一为黄老道家的无为理论。申不害、韩非皆“本于黄老”，他们自觉地将道家“无为”理论用于术治之中。申不害就说：“善为主者，倚于愚，立于不盈，设于不敢，藏于无事，窜端匿疏，示天下无为”。[19]申、韩认为，君主表露自己的欲望，就会被大臣所乘，最终导致君主身死国亡，如齐桓公之于易牙、竖刁、公子开方就是一个极好的例子。唯有采取道家“虚”的作法，表现出无所作为的样子，才能将臣下的举动一览无余，“独视者谓明，独听者谓聪，能独断者，故可以为天下王”。[20]然而，申、韩使用的所谓“道家”理论实为老子理论之变种。道家的“虚静”欲使人保持一种朴素的心境，此种理论经申、韩的改造已经成为一种君臣各自心怀鬼胎的斗争术以致严重扭曲了道家的本意。“吾人若舍历史渊源而仅据思想之内容论，则道法二家思想之相近者皮毛，而其根本则迥不相同”。[21]其二为法家之人性论。“故舆人成舆，则欲人富贵；匠人成棺，则欲人之夭死也。非舆人仁，而匠人贼也。人不贵，则舆不售；人不死，则棺不买。情非憎人也，利在人之死也”。[22]可见，人情“好利恶害”本亦无所谓善恶，只是利益的驱动使人们做出选择。韩非将这种理论运用到政治领域，转而构建起一种令人悚惧的君臣关系。韩非认为，君臣之间的利益各不相同，“主利在有能而任官，臣利在无能而得事；主利在有劳而爵禄，臣利在无功而富贵；主利在豪杰使能，臣利在朋党用私”。[23]基于此，他进一步得出一个结

---

[18] 萧公权：《中国政治思想史》，辽宁教育出版社2001年版，第231页。

[19] 魏征等编撰：《群书治要》，鹭江出版社2004年版，第589页。

[20] 韩非：《韩非子新校注》（下册），陈奇猷校注，上海古籍出版社2000年版，第783页。

[21] 萧公权：《中国政治思想史》，辽宁教育出版社2001年版，第236页。

[22] 韩非：《韩非子新校注》（上册），陈奇猷校注，上海古籍出版社2000年版，第322～323页。

[23] 同上注，第251页。

论:“君以计畜臣,臣以计事君,君臣之交,计也。”[24] 这就表明,韩非对政治忠诚抱以彻底失望的态度,利益的驱动将使君臣变成互相计算、钩心斗角的竞争对手。恰如韩非在《八奸篇》中所列举的八种奸情一样,政治已经变为没有硝烟的战争,君主必须有术驾驭臣下,否则不但君位不保,甚至可能丧失性命。“人主者不操术,则威势轻而臣擅名”。[25]

韩非的术论在法家诸子思想体系中最为成熟。《韩非子》中直接谈到“术”的主要有两条记录,其一为《定法》篇所云之“用人术”:“术者,因任而授官,循名而责实,操杀生之柄,课群臣之能者也。”其二为《难三》篇所载之“御奸术”:“术者,藏于胸中,以偶众端而潜御群臣者也。”这两种“术”并不是学界通常介绍的似乎毫无关联的手段,而是前后承继的政治过程。首先,对君主而言,凭借一人之力不可能治理好一个庞大的帝国,所以“得人”就是极为必要的。对此,韩非完全否认儒家的“德治”。依儒者看来,君主要寻求德才兼备的良臣是极难之事;韩非却认为,只要有官爵与赏赐的诱惑,人才将蜂拥而至,“然则君人者,无道贤而已矣,索贤不为人主难。且官职,所以任贤也;爵禄,所以赏功也。设官职,陈爵禄,而士自至,君人者奚其劳哉”?[26] 这当然是以他的绝对尊君理论为基础的,因为在韩非的眼中君主具有极大的号召力,无政府主义者是刑罚的对象。关键问题在于如何辨别良莠不齐的众臣,“用人术”的用武之地就在与此。“为人臣者陈而言,君以其言授之事,专以其事责其功。功当其事,事当其言,则赏;功不当其事,事不当其言,则罚。故群臣其言大而功小者罚,非罪小功也,罚功不当名也;群臣其言小而功大者,非不说于大功也,以为不当名也害甚于有大功,故罚”。[27] 这就是韩非“因任而授官,循名而责实”的精义所在,他欲使臣下进其技能并以官职验证,言行一致方为称职,遂使群臣不能夸夸其谈。然而,此种严格的“循名责实”论的缺陷——机械主义也是极为明显的。另外,群臣的存在又会使君主陷入权力危机。“任人以事,存亡治乱之机也……任人

〔24〕 韩非:《韩非子新校注》(上册),陈奇猷校注,上海古籍出版社2000年版,第366~367页。

〔25〕 同上注,第832页。

〔26〕 同上注,第882页。

〔27〕 同上注,第126页。

者,使有势也”,[28] 臣下之所以能令行禁止,是因为臣下代表君主的威势。但是,臣下一旦图谋不轨,就有可能权倾朝野,君主反而受其挟制,这种现象在中国历史上屡见不鲜,所谓“挟天子以令诸侯”就是典型。韩非基于他一贯的尊君立场,就替君主策划了“御奸术”以排解君主之忧虑。他要求君主表面上表现得一无所知,实质上则全面掌握臣下的众多信息,任何时候都可以出其不意地予以打击,这样的君主当然是群臣所难以捉摸的,足以获得了“神”的美誉。其实,在这种美誉的背后掩藏着群臣的恐惧与无奈,而这恰恰就是韩非追求的效果,“明君无为于上,群臣悚惧乎下……是故不贤而为贤者师,不智而为智者正。臣有其劳,君有其功,此之谓贤主之经也”。[29] 非常明显,在韩非的理论中,群臣已经没有独立的人格,他们只是君主成就功业的工具和逃脱政治责任的替罪羊。在这样的政治秩序下,君臣之间确实不能是信义的联合,而是利益的聚集与恐惧的汇合。他的真正逻辑是:君主应当绝对凌驾于群臣之上,只要对尊君有利,手段在所不问。不过,合理的现实是,能将韩非之术运用得出神入化的君主绝不可能是“中人之主”,养在深宫中的帝王不被群臣蒙蔽则很难想象。历史上宦官专政、外戚当道的重复上演表明,术只能是秦皇、汉武那样的君主所掌握的利器。韩非之术将使中国的君主政治异化为揣测政治,端坐在朝堂之上的君主已经不是富有人情味的天子,而是冷漠和恐怖的权力掌握者,恰如张荣明教授所说:“先秦诸子哲学百家争鸣,最后争到这等地步,就深度而言,是中国古代政治哲学的万幸;就实践而言,是中国政治的大不幸,它酝酿着一场巨大的政治灾难。”[30]

三、法家法论之全面考察

法家法治理论的兴起与他们的变法观念紧密相关。《商君书·开塞》篇将人类社会的发展分为上世、中世、下世三个阶段,并认为,依法而治是战国形势

[28] 韩非:《韩非子新校注》(下册),陈奇猷校注,上海古籍出版社 2000 年版,第 1024 页。

[29] 同上注,第 67 页。

[30] 张荣明:《中国的国教——从上古到东汉》,中国社会科学出版社 2001 年版,第 159 页。

所趋,圣人治国应当以时而动,否定礼治、提倡法治本就是爱民、便民之举。“治国不一道,便国不法古”。[31] 显然,商鞅立足于历史发展的潮流,认为法律的凝固并不是时代的福音。就此,韩非也有类似的论断,《韩非子·五蠹》云:“上古竞于道德,中世逐于智谋,当今争于力气。”事实也确是如此,战国时代的诸国不论强弱,为了生存与发展,不推崇农战、法治是难以想象的,而一旦实行变法,就有称雄一时的可能性。同时,韩非又主张:“孔子、墨子俱道尧舜,而取舍不同,皆自谓真尧舜,尧舜不复生,将谁使定儒墨之诚乎?”[32] 这就是说儒墨所提倡的先王政治是无从考证的,因此韩非主张:“法与时转则治,治与世宜则有功。”[33] 他以功利的眼光判断法律的适时性,以为既然古代之法不适合当今之世,就应该被废止。从这一点上说,法家未被历史习惯所囿,是诸子中的识时务者。关键是,法家在因循与变革之间走向极端,认为当今之世胜过古代之世,期望彻底扫除在战国依然提倡礼治的儒家。这种狂飙疾进的论调实质上是以否定礼治里残留的历史精神为代价来肯定法治的合理性。从这一点上看,法家的法是完全脱离历史的新时代的法,因此建基于此种法治理论之上的君主统治也就缺乏传统的支持。

虽然法家倡导法治,但是综观法家典籍,并没有关于法的实质性定义,更多的是关于法的平等性、公开性等特征的描述。换句话说,法家的概念体系中并没有法的明确定位。即便是《管子》将法比作权衡、尺寸等准则,似乎意味着法律具有规则的含义,但这种定位仍不能令人满意,因为它只是部分触及了法的规则性,而且这种形象化的比喻本就表明法家缺乏对法的抽象思考。梁启超先生云:“彼宗动以衡量尺寸比法,谓以法量度人,如尺之量度布帛,衡之度土石,殊不知布帛土石死物也,一成不变者。故亦以一成不变之死物如衡尺者以量度焉,斯足矣。人则活物也,自由意志之发动,日新而无朕,欲专恃一客观的‘物准’以穷其态,此必不可得之数也。”[34] 梁氏的论断实际上已点破了法家缺乏抽象的法概念的原因,即法家仅将法视为工具理性,他们只需要一种评价人们行

[31] 蒋礼鸿:《商君书锥指》,中华书局 2014 年版,第 5 页。

[32] 韩非:《韩非子新校注》(下册),陈奇猷校注,上海古籍出版社 2000 年版,第 1124 ~ 1125 页。

[33] 同上注,第 1178 页。

[34] 梁启超:《先秦政治思想史》,天津古籍出版社 2003 年版,第 178 页。

为的“物准”,并无纯粹的法意识。前文也已指出,法、术皆为君势之附随物,因此法家的考虑只在于选择什么样的法律表现形式以适应君主集权的要求。戴东雄先生对此问题的认识可谓深刻:“一如人类借精神活动,知道如何适应历史演进中的社会生活阶段,法律借法意识,知道如何适应时代之精神和配合社会环境之需要以便保持有效的拘束力。”[35]《韩非子·二柄》云:“明主之所导制其臣者,二柄而已矣。二柄者,刑德也。何谓刑德?曰:杀戮之谓刑,庆赏之谓德。为人臣者畏诛罚而利庆赏,故人主自用其刑德,则群臣畏其威而归其利矣。”非常明显,法家所指的“法”实际上就是刑赏。

法家选择刑赏作为法律的表现形式是以“好利恶害”的人性论为基础的。他们对“好利恶害”的人性的对策是“因”,即顺人性而治,所以设赏使民趋利、置刑使民畏罪。“故善为主者,明赏设利以劝之,使民以功赏而不以仁义赐;严刑重罚以禁之,使民以罪诛而不以爱惠免。”[36]更重要的是,法家认为,顺应人性施治的目的是实现类似于道家“无为而治”的治局。因为法律是顺应人情的,民众之所以得赏或受罚完全在于自己的功与罪,与君主的作为毫无关系,所以君主“操无为之术”就可以治理好天下。韩非的论述最能说明法家的此种高远理念:“今有功者必赏,赏者不得君,力之所致也;有罪者必诛,诛者不怨上,罪之所生也。民知诛赏皆起于身也,故疾功利于业,而不受赐于君。”[37]法律的效果如此微妙,法家因而希望将法律适用于所有领域,“故明主慎法制,言不中法者不听也,行不中法者不事也,事不中法者不为也”。[38]法家以为,人类的理性可以为人的所有行为设立模型,使他们都划一行动,从而形成固定的、稳态的、连续的社会秩序,所以《睡虎地秦墓竹简》所展示的《秦律》的细密达到了令人叹为观止的程度。事实上,法家对其法治的过度自信忽略了一个真正的现实,即人类的理性只能分析看得见的过去和解释生活于其中的现在,却永远不可能精确透视现实的每一个角落,也不可能毫无差错地预见到未来的全部走向,所以试图以法律穷尽社会生活的全部准则只能导致法律本身的恶性膨胀和经常变

[35] 戴东雄:《管子的法律思想》,中央文物供应社1985年版,第122页。

[36] 韩非:《韩非子新校注》(上册),陈奇猷校注,上海古籍出版社2000年版,第293页。

[37] 同上注,第906页。

[38] 蒋礼鸿:《商君书锥指》,中华书局2014年版,第132~133页。

动。这或许可以称之为法家的法律空想主义。

尽管如此,法家诸子依然坚信其“刑赏观”的绝对性,所以他们进一步设想了这些“刑赏观”所必须具备的使它们得以切实贯彻的特征。这些特征确实体现了法家在思考法律问题时发出的耀眼的智慧之光,他们列举了法的平等性、适时性、确定性等品德。更难能可贵的是,法家提出法应当具有可行性,“故夫知者而后知之,不可以为法,民不尽知。贤者而后知之,不可以为法,民不尽贤。故圣人为法,必使之明白易知,名正愚知徧能知之”。[39] 法家的这种理论显然系针对儒家的“德治”所发。他们以为,法律的功效并不是维持一种高尚的道德,而是为了维持社会最基本的秩序框架;如果法律尽为圣人而设,那么大多数人都将成为刑罚的对象。这种论述显然已经深入到了法律与道德、认知等关系的思考,在那样一个混乱不堪的时代提出如此精深的理论,确实令人佩服法家卓越的思维能力。然而,对一种思想的评价不仅要看到表面的形式意义,更要看到它的目标指向。法家对法的众多颇有价值的探讨并不是针对法律本身的思考,而是认为只有具备这些特征的法律才能维护君权和富国强兵。换句话说,法家尚法的目的是鼓励农战与尊君隆上,法律本身仍然是附随物。他们并不认同道德因素的价值,“诗书礼乐善修仁廉辩慧,国有十者,上无使守战”,[40]“故明主之国,无书简之文,以法为教;无先王之语,以吏为师,无私剑之捍,以斩首为勇”。[41] 这些都足以说明法家是极端排斥道德因素的,如果能将法律中的道德因素剔除干净,那绝对是他们最想见到的。法家将道德因素等同于儒家等其他学派的残迹,从学派斗争引向法律的净化,也就不可能到实证法外部寻找高于实证法的评价准则(慎到的道论已经被韩非清除)。可以肯定地说,法家法论的目标定位使其诸多合理因素黯淡无光,法家思想与当代法治理念的契合也许只能看作一种貌合神离的瞬间对视。这一点在法家的重刑主张中表现得尤为明显。此说的理论基础与现代刑法学中所说的“一般预防”相似。《商君书·去强》云:“以刑去刑,国治;以刑致刑,国乱。故曰:行刑重轻,刑去事成,国强;重重而轻轻,刑至事生,国削。”法家的目的并不只是折磨业已触犯刑律的罪犯,

---

〔39〕 蒋礼鸿:《商君书锥指》,中华书局 2014 年版,第 147 页。

〔40〕 同上注,第 23 页。

〔41〕 韩非:《韩非子新校注》(下册),陈奇猷校注,上海古籍出版社 2000 年版,第 1112 页。

而是要使具有功利心的他人畏于刑罚的威慑力不敢再实施犯罪,以此实现"以刑去刑"的目的。从这一角度立论,法家认为,为了实现"去刑"的理想先实行重刑是可以理解的,"故法之为道,前苦而长利;仁之为道,偷乐而后穷。圣人权其轻重,出其大利,故用法之相忍,而弃仁人之相怜也"。[42] 然而,法家似乎并不明白,人们守法不仅仅因为对刑罚所带来的身体苦楚的畏惧,而且还有可能出于习惯、理性或者是暂时的抵抗力的缺乏。刑罚本就代表着恶,依法家的人性论人们应当避免刑罚的恶,但是一味依托刑罚、忽略人类情感之多样性所形成的高压统治秩序是不可能长久的。贝卡利亚就指出:"人的心灵就像液体一样,总是顺应着周围的事物,随着刑场变得日益残酷,这些心灵也变得麻木不仁……严峻的刑罚造成了这样的一种局面:罪犯所面临的恶果越大,也就越敢于规避刑罚,为了摆脱对一次犯罪的刑罚,人们会犯下更多的罪行,刑罚最残酷的国家和年代,往往就是行为最残酷、最不人道的国家和年代。"[43]

德国法学家拉德布鲁赫认为法律应当考虑三种观念:正义、权宜和确定性。[44] 拉氏主张法律的三种观念时常处于矛盾之中,考虑了一点往往忽视了另一点,那么当它们处于矛盾之中而不可调和时应当以何为先呢?"二战"以后,拉氏认为应当以正义为先,秩序的稳定性不能以牺牲人类的福利为代价。照此理论,法家法论显然只考虑了法律的秩序价值,对于君主统治下小民的苦楚,他们不闻不问。这种法治(确切地说是严刑之治)不符合正义准则,它只适合乱世的一时整顿,而不能用于长久的永恒未来,这正是法家理论的极大缺陷。

四、秦帝国的实践所暴露的法家的问题

对一种思想的考察,如果只停留在理论上,那么仍不免囿于片面。法家之"势"中心论的良否必须以贯彻其理论的秦帝国之实践的成败来品评,这才是"活法"和法律的经验形态。秦帝国是东周诸国分裂、战乱四起的混乱局面的终

〔42〕 韩非:《韩非子新校注》(下册),陈奇猷校注,上海古籍出版社2000年版,第1011页。

〔43〕 [意]贝卡利亚:《论犯罪与刑罚》,黄风译,中国法制出版社2002年版,第50页。

〔44〕 参见[美]E. 博登海墨:《法理学、法哲学与法律方法》,邓正来译,中国政法大学出版社2001年版,第177页。

结者,但历史并不畏惧始皇帝的个人威势,也不会陶醉于他的个人魅力,其帝国的迅速灭亡足以证明他所迷信的法家政治哲学存在致命弱点。贾谊在《过秦论》中指出:“仁义不施,攻守之势异也。”这一论断已点破了秦朝灭亡的直接原因,但秦朝不适合形势的举动并不限于“仁义不施”。事实上,“仁义不施”既是秦帝国政权建设不足所引发的病症,又是其政权合法性缺失得以表现出来的原因。

秦孝公元年,“秦僻在雍州,不与中国诸侯之会盟,夷狄遇之”。〔45〕 秦国急需的是国力强盛的帝国雏形,商君的两次变法使秦迅速崛起并奠定了以后统一的基础。但是,商鞅已经指出了秦国的隐患:“然亦难以比德于殷周矣。”〔46〕非常明显,商鞅已经看出,秦独尚武力并不能造就万世一系的永恒帝国,但囿于战国之形势,秦国君臣也确实无暇思考政权本身的合法性问题。秦统一以后,这一问题就摆在了嬴政面前,而在这一历史时刻,秦的败象逐渐显露。秦始皇至二世似乎没有想过改变短视的法家主义功利策略,仍然实行严刑酷法之治,秦帝国已积重难返。从这一点上说,秦帝国的君臣并不是严格的法家主义者,因为他们没有贯彻法家“世异则事异”“世异则备变”的灵活历史观。

那么,秦帝国在政权建设上的不足究竟体现在哪里呢?春秋战国以来,西周时期提倡的“以德配天”理论被不断弱化,君臣之间转向“利”与“力”的竞争与服从关系。法家针对这种局势,主张以“法”“术”“势”重构君主的无上权威。然而,法家的努力实际上是在“尚力”政治上走得更远,他们的治国方略是一种以毒攻毒的政策,同时也暴露出法家本身的急功近利。如果以马克斯·韦伯的支配合法性理论审视法家的法律学说,那么其政略在政权建设上的缺陷可谓非常明显。韦伯认为,合法性来源于三个方面:一为“永恒的昨日”的权威;二为个人身上超凡的恩典之赐;三为人们对法规成文条款之安定性的信任。〔47〕 法家以一种今胜于古的论调扰乱了历史的连续发展,在观念上不认同礼治精神就是不信任以往的历史经验,到秦朝君主当然已难为“永恒的昨日”的权威了,而只能是至高无上的新权力集合体。以法规立论,法家的法缺乏正义性思考,人民甘

〔45〕 司马迁:《史记》,中华书局2011年版,第202页。

〔46〕 同上注,第2228页。

〔47〕 参见[德]马克斯·韦伯:《韦伯作品集Ⅰ:学术与政治》,钱永祥等译,广西师范大学出版社2004年版,第198~200页。

屈于刑罚之下只是一种威慑的反映,所以秦帝国沿用并发展法家的重刑理论必然无法构建正当性的根据。唯一有希望成为秦帝国之政权的合法性依托的是韦伯所说的“个人身上超凡的恩典之赐”,这是一种对英雄人格的皈依,但这种合法性的存续要求君主具有极大的人格魅力。如果说秦始皇可以借此维系自己的统治,那么秦帝国再难出现第二个秦始皇,因此秦帝国的“卡理斯玛支配”不可能长久存在。无论如何,秦帝国对法家的信奉必然造成政权合法性的缺位。然而,在秦统一六国的丰功伟业成就之时,当政者的思维惯性使得法家理论继续高扬,其政权缺乏合法性来源的危机被无意识地忽略。事实上,秦朝建国之初恰恰是重建合法性的最好时机,因为时人对秦始皇的畏惧已经转化为一种权势崇拜,刘邦对秦始皇的赞叹足见当时普遍的社会心理。同时,秦相吕不韦组织撰写的《吕氏春秋》“以道德为标的,以无为为纲纪,以忠义为品式,以公方为检格,与孟轲、孙卿、淮南、扬雄相表里也”,[48]实在是为秦帝国合法性建设提供了极好的蓝图。但是,吕不韦死后,“其舍人临者:晋人也,逐出之;秦人,六百石以上夺爵,迁;五百石以下不临,迁,勿夺爵”。[49] 秦始皇对《吕氏春秋》的抵制态度于此可见一斑。

不采用《吕氏春秋》所述之政略并不意味着秦始皇不欲寻找秦政权的合法性依据,事实上秦始皇对此问题的认识是矛盾的。秦帝国建国之初,嬴政与其臣下曾用“五德终始论”为自己的帝国寻找合法性来源,但嬴政“议帝号”一事所展现出来的政治心态就已暗示先前的努力将以失败告终。当时,臣下曰:“臣等谨于博士议曰:‘古有天皇,有地皇,有泰皇,泰皇最贵。’臣等昧死上尊号,王为‘泰皇’,命为‘制’,令为‘诏’。天子自称‘朕’。”秦始皇的态度是:“去‘泰’,著‘皇’,采上古‘帝’位号,号曰‘皇帝’,他如议。”[50]可以看出,嬴政“议帝号”的目的在于标榜自己的伟业,而臣下的建议也已使他超越天地,因为“泰皇”较之“天皇”、“地皇”为高。然而,嬴政并不满足于此,他不愿意与任何人并肩,因而改称“皇帝”。这表明在观念上,秦始皇抵制任何对其权力的制约,并认为天地之间应以他为至尊,这种理想无疑是法家“尚力论”发展到登峰造极的恶果。

---

[48] 吕不韦:《吕氏春秋新校释》“吕氏春秋序”,陈奇猷校释,上海古籍出版社 2002 年版,第 2 页。

[49] 司马迁:《史记》,中华书局 2011 年版,第 231 页。

[50] 同上注,第 236 页。

其后,事态的发展更进一步暴露了秦始皇意欲拥有超越一切之权力的企图:他封禅泰山是为了向天地昭示他的伟业,而在南渡淮水时遇到湘神作乱,“于是始皇大怒,使刑徒三千人皆伐湘山树,赭其山”。[51] 这说明秦始皇根本不尊重所谓“湘水之神”,在他的观念里没有权力的合法性概念,他只认同自己的无上尊严。这种既希望得到神灵庇护,又不认同神灵制约的矛盾心理恰恰反映了秦朝在政权建设上的严重不足。进一步说,陈胜、吴广起义时的口号——“王侯将相,宁有种乎”实为春秋以降天道陵迟,统治者一味尚力、权力合法性沦落所酿成的危机的全面爆发。可见,权力合法性的空白乃秦帝国灭亡的重要原因,只需一根导火索就可将这个缺乏合法性的帝国推入深渊,而贾谊所说的“仁义不施”大概就是这根导火索。

应当说,秦帝国的灭亡预示着法家理论的彻底崩溃,也表明纯粹法家理论不能维持社会的长治久安。尽管秦帝国的灭亡带有悲剧色彩,但中国历史似乎必须承认这样一个帝国的存在价值。否则,世人恐怕不会对法家理论展开痛定思痛的反思,而纯粹法家统治得以维持对中国古代政治与法律的发展很难说是一件幸事。因此,秦帝国这一法家的执行者以其崩溃证实了一种治国模式的告退,“历史的发展,不是兵刑的连续史,而是正心、天心永恒跳动的符号记录”。[52]

五、小　　结

法家是春秋战国(尤其是战国)时期一个具有深远影响的学派,到战国末期终于成为显学,而秦帝国的建立则是法家对其他学派的彻底胜利。然而,法家仅为适应战国时期的形势所生之思潮,其学说缺乏细致的形而上建构,这恰恰是其先天不足。秦帝国的失败使继秦而起的汉帝国必须完成寻找政权合法性的任务,否则汉又将重蹈覆辙。如果从这个角度考虑,那么叔孙通制礼、董仲舒的天道观的提出等历史现象也许将获得全新的解释。以后的历代王朝并没有忽视法家的作用,而是以儒家思想将法家学说改造为富有人性、弹性十足的与帝制时代相适应的法治理念。儒、法之间不再是绝对排斥的关系,而是交融成一种互补的为政策略。法家的先天不足表明当代人对传统文化的认识应当明

[51] 司马迁:《史记》,中华书局 2011 年版,第 248 页。

[52] 黄公伟:《法家哲学体系指归》,商务印书馆 1983 年版,第 457 页。

确其表现形式与目标定位的区别，简单的认同或者彻底的抛弃都不是一种对传统的负责态度，也不是对历史的真正理解和崇敬。

On the theory of Power and Its Practice of Legalist

Zhu Teng

Abstract: Among all the schools in the period of Pre-Qin, legalist gave the law most importance, so the academy nowadays is accustomed to seeking factors of modern theory of the rule of law in the thought of legalist. In this standpoint, the most important question which should be answered is the status of law in the system of the legal thought of the legalist, and what the relationship between the law and the other two important categories, power and political trickery, of legalist is. In fact, the theory of legalist centralized on the power. In order to seek the spirit of modern theory of the rule of law in such theory, it is necessary to distinguish the aim of it and the form of it. Since the legalist focused on worshipping the king, law and political trickery must protect the power of the king overtly and covertly, and finally developed abnormally. However, the defect of the theory of legalist is just the lackage of legitimacy because of overweight on the power. The practice of Qin had already proved it.

Key words: Legalist; Law; Political trickery; Power; Legitimacy

(责任编辑：安恒捷)

信访的类型化及其法治展望

刘 磊*

内容摘要：

结合基层信访治理困境和国家政治行政运行，分析信访制度的运行过程和功能定位。把信访案件分为政策在位型信访、政策缺位型信访和无理型信访，将信访制度的功能分为国家意志表达的政治功能和国家意志执行的行政功能。不同类型信访案件处理过程中，信访功能定位的侧重点有差异。政策在位型信访和政策缺位型信访是当前信访案件中的主流，无理型信访是信访案件中的支流。信访制度法治化改革中的主要矛盾在于，如何有效应对政策在位型信访和政策缺位型信访，以此为基础理顺信访的政治功能和行政功能，探寻法治化改革路径，适应国家与社会关系的新变化。

关键词：

信访类型划分　功能定位　主要矛盾　法治化改革

一、问题的提出

信访制度是我国的一项承载多种功能的重要制度设置，其出发点是中国共产党的群众路线。进入20世纪90年代以后，信访数量居高不下，形成信访洪峰。特别是近年来，信访制度在运行中陷入困境，有关信访制度的完善问题，甚至存废之争，成为重要话题。从概念界定来看，信访有广义和狭义之分。广义的信访是指公民、法人或其他组织向各级党委、政府、人大、公检法机关、人民政协、人民团体等机构以各种方式反映情况，提出建议、意见、申诉、控告或检举的

* 四川大学法学院博士研究生。

活动。狭义的信访是指行政信访,按照《信访条例》第 2 条规定,是指“公民、法人或者其他组织采用书信、电子邮件、传真、电话、走访等形式,向各级人民政府、县级以上人民政府工作部门反映情况,提出建议、意见或者投诉请求,依法由有关行政机关处理的活动”。在实践中,各级政府是地方治理的主要运作者,同时也是信访人的主要诉求对象,行政信访是我国信访系统的核心子系统。因此,本文讨论的是狭义上的信访。近年来,信访法治化改革的呼声日益强烈,对信访制度进行法治化改革已经成为中央文件精神,成为基本的政治共识。在已经确定法治化改革方向的背景下,如何进行具体改革设计,需要更为具体细致的考量。

目前有关信访的功能和性质问题的认识中,影响最大的是信访研究的“维权论”。[1] 这种研究进路基于“国家—社会”二元划分的分析框架,认为政府权力侵害了公民权利。随着法治建设的不断推进,现代权利意识深入人心,公民基于权利意识,通过信访来对抗政府的权力,维护自身权益,信访是一种维权和抗争形式。[2] 在这种分析框架的影响下,决策层主要是在权利救济的层面定位信访制度的主要功能,以此推动信访的法治化改革。例如,十八届四中全会报告在“健全依法维权和化解纠纷机制”这一部分中提出“把信访纳入法治化轨道”的改革任务。许多学者也是立足于权利救济,侧重从纠纷解决功能的角度探讨信访制度的功能定位,认为信访已经成为一种独立的权利类型和一套系统的权利救济机制。[3] 其中,有学者将信访制度定位是申诉制度,认为应该将信访作为行政性申诉救济机制加以重构,发挥其替代诉讼的功能。[4] 有学者指出,信访兼具救济与监督的功能,信访案件中存在救济型信访和监督型信访,其中救济型信访是信访案件的主要类型,救济型信访在数量上占据绝对优势,信访制度主要是一种行政救济制度。[5] 还有学者将信访定位为宪法赋予公民的

---

[1] 于建嵘:《当前农民维权活动的一个解释框架》,载《社会学研究》2004 年第 2 期。

[2] 申端锋:《乡村治权与分类治理:农民上访研究的范式转换》,载《开放时代》2010 年第 6 期。

[3] 任喜荣:《作为“新兴”权利的信访权》,载《法商研究》2011 年第 4 期。

[4] 范愉:《申诉机制的救济功能与信访制度改革》,载《中国法学》2014 年第 4 期。

[5] 王锴、杨福忠:《论信访救济的补充性》,载《法商研究》2011 年第 4 期。

基本政治权利。[6] 在"维权论"范式的影响下,权利救济是信访制度的重要功能,以至于有论者认为,"权利救济已经成为我国信访制度'最主要的功能'和'头号任务'"。[7]

同样是基于权利救济的立足点,有学者则对信访制度持批评态度。在一些学者看来,信访制度运行并未有效地实现对当事人的权利救济,存在处理程序的非中立性、处理标准的非法治化、处理过程不公开透明、处理效力违反司法最终原则等问题,给当事人带来许多成本代价;信访过程中经常出现"开口子",在法律、政策允许的范围以外给信访人额外的经济好处,"信访不信法"损害了司法权威。一些学者认为,信访缺乏法律规范的严格约束,带有较为浓厚的权大于法的"人治"色彩,在已经建立了以司法制度为主的独立的、专业的权利救济体系的情况下,不应以信访手段代替司法手段解决纠纷、救济权利。[8]

这些主要立足于以权利救济定位信访制度功能的研究,揭示了信访制度在权利救济上的重要作用及其面临的困境,具有很大的合理性,但是依然存在一些不足之处。

首先,多限于形式法治的思路。许多学者往往以司法制度为参照,用司法过程中权利法定化、运行程序规范化的标准来评价和要求信访制度。但是,这种思路忽视了实践中大量存在的、当事人反映的诉求在现有法律和政策框架内难以找到明确且具有可操作性依据的信访案件。其次,对基层信访治理实践中信访类型的复杂性、多样性缺乏细致考察。基层治理实践中出现的信访类型存在多种形态,基于权利救济的信访案件只是其中一部分,并不是所有的信访都是基于法定权利的诉求表达。[9] 不同类型信访案件的深层次逻辑存在很大差异,由此带来的治理困境也存在差别,需要区别对待。有的信访案件是为了实现对法定权益的救济,有的信访案件则是试图突破现有利益格局、推动政策调整,还有的信访案件反映的问题难以通过法定方式或政策调整来解决。基于某些特定信访案件类型对信访制度作出的功能定位和改革设计,会因为信访类型

---

〔6〕 张清:《农民阶层的宪政分析》,载《中国法学》2005年第2期。

〔7〕 孙大雄:《信访制度功能的扭曲与理性回归》,载《法商研究》2011年第4期。

〔8〕 杨小军:《信访法治化改革与完善研究》,载《中国法学》2013年第5期。

〔9〕 陈柏峰:《农民上访的分类治理研究》,载《政治学研究》2012年第1期。

本身的局限,限制对信访制度多重功能及多方面运行困境的深入探讨。再次,缺乏在社会转型期的背景下考察信访运行过程中呈现出的信访功能运作状况。从信访制度实际发挥的功能的变迁过程来看,不同阶段的信访工作明显带有回应特定阶段社会发展主题的特点。[10] 因此,考察信访制度的功能定位,离不开对特定阶段社会发展主题的深入考察。我国正处于转型期,社会矛盾突出,利益问题日益成为核心问题,[11]许多群体的利益诉求都通过信访渠道释放出来,由此引发了信访高潮。如何规范和调整利益问题,成了信访法治化改革和公共治理需要面对的突出问题。最后,囿于权利救济的视角,缺乏对国家政治和行政运行体制因素的考察和分析。信访制度是国家的一项重要制度设置,需要将之纳入国家的政治和行政运行逻辑中考察。需要通过信访问题,理解国家的政治和行政运行逻辑,以此为基础探讨信访制度在国家整体政治和行政运行中的定位及改革方向。

权利救济的立足点,难以有效解释信访制度运行过程中需要处理的这些问题。信访的法治化改革,不仅要有助于回应个体的权利救济问题,还要有助于保证和促进国家整体性、全局性的政治和行政目标的实现,回应社会转型期的利益格局调整问题。对于目前信访制度运行中出现的法治困境和信访制度改革的探讨,需要建立在对基层信访类型的多样性和复杂性有充分了解、对国家的政治行政运行过程有深入认识的基础上。与以权利救济为立足点不同的是,本文将以促进国家政治和行政体制有效运作为基本立足点,在利益问题日益突出的社会转型背景下,细致考察信访的多种类型及其功能定位,分析不同类型信访中的法治治理困境,探究可行的信访制度改革举措。

---

〔10〕 例如,应星认为1951年6月至1979年1月的信访属于“大众动员型信访”,1979年1月至1982年2月的信访属于“拨乱反正型信访”,1982年2月起的信访属于“安定团结型信访”。冯仕政则指出,新中国的信访历史可以划分为改革开放前后两个时期,改革开放之前,国家将信访制度主要定位于社会动员机制,改革开发之后,国家将信访制度主要定位于解决社会冲突的机制。参见应星:《作为特殊行政救济的信访救济》,载《法学研究》2004年第3期;冯仕政:《国家政权建设与新中国信访制度的形成及演变》,载《社会学研究》2012年第4期。

〔11〕 高超群:《利益时代的政治》,载《文化纵横》2014年第4期;房宁:《正确认识和处理新时期人民内部矛盾》,载《政治学研究》2013年第6期。

二、信访案件的类型及其功能

任何分类都与对问题的判断之间存在紧密联系。[12] 本文以信访案件反映的问题是否有明确的、具有实施可行性的政策和法律依据为划分标准,将信访案件划分为政策在位型信访、政策缺位型信访和无理型信访。采取这样的分类标准,是因为信访实践中出现的信访案件远比格式化的法律规范和政策要求的范围要广,甚至不少并不符合法治要求的信访案件也进入信访渠道中。

(一)政策在位型信访及其功能

政策在位型信访是指信访人反映的问题有明确的法律和政策依据,并且法律和政策具有实施的现实可行性。这主要包括两种情形:一是信访人因合法权益受到侵犯而上访;二是信访人反映的问题实际上有明确且具有可执行性的法律和政策依据,但是其对相关法律、政策和部门职能不了解,不知以何种方式依靠法律和政策解决问题,所以通过信访渠道反映。在信访部门处理过的信访案件中,政策在位型信访案件所占比重比较多。

信访人因法定权益受到侵犯而信访,主要体现的是信访的权利救济功能。信访与诉讼、仲裁、调解、行政复议等共同构成了多元化的权利救济体系,形成了多元纠纷解决机制,为当事人实现权利救济提供了多种途径。当事人会根据自身的需求和能力,选择适合的权利救济途径。法定权利的实现需要一定的成本,[13] 不同的权利救济途径运行成本和运作效果存在差异,不同社会群体对不同权利救济途径的适应能力亦存在差别。有研究指出,中国不同社会阶层在权利救济方式的选择上存在显著差异,社会上层相对来说更少依赖政府渠道而更多诉诸司法途径来解决纠纷,中下层社会阶层成员更多地信赖政府渠道,把纠

〔12〕 王启梁:《法律是什么?——一个安排秩序的分类体系》,载《现代法学》2004 年第 4 期。

〔13〕 [美]史蒂芬·霍尔姆斯、凯斯·R. 桑斯坦:《权利的成本:为什么自由依赖于税赋》,毕竟悦译,北京大学出版社 2004 年版,第 7～13 页。

纷诉诸政府,信访成为其重要选择。[14] 与其他权利救济途径相比,信访渠道更为便捷,格式化、规范化程度相对较低,运作方式更为灵活,当事人更容易适应信访渠道。

信访人因为对法律规定、政策要求、部门职能不了解而信访,主要体现的是信访的信息咨询功能。基层许多普通群众文化素质不高,对法律和政策不熟悉,法律意识和政策意识淡薄,对政府各部门的职能没有清晰的了解。政府由承担不同职能的各种部门和机构组成,这些部门和机构的专业性分工支撑起政府的实际运作。这种分工包含一系列复杂的知识和技术,很多群众并不了解政府体系中各部门和机构的具体分工,不清楚自己面对的问题应归属哪些部门处理。在这种情况下,信访部门作为引导和中转的部门,就显得非常重要,能相对比较便捷高效地引导民众将问题反映到具体职能部门和机构。这对信访部门的业务能力提出了要求,要能够准确知道相关职能部门的权限和职能,并且与各职能部门之间保持顺畅的联系,以适应信息咨询功能的发挥。

权利救济功能和信息咨询功能,均以有明确的法律和政策依据为前提,涉及的是国家法律和政策如何有效实现的问题。从国家整体体制的运作过程来看,这属于国家意志的执行环节中需要面对的问题。在这个意义上,权利救济功能和信息咨询功能,均属于信访制度的行政功能,即信访成为政府行政运作过程中的一个重要的中转环节,通过信访部门的协调和处理,将群众反映的问题引导和分疏到相应的具体职能部门,处理信访反映的问题,实现对当事人的权利救济,促进国家法律和政策意志的执行。信访人将具体的问题通过信访渠道反映,虽然信访部门并不拥有解决这些具体问题的权限和能力,但是可以做好法律和政策的解释、宣传和引导工作,将这些案件转交给具体职能部门并协调督促其解决。

大部分政策在位型信访案件能够在地方政府层面解决,无须反映到中央,中央和地方关系处于比较平衡的状态。不过,依然可能存在群众反映的一些问题虽然有法律和政策依据,但受到地方政府、地方势力的消极应付甚至不公正对待的情形。信访制度可以帮助上级政府甚至中央政府加强对地方政府的监

---

〔14〕 程金华、吴晓刚:《社会阶层与民事纠纷的解决——转型时期中国的社会分化与法治发展》,载《社会学研究》2010 年第 2 期;[美]麦宜生:《纠纷与法律需求——以北京的调查为例》,王平译,载《江苏社会科学》2003 年第 1 期。

督和控制,防止地方力量徇私枉法、滥用权力,为受到不公正对待的信访人提供一种"接近正义"(Access to Justice)[15]的便利渠道。官僚体制的运行依靠规则和制度,合法性往往比效率更加重要,如果缺乏信访考评压力,具体职能部门、机构和办事人员可能并不积极主动处理问题,只是恪守程序、官僚主义,对程序的依赖成为公务人员逃避责任的一种方法。[16] 信访制度是应对制度性官僚主义弊病的重要制度设置,[17]适宜的信访考评机制是打破科层制壁垒的重要方式,有助于帮助信访人打破科层制形成的僵化体制,推动行政过程的顺畅运行,促进更有效率地处理法律和政策框架之内能够解决的问题。

(二)政策缺位型信访及其功能

政策缺位型信访是指信访人反映的问题具有一定的合理性,但在现有法律或政策框架内没有明确依据,或者法律或政策依据缺乏实施的现实可行性。信访人反映的这类问题,绝大多数不具有可诉性,无法通过司法途径解决。

近些年,政策缺位型信访的数量明显增加,许多信访人反映的问题有一定的合理性,但在现有政策框架内难以得到有效解决,与此相关的政策处于缺位或难以实施的状态。政策缺位型信访所反映出来的问题,与社会转型中的政策调整及随之产生的利益格局调整相关,其实质是发展和改革中各个群体的利益性诉求问题,以及不同群体之间的利益冲突问题。

以下几种类型是目前比较常见的政策缺位型信访,属于有学者所言的"利益分配、调整型决策"和"抽象法律、政策目标落实"引发的争议。[18] (1)因历史遗留问题产生的信访。例如,因国企改制而产生的信访、赤脚医生信访、民办教师信访、农村电工信访、农村电影放映员信访、退伍军人信访。[19] 在当时的体制改革中,相关的政策调整并没有很好地兼顾某些群体的利益,有的改革措施甚

---

〔15〕 [意]莫诺·卡佩莱蒂编:《福利国家与接近正义》,刘俊祥主译,法律出版社 2000 年版,第 125~140 页。

〔16〕 [日]青木昌彦等编著:《市场的作用国家的作用》,林家彬译,中国发展出版社 2002 年版,第 42 页。

〔17〕 参见王炳毅:《信访制度的奠基:毛泽东与信访制度(1949~1976)》,载《政治与法律评论》(2010 年卷),北京大学出版社 2010 年版,第 152~183 页。

〔18〕 刘国乾:《行政信访处理纠纷的预设模式检讨》,载《法学研究》2014 年第 4 期。

〔19〕 陈柏峰:《特定职业群体上访的发生机制》,载《社会科学》2012 年第 8 期。

至损害了一些群体在原先体制中的正当利益。在改制过程以及改制之后，这些群体为了自身的利益，不断通过信访渠道反映改制产生的问题。(2)因现实的利益博弈空间增多而产生的信访。例如，因土地征收补偿问题而产生的信访、因拆迁改造补偿安置问题而产生的信访。[20] 在征地拆迁中，失地农户、拆迁户希望得到更多的补偿，但是地方政府确定的补偿方案可能未必充分、全面地考虑当事人的利益，存在一定的政策漏洞。(3)因社会保障体系不完善而产生的信访。目前，我国已经形成了由医疗保险、养老保险、最低生活保障等多种制度构成的社会保障体系，但是既有社会保障体系依然存在一些缺陷，部分困难群众难以从中获得及时救助，通过信访途径来寻求政府帮扶。在基层信访工作实践中，许多地方的信访部门备有临时救资金，为这类信访者提供适当的救助。

政策缺位型信访的主要难题在于缺乏相关的法律和政策依据，从国家整体体制的运作过程来看，这是国家的政策意志表达还不够完善的体现。面对这些政策缺位的难题，信访成为表达民众利益要求、推动政策完善的重要机制。在信访压力下，各级党委政府会对相关政策规定进行调整，以适应解决这类信访案件的需要。因此，在政策缺位型信访中，信访制度的主要功能是政治功能，旨在促进国家意志的表达和国家政策的完善，主要目标不在于具体个案的一时的解决，而在于完善相关法律和政策规定，指向推动政策调整，形成更为健全的政策，以有助于从长远的角度解决相关的利益关系调整问题。从表面上看，信访制度在应对政策缺位型信访案件时会显得难以应对，因为政策的完善往往需要较长时间的酝酿和调整，在政策调整阶段，相关政策处于空缺状态。从短期来看，具体个案反映的问题往往得不到及时解决，但从长期来看，出台更为完善的政策会有助于从普遍性的层面化解问题。

因此，在政策缺位型信访中，信访制度的运作和改革，需要围绕信访的政治功能展开，平衡短期的信访稳控和长期的政策调整之间的关系。在实践中，地方党委政府以及信访部门，一方面积极采取措施做好信访人的工作，抚平信访人的情绪，引导其采取合法的方式表达其政策要求；另一方面理顺政策形成机制，增强信访的政治功能，提高政策改进的效率，出台更为完善的政策。

---

[20] 张红：《农地纠纷、村民自治与涉农信访——以北京市调研为依据》，载《中国法学》2011 年第 5 期。

(三)无理型信访引发的信访功能紊乱

无理型信访是指当事人的诉求明显不合法、不具有合理性,法律和政策的调整都不可能真正实现其要求。无理型信访存在多种类型,[21] 例如有的是出于谋利动机的信访,有的是精神病人信访,有的信访人则非常偏执。

目前,最为典型的无理型信访是借信访来谋利。[22] 信访人并不是为了任何政策诉求,而是因为抓住了地方政府的“软肋”,以信访作为牟利工具。这种类型的信访,突出的表现为信访人在关键时期(如地方或国家重要活动期间),利用地方政府基于维稳考评形成的行政压力而信访,以此迫使地方政府满足其明显不符合常情常理的利益要求。牟利型信访者并不是真的要信访,而是声称要信访,以信访来要挟地方政府满足其利益要求,这是其与政策在位型信访、政策缺位型信访的关键区别。在政策在位型信访和政策缺位型信访中,信访人的直接目标就是要通过信访反映诉求以解决问题。

精神病人信访属于比较特别的信访,这种信访与偏执型信访未必能够清晰区分。有的被地方政府贴上“精神病人信访”标签的信访人,可能在有些人看来并不是精神病,在有些事情上其行为也比较正常。有的人可能只是比较偏执,但也可能会被认为是“精神病”。地方政府在具体的接访工作中对“精神病人”的认定,并不完全是严格的医学意义上的界定,有的是从特定日常生活、常情常理出发作出的界定,有的还可能是基于治理需要而作出的界定,甚至会出现“被精神病”的现象。有些人的性格偏执是在信访之前就存在,有的人则是在信访过程中逐渐形成了偏执性格。[23] 在信访工作实践中,并不能简单地将偏执型信访都归于无理型信访,有的偏执型信访是出于权利救济的要求,有的是为了推动政策调整,有的反映的问题则明显于法无据、不合情理。由于信访者过于偏执,较之于一般的政策在位型信访和政策缺位型信访,这类信访处理起来难度

---

〔21〕 陈柏峰:《无理型上访与基层法治》,载《中外法学》2011年第2期;陈柏峰:《偏执型上访及其治理的机制》,载《思想战线》2015年第6期。

〔22〕 田先红:《从维权到谋利——农民上访行为逻辑变迁的一个解释框架》,载《开放时代》2010年第6期。

〔23〕 侯猛在对访民心态的研究中发现,生活在社会底层的访民可能是比较偏执的一类人群,特别是进京上访的访民又是最为偏执。参见侯猛:《最高法院访民的心态与表达》,载《中外法学》2011年第3期。

更大,信访者更容易采取比较激烈的行为。在应对偏执者信访的过程中,不仅需要依据法律和政策标准,还需要对其进行心理疏导、做好安抚工作。

在信访制度的运行中,无理型信访是让地方政府感到难以应对的问题,近年来这类信访的数量在有些地方甚至还呈上升趋势。在应对无理型信访中,信访制度出现了功能紊乱,行政功能和政治功能都难以发挥。信访工作人员一般都能分辨出此类信访,许多地方的信访工作台账、社会综合管理台账中也区分出此类信访,但实际上对此并没有很好的应对办法,出现了"有分类无治理"的状况。[24] 在这类信访中,信访人不是为了权利救济或者获取相关法律和政策信息,也不是为了推动政策调整,从国家体制运作过程来看,既不存在国家意志表达上的缺失问题,也不存在国家意志执行上的缺陷问题,无理型信访构成了对国家体制有效运行的干扰甚至破坏。这种问题既不是信访制度的政治功能能够有效化解,也不是行政功能能够有效应对,信访过程呈现功能紊乱的困局。

三、不同信访案件呈现出的法治治理困境

(一)政策在位型信访中的法治治理难题

政策在位型信访反映的问题有明确的法律和政策依据,但是这类信访并不一定能够得到相关部门有效回应,其存在的主要的法治治理难题在于行政体制运行不顺畅。这一问题突出的体现为三个方面:

第一,行政体制的科层制壁垒会阻碍信访诉求的及时解决。政府的科层制运作有其自身的制度偏好,工具理性特点明显,偏重于按照程序照章办事,不愿意理会琐碎的"小事",重视办理引起上级关注或者上级交办的"大事"。科层制内各个部门和机构之间的界限和分工比较明晰,有助于提高运作效率。但是,过于强调工具理性,可能容易形成科层壁垒、陷入僵化状态,导致推诿塞责、拖沓办事,形成官僚主义做派,信访人符合法律和政策的诉求,在科层制壁垒中难以得到有效解决。信访人反映的许多问题,有的是属于各个职能部门职责范围之内的,有的则是处于不同职能部门的职责边界模糊地带,但是因为科层制壁垒的存在,职能部门并没有积极回应当事人反映的问题,或者不同职能部门

---

[24] 申端锋:《治权与维权:和平乡农民上访与乡村治理 1978—2008》,华中科技大学 2009 年博士学位论文,第 137 ~146 页、第 355 ~360 页。

之间缺乏进行沟通协调的动力,影响了信访人的权利救济和信息获取,以至于反映的问题得不到及时解决。

第二,信访部门的协调能力影响信访案件的有效办理。在政策在位型信访中,信访部门发挥着中转、协调的作用,信访部门的协调能力对信访案件的有效办理会产生很大影响。如果信访部门缺乏有效的沟通协调能力,将会不利于信访案件的及时解决。在压力型体制下,信访对具体办事职能部门产生的压力通过两种方式体现出来:一是通过横向的方式形成压力,由信访部门将信访案件转交给职能部门,协助和督促其解决问题;二是通过纵向的方式,信访人直接将问题反映到各级党委政府的领导层,甚至反映到中央,由领导层直接对具体办事部门或机构施加行政压力,督促其处理问题。其中,大多数信访案件是通过信访部门来具体沟通协调。信访部门的主职领导在地方党委政府中的序列位置、信访部门对政府行政体制运行信息的掌握程度、地方党委政府对各职能部门的信访考评要求,都构成了信访部门协调能力的重要组成部分。

第三,信访工作人员对法律和政策的熟悉程度和宣传能力有限。政策在位型信访可以依据明确的法律和政策依据进行处理,但是目前信访机构的许多工作人员对法律和政策的熟悉程度有限,难以对相关法律和政策有深入细致了解,这制约了其对信访当事人法律和政策的宣传引导能力。有一些信访案件之所以没有得到及时有效处理,很重要的原因在于信访工作人员对法律和政策的掌握水平有限,难以做到对法律和政策的准确解释,甚至会误解相关法律和政策意涵,对信访当事人造成了误导,由此也给相关职能部门工作的有效开展带来麻烦,增加了信访案件的处理难度。这一问题主要受到两个方面因素的制约,一是信访机构的法律和政策的专业性人才不足,二是各个职能部门与信访机构之间的人员交流机制不完善。这造成了信访机构工作人员可能对属于各个职能部门范围内的法律和政策的文本规定和实际运行逻辑,缺乏细致把握,影响了法律和政策信息的准确有效传递,降低了行政体制的运作效率。

(二)政策缺位型信访中的法治治理难题

在政策缺位型信访中,信访制度的主要功能是政治功能,主要目标不在于具体个案的一时解决,而是长远的政策调整问题。其主要的法治治理难题在于,如何增强政策回应能力,以有效应对一定时期之内的法律和政策依据不足的问题。对于地方党委政府而言,一方面,面临因法律和政策依据缺失而带来的对信访人的安抚稳控难题;另一方面,需要着力于通过协调沟通,解决政策调整完善的问题。

在政府的科层制运行过程中,“规则是科层制的定义性特征”,[25]正因为缺乏相应的法律政策层面的规则依据,政策缺位型信访在科层制体系中可能遭致阻塞。政策缺位型信访反映的问题具有一定的普遍性,但是缺乏明确的政策依据或者政策缺乏实施的现实可行性,很难通过个案解决的方式来应对。信访人反映的问题,表面上是个人的利益问题,实际上反映的是一个系统、一个领域,乃至是全国性的政策性、大局性的问题。[26] 对于政府而言,社会政策问题的重要性并不是自明的,需要通过一些指标、焦点事件、灾害、危机、符号、反馈等因素来推动政策决策者对某些问题的关注。[27] 从信访策略的角度来看,信访者会通过采取多次访、集体访、越级访等方式来使所反映的问题“问题化”,使其转化为地方政府及相关职能部门需要重点关注的问题。但是,许多政策的制定权并不在基层政府,而是在上级政府甚至中央,并且不是短期内能够理顺、协调好各方面的政策关系,需要较长时间才能出台相关政策。当这些问题通过信访渠道反映到基层政府时,基层政府缺乏明确的政策依据或者政策实施能力,但是却面临着信访稳控的压力。

基层政府很难及时化解因政策缺位引发的信访问题,有些信访人因此不断信访,甚至缠访、闹访。在实际处理中,基层政府主要采取的办法是反复“做工作”“拖延”“关心慰问”等办法。这些办法虽然无助于解决具体信访案件反映的问题,但是依然有重要的作用。首先,可以通过这些方式,舒缓信访人的情绪,确保其不采取激烈的措施,有助于维系地方稳定。其次,将相关案件记录备案,随着信访案件数量的增多,能够表明相关政策问题的突出性、普遍性和严重性,这对于政策的完善起到预警作用,通过信访制度向政策决策层释放政策缺位的信号。

在面对这种问题时,政策制定权由上级政府甚至中央掌握,地方政府处于

---

[25] [美]詹姆斯·马奇等:《规则的动态演化——成文组织规则的变化》,童根兴译,世纪出版集团、上海人民出版社2005年版,第9页。

[26] 北京市信访矛盾分析研究中心:《关于对北京市十年来信访特点及发展趋势的研究》,第21页。

[27] [美]约翰·W. 金登:《议程、备选方案与公共政策》,丁煌、方兴译,中国人民大学出版社2004年版,第113~129页。

无权或缺权的状态。在这种情况下,信访制度在中央和地方的定位并不一样。对于中央而言,信访制度是政策预警和调适机制。对于地方而言,信访制度的运行可能是其不得不承担的负担。在释放政策信息时,地方党委和政府在应对这类信访案件中会比较被动,但是地方党委和政府发挥着信息过滤和筛选机制的作用,可以节约上级政府甚至中央的信息处理成本。在这种情况下,信访制度运作中存在的主要问题是政治功能反应的相对滞后性,政治功能对行政功能的回应性差,国家意志未能及时有效地形成和表达,并传输到执行系统中,以至于行政功能无法有效吸纳和整合政治功能,使得地方政府在信访中承受沉重的负担和压力。

每一个信访人都可能倾向于将自己遇到的问题放大化、普遍化,但是在没有明确的法律和政策依据的情况下,地方政府及中央政府不可能针对每一起具体的信访案件提出解决方案,只有等到诸多信访案件所反映的问题呈现出比较突出的共性的情况下,才会表明信访所反映的问题确实具有一定的普遍性,需要出台相关政策。在这个意义上,信访制度实际上发挥着"蓄水池"的作用,当水位达到一定高度的时候,就可能需要开闸放水,出台有助于解决问题的政策方案,否则就会造成严重后果。但是,能否适时做出"开闸放水"的决定,取决于能否有效地获取政策缺位的信号,国家意志能否及时有效的表达,政策的制定过程是否具有较强的回应能力。

(三)无理型信访中的法治治理困境

目前,无理型信访成为基层治理中的一个突出难题。无理型信访的治理困境在近些年才日渐凸显并成为基层治理中的难点,这实质上是信访制度在当前利益格局日益复杂、社会矛盾日渐突出的背景下,向"政治控制"[28]功能转变、国家与民众关系调整和变化过程中的一个结果。无理型信访的法治治理困境主要在于两个方面,一是如何准确界定无理型信访与其他类型信访之间的边界,二是如何防止地方政府因治理无理型信访而滥用权力。

首先,关于无理型信访的认定问题。基层信访部门及其工作人员一般都能分辨出此类信访,但实际上并没有很好的应对办法。无理型信访的治理难题,在地方层面和中央层面均有体现。在中央层面,由于信息成本太高,无法区分

---

〔28〕 唐皇凤:《回归政治缓冲:当代中国信访制度功能变迁的理性审视》,载《武汉大学学报》(哲学社会科学版)2008 年第 4 期。

信访者有理或无理。中央及其各部门难以承受来自全国各地的大量信访案件所带来的工作压力,会要求地方做好息访工作。绝大多数信访案件反映的问题发生在基层,中央无法充分了解信访案件反映问题的具体情况,一般难以直接处理来自地方的信访案件,按照《信访条例》第 21 条第 3 款规定,采取“属地管理,分级负责,谁主管,谁负责”的原则,将信访案件发回地方,交由地方处理。地方政府在信访治理中会形成一定的分类体系,但是分类体系是众多社会和体制因素共同作用的产物,是一个特定的知识型的产物。[29] 基层治理实践中形成的对无理信访的界定,实际上是治理者基于治理实践中产生的“知识型”所作出的类型划分,这种划分服务于治理实践,包含着基于其自身立场而形成的利益偏好,可能会将一些属于政策在位型或政策缺位型的信访人也界定为无理型信访人。各种类型的信访之间的界限往往并不非常清晰,很难对无理型信访作出准确界定。很多信访处于政策在位型信访、政策缺位型信访和无理型信访之间的边缘模糊地带;有的信访则可能是多数人的合理诉求与少数人的无理取闹交织在一起;有的信访人可能在某个阶段是有理的,在另外的阶段又可能是无理的,不同阶段之间的界限难以界分清楚。

其次,关于地方政府权力的行使边界问题。目前,各级党委政府都提出要打击无理信访,但是在治理实践中,出于法治标准的要求以及规避问责风险的考虑,地方党委政府实际上日益注重控制,而非打击无理信访者。治理无理信访者,涉及地方政府的权力边界问题,究竟授予地方政府多大的权力来处理无理信访者比较合适?目前总体的趋势是,倾向于从严控制地方政府的权力,防止其滥用权力打击信访人。而如果扩大地方政府的权力边界,授予其更多的权力打击无理信访人,则将可能产生打击面扩大的后果,这会阻碍那些处于有理和无理之间边缘地带的人的信访,特别是可能阻碍部分政策在位型信访和政策缺位型信访,不仅会阻塞中央了解民意的渠道,而且会扩张地方政府的权力,损害很多信访者的合法权益,加重官僚主义。在实践中,有些地方政府或部门会潜意识地认为信访人反映诉求是在“与政府过不去”,将信访人的正当利益表达与社会政治稳定对立起来,采取强制的措施应对信访人,加剧了地方政府与信访人之间的紧张关系。目前,地方政府实际上并没有非常有效并且符合法治精

---

〔29〕 [法]米歇尔·福柯:《词与物——人文科学考古学》,莫伟民译,上海三联书店 2002 年版,前言,第 7~8 页。

神的措施来治理无理型信访者。实践中经常出现的多是一些不符合法治精神要求的举措,例如采取"胡萝卜加大棒"的方式,花钱买平安或者是用灰、黑势力的暴力手段来解决。前几年引发广泛关注的"安元鼎保安公司"事件就是利用暴力打击信访人的一个典型,[30] 尽管这暂时地缓解了地方政府的信访治理困境,但是却产生了非常严重的社会影响和政治后果。

四、针对困境可以采取的信访制度改革措施

(一)分清主要矛盾与次要矛盾

信访呈现出多种类型,其中的无理型信访给基层治理带来了很大难题。但是,对此需要分清主流和支流,厘清信访制度运行过程中的主要矛盾,这样才有可能对信访制度的法治化改革方向作出准确的判断和法治定位。

在目前的信访案件中,无理型信访只是占比较小的比重,是信访案件中的支流。以湖北省荆州市某区信访局的情况为例,区信访局 2014 年全年接待的信访量为 534 批、1842 人次。在统计中,多年赴省、进京信访的信访老户信访次数不重复统计。信访局认定的无理型信访绝大多数是多年赴省、进京信访的老户。全区多年赴省、进京信访的有 19 人,其中被信访局界定为是无理型信访的信访人有 15 人。可见,无理型信访在信访总量中所占的比重非常低。针对无理型信访的治理困境,有学者提出要加强基层治权和国家专断能力的对策建议。[31] 这种讨论对深入认识无理型信访带来的基层治理困境有重要意义,但是没有抓住当前信访制度运行中面临的主要矛盾,被其中的枝节问题分散了注意力,可能会误导信访制度改革。如果夸大无理型信访在信访案件中所占的比重及带来的问题,加强对无理型信访的治理力度,可能在应对无理型信访问题的同时,由于不同类型信访案件之间界限的模糊性,阻碍政策在位型信访和政策缺位型信访的开展,这可能会架空信访制度,甚至引发更多的社会问题及政治问题。

---

〔30〕 何三畏:《"安元鼎"是对政治和社会的挑战》,载《南方人物周刊》2010 年第 35 期。

〔31〕 田先红:《治理基层中国:桥镇信访博弈的叙事(1995 - 2009)》,社会科学文献出版社 2012 年版,第 251 ~ 258 页;陈柏峰:《无理型上访与基层法治》,载《中外法学》2011 年第 2 期。

信访制度运行中的主要矛盾在于,通过信访制度改革,理顺信访制度承载的政治功能和行政功能,以应对政策在位型信访和政策缺位型信访反映的问题。当前信访法治化改革路径的选择,需要紧密结合更为有效地回应政策在位型信访和政策缺位型信访中呈现出的问题,而不在于着力化解无理型信访所带来的基层治理难题。甚至可以说,无理型信访带来的基层治理难题和法治困境,是当前信访制度运行中很难完全避免的负效应。

具体来说有两个方面。一是因科层制惰性带来的行政运行的畅通性问题,二是政策的回应性问题。政策在位型信访反映的主要是前一个方面的问题,政策缺位型信访反映的问题包括这两个方面。从信访制度行政功能和政治功能的划分来看,政策在位型信访的问题主要在于行政功能没有有效运作,虽然国家意志的表达非常明确,但国家意志在行政系统中的执行遇到了阻滞;政策缺位型信访的问题主要在于政治功能未能有效运作,即国家意志没有明确及时有效地表达,行政系统在应对此类信访时面临困境的根源也在于此。

信访制度行政功能的有效运行,主要受到两个方面因素影响:一是受到行政系统各组成部分之间的衔接、合作、协调的畅通性影响;二是受到压力型体制有效性的影响。在基层治理中,如果依照科层制的常规运作,会因科层制惰性而产生运作低效的问题。无论是在正式的制度设置中,还是在实际的运行过程中,信访部门一般并不是直接解决问题的部门,实际上许多问题也很难由其直接解决,而是发挥中转部门或"剩余部门"的角色,将来信来访案件分门别类,转交给相关职能部门并督促其办理。信访部门与其他部门之间、其他各个部门之间的联结协调是否顺畅,信访部门的督促作用能否有效发挥,对于政策在位型信访案件的有效解决产生直接影响。从信访部门与其他职能部门之间的横向关系来看,信访制度在横向层面发挥着打破科层制僵化性的作用。压力型体制是信访制度的行政功能赖以有效运作的纵向的体制性因素。在单一制国家结构中,中央政府与地方政府之间、上级政府与下级政府之间是领导与被领导的关系,行政压力是中央对地方、上级对下级实施有效控制和领导的重要方式。在我国现行的向上负责、下管一级的整体政府过程中,每一级政府对信访制度都存在制度性的需求,希望借此来加强对下级政府的管控,并督促下级政府提升执行力。[32]

---

〔32〕 赵晓力:《信访的制度逻辑》,载《二十一世纪》2005年第6期。

信访制度政治功能的有效运行依赖于两个主要环节:一是国家意志的决策层能够及时有效地获取基层治理中反映的问题,了解现有政策的局限性。这是形成并表达国家意志的前提。二是国家意志的决策层要能够对基层治理反映出现的问题具有较强的政策回应能力,及时有效地形成政策方案,表达国家意志。这两个环节中的任何一个如果不能够有效运作,都会影响到信访制度政治功能的发挥。如果政府的行政运行过程不畅通,政策信息的"反馈——获取"渠道会被阻塞,国家就很难及时有效地获悉政策的实践情况及存在的问题,难以提炼政策问题,完善表达国家意志,改进政策方案。国家意志的表达及政策的出台,针对的是普遍性的问题,而不是个别性的问题,关注的"是立法性事实而非裁判性事实,是可选择的政策的实际模式和系统效果,而非特殊结果"。[33]但是,在基层治理中,究竟什么样的问题具有普遍性,什么样的问题仅仅是个别性,这需要有一定的筛选辨别机制才能作出判断,信访制度则是重要的筛选辨别机制。

(二)理顺行政功能与政治功能

压力型体制可以通过行政压力克服科层制惰性,有助于保持行政过程的顺畅,促使政策在位型信访反映的问题的及时解决。但是,执政者可能因信访问题突出而产生社会不稳定甚至执政根基动摇的"幻想",[34]通过压力型体制实行以进京信访数量为核心的"目标管理责任制"和"一票否决"的制度要求,[35]将信访维稳的压力传导至下级政府。目前中央层面已经开始放宽基于信访数量对各省的信访考核,但是市(州)、县(区)、乡(镇)地方政府的信访考核的主要标准仍然是进京信访数量,通过压力型体制将进京信访数量作为地方政府及职能部门绩效考核的重要内容。这实际上是将具有反科层化特征的信访活动纳入到科层化的体系之中,以科层化体系的基本运作逻辑来推动信访制度的运作。科层化与反科层化这两套相对立的逻辑同时存在于信访制度的运行过程中,使得信访制度呈现出日益科层化的特征,将信访制度中具有反科层化特征

〔33〕［美］诺内特、塞尔兹尼克:《转变中的法律与社会:迈向回应型法》,张志铭译,中国政法大学出版社 1994 年版,第 93 页。

〔34〕孙立平:《消除"不稳定幻象"》,载《经济观察报》2008 年 1 月 7 日。

〔35〕田先红:《基层信访治理中的"包保责任制":实践逻辑与现实困境——以鄂中桥镇为例》,载《社会》2012 年第 4 期。

的行政功能和政治功能消解于科层化体系的运作过程，于是就会出现“目标替代”现象：[36]地方政府或相关部门会基于“信访等于不稳定”的认识定势，通过采取劝说、安抚、收买、堵截、限制人身自由、打压等方式“捂盖子”，防止或阻止信访人信访，甚至会出现所谓的“仇民式维稳”，[37]通过暴力手段打击信访人。这会阻碍政策在位型信访和政策缺位型信访所反映问题的有效表达，不利于对在行政过程出现阻滞的信息实现有效表达和反馈，也不利于政策决策层及时获取改善政策、加强政策的回应性所需要的信息，从而更容易引发信访人的不满、激化社会矛盾。

随着利益格局的调整和社会转型的深入，大量利益冲突与社会矛盾引发了大规模信访活动，这种局面将会在今后相当长的时期内继续存在。因此，信访制度法治化改革，并不是要消除因这些问题产生的信访难题，或者弱化、废除信访制度，而是要在厘清信访制度功能定位的基础上，完善信访制度，最大限度地缓和并化解这些反映到信访渠道的问题和矛盾，防止其大规模地转化为对抗性矛盾。目前信访制度运行中出现的因大规模信访活动而产生的困境，在很大程度上是社会转型阶段公共治理诸多困境的体现，大量矛盾和问题都集聚到信访渠道，使得信访渠道承受了非常重的负担，信访问题成为关注焦点。在这样的背景下，更要清楚地认识到政策在位型信访和政策缺位型信访在信访制度运行中的重要意义，以及信访制度所承载的行政与政治的双重功能。信访制度给这两类信访案件的当事人提供了可以相对便捷地反映诉求的制度渠道，使得国家行政运作及基层治理中的诸多问题可以通过正式渠道反映到国家体制中，为政府和公民的互动提供重要的政治场域。[38] 这有助于通过正式体制引导、吸纳并整合民意，为国家与社会之间搭建重要的缓冲地带，为政府行政运作状况的改进，社会政策的完善，提供相对充足的调试机会，在此基础上发挥信访制度增强执政者政治合法性的制度功效。

从具体改革举措的层面来看，需要注意这样几个方面的问题，改进信访在

---

[36] Philip Selznick, “An Approach to a Theory of Bureaucracy”, *American Sociological Review* Vol. 8 (1943), p. 52.

[37] 毕诗成：《仇民式维稳，何其丑陋》，载《浙江人大》2010 年 8 月。

[38] 张永和、张炜等：《临潼信访：中国基层信访问题研究报告》，人民出版社 2009 年版，第 209 页。

国家意志表达和国家意志执行中的作用,理顺信访的行政功能和政治功能。

第一,优化信访考评体系。结合不同区域、不同发展阶段、不同发展模式对信访案件影响的差异性,改变以信访数量和规模(特别是进京信访数量)为主要指标的考评体系。设置有助于及时发现、反馈、分析、提炼政府行政运行过程中出现的问题,有助于研究政策设置和政策实施过程中存在的缺陷的信访考评体系,为地方政府、信访部门以及其他各个职能部门提供有助于顺畅行政运行体制、完善相关的政策方案的重要激励机制,创造有利于信访的行政功能和政治功能有效发挥的考评环境。

第二,改革信访部门在地方政府各职能部门序列中的位置。在中国,一个部门的实际权力和能力一般与该部门的主要负责人在党委的排名相关。因此,这个方面的改革需要体现在提升地方信访部门的主要负责人在地方党委中的序列,这会有助于形成和增强信访部门与其他各职能部门之间的制度性、常规性的协调沟通机制。通过序列位置的改革,改进其协调、沟通、督促作用的发挥。这有利于改善和增强信访制度的行政功能,顺畅国家意志的执行过程,进一步确保国家法律和政策意志的有效实施。

第三,建立健全信访信息、人员、资源的交流共享机制。信访运行过程需要各级政府、各个职能部门之间的协调与配合。多种主体之间如果缺乏顺畅完整的信访信息、人员、资源的交流与共享,会出现“孤岛现象”,[39] 政府机构间在职能、资源、信息、人员等方面不能充分整合,出现无人管理或者多头管理的问题。这将不利于各级政府、不同部门之间的协调配合,增加化解信访案件的难度。目前,有些地方已经在尝试建立各个职能部门班子成员到信访机构挂职锻炼的机制,这是一个有益的探索,有助于各个部门与信访机构之间建立起顺畅的信息、人员、资源交流和共享的机制,促进增强信访机构的协调能力。

第四,建立和强化以信访机构为纽带的政策研判机制。当前信访中存在大量政策缺位型信访,涉及政策完善的问题,信访渠道成为获悉政策缺陷的重要渠道。较之于其他职能部门,信访部门汇聚了大量的政策缺陷问题。目前,全国只有少部分地区在建立信访研究机构上进行了探索,尝试对相关社会政策的实施过程、实施效果、实施风险进行研究和评估。但是,大部分地区尚未充分重视信访机构的政策研判功能,没有建立比较完整的政策研判机制。政策研判机

〔39〕 马伊里:《合作困境的组织社会学分析》,上海人民出版社 2008 年版,第 2 ~3 页。

制的建立,需要同时发挥信访机构的协调沟通作用和各个职能部门的专业化优势,构建以信访机构为纽带,涵盖各个职能部门、相关研究机构的经常性、专业性的政策研判机制。

第五,增强公民在信访制度中对政策议题设置的参与程度。国家意志表达是及时有效,还是滞后缓慢,这对信访制度运行的有效性、执政者及政府的政治正当性会产生重要影响。以回应性和责任性为基本取向的改革,是对过分强调形式理性的现代行政中出现的困境的一种重要的替代方案。[40] 增强公民的参与度,有助于提高国家对政策需求的回应性和责任性。

五、结　　语

十八届四中全会指出:"把信访纳入法治化轨道,保障合理合法诉求依照法律规定和程序就能得到合理合法的结果。"这是中央从宏观方向上,对当前信访制度运行中面临难题的重要回应。信访制度的法治化改革,是中国特色社会主义法治建设的重要组成部分。对信访法治化改革的具体探讨,需要结合我国当前所处的阶段性特征,信访案件的多种类型,信访制度的多重功能来认识。

信访制度是一项带有中国特色的制度设置,发挥着重要的政治功能和行政功能。信访制度的法治化改革,需要抓住主要矛盾,准确把握社会转型期的基本特点。当前信访潮居高不下,是社会转型期的一种难以避免的现象。信访制度法治化改革的关键在于,通过相关的体制机制改革,推动信访制度更好地发挥政治功能和行政功能,完善国家意志的表达机制,健全国家意志的执行机制,既保证政治对行政有一定的控制,有助于实现国家意志的完善和执行,同时又将这种控制保持在一定的合理限度内,从而保障行政过程能够顺畅有效地运行。在法治化改革中,信访改革的具体制度设置,要有助于疏通民意表达渠道、分散和降低执政风险、保持政策调节的灵活性和有效性,以协调国家与社会之间的良性互动关系,为法治建设构建良好的体制环境和社会基础。

我国正处于转型期,社会矛盾突出,利益问题日益成为核心问题。现在的利益格局尚未完全定型,在很多领域还存在非常频繁甚至非常激烈的利益博

---

〔40〕 黄小勇:《行政的正义——兼对"回应性"概念的阐释》,载《中国行政管理》2000 年第 12 期。

弈。在这种背景下,可以预见,随着改革的进一步推动,利益格局调整依然会频繁出现,由此产生的矛盾和冲突也会日益显现,相关的信访案件在短期内并不会减少,甚至还会增加。如何调节在这种形势下产生的利益纷争问题已经成为,并且在今后相当长的时间内都会是公共治理和法治建设中的难点和重点。在当前的社会转型期,国家已经在很多领域加大制定和完善社会政策的力度,但是许多方面的政策依然不够完善,还有很大的调整和充实的空间。此外,目前政府既有的一些行政运作体制和机制并不能适应这种形势。在这种情况下,不同阶层群体参与到与国家沟通交涉的过程中,这是促使完善相关法律政策、改进政府行政运作体制机制的重要动力,有助于推进法治国家、法治政府和法治社会一体建设,促进国家治理能力和治理体系现代化。

更为根本的问题在于,当前信访制度运行中出现的越来越多的以个人利益诉求为基本特点的信访案件,表明国家与社会关系的转变、政府与公民关系的重构。"把信访纳入法治化轨道",需要对当前以及今后国家与社会关系的走向有准确的判断,在此基础上才能较为妥当地设定改革方向和具体制度。与以往相比,群众的国家观念已经开始发生变化,有更多的意愿和机会向国家提出利益要求。信访制度给当前的基层信访治理带来很多难题和法治困境,难以有效治理无理型信访,有一定的负面效应,但是不可忽视其正面效应。对于政策在位型信访和政策缺位型信访反映出的政府行政过程中以及社会政策中存在的问题,国家要正视,理顺信访制度运行的具体机制,准确界定信访的功能定位,而不是简单地基于形式合理性的形式法治原则,[41]忽视群众要求的多样性和复杂性。信访的法治化改革,需要在形式合理性与实质合理性之间探求新的平衡,以此来适应正在发生变化的国家与社会关系、政府与公民关系。[42] 从信访的实际运行及功能定位来看,信访的法治化改革需要面对的基本法治问题是,如何在实质正义与程序正义之间保持平衡,使得法治化改革之后的信访秩序,

〔41〕 形式合理性是自由主义法治观念中的主要原则之一。参见[美]布雷恩·Z.塔玛纳哈:《论法治——历史、政治和理论》,李桂林译,第117~130页。

〔42〕 学界有关"公民社会与人民社会"问题的讨论,实际上正是在社会转型期,带有社会主义传统的国家中,国家与社会关系变化的体现。参见王名、刘国翰:《公民社会与治理现代化》,载《开放时代》2014年第6期;王绍光:《社会建设的方向:"公民社会"还是人民社会?》,载《开放时代》2014年第6期。

能够更好地适应社会转型期的国家与社会关系、政府与公民关系的调整与定位。

The Classificationand Expectation of Letters and Visits

Liu Lei

Abstract: Examine the letters and visits issue, it's necessary to focus on the diversity and complexity of the cases and its resulting dilemma in the grassroots governance. And it needs to be placed on the political and state's administrative operation in the analysis. The cases of letters and visits can be divided into three group: policy in place, policy absence and unreasonable petition. The function of letter and visits can be classified into the expression and execution of the national will, which represent the political and administrative function. In the process of dealing with different types of cases, the function orientation of the letters and visits system can vary. The type with policy in place or absence are the mainstream of the letters and visits cases, while the unreasonable petition type is the tributary. The principal contradiction of reforming the letters and visits system is how to effectively deal with the problem of the mainstream cases, and sort out political functions and administrative functions of the letters and visits system. On this basis, make the system better to play its effectiveness. And in the process of governed by law, it also need to adapt to the new changes of the relationship between state and society.

Key words: Letters and visits; Type classification; Functional orientation; Principal contradiction; Legal reform

（责任编辑：王美舒）

外逃贪腐人员涉案财产的特别没收

庄　劲*

内容摘要：

贪贿犯罪特别没收程序中的涉案财产并非包括一切违法的间接所得，应根据该财产是违法所得的转化财产、混同财产、收益财产而区别对待，同时需考虑对合法财产的抵偿性没收。违法所得的查明应适用“优势证据”标准，但不能适用违法所得推定制度。贪贿犯罪其他涉案财产的界定，应当坚持实行性关联标准或功能性关联标准。在逃的贪贿犯罪嫌疑人、被告人应当有权委托代理人参加违法所得特别没收的程序，确有证据证明财产并非违法所得的，人民法院应当采纳。对利害关系人的抗辩权应当采取“原则+例外”的处理模式，即原则上可没收事后免费受让的违法财物，但如果这种没收会对善意的利害关系人的生活或工作带来严重影响，法院可例外地考虑免予没收。

关键词：

贪污贿赂犯罪　违法所得　涉案财产　特别没收

我国新《刑事诉讼法》第280条规定了对贪污贿赂犯罪违法所得的特别没收程序，即对贪污贿赂犯罪案件，犯罪嫌疑人、被告人通缉一年后不能到案或者已经死亡的，人民检察院可以向人民法院提出没收违法所得及其他涉案财产的申请。这意味着，对于逃匿贪腐人员的国内涉案财产，人民法院可以判处没收。但由于立法规定较为粗疏，司法解释也不尽如人意，以致实践中产生了不少疑难问题。不少学者建议应借鉴国外先进的立法经验解释法律，但域外的经验未必完全合理，而且也可能不符合国内法律的规定。因此，还须在比较法的基础上，立足国内的具体情形详细讨论。据此，本文试就贪贿犯罪违法所得的界定

---

* 中山大学法学院副教授。

与查明、其他涉案财产的范围、利害关系人的范围、利害关系人的抗辩权等实务与理论上之难题展开探讨，以期提出合理的司法对策。

一、违法所得的界定

（一）是否包括间接的违法所得

实践中，贪贿犯罪分子的违法财产往往表现为复杂的形态，尤其是发生了资产形态上的转化，或者与合法财产的混合时，哪些应当没收，哪些不应没收，是备受争议的问题。对此，新《刑事诉讼法》仅规定“违法所得及其他涉案财产”可以适用特别没收程序，但至于何为“违法所得”，法典并无进一步的规定。根据2012年《最高人民法院关于适用〈中华人民共和国刑事诉讼法的解释〉》（以下简称《2012年刑诉法司法解释》）第509条，“违法所得”是指实施犯罪行为所取得的财物及其孳息。问题是，这里指的是仅限于实施犯罪行为直接取得的财物，还是包括间接取得的财物呢？详言之，该财产是否还包括藉犯罪所得而转化的其他财产形态，甚至包括根据犯罪所得而取得的收益呢？譬如，国家工作人员A利用职务之便受贿了200万元，将其中100万元用于私下开办公司，60万元用于股票投资，剩余40万元与其合法存款50万元一起用于购买住房。到案发时，其公司资产为800万元，股票市值达200万元，A畏罪自杀。这时，可否没收A留下的住房，市值200万元股票，以及800万元公司的资产呢？对此，司法解释并未明确。

在这个问题上，尽管《联合国反腐败公约》（以下简称《公约》）有较为详尽的规定，但不能生搬硬套。《公约》第2条第5项对“犯罪所得”作了明确的定义，即“通过实施犯罪而直接或间接产生或者获得的任何财产”。《公约》第31条又进一步将“犯罪所得”转换形态分为三类：其一是转化财产，即犯罪所得已经部分或者全部转变或者转化为其他财产的形态；其二是混合财产，即犯罪所得已经与从合法来源获得的财产相混合的形态，这时没收价值最高可以达到混合于其中的犯罪所得的估计价值；其三是收益财产，即来自犯罪所得、来自犯罪所得转变或者转化而成的财产或者来自已经与这类犯罪所得相混合的财产的收入或者其他利益。有人认为，既然立法者已经明确增设特别没收程序，就是与我国已经加入的《公约》相衔接，就应当援引该解释来界定《刑事诉讼法》第280条“违法所得”的内涵与外延。因此，违法所得应当包括两个方面：其一是通过犯罪直接产生或获得的财产,其二是通过犯罪间接产生或获得的财产,即《公约》第31条规定的三种形态。[1]

然而,这种因袭《公约》的见解值得商榷。一方面,《公约》并未要求各缔约国必须套用《公约》中的定义和规定,一般仅要求各国在本国法律范围内最大限度地实现《公约》的规定。《公约》第31条对犯罪间接所得的界定,也只是要求"各缔约国均应当在本国法律制度的范围内尽最大可能采取必要的措施,以便能够没收来自根据本《公约》确立的犯罪的犯罪所得或者价值与这种所得相当的财产……"换言之,《公约》的规定并非刚性的,而是允许各缔约国根据本国国情在立法和司法上作相应的变通。另一方面,《公约》第31条不仅规定没收的对象,而且规定查封、扣押、冻结的对象。所以,上述三种类型的财产即使被查封、扣押、冻结,也未必全部没收,它们仍可能在拍卖折价之后,依一定的比例返还嫌疑人、被告人。

因此,需要对《公约》第31条规定的间接违法所得之情形逐一检讨。

其一是转化财产,即嫌疑人将贪腐所得转化为其他的财产形态,如用受贿款项购买了股票、债券、不动产、珠宝等。显然,这只是财产在物理形态上的变化,丝毫不能改变其法律上的本质——违法所得。即使这些资产后来因为投资市场的繁荣而在价值上有所变化,它们在起源上仍然是违法的。因此,对于这种财产当然应予没收。

其二是混合财产,即嫌疑人、被告人将贪腐所得与其合法财产混合而转化的财产形态,如上述A以本人工资存款和贪腐所得而购买的商品房。这时,能否将整套商品房作为违法所得而没收?回答是否定的,我们不能因为部分购房款的违法性就否认其余购房款的合法性。如果将嫌疑人、被告人的购房行为在观念上分割,这里其实包含了两个行为,一是以违法所得购买房产,二是是以合法所得购买房产。其中,后者根本不涉及任何违法性,法院没有任何理由对之没收。有人认为,嫌疑人、被告人将合法财产与违法财产混同,就是为了掩盖违法所得的来源,这本质是将合法所得当作洗钱的工具,应予以没收。[2]诚然,如果有证据证明嫌疑人、被告人将合法与违法所得混同是为了掩饰犯罪所得,其所使用的合法所得便是其违法行为的工具,当然可以没收。但如果缺乏相关证

[1] 万毅:《独立没收程序的证据法难题及其破解》,载《法学》2012年第4期。

[2] 阮方民:《洗钱罪比较研究》,中国人民公安大学出版社2002年版,第275页。

据，或者嫌疑人、被告人混同的行为确实是为了生活所需，法院就无权将其合法财产部分没收。而且，这会导致对嫌疑人、被告人的明显过重的处理。如嫌疑人、被告人的购房款中仅有1%是受贿所得，其余99%都是合法财产，则仅仅因为1%的出资是违法所得，全体财产将被视为违法所得而没收——这显然不合理。有人可能认为，将混同财产作为违法所得是为了体现对特定犯罪人从严处理的精神。但是，程序法上的违法所得没收并非刑法上的作为刑罚的没收财产。作为附加刑的没收财产具有刑罚的严厉性，本来就是指向犯罪人财产中非涉案财产，但违法所得没收并非刑罚措施，它不具有没收非涉案财产的机能。在这一点上，《刑事诉讼法》也有清楚的界定，独立没收程序的对象仅限于"违法所得及其他涉案财产"，如果财产不涉案，就不是没收的对象，无论该财产在物理形态上与涉案财产是否混同。

其三是收益财产。如果这种财产属于犯罪所得的孳息，如存款利息或者股息等，当然属于没收的对象。但如果这种收益不仅源自违法所得，同时也是嫌疑人、被告人个人生产经营的成果，如以违法所得开办合法公司带来的资产增值，就有必要区别对待。既然资产增值部分是嫌疑人、被告人的合法经营所得，这部分的资产就是合法的。这种情形就相当于混合财产，基础部分是违法财产，增值部分是合法财产。若这时对嫌疑人、被告人的资产不加区分一律没收，就会造成不公正的现象：当初以10万元贪污赃款注册成立的公司，即使将来的资产增值到1000万元，仍然是违法财产。因此，对于收益财产在没收时应当注意区分内在的合法财产与非法财产的比例。

当然，本文并非认为，凡是包含合法财产的部分就不能查封、扣押、冻结，而是认为，在对嫌疑人、被告人财产没收时，必须注意其合法财产的比例。如果该财产的合法和违法部分可以划分，则只能查封、扣押、冻结、没收其违法部分；如果二者不可划分，则可整体上予以查封、扣押、冻结，但在将来拍卖后，应将合法财产的价值部分返还给权利人。

（二）对合法财产的抵偿性没收

既然《刑事诉讼法》规定对贪污贿赂犯罪特别没收的对象是"违法所得及其他涉案财产"，这是否意味着嫌疑人、被告人合法所得的财产，就一定不能成为特别没收的对象呢？回答是未必。

在司法实践中，受贿犯罪人不仅会收受具有金钱价值的财物，还会收受有金钱价值的财产性利益。这种无形的财产性利益可能表现为，接受请托人提供的宴请、旅游、房屋装修、尊贵会员服务或者免除债务。在司法实践中，接受这种财产性利益同样会被视为构成受贿罪。“两高”2008 年《关于办理商业贿赂刑事案件适用法律若干问题的意见》中的第 7 条规定，商业贿赂中的财物，既包括金钱和实物，也包括可以用金钱计算数额的财产性利益，如提供房屋装修、含有金额的会员卡、代币卡(券)、旅游费用等。问题是，有些财产性利益并不会直接表现为犯罪人财产的增加，因而从表面上看，似乎没有可供没收的违法所得及涉案财产。如受贿者接受旅游后，其资产没有增加。如果有证据证明嫌疑人、被告人利用职务上的便利收受过财产性利益，且具有在价值上相当于这些财产性利益的合法财物，司法机关当然应当没收等值的合法财物。

因为，从法理上来看，嫌疑人、被告人现有的合法财产，正是收受财产性利益后的盈余。如果嫌疑人、被告人没有接受这些财产性利益，而是支付了对价，他们就不可能剩下现在这么多的财产。换言之，嫌疑人、被告人所拥有的财产的合法性只是表面的，因为这些财产只是以他接受了不法财产性利益为前提的。或者可以认为，受贿者接受财产性利益相当于，他接受了请托人给付的现金然后用以支付相应的财产性利益。在实践中，行为人收受财物后用于挥霍，其源自于合法来源的资产当然也会相应地被视为违法所得。这样，受贿者接受财产性利益，即可视为收受相应的现金后用于挥霍，其相应的源于合法渠道的资产，当然可视为违法所得而没收。

从解释论看，收受财产性利益后的财产盈余属于法条规定的“违法所得”，符合条文的语义。有人可能认为，将合法财产作为违法所得来没收，会违背《刑事诉讼法》第 280 条对违法所得没收对象的规定。但是，这里的“违法所得”既包括违法行为的直接所得，也包括违法行为的间接所得，即由违法行为带来的财产减少的豁免。因此，当行为人通过接受财产性收益而使其财产因没有支付对价而减损时，其剩余的财产同样是一种违法所得。

二、违法所得的查明

能否根据嫌疑人、被告人的财产明显超过合法收入来源就推定其超额部分的财产是违法所得，并予以没收呢？或者有同人会认为，在贪污贿赂犯罪中，违法所得推定是一个伪问题，因为国家工作人员都可能构成巨额财产来源不明罪，该罪的构成要件本来就是“国家工作人员的财产或者支出明显超过合法收入,差额巨大,本人不能说明其来源是合法”。这在立法上就是将财产合法性的举证责任转移到被告人方面。但是,贪污贿赂罪还有一系列罪名是非国家工作人员可以构成的,这些罪名包括单位受贿罪、利用影响力受贿罪、行贿罪、对单位行贿罪、介绍贿赂罪、单位行贿罪。[3]如果有证据证明嫌疑人、被告人实施了这些犯罪,这些犯罪在本省、自治区、直辖市或者全国范围内有较大影响,现在嫌疑人、被告人因死亡或者逃匿不能到案,我们能否根据其财产超过合法收入水平就推定超额部分是违法财产而没收呢?对此,由于我国《刑事诉讼法》对违法所得的特别没收程序之举证责任无明文规定,学理上有较大争议。

有学者认为,这时控方的证明责任和一般刑事程序无异。因为,“我国的财产没收程序是刑事特别程序的组成部分,要接受刑事诉讼基本原则的规范和约束。因此……证据应确实、充分且达到排除合理怀疑的程度。”[4]

但反对的意见认为,这时可以适用违法所得推定,因为违法所得没收程序本质上并非刑事诉讼程序,它解决的是财产性质的纠纷,属于民事诉讼程序,适用“优势证据”的证明标准。据此,对于毒品犯罪、恐怖主义犯罪、涉黑犯罪、走私犯罪等,如果嫌疑人、被告人的财产来源不明且高度可疑,检察机关可以根据财产的藏匿方式、犯罪人收入情况、生活状态等方面以优势证据推定嫌疑人、被告人的财产不可能是合法所得。[5]

也有学者从比较法的角度支持违法所得推定制度。例如在英国法中,一旦基于法定条件认定被告人具有“犯罪生活方式”,即可以此为根据,推定该被告人在一定时期(如6年)内取得的一切财产或者支出的一切花销均来源于犯罪收益。[6]又如,意大利2012年第190号法律规定:对于犯有腐败犯罪的人员,一律决定没收“不能说明其合法来源的钱款、财物或其他利益,以及被判刑人享有的包括通过自然人或法人享有的或者以任何名义支配的、与其缴纳所得税时申报的收入不相符合或者与其经济活动不相符合的钱款、财物或其他利益”。[7]

---

〔3〕 戴长林:《刑事案件涉案财物处理程序》,法律出版社2014年版,第66页。

〔4〕 陈卫东:《构建中国特色形式特别程序》,载《中国法学》2011年第6期。

〔5〕 万毅:《独立没收程序的证据法难题及其破解》,载《法学》2012年第4期。

〔6〕 《英国2002年犯罪收益追缴法》,张磊等译,中国政法大学出版社2010年版,第7页。

〔7〕 《意大利反腐败法》,黄风译,中国方正出版社2013年版,第91页。

他进而指出,要求在特别刑事没收程序中对有关事实的证明必须达到"确实、充分"的标准,不仅是不现实和不必要的,同时也可能是不公平的。[8]

但笔者认为,以上两种观点都有所偏颇。一方面,对特别没收程序不可能适用刑事定罪中的证明标准,即不可能适用"排除合理怀疑"标准。

其一,从立法目的来看,没有必要适用刑事定罪的证明标准。刑事定罪之所以适用"排除合理怀疑"的标准,是因为这涉及被告人的刑罚——包括人身自由甚至生命——的问题。但特别没收程序并不是要解决被告人刑罚的问题,它只是为了"对犯罪所得及时采取冻结追缴措施",即只涉及嫌疑人、被告人的财产问题。换言之,在涉及当事人的法益重要性上,特别没收程序无法与刑事定罪程序相比,自然没有必要适用相同的证明标准。

其二,从条文本义来看,《刑事诉讼法》明文规定"排除合理怀疑"仅适用于刑事定罪程序。《刑事诉讼法》第 53 条规定:"没有被告人供述,证据确实、充分的,可以认定被告人有罪和处以刑罚。证据确实、充分,应当符合以下条件:(一)定罪量刑的事实都有证据证明;(二)据以定案的证据均经法定程序查证属实;(三)综合全案证据,对所认定事实已排除合理怀疑。"但必须注意的是,这里适用"排除合理怀疑"标准的前提是"认定被告人有罪和处以刑罚",并且"定罪量刑的事实都有证据证明"。这意味着立法者在此处暗示,"排除合理怀疑"标准并非适用于一切刑事程序的标准,而仅仅适用于认定被告有罪和处以刑罚的标准。

其三,从实践可行性来看,不可能适用"排除合理怀疑"标准。特别没收程序是针对嫌疑人、被告人逃匿或者死亡情形下的违法财产没收,这意味着被告人及其辩护人是不可能出庭参与质证、辩论和辩护的。任何刑事程序在被告人及其辩护人均缺席的情况下,仅根据未经辩方质证的证据而认定的事实,不可能达到"排除合理怀疑"。

因此,将"排除合理怀疑"作为特别没收程序的标准,不仅要求过高,而且无法实现。由于特别没收程序涉及的是国家能否没收嫌疑人、被告人、利害关系人的涉案财产,在本质上是国家与嫌疑人、被告人、利害关系人在财产上的权利纠纷,这类似于民事上的财产纠纷,因而其证明标准可以适用民事上的证明标准——"优势证据"标准。这一点也是法治国家的经验。例如美国就将对犯罪财物的没收作为"民事没收"而规定,根据 2000 年《美国联邦民事没收程序改革

---

[8] 黄风:《特别刑事没收证明规则比较研究》,载《比较法研究》2014 年第 3 期。

法》的规定,检察机关对涉案财物没收的证明标准即为"优势证据"标准。[9] 又如,英国《2002 年犯罪收益追缴法》第 241 条第 3 款则更为明确地规定:法院在确定是否足以证明有关事实构成犯罪时,应当"依据或然性权衡"原则对相关证据作出判断,即对相关各方提供的证据进行综合评估,看哪一方的证据比较具有优势。[10] 再如,爱尔兰《2005 年犯罪收益(修订)法》规定:"在依据本条进行的诉讼中,证明标准是在民事诉讼中适用的标准。"[11] 这是因为,"由于相关的追缴与没收裁决既不涉及对任何人的刑事责任追究,也不具有惩罚性,因而没有必要采用严格的刑事诉讼证据标准"。[12]

那么,如何看待《2012 年刑诉法司法解释》第 516 条将"案件事实清楚,证据确实、充分"作为没收嫌疑人、被告人财产的证据条件呢?换言之,这时能否适用《刑事诉讼法》第 53 条认定"证据确实、充分"的三个条件(包括"排除合理怀疑")呢?如前所述,《刑事诉讼法》第 53 条关于"证据确实、充分"的条件是以认定被告有罪和处以刑罚为前提的,显然不能适用于对嫌疑人、被告人的财产没收。其实,"证据确实、充分"的含义并非单一的。在过去很长的时间里面,《刑事诉讼法》《民事诉讼法》《行政诉讼法》对证明标准均规定为"证据确实、充分",但学理和司法解释均认为三大诉讼法的证明标准是不一样的。刑事诉讼定罪的证明标准是排除合理怀疑标准,民事诉讼的证明标准则是证据优势标准,行政诉讼的证明标准则是上述两种证明标准的综合。既然《2012 年刑诉法司法解释》可以认为,《民事诉讼法》中的"证据确实、充分"是指证据优势,同样,在违法所得没收程序中也可以适用这一标准。

但另一方面,我们不能依据优势证据标准进而主张违法所得推定制度,即不能仅仅根据贪贿犯罪嫌疑人、被告人的资产明显超过合法收入来源,便认为构成证据优势,进而推定嫌疑人、被告人的财产是违法财产。因为,这种推定并不符合优势证据的证明标准。当控方认为嫌疑人、被告人的资产明显超过合法收入来源时,可能是因为控方并未完全掌握嫌疑人、被告人全部的合法收入来源,也可能是嫌疑人、被告人的资产来源于其他违法渠道,但与所涉嫌的犯罪无

〔9〕 18U. S. C. §983(C).

〔10〕《英国 2002 年犯罪收益追缴法》,张磊等译,中国政法大学出版社 2010 年版。

〔11〕《2005 年爱尔兰犯罪收益(修订)法》第 23 条 2B.(3)。

〔12〕 黄风:《特别刑事没收证明规则比较研究》,载《比较法研究》2014 年第 3 期。

关。显然,特别没收程序所没收的违法所得,并非一切的违法所得,而只能是嫌疑人、被告人被指控的犯罪所得或相关的涉案财产。因此,仅以控方查明的嫌疑人、被告人合法收入来源与现存财产之间存在差额,还不能说,这些财产有较高可能是嫌疑人、被告人的违法所得。

我们可以假设一个民事案件作类比。假如甲起诉乙借款不还,甲有证据证明乙曾经借过他的钱,但无法证明借款的细节(如什么时候借,借了多少钱),而乙的资产明显超过能够查明的合法收入 100 万元。现在甲民事起诉乙要求乙还款,我们能否仅以此推定乙超额的 100 万元财产都是从甲那里借来的呢?显然不能,因为乙的 100 万元还可能有其他来源,甲掌握的证据还不足以达到支持他胜诉的"优势证据"的程度。同样,当乙是一个利用影响力受贿罪的嫌疑人时,即使他的资产明显超过合法收入来源,我们也不能根据这种差额,就草率地推定这些资产都是他利用影响力受贿的。简言之,仅仅根据财产来源未能查明就推定财产是违法的,是一个连"优势证据"都达不到的证明程度。

有人认为,"被告人被指控的犯罪事实以及没收程序所针对的财产是两个客观存在",在特别没收程序中,"检控机关的责任在于证明这两个客观存在或者事实之间有着因果关系,这种证明不一定等同于针对被告人的归罪证明,也就是说,在一定情况下,可以绕开被告人的刑事责任或者定罪问题,直接证明物与事实之间的实际联系。"要查明物与犯罪事实之间的联系,"应当将调查的重点放在有关财产的取得和转移环节上,查清财产获取过程的来龙去脉"。[13] 这种看法似是而非。这里要证明"物与事实之间的实际联系",就是要证明财物和犯罪事实之间的实际联系。任何犯罪事实都是人实施的,要证明犯罪事实,就离不开嫌疑人、被告人如何实施该事实的问题。换言之,要说明物与犯罪事实之间的关联,前提是必须证明存在嫌疑人、被告人实施的犯罪事实。如果绕开了嫌疑人、被告人是否实施过特定犯罪事实的问题,根本无法说明财物与犯罪事实之间的联系。因此,笔者认为特别没收程的证明对象当然包括嫌疑人、被告人是否实施特定犯罪事实的问题。它与刑事定罪程序在证明对象上是没有区别的,二者的区别仅仅在于证明标准的问题。

换言之,即使认为特别没收程序奉行的是优势证据的证明标准,也不能采纳违法所得推定制度。必须强调,我们反对的是——仅根据嫌疑人、被告人财

〔13〕 黄风:《特别刑事没收证明规则比较研究》,载《比较法研究》2014 年第 3 期。

产的不明增加便推定财产的违法性,并非反对一切的证据学推定。但我们仍须查明违法行为与财产之间基本的关联,这便需要有证据证明:(1)嫌疑人、被告人实施了贪污贿赂犯罪的事实;(2)嫌疑人、被告人具有暂时无法查明合法来源的财产;(3)嫌疑人、被告人具体的犯罪行为与其来源不明的财产具有时间上、数量上的大致对应关系。进言之,我们须有证据证明,嫌疑人、被告人实施了某个特定的贪污贿赂犯罪,该犯罪行为是可能为其带来财产收益的,且该犯罪行为实施的同时或实施之后,其支配的财产发生了缺乏合法来源的相应增长。这时方能认为财产是贪污贿赂犯罪所得。

三、其他涉案财产的界定

某些财产虽非贪贿犯罪所得,但是是嫌疑人、被告人用于贪贿犯罪的工具,同样存在没收的可能性。司法解释认为,可以没收的其他涉案财产包括被告人非法持有的违禁品和供其犯罪所用的本人财物。其中,被告人非法持有的违禁品相对容易认定,但是何者为供其犯罪所用的本人财物,则是比较模糊的问题。

如果认为,凡是为了犯罪的实施而使用过的本人财物都是涉案财产,可能会导致没收范围过大。如行贿人接送受贿者参加饭局的汽车,行贿人和受贿人用于联络对方的手机,或者用于合谋贪腐计划的犯罪人的住宅,似乎都属于供犯罪所用的本人财物,但如果一律加以没收,则处罚有过重之虞。因此,有必要讨论“供犯罪所用的本人财物”的界限。

有学者认为,关键在于财物与犯罪的关系具有直接或密切的关系。所谓直接关系,是指对犯罪完成起到决定性和促进性的作用;对那些仅与犯罪相联系,但不是直接用于犯罪的财物一般不应视为“供犯罪所用”。所谓密切联系,是指财物与犯罪存在经常性的联系,是专门或主要用于实施犯罪之物,而非偶尔用于犯罪。[14] 这种见解既考虑了财物在犯罪内部结构中的地位,也考虑了财物在用途安排上与犯罪的外部关联,值得重视。但是,该观点也有不明确的地方,尤其是所谓直接关系中,什么才是“对犯罪完成起到决定性和促进性的作用”的财物,并不清楚。譬如,犯罪人之间用于相互联系的手机,似乎也是对犯罪起到决

---

〔14〕 戴长林:《刑事案件涉案财物处理程序——以违法所得特别没收程序为重点的分析》,法律出版社2014年版,第50页。

定性或促进性作用的财物。

在本文看来,应当没收的"供犯罪所用的本人财物"可以从两个方面加以把握:

其一,与犯罪具有实行性关联的财物。所谓与犯罪有实行性关联,是指该财物是用于完成该犯罪构成要件的实行行为的工具。凡是在犯罪的着手实行阶段而使用过的犯罪人本人的财物,皆是可没收的对象。譬如,贪污罪的嫌疑人、被告人用本人的手提电脑从本单位的账户转出款项,由于该手提电脑是用于完成贪污罪构成要件中的"窃取"行为的工具,与贪污罪具有实行性关联。又如,行贿人用其轿车将贿款送到受贿人家中,该汽车便属于完成行贿罪中的"给予"行为的工具,与受贿罪具有实行性关联。相反,若财物只是在犯罪的预备阶段而使用,与行为不具有实行性关联。如前面提到的,接送受贿者参加饭局的汽车,用于和受贿人联络的手机,或者用于合谋贪腐计划的住宅,它们只是在犯罪的预备阶段使用的工具,不属于实行犯罪时使用的工具。

其二,与犯罪具有功能性关联的财物。所谓与犯罪有功能性关联,是指该财物的主要功能是为了便利犯罪或相关违法行为的完成。这时,即使这种财物并非在犯罪的实行阶段被使用,但只要犯罪人对该财物的主要用途是便利于犯罪或相关违法行为的完成,则同样可予以没收。譬如,受贿者购买的专门与行贿人联系的手机,或者行贿人购买的主要用于与受贿人"共商大计"的不动产,虽然手机和房子并非用于行贿、受贿的实行行为,但它们的主要用途是为了方便犯罪的完成,因而与犯罪具有功能性关联。但是,如果特定财物并非主要用于犯罪,而是有时也会用于犯罪,如嫌疑人、被告人的住宅主要用于与家庭成员居住,但偶尔也会用于与同伙见面,这便不具有与犯罪的功能性关系,因而不属于没收对象。

须注意的是,与犯罪有功能性关联强调的是财物的主要用途在于犯罪,而非全部用途,亦即该财物未必是犯罪专用。在过去的司法解释中,过于强调犯罪工具的专用性,容易引起司法适用上的不公。如最高人民法院 最高人民检察院《关于办理赌博刑事案件具体应用法律若干问题的解释》第 8 条规定,"赌博用具、赌博违法所得以及赌博犯罪分子所有的专门用于赌博的资金、交通工具、通讯工具等,应当依法予以没收。"这里,如何理解"专门用于赌博的资金、交通工具、通讯工具"呢? 如果这些资金或工具有时也用于违法者本人的生活需要,似乎就不具有专门性,就不能没收了。这样,就会给犯罪分子规避法律的明显漏洞——只要将犯罪工具偶尔也用于家庭生活，即可阻止司法机关的没收。因此，与犯罪有功能性联系只强调财物主要用于犯罪，至于是否偶尔也会用于合法用途，则在所非问。

有同人提到，“供犯罪所用”不仅包括犯罪前、犯罪时所用，还应当作广义理解，即使犯罪时更容易实施或犯罪后侦查更困难的财物。据此，犯罪后藏匿赃款的房子也属于供犯罪所用的财物，因为它使得犯罪难以侦查。[15]这种观点也有比较法上的依据。如在美国民事没收制度中，对毒品犯罪的财产没收包括实施毒品犯罪或者为实施毒品犯罪提供了便利的任何动产和不动产，这些财产包括机动车、船只、枪支、飞机、房屋、农场、有价证券，甚至还可以是医师资格证书。[16]上述见解有一定合理的地方，毕竟《刑事诉讼法》规定的是“涉案财物”，既然是“涉案”，自然既可能是事前、事中涉案，也可能是事后涉案。但是，如果有助于逃避侦查的财产均应作为犯罪工具而一律没收，则有处理过严之虞。根据上述见解，只要行为人犯罪后回到家中，其房子都必然要作为犯罪工具而没收，因为其房子为犯罪人和赃物藏匿提供了便利。这几乎会使所有对自家拥有房产权的犯罪分子都会面临房屋被没收——显然，这是不合理的。

本文认为，供犯罪所用的财产也包括事后使用的、使侦查更困难的财产，但并非一切这方面的财产都可以成为没收的对象。这些财产必须具有犯罪的功能性关联特征，即它必须主要地用于特定犯罪之用途。譬如，如果受贿者专门购买了一套偏僻的商品房用于窝藏受贿赃款，则该房子具有犯罪的功能性关联，属于供犯罪所用的财产，应予以没收。但若受贿者只是将赃款藏于家中，则其居住的房子不具有犯罪的功能性关联，不能没收，因为房子同时也用于犯罪人的家庭生活，并非主要用于犯罪。

四、利害关系人及其抗辩权

（一）利害关系人包括嫌疑人、被告人吗

对于利害关系人的范围，《2012 年刑诉法司法解释》界定为“对申请没收的财产主张所有权的人”，进而又将其分为两类：其一是犯罪嫌疑人、被告人的近

〔15〕 万毅：《独立没收程序的证据法难题及其破解》，载《法学》2012 年第 4 期。

〔16〕 21 U. S. C. A. § 881(a).

亲属;其二是其他利害关系人。从这一规定的表面意思来看,利害关系人不包括嫌疑人、被告人本人。既然特别没收程序是在嫌疑人、被告人不可能到案的情况下设置的,他们当然不可能出庭参加诉讼。但在实践中发生的情况是,贪贿犯罪的嫌疑人、被告人虽然已经逃到国外,但他能提供有力的证据证明财产有合法来源或者与案件无关,这时嫌疑人、被告人是否可能委托代理人参与诉讼,并提交相关证据呢?

有同仁对此明确持否定的立场,认为在死亡或逃匿的情况下,嫌疑人、被告人不是特别没收程序的参与人。因为根据美国的"不采纳逃犯证言理论",如果受到刑事指控的人员逃匿,他的有关证言无效,其反对没收的证言必须亲自在法庭面前提出。这样,他就无权在不出庭的情况下用书面形式或通过诉讼代理人提出反对财产没收的意见。[17]

然而,我国《刑事诉讼法》第6条明文规定,"人民法院、人民检察院和公安机关进行刑事诉讼,必须依靠群众,必须以事实为根据,以法律为准绳"。既然人民法院要判决没收嫌疑人、被告人的涉案财产,就必须是依据现有的证据足以认定特定财产是涉案财产。如果在制定或解释法律时,允许司法机关能够无视证明财产合法来源的证据而没收财产,这就不是"以事实为根据,以法律为准绳。"而且,这会导致明显的司法资源的浪费。一旦将来嫌疑人、被告人归案,这势必导致"没收犯罪嫌疑人、被告人财产确有错误的,应当予以返还、赔偿"。根据《2012年刑诉法司法解释》第522条,人民法院在判决中撤销原没收裁定,或者启动审判监督程序纠正,"已经没收的财产,应当及时返还;财产已经上缴国库的,由原没收机关从财政机关申请退库,予以返还;原物已经出卖、拍卖的,应当退还价款;造成犯罪嫌疑人、被告人以及利害关系人财产损失的,应当依法赔偿。"这不仅造成司法程序上的繁琐,而且会给嫌疑人、被告人或其他利害关系人造成不必要的损失。

有人可能认为,既然嫌疑人、被告人在逃,他就必须对其因此造成的缺席审判状态承担不利的后果。问题是,特别没收程序并非一种刑罚,它也不是为了惩罚缺席的被告人而制定的惩罚措施。设定这一程序的目的是及时对无法到案的嫌疑人、被告人的违法财产予以没收。但这里的前提是,以现有能够查明的全部证据足以认定该财产是违法财产。事实上,嫌疑人、被告人的财产是否

---

〔17〕 黄风:《特别刑事没收证明规则比较研究》,载《比较法研究》2014年第3期。

违法,其来源如何,往往只有他本人最清楚,尤其是在巨额财产来源不明罪当中。既然尚未被定罪的嫌疑人、被告人有足够证据证明财产并非关涉贪腐犯罪,我们当然应尊重这一事实,在制度上给予应当的保障。

可行的对策是,对《刑事诉讼法》和司法解释重新加以解释,使利害关系人能够包含嫌疑人、被告人。事实上,《刑事诉讼法》及司法解释规定的利害关系人为"犯罪嫌疑人、被告人的近亲属和其他利害关系人",并没规定有明文将嫌疑人、被告人排除在外。事实上,嫌疑人、被告人当然是最具有利害关系的利害关系人。而司法解释将利害关系人规定为"对申请没收的财产主张所有权的人",这也没有明文规定将嫌疑人、被告人排除在利害关系人之外,因为嫌疑人、被告人当然也属于对申请没收的财产主张所有权的人。所以,我们完全可以认为,嫌疑人、被告人属于《刑事诉讼法》和司法解释中的"其他利害关系人",当然可以委托代理人参与特别没收程序的诉讼。

(二)利害关系人的抗辩权

我国的立法和司法解释都没有明确规定利害关系人的抗辩权。《刑事诉讼法》仅仅规定,对于没收违法所得申请的法庭审理,犯罪嫌疑人、被告人的近亲属和其他利害关系人有权申请参加诉讼,也可以委托诉讼代理人参加诉讼。《2012 年刑诉法司法解释》也只是简单规定,"对申请没收的财产主张所有权的人,应当认定为《刑事诉讼法》第 281 条第 2 款规定的"其他利害关系人。"那么是否可以认为,只要利害关系人能够证明对没收财产的所有权,即可对抗检察院的违法财产没收请求呢?

不少学者皆持反对的看法,认为应当借鉴美国的"无辜所有者"抗辩权制度。根据《美国联邦民事没收程序改革法》,对于涉案财产无辜所有者可以主张抗辩权,从而使财产免予没收。这种抗辩权可以分为两类:其一是事前财产抗辩权,即在犯罪事实之前即取得财产的所有者的抗辩权,这时权利人只需要证明自己不知道犯罪行为发生,或者虽然知道犯罪行为发生,但采取合理措施避免财产用于犯罪,即可免予财产被没收。其二是事后财产抗辩权,即在犯罪事实之后才取得财产的所有者的抗辩权,这时权利人不仅要证明自己不知道且没有合理理由知道涉案财产属于没收对象,而且要证明他是通过善意的购买行为或出售行为获得该财产。[18]

[18] 18 U. S. C. §983(C).

据此,有学者主张,我国也应当将利害关系人的抗辩权分为两类:其一是权利主张者在犯罪行为发生前就对涉案财物存在合法所有权。但这时权利人是否知道该财产被用于犯罪,在所不问,因为在我国“不能没收第三人的即使属于犯罪工具的财产”。其二是涉案财物虽然属于违法所得或犯罪工具,但权利主张者是善意取得的,亦即,权利主张者需要证明,他通过善意的购买行为获得涉案财物,并且不知道而且也没有合理理由应当知道该涉案财物属于违法所得或犯罪工具。[19]

有学者主张应当区分三类抗辩权:其一是独立于犯罪的先存利益的抗辩权,即利害关系人主张的利益是犯罪前所得的,且与犯罪行为无关。这时权利人只需要证明他对该财产利益的合法权利即可。其二是与犯罪关联的现存利益的抗辩权,即利害关系人主张的利益是犯罪前所得的,但被用于犯罪的利益。这时权利人需要证明他不知道犯罪行为,或者虽知道犯罪行为但采取合理措施阻止财产用于犯罪。其三是事后利益的抗辩权,即犯罪实施后才取得的利益的抗辩权。这时,应适用我国物权法的善意取得制度,权利人必须证明自己获得财产时是善意,并且支付了合理对价,符合等价或交付等条件。[20]

上述见解的共通特征在于:其一,抗辩权均应建立在“善意”的基础之上,即利害关系人必须不知其财物与犯罪的关联,或者起码采取合理措施防止将犯罪人财物用于犯罪;其二,至于利害关系人是否需要对该财产“支付对价”,则需要根据财物获得是在犯罪之前还是犯罪之后区别对待,于前者不以此为要求,于后者则必须支付了合理的对价。

但我国司法解释并没有完全遵循这种思路。因为《2012 年刑诉法司法解释》第 509 条规定没收供犯罪所用的财物时就明确要求须是“本人财物”。从表面来看,若财物虽用于犯罪,但不是本人所有时,该财物就不能没收。这无形中赋予了利害关系人一个抗辩权,他只需要证明财物为其所有即可,至于他是否明知该财物用于犯罪,在所不问。有人可能认为,如果利害关系人明知财物用于犯罪而借给犯罪人使用,则利害关系人将构成共犯,其财物当然可以没收。

---

〔19〕 吴光升:《未定罪案件涉案财物没收程序之若干比较》,载《政法论坛》2013 年第 2 期。

〔20〕 毛兴勤:《违法所得特别没收程序研究》,中国检察出版社 2014 年版,第 207 ~ 208 页。

但是,如果利害关系人将财物交付犯罪人后才得知财物被用于犯罪,即使利害关系人对此不加干预,根据共犯的理论,仍不足以认定利害关系人构成共犯。如哥哥将房子借给弟弟使用,但弟弟后来将房子专门用于储藏受贿所得的赃款,哥哥虽然知情但未予阻拦。显然,哥哥不构成受贿罪的共犯,但若因为房子的所有权并非受贿者所有而不加阻拦,显有放纵之虞。因此,供犯罪所用的财物不应限于本人所有,即使该财物为他人所有,只要所有人明知财物用于犯罪,仍可没收该财物。

因此,从实务的立场考虑,宜对《2012 年刑诉法司法解释》第 509 条再解释——这里的"本人财物"并非本人所有的财物,而是本人在犯罪时实际控制的财物。若该财物其实为案外人所有,则需要判断该所有人是否明知财物用于犯罪,或者知道财物用于犯罪后采取过合理措施阻止。如果是,则财物不能没收;如果不是,则应当没收。

另一个值得讨论的问题是,不少学者认为,如果财产是利害关系人事后所得,则必须支付合理对价方成立有效抗辩。如果事后所得没有支付过合理对价,则应当没收。这种看法值得商榷。或者人们会以为,这种规定本来就是为了防止犯罪人向其亲友转移违法所得,而且既然财产是违法财物,本来就应当没收,既然利害关系人没有为此支付对价,没收该财物就不会对其带来额外损失。但是,这种想法没有考虑它会对无辜物主财产的稳定性带来破坏。善意的利害关系人虽然免费从犯罪人手里得到了违法财物,但他可能已经用于其家庭生活或其他经济用途,若国家现在予以强行没收,将对其生活和工作带来不可修复的伤害。

因此,应当采取"原则 + 例外"的处理模式,即原则上可没收事后免费受让的违法财物,但如果这种没收会对善意的利害关系人的生活或工作带来严重影响,法院可例外地考虑免予没收。这种例外情况包括:

其一,该财产是利害关系人的基本生活资料。其实,美国无辜物主抗辩制度也规定了"主要居住地"的例外,即如果财产是无辜物主的主要居住地,剥夺该财产就等于剥夺了他和依赖他生活的人的基本住所,申请人通过结婚、离婚、分居、继承、遗赠而获得该财产,且财产非犯罪所得,则财产不能没收。[21] 当然,基本生活资料并不仅限于住房,它也可能包括维持生活最基本的现金和存款。

---

〔21〕 18 U. S. C. §983(d).

而且,如果从保障利害关系人的基本生活出发,他获得财产的途径不应仅限于身份关系,也不应排除犯罪所得。譬如,受贿者将其部分受贿所得为乡下的叔叔购买了住房,这套住房是其叔叔唯一的住房,尽管购房款是犯罪所得,但若予以没收,将可能导致其叔叔无家可归。这时,就有必要免予没收。

其二,没收财产会对善意利害关系人的社会生活或工作带来重大破坏。这里的重大破坏是指,没收财产而对利害关系人造成的,除没收财产之外的重大损失或者破坏。如善意的利害关系人将从受赠的贪贿赃款用于公司经营,如果没收该违法所得,可能令利害关系人的公司因无法履行合同而遭受巨大的违约责任,甚至因此破产而造成工人大量失业。这时,法院应从善意利害关系人的利益和社会效果考虑,对违法财产免予没收。

其三,财产已经用于捐赠公益慈善事业的。如果这时没收被捐赠对象的财产,将会对慈善公益事业(尤其是对受捐赠对象)造成较大的破坏。譬如,贪污犯将其贪污所得部分用于捐赠建设小学的教学楼。这时,若将该教学楼作为违法财产没收,将会严重影响小学的教学活动,甚至造成停学。从保护公益捐赠对象出发,法院也有必要对违法财产免予没收。

Flight Personnel Corruption Involved Special Confiscation of Property

Zhuang Jin

Abstract: Take bribes crime special confiscation of property involved in the program is not including all illegal indirect income, and we should Take a different attitude based on the property of the illegal income such as diverted property, confusion of property and income property and discrimination, and to consider offsetting the confiscation of legal property. Findind out the illegal income should apply "advantage evidence" standard, but we can't apply presumption of illegal income. Taking bribes the crime of the property involved in the other, we shall carry practical related standard or functional related standard. Fugitive taking bribes the criminal suspect or defendant shall have the right to entrust the agent to participate in the program special confiscation of illegal income, and there is evidence that the property is not of the illegal income, and the people's court shall be adopted. To the interested party's right of defense, we shall take "principle +

exception" processing mode, which in principle it can be confiscated after accepting illegal property for free. but if the seizure may has serious impact on interested party of goodwill's life and work, the court can consider confiscation from exception.

Key words: Corruption and Bribery Crime; Illegal Income; Properties Related to Criminal Cases; Special Confiscation

（责任编辑：亢晶晶）

论农业产业政策的法律化

——美国 Horne v. Dep't of Agriculture 案的启示

李友根*

内容摘要：

美国最高法院2015年判决的霍恩诉农业部案(Horne v. Dep't of Agriculture)虽然主要涉及农业领域征收与补偿的宪法问题，但也较好地展示了美国农业产业政策法的全貌。该案及其反映的美国农业法治素材，对于我国农业产业政策的法律化颇有启示。农业产业政策必须以法律文本为载体，最大限度地利用市场机制，强调农业政策的可操作性，并应根据经济与社会发展适时进行评估与调整。

关键词：

农业产业政策　征收　可操作性　Horne v. Dep't of Agriculture

一、问题的提出

农业是以生命有机体作为生产对象、整合自然生产和经济再生产的特殊生产，基本上依靠生命有机体生长、繁育的自然规律来获得农产品。农业具有投资周期长、利润低、自然风险大等特点，而且在我国，农业还具有受自然条件制约强、生产工具现代化水平低、农民组织化程度低且抗风险能力差、农产品的需求和供给弹性小等特征。[1] 因此，处于市场经济体制下，当市场在资源配置中

---

* 南京大学法学院教授，法学博士。

〔1〕 参见黄椿：《农业保险主体供需意愿研究》，福建农林大学2011年博士学位论文，第19~21页。

起决定性作用时,农业相对于工业和服务业而言,更需要国家充分发挥政府的作用,通过产业政策加以保护、扶持。

在我国全面推进依法治国的背景下,包括农业产业政策在内的政府行为,自然也同样需要在法治的框架内决定与实施。然而,尽管我国近年来加大了农业领域的法治建设,制定了包括《农业法》《农业技术推广法》《农民专业合作社法》《农产品质量安全法》《种子法》《农业机械化促进法》《农村土地承包法》等一系列的法律、法规,并初步形成了农业法律体系。但总体而言,我国农业领域的法治建设还存在诸多问题,例如立法滞后现象严重、农业资金投入尚未走上法制化和规范化的道路、立法的规范性和可操作性比较差等,而最为突出与根本的则是"重政策、轻法律"的观念与倾向:"不能科学地将农业政策转化为法律规范,而经常出现政策搬家,将政策的原则性和灵活性引入法律,使法律规范缺乏严格的规定性和可操作性。很多重要的农业制度和改革的成果未能及时地写入法律,导致生活中农业政策的落实不力。"[2]

换言之,包括产业政策在内的农业政策,长期以来大量地游离于法律规范之外,以中共中央、国务院、农业部的相关文件、意见、通知等为载体,调整、促进、引导着我国农业的发展。尽管这些农业产业政策也确实取得了相当的成就,但在我国全面进入法治时代的背景下,其效果与可行性显然是存在严重问题的。正如农业部在其文件中认识到的:"巩固农业基础地位,提高农业支持保护水平,必须依靠法治建设予以保障。"[3]

因此,研究探讨如何实现农业产业政策的法律化、提高农业领域的法治化水平,应当成为法学界的重要任务。而比较、借鉴、参考和吸收其他国家与地区农业产业政策法律化的经验与教训,是完成这一任务的重要途径与方法。鉴于美国农业发展的先进水平和农业法治的丰富经验,本文拟以美国最高法院 2015 年 6 月判决的 Horne v. Dep't of Agriculture 案为素材,就农业产业政策的法律问题进行分析,并试图探讨与总结该案对我国农业法治的借鉴意义。

---

〔2〕 姜昕、杨临宏主编:《产业政策法》,中国社会科学出版社 2008 年版,第 277 ~ 279 页。

〔3〕 农业部《关于贯彻党的十八届四中全会精神深入推进农业法治建设的意见》,2015 年 3 月。

二、本案的基本背景与诉讼过程

Home V. Dep't of Agriculture是美国联邦最高法院审理的有关农业产业政策的最新判例,涉及美国1937年《农业销售协议法》所确立的农产品销售控制制度,作为典型个案其较深刻地反映了美国农业产业政策的图景。

1929年开始的大萧条导致美国陷入严重的经济危机,在农业领域表现为农业生产严重过剩、农产品价格狂跌、农场主收入大幅度下降、农民生存困难。例如,1921年葡萄干的价格为每吨235美元,但由于高价刺激了种植面积的剧增,葡萄干价格从1922年开始下跌到每吨40美元至60美元。到1934年以后随着种植面积的持续扩大和价格的不断下跌,该产业已经难以为继,葡萄干甚至只能以低于成本的价格销售。[4] 因此罗斯福新政就从拯救农场主的紧急立法即1933年《农业调整法》(Agricultural Adjustment Act)开始。[5]

1937年作为该法的派生物,国会又制定了《农业销售协议法》(The Agricultural Marketing Agreement Act),以实现农产品的平价制度(parity prices),建立与维持农产品的正常市场条件。该法的主要内容是授权农业部长颁布销售指令(marketing orders),一方面通过促进计划和质量控制来刺激特定农产品(如水果、蔬菜、牛奶制品等)的市场需求,另一方面通过控制进入市场的农产品数量以保障价格稳定。

1949年联邦农业部长依据《农业销售协议法》的规定和授权,制定了加州葡萄干的销售指令(Marketing Order Regulating the Handling of Raisins Produced from Grapes Grown in California)。在该法和该指令中,涉及葡萄干产业的主体分为生产者(producer)和加工者(handler),法律所规定的义务仅适用于加工者:加工者在收购农产品时必须遵守农业部长的销售指令,违者将被处以罚款(civil penalty,每日处以1000美元以下的罚款)和刑事制裁。销售指令的主要内容是:生产者将全部葡萄干卖给加工者,后者需按照葡萄干管理委员会确定

〔4〕 Parker v. Brown,317 U.S. 341,364(1943).

〔5〕 权昌会主编:《美国农业立法》,经济科学出版社1997年版,第27页。

的比例将葡萄干分为两类:[6]一类是自由交易葡萄干(free-tonnage raisins),由加工者购买并支付价款给生产者后自由在国内市场销售;另一类是储备葡萄干(reserve-tonnage raisins),加工者不需支付价款而直接将该葡萄干纳入储备池(reserve pools),等待葡萄干管理委员会处置。葡萄干管理委员会或者将储备葡萄干销售给加工者用于出口到国外市场销售,或者在非竞争性市场上销售与处理(包括供应学校午餐项目、捐赠给政府机构或者外国政府)。储藏葡萄干的销售所得,在支付委员会人员费用、出口补贴等开支后,倘有剩余则在生产者之间进行按比例分配。[7]

为了实施这一项目,由农业部长任命组成葡萄干管理委员会(Raisin Administrative Committee,RAC)。该委员会由生产者与葡萄干产业的其他人组成,每年确定种植者免费交给政府的葡萄干(即储备葡萄干)比例,并监督销售指令的实施、处置储备葡萄干。

Marvin 和 Laura Horne 一家自 1969 年以来就种植葡萄、生产葡萄干,也一直执行着销售指令。但后来由于对销售指令不满,Horne 一家在 2002 年对自己的经营方式作出了调整:在充当生产者的角色之外,还自己购买设备对葡萄干进行加工处理,并且向其他 60 户生产者提供葡萄干的加工服务并收取相应的加工费。Horne 的基本思路是:由于《农业销售协议法》不对生产者设定直接义务,因此作为生产者的 Horne 可不受该法和销售指令的约束,而直接进入市场销售;由于 Horne 加工的是自己生产的葡萄干,因此不属于加工者,无须履行交纳储备葡萄干的义务。虽然在 2001 年农业部就告知 Horne 在这种经营模式下其依然构成农业销售协议法所规定的加工者,但 Horne 拒绝了销售指令所规定的各项义务:他既不向委员会提交储备葡萄干金额,不保留委托其包装加工的其他生产者的储备葡萄干,也拒绝委员会的检查,不允许委员会获得其销售记录,更没有保留自己的储备葡萄干。

2004 年农业部官员针对 Horne 的上述行为提起了强制执行程序(enforcement action),2006 年行政法官(Administrative Law Judge)作出裁决,认定 Horne 是加工者,应当接受农业销售协议法的调整。Horne 向农业部司法官

---

〔6〕 这一比例由葡萄干管理委员会根据每年的市场因素等具体确定。例如,2002 ~ 2003 年度储备比例为 47% ,2003 ~ 2004 年度为 30% 。

〔7〕 Horne v. U. S. Dep't of Agric. ,673 F. 3d 1071(9th Cir. 2011).

提起申诉,后者维持了行政法官的裁决,并处以 69.5 万美元的处罚,包括罚款(civil penalty)和相当于 Horne 一家没有交纳的储备葡萄干价值的金额。[8]

政府在收缴罚款时,Horne 诉至联邦地区法院寻求司法救济,2009 年 12 月地区法院驳回了原告的诉讼请求。

原告上诉至第 9 巡回上诉法院,2011 年 7 月该院维持了原判,同时又宣布该院没有管辖权。因为根据《扩大权利申诉法院管辖权法》(Tucker Act)的规定,就政府征收提起的诉讼请求,原告只有在完成联邦索赔法院(Court of Federal Claims)的诉讼后才可以诉至联邦地区法院。[9]

原告又提起上诉。2013 年 6 月联邦最高法院推翻了第 9 巡回上诉法院的判决,认为联邦法院对该案有管辖权,故发回第 9 巡回上诉法院针对实体问题(merits)进行重审。[10]

在重审中,2014 年 5 月第 9 巡回上诉法院判决维持了销售指令的合宪性,理由是:第一,该销售指令针对的是动产而非不动产,而征收条款对此保护有限;第二,由于原告保留了葡萄干的剩余利益,不是完全被剥夺了财产权利,因此不构成征收。[11]

原告又将此案上诉至联邦最高法院,2015 年 6 月最高法院判决本案构成征收,且没有进行公正补偿,因此原告无须交纳罚款。[12]

该案经过了复杂、冗长的行政程序和司法诉讼程序,较为全面地反映与体现了作为美国农业产业政策重要载体的《农业销售协议法》和销售指令的历史性、复杂性,既涉及美国诉讼法中的管辖权问题,又涉及诸多的实体法律问题特别是宪法修正案的征收条款、补偿问题等。鉴于本文的主旨,下面将主要分析最高法院的最后判决所涉及的核心问题,即农业政策与征收的关系问题。

---

〔8〕 Horne v. U. S. Dep't of Agric. ,133 S. Ct. 2053(2013).

〔9〕 Horne v. U. S. Dep't of Agric. ,673 F. 3d 1071(9th Cir. 2011).

〔10〕 Horne v. U. S. Dep't of Agric. ,133 S. Ct. 2053(2013).

〔11〕 Horne v. U. S. Dep't of Agric. ,750 F. 3d 1128,1143(9th Cir. 2014).

〔12〕 Horne v. U. S. Dep't of Agric. ,135 S. Ct. 2419(2015).

三、本案的核心问题:征收与补偿

最高法院2015年的这一判决中,关注的核心问题有两个:第一,储备葡萄干是否构成征收?对此,9位大法官中有8位认为构成,只有索托马约尔大法官认为不构成征收;第二,如果构成了征收,则政府是否已经给予了原告以合理的补偿?对此,5位大法官认为没有补偿,因此储备葡萄干项目(program)违反宪法;而3位大法官认为政府已经通过相应的方式给予了补偿,因此要发回重审,由下级法院审查相关事实与法律因素,以确定公正的补偿。

(一)本案是否构成征收

由罗伯茨首席大法官撰写的多数意见认为本案构成征收。首先,征收条款不仅适用于不动产也适用于动产,从而否定了第九巡回上诉法院的观点。美国宪法第五修正案规定:"未经公正补偿,私有财产不得为了公共用途而被征收(Nor shall private property be taken for public use, without just compensation)。"[13]对于其中的财产"property"是否仅指不动产,法院通过援引英国大宪章、美国独立战争时期的情形及一系列判例,证明了动产同样属于征收条款的保护对象。其次,本案中储备葡萄干的所有权被直接规定属于葡萄干管理委员会,除了有不确定的希望返还销售收益的剩余部分,生产者丧失了所有的财产权利(占有、使用、处分的权利),因此当然属于征收。[14]

索托马约尔是唯一认为本案不构成征收的大法官。她在异议意见(dissenting)中认为,多数意见认定本案构成征收的主要先例基础是最高法院

---

〔13〕 对该条款的中文翻译,国内学者有不同的处理。张千帆教授翻译为:"私有财产不得未获公正补偿即遭占取。"张千帆:《美国联邦宪法》,法律出版社2011年版,第558页;王希教授采用李道揆的译文,即"不给予公平赔偿,私有财产不得充作公用。"王希:《原则与妥协:美国宪法的精神与实践》,北京大学出版社2000年版,第583页。但笔者以为直接翻译为征收更为清楚,也易于对我国的借鉴,故本文采用张千帆教授2005年的译法:"如未经公正补偿,私有财产不得为了公共用途而被征收。"参见张千帆:《公共利益的困境与出路:美国公用征收条款的宪法解释及其对中国的启示》,载《中国法学》2005年第5期。

〔14〕 Horne v. U. S. Dep't of Agric., 135 S. Ct. 2419(2015).

1982年的Loretto案,[15]该先例要求只有当每一项财产权利均被政府行为所破坏时才能构成征收。而本案中原告并未被剥夺所有人的一切财产权利,财产所有人仍然拥有收益权,即储备葡萄干销售处置后剩余利润返还给生产者,而收益权是财产所有人的最核心利益(the income that the property may yield is the property owner's most central interest)。事实上,在实施储备池制度以来的49年中,生产者收到剩余利润的年份共有42年,因此本案的储备制度不能构成征收。此外,索托马约尔大法官还认为,依据以往判例,政府可设定相关要求作为经营者从事特定行为的条件,本案中法律和销售指令要求生产者放弃一部分葡萄干(即储备葡萄干)作为其在市场上销售其余部分葡萄干的条件,因此本案也不构成征收。[16]

从该案判决的实际效果而言,显然索托马约尔大法官的异议意见是没有效力的。而从法律分析与储备池制度的实际运作而言,她的观点也是非常勉强的。

(二)本案原告是否已经获得了补偿

在这个问题上,多数意见中大法官分为两个阵营。

罗伯茨、斯卡利亚、肯尼迪、托马斯、阿利托五位大法官认为原告没有获得补偿,因此政府违反了第五修正案的征收条款。多数意见特别指出,政府在实施销售指令和储备葡萄干制度时,因为不认为这是征收,因此压根就没有考虑过补偿问题,法律和指令中均未规定补偿问题。

布雷耶大法官撰写的部分协同意见(concurring in part and dissenting in part,金斯伯格、卡根两位大法官加入)中认为,销售指令可以对储备葡萄干的征收提供公正的补偿,因此政府并不违反征收条款。布雷耶认为,第五修正案并不禁止财产的征收,它只禁止没有公正补偿的征收。法院在考虑公正补偿问题时,需要分析征收部分(储备葡萄干)对保留部分(自由销售葡萄干)价值的增加。而在这一制度下,由于储备池制度减少了竞争性市场上葡萄干的供应量进而提高了其销售价格,生产者据此实际上获得了额外的收益,而这种收益就是这一制度对征收的公正补偿。由于下级法院没有讨论这一补

[15] Loretto v. Teleprompter Manhattan CATV Corp, 458 U. S. 419(1982).

[16] Horne v. U. S. Dep't of Agric., 135 S. Ct. 2419, 2437(2015).

偿是否公正的问题,[17]因此建议发回重审。

对于布雷耶的意见,该案原告的代理律师麦康纳教授在论文中予以回应。他指出,“无论是理论还是实践,均表明储备葡萄干制度长期以来对提高葡萄干价格的效果是值得怀疑的,即使是农业部提供的数据也表明生产者实际上是得不偿失的”。[18]

四、本案对我国的启示

虽然该案主要涉及宪法上的征收与补偿问题,但鉴于该案的法律背景是承载国家农业产业政策的1937年《农业销售协议法》,起因是实施产业政策的农业部长销售指令和罚款,因此可以说较为全面地反映了农业产业政策法律化的诸多问题。通过研读相关背景资料、判例文献,站在中国的立场,我们可以获得较多的启示。

(一)产业政策必须以法律文本为载体

“产业政策,是政府为了实现一定的经济和社会目标而对产业的形成和发展进行干预的各种政策的总和,这里的干预包括规划、引导、促进、调整、保护、扶持、限制等方面的含义。”[19]姑且不论产业政策的经济和社会目标是否会对相关主体的利益构成歧视、限制或剥夺,仅以干预的手段而言,必然涉及包括公共财政资金在内的各种公共资源的重新配置,从而引发各相关主体利益格局的调整与影响,并导致相关主体的行为预期与决策响应。因此,产业政策的制定应当给予各利益主体畅通的表达机会、充分的利益诉求展示平台以及冲突利益的讨论与协商渠道。而这种机会、平台与渠道,最为规范、正式与合理正当的,

[17] 第九巡回上诉法院此前在其判决中特别以脚注说明:“我们必须澄清,我们不认为委员会的市场干预构成征收的公正补偿,因为我们认定不构成征收,因此不再进行公正补偿的调查。我们之所以讨论委员会的目的与组成,仅仅只是为了表明原告对于储备葡萄干的权利未被消灭,即使被销售指令限制。”参见 Horne v. U. S. Dep't of Agric., 750 F. 3d 1128, 脚注16(9th Cir. 2014)。

[18] Michael W. McConnell, The Raisin Cases, 2015 Cato Sup. Ct. Rev, p. 313, pp. 329 - 330.

[19] 王先林:《产业政策法初论》,载《中国法学》2003年第3期。

便是立法过程。而且,产业政策对一国产业整体所产生的效果与影响是全局性与长期性的,更直接影响甚至决定着整个产业链中投资者、管理者、从业者、消费者的切身利益甚至命运,应当具有确定性与稳定性,更应当具有可救济性,而这些只有法律才能实现。

因此,我们不难发现,在世界各国和各地区,产业政策的内容往往都是体现与反映在法律文本之中。介绍研究各国产业政策的论著,事实上都是以法律文本为基本的素材。美国的农业产业政策更是如此。经济大萧条时代,尽管经济与社会形势如此严峻急迫,但罗斯福政府几乎获得全国的一致支持,其农业产业政策的载体仍然是国会通过的《农业调整法》等法律。即使该法被最高法院判定为违宪,〔20〕罗斯福政府仍然是在通过国会修订该法律后才继续实施相关政策。

但是在我国,"由于历史和体制的原因,对农业的指导和管理,长时期内主要是依靠政策和行政手段,在农业和农村工作中一直存在重政策、轻法律的倾向"。〔21〕虽然在特定时期、特定领域,借助于常委和行政系统的强大动员力与责任机制,通过政策确实能起到相应的效果,〔22〕但是,从长期来看,缺乏法律制定过程的公共性、法律实施的强制性和法律调整的稳定性、法律规范的明确性,特别是缺乏法律调整对于相关主体权利的重视和法律救济的保障,依赖政策文件实现政策目标的合法性、实效性是不能期待与保障的。安徽省政府办公厅《转发省安全监管局等部门关于烟花爆竹生产企业整体退出意见的通知》被合肥市中级人民法院判决行政行为违法一案就是典型的例证。〔23〕

需要引起关注与重视的是,当前我国的农业产业政策,往往都是以改革、创新的名义而推行的,因此这些政治正确的名义极容易获得超越法律的正当性,从而以新的方式延续着"重政策、轻法律"甚至"以政策违法律"的观念与传统。尽管党的十八届四中全会明确要求:"实现立法和改革决策相衔接,做到重大改革于法有据、立法主动适应改革和经济社会发展需要。"但由于《中共中央关于

---

〔20〕 United States v. Butler, 297 U. S. 1(1936).

〔21〕 姜昕、杨临宏主编:《产业政策法》,中国社会科学出版社2008年版,第277页。

〔22〕 刘思萱:《论公共政策在弱者保护中的作用:以政策性农业保险为例》,载《江苏法学研究》2012年第4辑,南京大学出版社2012年版,第132~133页。

〔23〕 安徽省合肥市中级人民法院(2014)合行初字第77号行政判决书。

全面推进依法治国若干重大问题的决定》同时也提出了全国人大常委会授权的方式，从而为与现行法律不符的改革措施和政策文件提供了可能性，“实践条件还不成熟、需要先行先试的，要按照法定程序作出授权”。

例如，2015 年 8 月 10 日国务院发布了《关于开展农村承包土地的经营权和农民住房财产权抵押贷款试点的指导意见》，进行农村承包耕地经营权和农民住房财产权的抵押贷款的试点，试点中农民以住房财产权设立抵押的，需将宅基地使用权与住房所有权一并抵押。而这些改革试点与政策内容，显然是与现行法律相抵触的。

以农村承包土地的抵押为例，1995 年的《担保法》第 37 条明确规定了“耕地、宅基地、自留地、自留山等集体所有的土地使用权”不得抵押；2002 年的《农村土地承包法》虽然并未明文禁止抵押，[24] 但无论是第 33 条对于土地承包经营权流转所规定的原则（其中包括“受让方须有农业经营能力”），还是第 49 条对于“四荒”地承包经营权抵押的明确规定，[25] 均可表明该法的立法意图是禁止家庭承包土地经营权的抵押。因此，2005 年最高人民法院《关于审理涉及农村土地承包纠纷案件适用法律问题的解释》第十五条明确指出：“承包方以其土地承包经营权进行抵押或者抵偿债务的，应当认定无效。对因此造成的损失，当事人有过错的，应当承担相应的民事责任。”2007 年的《物权法》第 180 条明确规定可以抵押的财产中，针对承包经营权特别规定了仅仅是指“以招标、拍卖、公开协商等方式取得的荒地等土地承包经营权”，也可得出“家庭承包土地的经营权不得抵押”的结论。第 184 条则更明确规定：“耕地、宅基地、自留地、自留山等集体所有的土地使用权”不得抵押，“但法律规定可以抵押的除外。”

因此，国务院在 2015 年的指导意见中最后指出：“试点涉及突破《中华人民共和国物权法》第 184 条、《中华人民共和国担保法》第 37 条等相关法律条款，

---

〔24〕 第 32 条规定：“通过家庭承包取得的土地承包经营权可以依法采取转包、出租、互换、转让或者其他方式流转。”

〔25〕 第 49 条规定：“通过招标、拍卖、公开协商等方式承包农村土地，经依法登记取得土地承包经营权证或者林权证等证书的，其土地承包经营权可以依法采取转让、出租、入股、抵押或者其他方式流转。”该条所称的土地承包经营权，是针对“不宜采取家庭承包方式的荒山、荒沟、荒丘、荒滩等农村土地。”（第 44 条）

由国务院按程序提请全国人大常委会授权,允许试点地区在试点期间暂停执行相关法律条款。"相应地,2015年12月27日第十二届全国人民代表大会常务委员会第十八次会议通过了《关于授权国务院在北京市大兴区等232个试点县(市、区)、天津市蓟县等59个试点县(市、区)行政区域分别暂时调整实施有关法律规定的决定》,规定:"授权国务院在北京市大兴区等232个试点县(市、区)行政区域,暂时调整实施《中华人民共和国物权法》《中华人民共和国担保法》关于集体所有的耕地使用权不得抵押的规定;在天津市蓟县等59个试点县(市、区)行政区域暂时调整实施《中华人民共和国物权法》《中华人民共和国担保法》关于集体所有的宅基地使用权不得抵押的规定。上述调整在2017年12月31日前试行。"

于是,"允许两权抵押以赋予农民更多财产权利,深化农村金融改革创新,有效盘活农村资源、资金、资产"的这一新农业产业政策,似乎获得了合法性的保障,符合了"重大改革于法有据"的要求。但是,姑且不论这一新的农业产业政策在实体问题上是否具有合理性与正当性,是否具备制度设计的完整性与可行性(详见下文的讨论),仅从法律程序而言,第一,对于由全国人民代表大会制定的《物权法》中明令禁止的事项,全国人大常委会是否有权予以改变?第二,全国人大常委会是否有权授权国务院进行调整实施?第三,更为重要的是,如此根本性的制度变化,是否进行了充分的讨论、质疑、辩论,是否广泛地在相关利益主体之间进行正当性、合理性的论证?至少,从国务院先制定下发政策文件再提请全国人大常委会通过相关决定的程序安排与时间节点而言,农业产业政策和改革创新领域的法治先行、以法律文本为载体的理念尚未真正确立。

(二)产业政策应最大限度利用市场机制

美国1937年的《农业销售协议法》,虽然是为了应对农产品供过于求(亦即产能过剩)、价格下跌从而使农业从业者收入剧降的严峻形势而采取的产业政策,但并未简单粗暴地动用行政手段加以强行解决(如命令限产、关闭加工厂),而是借助于利益机制,运用模拟市场机制以实现产业政策目标。

例如,农业部长依据该法的授权可以颁布销售指令,对特定农产品如葡萄干实施储备制度,但首先要符合自愿原则,即该制度是由葡萄干的生产者们提出实施这一制度的建议而启动的。农业部长同意后发布公告并组织听证,在听证会上所有的相关主体均可表达自己的意见、提供证据并相互辩论,陈述利弊得失和实施这一制度的必要性。据此,农业部官员需要发布准备实施的指令建议,接受公众的评论与异议。尔后农业部长发表指令建议文本,由生产者们进行投票(Producer Referendum)。其中,合作社组织可以代表其成员、股东或其他与其有合作关系的主体进行团体投票(bloc vote),从而保障了投票的效率。只有代表 2/3 生产者或者代表该产品总量 2/3 的生产者同意后,农业部长才能正式发布销售指令。[26]《农业调整法》在 1935 年修订时更是明确地强调了农民(farmers)对农业部长权力的限制,以保障农民们对自己事务如农产品配额计划的控制权。[27]

这种基于自愿选择基础上的制度既保证了政策的正当性,又保证了实效性。而储备制度复杂的运行机制设计也是充分运用与模拟了市场机制。例如,在整个制度的实施过程中,政府并未投入额外的公共资金。葡萄干管理委员会虽然属于政府部门(Government entity),但其工作人员的报酬是用储备葡萄干销售所得支付;生产者借助于该制度获得了自由销售葡萄干价格上升的实际利益,并且还能获得储备葡萄干销售后返还的剩余利润;加工者所获得的相应费用和出口补贴,也是来源于储备葡萄干的销售所得。

(三)产业政策法必须强调可操作性

产业政策本身就是为了实现经济与社会目标而制定的,其生命与意义在于能够得到实施,进而影响产业主体的行为并产生实际的效果。体现与实施美国农业产业政策的这些法律充分地反映了这一可操作性的要求与特点。

例如,在农业部长发布销售指令后,葡萄干储备制度能否得到落实就决定了这一产业政策的实际成效。为此,首先需要考虑的就是有相应的专门机构与人员研究决定每年的葡萄干储备比例、决定储备葡萄干的销售处置事务、调查与处理违法行为等,而这些正是葡萄干管理委员会的职责与任务。因此,该销售指令对葡萄干管理委员会作了详细的规定。具体而言:第一,委员会的权力包括:管理该指令的相关条款与规定;制定规则以实施上述条款及规定;向农业

---

[26] Daniel Bensing, The Promulgation and Implementation of Federal Marketing Orders Regulating Fruit and Vegetable Crops under the Agricultural Marketing Agreement Act of 1937, 5 San Joaquin Agric. L. Rev, p. 3, pp. 10 – 13(1995).

[27] Schepps Dairy, Inc. v. Bergland, 628 F. 2d 11, 22 – 23 n. 94(D. C. Cir. 1979).

部长提出修改指令的建议;接受、调查并向部长报告违反本指令的投诉。[28] 第二,委员会的组成。委员会由 47 名成员组成,35 位生产者代表,10 名加工者代表,以及合作社交易协会(cooperative bargaining associations)代表和公众代表各 1 名。[29] 第三,委员会成员的产生。该指令在多个条款中分别针对代表不同主体的委员规定了具体的资格条件、任期等内容,第二十九款更是以近千个单词的篇幅详细规定委员会成员推选、选举投票的复杂程序。[30]

上述法律及具体行政法规规章的内容及规定方式,充分保障了相关产业政策的具体落实。对于熟悉和习惯了我国立法实务和政策文本的我国读者而言,阅读美国法律和政府规章的这些内容,冲击是相当大的。我国虽属于成文法国家,但长期以来立法"宜粗不宜细"的观念、注重所谓实体性规定而忽视实施机构的规范等传统,导致了无论是法律、行政法规还是政府规章,往往体现为各种原则性规定和宣示性条款,对具体的机构与程序语焉不详,更遑论各种政策文件。在实践中,这些法律或者政策的命运,或者是形同虚设(于是必然导致继续制定与发布各种政策文件以不断地宣示与强调),或者由相关职能部门以各种形式随意确定规则甚至以违法的方式予以实施,从而导致"上有政策、下有对策"的尴尬局面,也是所谓"好经被念歪"的重要原因。

同样以两权抵押新政策为例。国务院在其指导意见中具体阐述了进行这一试点的指导思想与政策意图,即盘活农村资源、资金、资产,深化农村金融改革创新,赋予农民更多财产权利,促进农民增收致富和农业现代化加快发展。对此,在全国人大常委会审计国务院关于调整法律实施的议案时,常委会委员们是给予充分肯定的。但是,委员们在审议中也提出了诸多的问题与建议,大多涉及这一政策的实施可行性问题。例如,王胜明委员提出了该试点还全面涉及抵押制度的其他问题如抵押程序、抵押权实现等,建议对相关法律规定作慎重研究;吴晓灵委员认为,如果抵押物不可以有效处置变现,这个抵押试点实际上是进行不下去的;而列席会议的全国人大代表郑玉红则认为,一套完整的财产处置特别是宅基地处置办法是政策调整的一个重要方面,如果没有这个办法,金融机构肯定没有积极性;董中原委员则针对明确抵押程序、农民风险承担

[28] 联邦行政规章法典第 7 编,C. F. R. § 989.35(2012)。

[29] 联邦行政规章法典第 7 编,C. F. R. § 989.26(2012)。

[30] 详见 C. F. R. § 989 的相关各款。

与社会保障制度、试点时间、失权农民后续权益问题等提出了自己的建议。[31]委员们均希望在全国人大常委会通过的这个授权国务院暂时调整实施有关法律规定的决定中具体解决这些问题,以保障两权抵押贷款试点的顺利推行。然而,最终通过的决定却根本未涉及这些具体的问题,只是空泛地要求:"必须坚守土地公有制性质不改变、耕地红线不突破、农民利益不受损的底线,坚持从实际出发,因地制宜。国务院及其有关部门要完善配套制度,加强对试点工作的整体指导和统筹协调、监督管理,按程序、分步骤审慎稳妥推进,防范各种风险,及时总结试点工作经验,并就暂时调整实施有关法律规定的情况向全国人民代表大会常务委员会作出报告。"于是,只能依照国务院的指导意见,"人民银行、银监会会同相关单位,根据本意见出台农村承包土地的经营权抵押贷款试点管理办法和农民住房财产权抵押贷款试点管理办法。银行业金融机构根据本意见和金融管理部门制定的'两权'抵押贷款试点管理办法,建立相应的信贷管理制度并制定实施细则。"

2016 年 3 月 15 日中国人民银行、银监会、保监会、财政部、农业部联合制定并发布了《农村承包土地的经营权抵押贷款试点暂行办法》,对于该试点最为关键的抵押物处置问题,第十五条规定:"因借款人不履行到期债务,或者按借贷双方约定的情形需要依法行使抵押权的,贷款人可依法采取贷款重组、按序清偿、协议转让、交易平台挂牌再流转等多种方式处置抵押物,抵押物处置收益应由贷款人优先受偿。"而其中所谓的交易平台,则是第十六条所规定的目标:"试点地区政府要依托公共资源管理平台,推进建立县(区)、乡(镇、街道)等多级联网的农村产权流转交易平台,建立承包土地的经营权抵押、流转、评估和处置的专业化服务机制,完善承包土地的经营权价值评估体系,推动承包土地的经营权流转交易公开、公正、规范运行。"

同样是 2016 年 3 月 15 日,中国人民银行、银监会、保监会、财政部、国土资源部、住房和城乡建设部联合制定并发布了《农民住房财产权抵押贷款试点暂行办法》。该办法第四条"除用于抵押的农民住房外,借款人应有其他长期稳定居住场所,并能够提供相关证明材料"的规定使得真正能够获得抵押贷款的农民范围极为有限,而第十二条对于住房抵押权行使的规定则必然使银行提供抵

〔31〕 张媛:《抵押物如何处置变现是试点关键》,载《法制日报》2015 年 12 月 24 日第 3 版。

押贷款的积极性基本丧失:"因借款人不履行到期债务,或者按借贷双方约定的情形需要依法行使抵押权的,贷款人应当结合试点地区实际情况,配合试点地区政府在保障农民基本居住权的前提下,通过贷款重组、按序清偿、房产变卖或拍卖等多种方式处置抵押物,抵押物处置收益应由贷款人优先受偿。变卖或拍卖抵押的农民住房,受让人范围原则上应限制在相关法律法规和国务院规定的范围内。"

因此,农业产业政策倘若未能经过立法程序进行全面细密的制度设计、充分表达各方主体利益诉求与合理平衡冲突价值,纵使具有良好的初衷与充分的正当合理性,也将因为不具有可操作性而难以取得应有的效果。

此外,唯有以法律形式体现的产业政策,通过辅之以严格的法律责任方能保障其实施。美国《农业调整协议法》对此作了详细的规定,包括对违反销售指令的加工者可处以民事没收(civil forfeiture)、[32] 罚款(每宗违法处以不超过1000美元的罚款,而且每天均构成单独的违法行为,也即按日罚款)[33] 以及相应的刑事处罚。我国的农业产业政策倘仅以政策文件体现,则因为无权设定法律责任必然导致政策的难以实施,而相关法律因缺乏法律责任的明确规定又使立法的优势难以发挥。例如我国2012年修订的《农业法》在第12章的法律责任中,除了第91条对违反该4个条文的行为规定了"依照相关法律或者行政法规的规定予以处罚"外,其余7个条文均仅规定了"行政处分"的责任,而没有任何罚款等行政处罚。

(四)产业政策应适时评估与调整

即使是经过正当的程序、通过充分的民主过程而制定为法律,产业政策也会存在法律的漏洞,也会因为时代的更迭、经济社会条件的变迁而失去正当性与合理性。Horne v. Department of Agriculture 一案中唯一的异议者索托马约尔大法官,尽管认为储备葡萄干制度不构成征收,但在其异议意见中也承认:这一销售指令可能是过时的管制,甚至一定程度上可能是明显愚蠢的规定。[34] 正如

---

〔32〕 7 U.S.C. §608a(5).

〔33〕 7 U.S.C. §608c(15).本案中原告 Horne 被农业部行政法官认定有592宗违法行为而被罚款48万美元(因为违反销售指令而拒绝保留储备葡萄干),也即该拒绝行为持续了592天。参见 Horne v. U.S. Dep't of Agric.,673 F.3d 1071(9th Cir. 2011)。

〔34〕 Horne v. U.S. Dep't of Agric.,135 S. Ct. 2419(2015).

学者所提出的,起源于应对经济危机的需要,作为罗斯福新政的标志性制度,农业销售协议法及其对农产品进行管制的销售指令在运行了数十年后,这一本身就充满争议的制度应当由国会进行综合性的重新评估。[35] 而 Horne 案件的产生,一定程度上也是该法律和销售指令所存在的可能漏洞导致的:在 20 世纪三四十年代,农户基本上是不可能加工自己生产的葡萄干的,因此相关生产者、加工者的定义在当时不存在问题,但几十年后无论是加工设备的价格变化还是加工技术的进步,都使得生产者与加工者的界限变得模糊,从而使 Horne 有可能设计出试图规避法律调整的经营模式。

五、结　　论

Horne v. Department of Agriculture 案对于中国的法律人而言,除了比较法层面上的意义外,对于我国的农业法治而言可能并不具有直接的借鉴意义,因为无论是征收问题还是补偿问题,我国与美国均有着差异巨大的政治制度与法律背景。本文之所以不厌其烦地详细介绍与分析该案,就是希望通过该案引出其背后的农业产业政策法的历史与内容,感受美国农业立法的理念与制度设计的技术,从而对提升我国农业立法有所借鉴。特别具有启示意义的是,我国应当改变以红头文件作为产业政策主体的传统做法,从技术与细节层面践行全面依法治国的方略,真正落实《农业法》第三条所规定的"国家把农业放在发展国民经济的首位"这一理念与政策,以更好地实现 2016 年中共中央一号文件所提出的"大力推进农业现代化,确保亿万农民与全国人民一道迈入全面小康社会"这一目标。[36]

---

〔35〕 Daniel Bensing, The Promulgation and Implementation of Federal Marketing Orders Regulating Fruit and Vegetable Crops under the Agricultural Marketing Agreement Act of 1937, 5 San Joaquin Agric. L. Rev. 3, 41 (1995).

〔36〕 中共中央、国务院《关于落实发展新理念加快农业现代化实现全面小康目标的若干意见》。

On the Legalization of the Agricultural Industrial Policy
—the Inspiration of Horne v. U. S. Dep't of Agric.

Li You Gen

Abstract: Although Horne v. Dep't of Agriculture (2015) mainly concerns the constitutional issue of taking and just compensation in Agriculture, it presents us a complete image of Agriculture policy law in U. S. The case itself and the legal material of U. S. Agriculture reflected in this case can provide us with great enlightenment on legalization of Agricultural industry policy. Agricultural industry policy should be legalized in written statutes, should maximize the use of market mechanism while stressing the operability of the Agricultural policy and should be assessed and adjusted timely according to the economic and social development.

Key words: Agricultural industry policy; Confiscation; Operability; Horne v. Dep't of Agriculture

(责任编辑:李　帅)

再议制定经济法通则的必要与可能

叶　姗*

内容摘要：

民商法和经济法作为法治经济的两大支柱性部门法，其主要立法起步于20世纪80年代初。法典化程度是部门法发展成熟的重要标志：在《民法通则》颁行30周年之际，继几部民事单行法实施后，民法典编纂于2015年重新启动；相比之下，经济单行法已颁行60余部，经济基本法尚付阙如，经济法典编纂则遥遥无期。在全面深化改革和推进依法治国的背景下，为了确保市场在资源配置中起决定性作用、更好发挥政府作用、回应法治经济的立法诉求，再议经济法领域立法整合的必要性及其可能性正当其时。制定民事基本法在先、民事单行法在后，而经济单行法的数量庞大、内容丰富，现阶段很有必要制定《经济法通则》，以统辖经济单行法所构成的庞杂体系，为经济法典编纂奠定制度上的基础。

关键词：

经济单行法　经济基本法　经济法通则　法典编纂　解法典化　立法整合

一、重提制定经济基本法的难解论题

社会主义市场经济法律体系初步形成于2010年，此前，2008年，全国人大常委会就部署了法律集中清理工作、目标直指法典编纂。民商法和经济法作为法治经济的两大支柱性部门法，同时起步于20世纪70年代末80年代初。法典化程度是部门法发展成熟的重要标志，我国民法典编纂酝酿了超过30年：自

---

* 北京大学法学院副教授、博士生导师，法学博士。

1986年通过《民法通则》后，2002年，全国人大常委会第一次也是2016年以前唯一一次审议民法典草案；[1] 2013年，中共中央明确提出了要"制定民法典"，2015年"十二届全国人大常委会五年立法规划"作出调整，将民法典编纂列为第一类项目，且由委员长会议负责牵头起草，级别相当高；2015年的立法工作计划也明确了要重新启动民法典编纂工作。民法典编纂分成两个阶段进行：其一，编纂民法典总则编，计划2017年提请全国人大审议通过；其二，编纂民法典各分编，计划2020年提请全国人大审议通过，最终形成民法典。与之不同，2013年年初，全国人大财政经济委员会回应人大代表提出的"建议制定经济法"议案时称："分类单项立法行之有效，实现经济法的法典化还需要更多的实践探索。"[2] 官方认为，经济法典编纂的时机远未成熟，那么，有必要制定经济法通则吗？

法典编纂比法律制定复杂得多，无论其所规定的内容抑或应遵循的程序，概莫能外。《民法通则》这一民事基本法，加上《合同法》《物权法》《侵权责任法》《婚姻法》《继承法》《涉外民事关系法律适用法》等民事单行法，构成了民法典编纂的制度基础。我国经济法领域尚未制定经济基本法，经济单行法的质量堪忧、协调性欠佳，离经济法典编纂还有很长的距离。法典编纂是大陆法系19世纪初兴起的独特立法现象，1804年法国民法典(Code Civil des Français)、1896年德国民法典(Buergerliches Gesetzbuch)均为划时代的扛鼎之作、各有千秋。尽管英美法系也使用Code一词(例如，U. S. Internal Revenue Code，即美国《国内收入法》)，但没有太特别的涵义，不同于大陆法系专指法典。全国人大常委会2008年立法工作计划提出了"组织开展对现行法律的清理工作"的要求，即进行大规模的规范性法律文件系统化的工作。此次集中清理不同于定期或者专项清理，而具有立法的意义，其目标直指法典化。民商法学界对编纂中的中国民法典寄予"21世纪最具代表性民法典"的厚望。

西方国家的法典编纂始于民商法领域，"至少在特定的法律领域，比如说民法和商法领域，为了避免或者说是防止不连贯的、混乱的法律借鉴和继受，导致

[1] 我国最高立法机关先后于1954年、1962年、1979年、1998年、2002年提出过民法典编纂，但均很快无疾而终，计划经济时代不需要民法典、民法典编纂时机远未成熟是主要原因。

[2] 参见陈丽平：《经济法法典化还需实践探索》，载《法制日报》2013年1月16日。

人们求助于法典编纂的技术”。[3] 从某种程度上说，经济法属于民法典以外的特别法律激增现象，它使得民法典的统一体出现了裂痕，这被称为“解法典化”。解法典化的概念最早是由意大利法学家那塔里诺·伊尔蒂在《解法典时代》(1978)一文中提出的。“大陆法系的许多国家在创制法律(包括法典编纂)方面，已经发生了重大变化，其重要特征就是改变了传统的法典编纂和法律的立、改、废方式”，“法典的重构通过对传统的‘古老的’法典的修订、补充或更新，使其充满新的生机；解法典化通过特别立法在传统的、‘古老的’法典‘体外’形成‘微观法律制度’”。[4] 简言之，“解法典化”必将导致“再法典化”——法典重构，“由于社会与法律当中新的力量的影响，大陆法系已经发生了根本转变。多种因素表征了法律变迁的动力，其中较关紧要的两个因素即是解法典化与法典重构的进程。”[5] 民法领域解法典化会否促使经济法领域实现再法典化呢？

著名经济法学家杨紫烜教授在1980年举行的一次学术研讨会上就倡议“制定《经济法纲要》”，并强调条件成熟时再制定《经济法典》。[6] 1985年，杨紫烜、刘文华、徐杰、李昌麒等著名经济法学家联袂提出“制定《经济法纲要》的建议”，且将其定位为对经济法律、法规起纲领作用的基本法。[7] 1986年年初，由杨紫烜教授起草的《制定〈经济法纲要〉的建议》，得到了中央领导关注，并委托国务院经济法规研究中心考虑落实。[8] 1986年2、3月间，经济法规研究中

---

[3] [意大利]阿雅尼：《回到法典编纂：从计划经济向市场经济转轨的前苏联和东欧国家的民法典编纂之考察》，薛军译，载《中外法学》2004年第6期，第693页。

[4] 刘兆兴：《比较法视野下的法典编纂与解法典化》，载《环球法律评论》2008年第1期，第48、56页。

[5] [秘鲁]玛丽亚·路易莎·穆里约：《大陆法系法典编纂的演变：迈向解法典化与法典的重构》，许中缘、周林刚译，《清华法学》(总第8辑)，清华大学出版社2006年版，第81页。

[6] 参见王全兴：《浅读杨老师的另一本书》，载《“国家协调论”与经济法学——杨紫烜教授从教五十周年暨学术思想研究文集》，北京大学出版社2010年版，第68页。

[7] 参见杨紫烜：《关于制定〈中华人民共和国经济法纲要〉的建议》，载《法制建设》1986年第1期。

[8] 参见编撰经济法典研究小组：《我国编撰经济法典的评估》，载《南华大学学报》(社会科学版)2015年第1期，第79页。

心组织召开了《经济法纲要》起草工作会议,全国近 20 位经济法学者共同草拟了十章五十四条的《经济法纲要起草大纲(征求意见稿)》。经济法学界热议制定《经济法纲要》与《民法通则》的出台几乎是同步进行的,这当然不是偶然的巧合。"制定《经济法纲要》是建立起比较完备的经济法规体系的需要,有助于经济法制的统一和协调,能够保障和促进经济法制改革和国民经济的发展;制定《民法通则》并不妨碍制定《经济法纲要》。"〔9〕

杨紫烜教授主张制定《经济法》或者《经济法典》,〔10〕有学者认为,"这种主张的动机仍是源于前苏联的现代经济法学派,其表面理由是为了完善经济立法,解决经济法调整中存在的中央与地方、部门与部门之间不尽协调之实际问题",〔11〕然而,"经济法的内容浩瀚多变,即使让热衷于此的学者来起草此法典,也是十分困难和不切实际的"。〔12〕 有关制定经济基本法的主张是在 1992 年确立社会主义市场经济体制目标之前提出的,而 1993 年以后,经济法领域才真正启动与市场经济相适应的经济单行法立法的进程。在 1997 年全国经济法理论研讨会上,数位经济法学者发起《经济法纲要》民间起草工作,随后,提出了若干个大纲方案并在次年的研讨会上进行了讨论,还成立了《经济法纲要》起草研究小组;在 1999 年全国经济法理论研讨会上,提交了"《经济法纲要》的法理与设计"的报告。《经济法纲要》的基本框架包括:总则、国家财产及其他共有财产、宏观经济调控、国家与地区、地区与地区经济关系的规定、市场规制、对外经济关系和活动的特别规定经济调控、规制程序规定、附则。〔13〕

2000 ~ 2001 年,杨紫烜等部分全国人大代表分别提出了若干件《关于制定〈中华人民共和国宏观调控法〉的议案》,经济法学界还起草过《宏观调控法》法

---

〔9〕 杨紫烜:《关于制定〈中华人民共和国经济法纲要〉的建议》,载《法制建设》1986 年第 1 期。

〔10〕 参见杨紫烜:《关于制定基本经济法规的若干问题》,载《经济法制》1991 年第 10 期。

〔11〕 史际春、邓峰:《经济法总论》,法律出版社 2008 年版,第 170 页。

〔12〕 史际春:《制定我国基本经济法新议》,载《经济法制》1991 年第 10 期。

〔13〕 程信和、王全兴、张守文、单飞跃、陈乃新、孔德周、何文龙:《〈经济法纲要〉的法理与设计》,载《法治研究》,浙江大学出版社 2000 年版,第 6 ~ 21 页。

律案(草案)。[14] 此后十几年,经济法学界没有再集中讨论经济法综合立法问题,但仍有零星研究,例如,"应该抓紧制定一部作为统率其他各种经济法规范性文件的基本法律——《经济法纲要》;在条件成熟的时候,再制定《经济法》",[15] 又如,"《经济法》民间先行草拟,其必要性已经显现,其条件已经成熟,其本质已经弄清,其内容已经能够确定"。[16] 2012 年,黄河等部分全国人大代表提出了《关于制定〈中华人民共和国经济法〉的议案》。2015 年,全国经济法前沿理论研讨会再次讨论是否制定经济基本法,以"经济法的综合立法问题研究"为主题,集中研讨经济法综合立法的必要性、可行性和立法体例等,与会者取得了新的共识。"对经济法至多只能制订一部'纲要'或'通则'性质的基本经济法规,以便对各种经济法规起到一种指导和统率的作用,也有利于加强、完善经济执法和经济司法。"[17] 2016 年,杨紫烜教授强调,需要由全国人大制定的经济法规范性文件体系中的基本法律称为《经济法纲要》,要好于《经济法总则》,有别于《经济法典》,表明它吸取了经济单行法的立法经验和研究成果。[18]

《经济法纲要》的名称是否合适呢?"纲要"的含义是提纲挈领的要点,通常用于规划纲要、发展纲要、实施纲要、行动纲要等规范性文件中。1954 年政务院《国营企业内部劳动规则纲要》(已废止)是新中国成立以来唯一以"纲要"命名的行政法规。域外法中,主要是苏联在 20 世纪 50 ~ 80 年代制定的《民事立法纲要》《土地立法纲要》《婚姻家庭立法纲要》《劳动立法纲要》等十几部法律。一部法律的总则对全法具有统领性作用,规定了立法目的、根据、法的原则、有关法定制度或基本法定制度、法的效力、法的适用等内容,[19] 但以"总则"来命

〔14〕 参见杨紫烜:《关于制定〈中华人民共和国宏观调控法〉的议案》,载杨紫烜主编:《经济法研究》(第 2 卷),北京大学出版社 2001 年版,第 2 页。

〔15〕 杨紫烜:《国家协调论》,北京大学出版社 2009 年版,第 384 页。

〔16〕 编撰经济法典研究小组:《创制〈中华人民共和国经济法〉构想——创制基本经济法是编撰经济法典的题中应有之义和浓墨重彩》,载《南华大学学报》(社科版)2015 年第 1 期,第 89 页。

〔17〕 史际春、邓峰:《经济法总论》,法律出版社 2008 年版,第 170 页。

〔18〕 参见杨紫烜:《关于制定〈经济法纲要〉的若干问题》,载《南华大学学报》(社科版)2015 年第 4 期,第 15 ~ 16 页。

〔19〕 参见周旺生:《论法的总则部分构造》,载《政治与法律》1995 年第 3 期,第 47 页。

名法律不太合适。“基本法”主要用作宪法性法律——香港、澳门特别行政区基本法的名称,不适合用作部门法的法律名称,[20] 域外法如《德意志联邦共和国基本法》——德国宪法。“通则”是指普遍适用的规章或法则,除了《民法通则》外,还有《企业财务通则》《贷款通则》《民用建筑设计通则》《司法鉴定程序通则》和《旅游规划通则》等规章、规范性文件以此命名。相比之下,“通则”是比较好的选择。笔者认为,称为《经济法》[21] 或者《经济法通则》都是可以的,[22] 如果确有必要突出其只是经济基本法,称为后者更为合适。

二、经济单行法颁行及总论研究的积累

制定经济基本法的论题延续了数十年,时至今日,我国颁行的经济单行法超过60部、经济法总论的研究成果异彩纷呈,制定经济基本法的时机成熟了吗?如学者所言,“经济法的立法统合是一个过程,从法制变迁的方向、制度功能的实现以及有效的学术积累的角度看,推进经济法的立法统合是需要的和必要的。”[23] 与民法领域既有基本法——《民法通则》又有几部核心民事单行法的立法状况相比,经济法领域的单行法数量庞杂、基本法尚付阙如,形成了鲜明对比。在1979年五届全国人大二次会议上,全国人大常委会委员长叶剑英指出,“随着经济建设的发展,我们还需要有各种经济法”。[24] 据考证,这是“经济法”首次出现在新中国的重要官方文献中。[25] 其后,副委员长彭真多次谈到的经济法,开始具有部门法的意义。“要经过系统的调查研究,陆续制定各种经济法和

---

〔20〕 第八届、第十届全国人大常委会五年立法规划曾将《税收基本法》列入第二类法律草案。

〔21〕 例如,《中华人民共和国劳动法》就是一部劳动法通则,称不上劳动法典。

〔22〕 荷兰《行政法通则》(1994)因其内容充实、体系完整、体现现代行政法价值观而被视为法典。

〔23〕 张守文:《经济法的立法统合:需要与可能》,载《现代法学》2016年第3期,第69页。

〔24〕 叶剑英:《中华人民共和国第五届全国人民代表大会第二次会议开幕词》,载《人民日报》1979年6月19日。

〔25〕 参见肖江平:《中国经济法学史研究》,人民法院出版社2002年版,第59页。

其他法律”,[26]“我们有各种法,最重要、最繁重的是经济法”。[27] 因 1985 年授权立法[28]而制定的行政法规则有提升法律效力层级的必要。

自 1980 年以来,特别是 1993 年、2003 年、2013 年,中共中央先后对经济立法提出了加快立法、加强立法和提高立法质量的要求,我国《宪法》1993 年修正案增加了“国家加强经济立法、完善宏观调控”的规定。“本届全国人大常委会要把加快经济立法作为第一位的任务,在本届内大体形成社会主义市场经济法律体系的框架。”[29]我国已颁行且仍有效的经济单行法共有 67 部,规模可观、成绩斐然,[30]但经济基本法的踪迹丝毫未见。如表 1 所示,1993 ~ 2003 年、2003 ~ 2013 年两个阶段的经济立法呈现了不同的特征:前者以制定法律为主,后者强调法律的修订和清理。我国《宪法》和《物权法》(2007)都明确了“国家在社会主义初级阶段,坚持公有制为主体、多种所有制经济共同发展的基本经济制度”,而《立法法》(2000/2015)则规定了基本经济制度以及财政、金融、税收和外贸的基本制度,都应当制定法律。在全面深化改革和推进依法治国的背景下,经济立法的任务依然繁重,其立法风格将由确认型转向引领型,“实现立法和改革决策相衔接,做到重大改革于法有据、立法主动适应改革和经济社会发展需要”。[31] 在法典编纂的愿景下,制定经济法通则可以说是立法整合的第一步。

---

〔26〕 彭真:《关于七个法律草案的说明》,载《人民日报》1979 年 7 月 1 日。

〔27〕 彭真:《在全国第一次经济法制工作经验交流会上的讲话》,载《中国法制报》1982 年 9 月 24 日。

〔28〕 参见全国人大《关于授权国务院在经济体制改革和对外开放方面可以制定暂行的规定或者条例的决定》(1985 年)。

〔29〕 《关于〈第八届全国人民代表大会常务委员会工作要点(稿)〉的说明》(1993),载 http://www.npc.gov.cn/wxzl/gongbao/2000 - 12/28/content_5002974.htm,2016 年 7 月 1 日访问。

〔30〕 依据《〈中国特色社会主义法律体系〉白皮书》(2011),截至 2011 年 8 月底,已有 60 部经济法律,加上此后通过的《旅游法》《航道法》《资产评估法》《深海海底区域资源勘探开发法》,以及被列入民商法或行政法但兼具经济法特征的《食品安全法》《消费者权益保护法》《道路交通安全法》。

〔31〕 中共中央《关于全面推进依法治国若干重大问题的决定》(2014)。

表 1　各阶段经济立法的要求及其特征

年份	经济立法的要求[32]	时间段[33]	经济立法的特征
1993 年	加快经济立法,抓紧制订关于规范市场主体、维护市场秩序、加强宏观调控、完善社会保障、促进对外开放等方面的法律	1993 ~ 2003 年	以形成市场经济法律体系框架为目标,按照急需急用的原则,制定出台一批基础性、综合性的重要法律
			代表性法律有《反不正当竞争法》(1993)、《产品质量法》(1993/2000)、《消费者权益保护法》(1993/2013)、《预算法》(1994/2014)、《对外贸易法》(1994/2004)、《中国人民银行法》(1995/2003)、《价格法》(1997)、《政府采购法》(2002/2014)
2003 年	着眼于确立制度、规范权责、保障权益,加强经济立法	2003 ~ 2013 年	突出抓好法律体系中支架性法律立法,更注重法律的修订和清理工作
			代表性法律有《银行业监督管理法》(2003/2006)、《反垄断法》(2007)、《企业所得税法》(2007)、《循环经济促进法》(2008)、《企业国有资产法》(2008)、《食品安全法》(2009/2015)、《车船税法》(2012)、《旅游法》(2013)

〔32〕 参见中共中央《关于建立社会主义市场经济体制若干问题的决定》(1993),《关于完善社会主义市场经济体制若干问题的决定》(2003),《关于全面深化改革若干重大问题的决定》(2013),《关于全面推进依法治国若干重大问题的决定》(2014)。

〔33〕 第 1、2 时间段,参见孙磊:《法治经济——市场经济的法治化道路》,人民出版社 2014 年版,第 6 ~ 7 页;第 3 时间段是笔者根据有关规范性文件和最近的立法发展趋势所作的归纳。

续表

<table>
<tr><th>年份</th><th>经济立法的要求</th><th>时间段</th><th>经济立法的特征</th></tr>
<tr><td>2013 年</td><td>提高立法质量，防止地方保护和部门利益法制化</td><td rowspan="3">2013～2014 年之后</td><td>确认型立法转向引领型立法
原则性立法转向更具操作性立法</td></tr>
<tr><td rowspan="2">2014 年</td><td rowspan="2">制定和完善发展规划、投资管理、土地管理、能源和矿产资源、农业、财政税收、金融等方面法律法规……依法加强和改善宏观调控、市场监管，反对垄断，促进合理竞争</td><td>经济单行法继续完善
制定经济基本法应启动</td></tr>
<tr><td>制定经济法通则及至编纂经济法典</td></tr>
</table>

在第八届、第九届全国人大常委会五年立法规划起草过程中，有人建议，每个领域都应当形成由母法和若干子法构成的体系；也有人指出，我们有条件也有可能将立法思路从原来的“成熟一条修改补充一条”转向“尽量制定综合性的法律”，凡是能够通过制定综合性法律或若干个单行法律涵盖所谓母法内容的，就不必制定这种母法。[34] 经济法领域到底需不需要制定经济法通则这一母法呢？其应当在经济单行法的立法目标基本完成后才启动吗？就“十二届全国人大常委会立法规划”中的经济立法项目而言，第一类项目包括环境保护税法、增值税法、资源税法、房地产税法、关税法、船舶吨税法、耕地占用税法，以及粮食法、资产评估法、原子能法、电信法等；第二类项目包括电影产业促进法、核安全法、发展规划法、能源法、基础设施和公用事业特许经营法、深海海底区域资源勘探开发法、航空法等。[35] “随着‘部门立法’问题的日益普遍和突出，各类利益集团的影响也在加剧，如何提高立法的协调性，已成为经济法立法的一大问题。”[36]

---

〔34〕 参见阚珂：《对全国人大及其常委会立法中几个问题的看法》，载 http://www.people.com.cn/GB/14576/14841/1995701.html，2016 年 7 月 1 日访问。

〔35〕 参见《十二届全国人大常委会立法规划》(2015 年 8 月调整)，载 http://www.china.com.cn/news/2015－08/05/content_36232653_2.htm，2016 年 7 月 1 日访问。

〔36〕 张守文：《经济法原理》，北京大学出版社 2013 年版，第 247 页。

经济单行法的立法质量是否会因制定基本法而得到改善呢?

除了经济单行法外,经济法总论研究也为经济基本法的制定积累了制度和理论基础。本文无意于再现中国经济法学界近 40 年的总论研究成果,而致力于集中展现经济法学界持续前进的基本共识。笔者认为,经济法学著述有着鲜明而不可磨灭的时代特色,一遍又一遍地演绎、一层又一层地推进经济法理论的发展,既称得上汗牛充栋,亦不乏精妙绝伦的炉火纯青之作,当然,经典与否且待后人评说。中国的经济法总论研究始终在部门法划分标准之争与经济法的部门法属性质疑的喧嚣中砥砺前行,独秀于世界法学之林。如学者所言,"在经济法学的不同发展阶段,均有回顾类的文章,使得经济法学迈出的每一步,都能够有较为忠实的记录,以使人们能够在不断的反观中奋力前行。"〔37〕与《民法通则》制定时的总论研究状况和经济单行法的立法经验相比,当前经济法总论的研究成果质高量丰,更不用说其已经累积了 30 多年的立法经验,制定经济基本法可以说水到渠成。"建设中国特色社会主义法治体系,必须坚持立法先行,发挥立法的引领和推动作用,抓住提高立法质量这个关键。"〔38〕

作为全国人大确认的中国特色社会主义法律体系的法律部门,官方如此定义:"经济法是调整国家从社会整体利益出发,对经济活动实行干预、管理或者调控所产生的社会经济关系的法律规范。经济法为国家对市场经济进行适度干预和宏观调控提供法律手段和制度框架,防止市场经济的自发性和盲目性所导致的弊端。"〔39〕但是,经济法学界对经济法的认识仍然存在理论分歧,官方认可并未使经济法的部门法存废之争画上休止符。有学者这样界定:"经济法是指调整在现代国家进行宏观调控和市场规制的过程中发生的社会关系的法律规范的总称",〔40〕旨在解决社会公益性和个体营利性之间的基本矛盾。经济法理论的发展与我国经济体制改革基本上是同步的,"经济体制改革的核心问题是处理好政府和市场的关系,使市场在资源配置中起决定性作用和更好发挥政

---

〔37〕 张守文:《中国经济法学的回顾与前瞻》,载杨紫烜主编:《经济法研究》(第 1 卷),北京大学出版社 2000 年版,第 192 页。

〔38〕 中共中央《关于全面推进依法治国若干重大问题的决定》(2014)。

〔39〕 国务院新闻办公室:《〈中国特色社会主义法律体系〉白皮书》,http://www.npc.gov.cn/npc/xinwen/2011-10/28/content_1677848.htm,2016 年 7 月 1 日访问。

〔40〕 张守文:《经济法总论》,中国人民大学出版社 2009 年版,第 34 页。

府作用”。[41] 市场失灵是政府调控或规制市场运行的重要理由，依法调控或规制则是克服政府失灵的根本路径，所依之法就是经济法。

也有学者对市场失灵持否定态度，而认为，“政府发挥社会每一个成员的优势，从而真正地发挥‘社会的优势’，其唯一方法是保护个人的权利”，“一个政府达到了保护个人权利的较高程度，它就会促进经济效率，使经济有更快的发展速度”。[42] 笔者认为，这种观点诠释的是政府调控或者规制市场运行的底线，市场失灵不能成为政府任意干预的理由。正因为政府在现代市场经济中的重要作用，适当赋予且合理限制政府调控或规制市场的权力都是理所应当的。“现实世界中并不存在政治意义上的‘最优’政府支出水平，也不存在经济意义上的‘最佳’政府职能范围”，“现实世界中政府的经济职能在很大程度上由政治因素决定，并受到融资难易程度的约束；同时，政治和制度安排也可能降低或增加决策者抵制不同集团要求的难度”。[43] 经济法体系通常包括经济基本法和经济单行法，“经济法是在一般原则上和通过总体或个别干预调整经济财产的流转安排的自由和其定分归属，在被确立的经济宪法框架内，保障依据经济正义的尺度所衡量的经济公民的自我发展和供给的重要法律规范的总和”。[44]

制定经济法通则的重要前提是经济法总论研究上能否形成足够的理论共识。有学者在考察了各种法律秩序中的经济法概念后，得出如下结论：在支持经济法是独立法律部门的人为经济法中，范围较窄的定义是“政府当局对经济部门的强制性干预：它被视为包括关于组织经济的专制措施，或被视为统制经济的法律框架”，范围较宽的定义是“经济法的使命是规定全面的经济生活”，也有学者认为，“经济法根本不是一个新部门”，“其客体乃是从所有从事经济活动

〔41〕 中共中央《关于全面深化改革若干重大问题的决定》（2013）。

〔42〕 ［美］布里安·P. 辛普森：《市场没有失败》，齐安儒译，中央编译出版社 2012 年版，第 35 页、第 38 页。

〔43〕 ［美］维托·坦茨：《政府与市场：变革中的政府职能》，王宇等译，商务印书馆社 2014 年版，第 341 页。

〔44〕 ［德］沃尔夫冈·费肯杰：《经济法》（第 1 卷），张世明等译，中国民主法制出版社 2010 年版，第 3 页。

并成为一系列来源不同的规则之实施对象者的观点”。[45] 相比之下,中国特色社会主义市场经济背景下的经济法总论研究,可以说已然初具规模,在此基础上吸收我国自身和域外法中经济单行法的立法经验,制定经济法通则的可行性就能够得到正面的印证。“中国经济法总论范畴的建构,离不开对‘中国式’市场与政府、经济与法律、私法与公法等相互关系的有机考察,极其重视中国制度变迁过程中上述二元结构内部的冲突、协调(替代或互补)和转化机制。”[46] 在我国民法典编纂的现实语境中,制定经济法通则所需要的理论和制度基础已然俱足。

三、制定经济法通则可资借鉴的经验

制定经济法通则可资借鉴的域外立法经验有限,世界上有编纂经济法典或者制定经济基本法经验以及有此想法的国家极少,曾经编纂过法典的捷克斯洛伐克和尝试编纂未果的苏联都实行统制经济或称计划经济。“经济法的基本哲理是经济的统制经济论,包括财政法规、关于竞争的经济法规、物价与所得方面的法规、保护消费者的法规”。[47] 著名经济法学家 B. B. 拉普捷夫强调,“经济法典的颁布将能够把经济立法整顿好,去掉经济立法中存在的缺点,利用对国民经济的法律调整作为组织社会生产的有效工具。”[48] 编纂经济法典基本没有什么异议,问题在于时机的选择,“在现在的发展阶段颁布统一的经济法典还为时尚早,而经济立法编纂方法应当并且必将是预布系统的法律和规范法令,它

〔45〕 [法]阿莱克西·雅克曼、居伊·施朗斯:《经济法》,宇泉译,商务印书馆 1997 年版,第 74 ~ 76 页。

〔46〕 管斌:《中国经济法学总论三十年研究》,载管斌:《混沌与秩序:市场化政府经济行为的中国式建构》,北京大学出版社 2010 年版,第 286 页。

〔47〕 [英]施米托夫:《英国经济法的概念》,载《国际贸易法文选》,赵秀文选译,中国大百科全书出版社 1993 年版,第 33 页。

〔48〕 吴任摘译:《苏联科学院哲学和法学部、经济学部讨论苏联经济法典草案》,载《苏维埃国家和法》1985 年第 1 期,第 72 页。

们包括经济法的各别篇章,并且是今后更广泛的法典编纂的准备”。[49] 市场经济国家更加需要制定经济法,才能处理好市场和政府之间的关系。“市场和政府之间的选择并不是一种单纯的选择,而是一个程度问题。然而,从所产生的体制的经济和社会绩效这两个角度来看,所选择的程度至关重要。”[50]

继1969年苏联科学院委托部分学者起草《经济法典》后,1985年6月举行的苏联科学院哲学和法学部与经济学部联席会议,讨论了苏联经济法典草案。会议主席A.R.叶戈罗夫院士指出,“经济法典对整顿经济立法应当起很大作用,因为经济立法落后于实际要求,非常重叠而又相互抵触”,“经济法典的使命在于消除众多的部门性指令,完全用新的办法来规定企业和联合企业的权限”。[51] “会上发表的所有意见将由制订法典草案的创作集体加以详细研讨,……会议通过了关于赞同苏联经济法典草案的决议”。[52] 1987年,修改后的草案向全社会公开,但尚未提交立法机关审议,苏联就解体了。“苏联民法学派和经济法学派的争论,一直围绕着调整对象和调整方法、横向关系和纵向关系、财产关系和经济关系等抽象理论问题进行,而很少或并不重视对一些具体的经济法规的研究”,“经济法学派虽然存在了几十年,却始终没有能从经济立法上建立一个经济法的体系。”[53] 除了经济法总论的研究成果外,经济单行法的立法经验也是非常宝贵的,两者都有助于提高立法质量、改进立法的协调性。

1964年《捷克斯洛伐克社会主义共和国经济法典》(以下简称捷克斯洛伐克《经济法典》)是世界上第一部也是唯一实施过的经济法典。“捷克斯洛伐克

〔49〕 [苏]B.B.拉普捷夫:《论苏维埃经济法》,郭明瑞摘译,载《国外法学》1979年第4期,第32页。

〔50〕 [美]查尔斯·沃尔夫:《市场,还是政府——市场、政府失灵真相》,陆俊、谢旭译,重庆出版社2009年第2版,第175页。

〔51〕 吴任摘译:《苏联科学院哲学和法学部、经济学部讨论苏联经济法典草案》,载《苏维埃国家和法》1985年第1期,第72页。

〔52〕 [苏]B.K.安德烈耶夫:《苏联讨论经济法典草案》,马柳春译,载《国外社会科学文摘》1986年第9期,第19页。

〔53〕 谢怀栻:《从经济法的形成看我国的经济法》,载《法学研究》1984年第2期,第18页。

《经济法典》实际上就是这样一部基本法规,而不是完备的、包罗万象的法典”,“在其中规定经济法的基本原则和基本制度,也规定经济法的主要具体制度的基本内容”。[54] 捷克斯洛伐克《经济法典》的篇章结构如下:序言、经济法律关系的原则,以及总则、国家组织的经济活动、合作社组织的经济活动、社会团体的经济活动、企业注册、经济债通则、计划和经济债、违反债及其他法律义务的后果、经济合同的订立、供应货物的经济债、基本建设中的经济债、国外工业整体建设中的经济债、货物运输的经济债、社会主义组织间其他合作形式的经济债、结算和信贷关系、一般规定、过渡规定及结束规定。[55] 编纂经济法典或者制定经济基本法都是为了确立经济法领域的基本规则。在经济法律清理和汇编基础上,对同类法律进行系统化的废止、修改和补充,最终形成统一的经济法典。

无论是两次世界大战时期的德国,还是20世纪30年代大萧条时期、21世纪头10年的美国,都可以看到经济法在大规模战争、重大经济危机中的长袖善舞。特别是现代市场经济国家从政府不干预市场运行发展到政府调控或者规制市场运行后,经济法的存在已毋庸置疑。“当国家不再以纯私法的方式保障各种经济力量的自由放任,而是尝试着通过法律规范来把握社会学的运动规律时,经济法就诞生了”。[56] 经济法领域的立、改、废频繁,法典编纂的难度相当高,然而,这不应当是反对法典编纂的理由。经济法领域的成文法化程度相当高,即便是英美法系国家亦如此,除了极少数社会主义国家编纂了经济法典外,各国的立法体例基本上都实行经济基本法加上单行法的模式。“对各种法律部门的重要法律规范作某种程度上的分类整理,集结为一部而公布的法典,综观古今东西,绝非罕见。”[57] 德国1967年《经济稳定与增长促进法》和美国1978年《充分就业和平衡增长法》就属于准经济基本法。

通晓罗马法的民法学者指出,公元前18年颁布的《关于生活资料供应的优流斯法》属于罗马的反不正当竞争法,法国学者 Vesselina Spassova 称它是罗马人的《谢尔曼法》;东罗马帝国的芝诺皇帝于483年发布的一个敕令被认为是罗

---

[54] 史际春、邓峰:《经济法总论》,法律出版社2008年版,第171页。

[55] 参见《捷克斯洛伐克社会主义共和国经济法典》,江平译,中国社会科学出版社1981年版。

[56] [德]拉德布鲁赫:《法学导论》,米健译,法律出版社2012年版,第92页。

[57] [日]大木雅夫:《比较法》,范愉译,法律出版社2006年版,第148页。

马的反垄断法。除此,罗马人还制定了通货紧缺管控法、价格限制法等经济危机管控法。在这个意义上说,经济法自古就有,罗马经济法是罗马市场经济运作的保障法。[58] 笔者认为,经济法与市场经济有着天然的契合性,可以说经济法是排除妨碍市场经济正常运作因素的一系列法律规范的总称。“罗马帝国对古代商业经济发展的贡献是巨大的”,“罗马对推动市场经济的成熟起过重大作用的贡献还包括:造就了商人阶层的产生、促进了金融业和信用的产生”。[59] 由于罗马帝国实行的是市场经济体制,因此,称当时存在具有经济法性质的法律规范是相当符合常理的判断。“政府的显著特征——拥有全体的社会成员和强制力——使政府在纠正市场失灵方面具有某些明显优势。”[60]

经济法学肇始于20世纪20年代的德国,“经济法之所以在德国产生,这是适合了德国的学术土壤。……对于德国法学中所表现的追求概念结构的缜密性和理论上的精辟性来说,经济法学的确是一个极为理想的研究对象。”[61] 经济法是组织经济的法律,如1916年《煤炭经济法》《碳酸钾经济法》,“对于经济法究竟是一个新的法律领域,还是仅是一种新的思想方法在不同法律领域的运用,人们尚存争议”。[62] 德国学者认为,“通说意义上的经济法,即指对经济生活有重要意义的所有法律规范的总和”,包括经济私法、经济公法和经济刑法,“经济私法产生的原因在于,国家为经济过程制定了特定的法律方针,但它们并不由国家自己执行或监督,而是由市场参与者自行遵照执行”,经济公法“包括所有的调整经济的法律和所有的把国家和其他公权力主体纳入调整范围的法律规范”,“经济刑法对违反经济规范的行为发挥着惩戒制裁的作用”。[63] “是否值得争取对经济行政法在共同体级别上进行法典化的问题还未

---

〔58〕 参见徐国栋:《罗马经济法研究》,载《现代法学》2015年第1期,第3~14页。

〔59〕 柏铮:《古代市场经济的鼎盛——希腊、罗马的城邦商业经济》,载《中国党政干部论坛》1996年第3期,第40~41页。

〔60〕 [美]约瑟夫·E.斯蒂格利茨:《政府为什么干预经济——政府在市场经济中的角色》,郑秉文译,中国物资出版社1998年版,第74页。

〔61〕 [日]金泽良雄:《经济法概论》,满达人译,中国法制出版社2005年版,第2页。

〔62〕 [德]拉德布鲁赫:《法学导论》,米健译,法律出版社2012年版,第92页、第96页。

〔63〕 [德]乌茨·施利斯基:《经济公法》(2003年第2版),喻文光译,法律出版社2006年版,第3页、第5~6页。

解决",[64] 以抽象理性思维见长的德国人高度重视法典编纂,但在经济法典上无甚建树。

"经济法概念一开始是模糊的,人们总是觉得有必要把它具体化,这一概念本身没有确切的诞生时间。《德国民法典》中并没有经济这个概念,经济法就更加无从谈起。"[65] 德国实行的社会市场经济体制使得其经济法体系与众不同,有学者对罗尔夫·斯特博所著的《德国经济行政法》的评价如下:作者乃至德国经济法学界囿于公法、私法划分传统,人为地将经济法这一整体分割为经济公法和经济私法,否认经济法独立法律部门地位以及宽泛地理解经济法调整范围的做法都是值得商榷的。[66] 德国法上的经济行政法的概念,不同于我国行政法学界将经济法视为行政法分支的观点。法国的经济法理论研究甚具特色,其与德国一样承认经济法存在,且热衷于研究经济法的实质,经济单行法立法同样发达。法国学者认为,经济法既不完全是企业法,也不完全是国家经济干预法,而是旨在保证特定时刻和特定社会中国家和私人经济代理人的特殊利益和普遍经济利益之间的平衡的规则之总称。[67] 肯定说分为狭义经济法论和广义经济法论,后者有商法延续说、企业核心说、两分说。否定说认为,经济法首要的特征在于它构成一种适用技术、对涉及经济的法律规范进行全新阐释的技术。[68]

美国和英国都没有部门法意义上的经济法,但经济单行法的立法发达,如美国的《谢尔曼反托拉斯法》《联邦贸易委员会法》《克莱顿法》《国内收入法》《紧急经济稳定法》《复苏与再投资法》《金融监管改革法》等。"我们生活于其

---

[64] [德]罗尔夫·斯特博:《德国经济行政法》,苏颖霞、陈少康译,中国政法大学出版社 1999 年版,第 15 页。

[65] [德]海因茨·莫恩豪普特:《尤斯图斯·威廉·黑德曼与"经济法"学科的发展》,载张世明等主编:《经济法基础文献会要》,法律出版社 2012 年版,第 183 页。

[66] 赖朝晖:《民主式的经济干预体系——〈德国经济行政法〉之启示》,载《比较法研究》2005 年第 2 期,第 149 页。

[67] 参见[法]罗伯·萨维:《法国法律上的经济法概念》,理均译,载《法学译丛》1983 年第 5 期,第 29 ~ 32 页。

[68] 参见孙涛:《关于法国经济法的概念和学说》,载《法学家》1999 年第 4 期,第 121 ~ 124 页。

中的经济社会的显著弊端是：第一，它不能提供充分就业；第二，它以无原则的和不公正的方式来对财富和收入加以分配”，〔69〕这就为政府调控或规制市场提供了正当性依据。“多数英国法学家否认英国存在经济法的概念，……缺乏对经济法的科学阐述并不意味着英国不存在此类法规”，“经济法是由国家对工商和金融事务进行干预的法规构成”。〔70〕我国民商法学者也认可经济法的存在，认为其与民法的调整相互配合，但将经济法定位为“国家从民族和阶级的全局利益出发所采取的带有行政法性质的直接干预经济的法律形式”，却有认识上的偏差。经济法具有经济性和规制性等特征，前者是指经济法的调整具有降低社会成本，增进总体收益，从而使主体行为及其结果更为“经济”，后者是指积极的鼓励促进和消极的限制禁止相结合。〔71〕

日本和韩国的经济法仅限于市场规制法领域，而不包括宏观调控法的内容。日本学者认为，经济法是指国家在市场机制下建立的经济政策立法体系，它的核心是维持市场竞争秩序，即国家对“自由竞争的限制（市场支配）”和“阻碍公平竞争（不公平竞争）”行为进行规制的法律。经济法体系包括一般经济法（维持竞争法、公平交易法、消费者保护法、结构经济法）和特别经济法（公益事业相关法律、电信事业相关法律、广播事业相关法律以及邮政事业相关法律、运输事业相关法律、金融事业相关法律、中小型企业法及相关法律、农业法及相关法律、对外经济法）。〔72〕日本学者认为，“经济法主要是为了以社会协调的方式来解决有关经济循环所产生的矛盾和困难的法律。”〔73〕韩国学者认为，国家为维持国民经济秩序而规制经济的法律规范和法律制度统称为经济法。经济法体系包括垄断规制法和消费者保护关联法（消费者基本法、约款规制法、分期付

〔69〕［英］约翰·梅纳德·凯恩斯：《就业、利息和货币通论》，高鸿业译，商务印书馆2013年版，第386页。

〔70〕［英］施米托夫：《英国经济法的概念》，载施米托夫：《国际贸易法文选》，赵秀文选译，中国大百科全书出版社1993年版，第32页。

〔71〕张守文：《经济法理论的重构》，人民出版社2004年版，第221～222页。

〔72〕参见［日］丹宗昭信、伊从宽：《经济法总论》，吉田庆子译，中国法制出版社2010年版，第8页。

〔73〕［日］金泽良雄：《经济法概论》，满达人译，中国法制出版社2005年版，第27页。

款交易法、访问销售法、电子商务交易消费者保护法)。[74] 经济基本法极有必要概括性地呈现经济法总论研究的共识及统辖经济单行法的体系。

四、结　论

随着经济单行法的立法持续推进、经济法总论研究的拓宽掘深,制定经济法通则可以说不再是遥不可及的事,当然,想要再发展到经济法典编纂还需要从长计议。尽管有关经济法的理论认识仍然存在分歧,但是,这不应当成为阻却制定经济法通则的理论障碍。与之相反,制定经济法通则可以凝聚经济法总论研究共识、促进经济法理论体系进一步发展完善。有经济单行法立法的丰富经验和经济法总论研究的丰硕成果为基础,制定经济法通则是完全可行的。立法者的理性是有限的,《经济法通则》的颁行不可能终结经济法总论研究中的所有争议,然而,笔者认为,这有助于澄清经济法与民商法、行政法之间的界限,更好地把握经济法的内涵和外延。它最大的价值在于提炼政府调控或规制市场运行的基本规则。

在全面深化改革和推进依法治国的语境下,政府调控或规制市场运行都应当依照法律进行,唯有如此,市场主体的财产权益、市场运行的正常秩序才能得到最大程度的维护。犹记得,最高人民法院在未修改《人民法院组织法》规定的"基层法院可以设经济审判庭,中级、高级、最高人民法院设经济审判庭"的情况下(迄今仍未修改),2000年擅自将经济审判庭变更为民事审判第二庭,引起经济法学界的强烈反应。近年来,上海、重庆、河南、广东等省、直辖市陆续设立了专门的金融审判庭,突显设立经济审判庭是极为必要的。孜孜不倦地深耕细作于总论研究的经济法学界,我们应当勇于表达自己的理论自信,适时、择机推动和促进经济法通则的制定工作。笔者认为,《经济法通则》应当以总则、宏观调控和市场规制的基本规则为主进行设计,主要内容包括总则、调控规制主体、市场主体、调控规制职权、调控规制职责、市场竞争权、消费者权、调控规制措施、调控规制程序、调控规制责任等。

---

〔74〕 参见[韩]权五乘:《韩国经济法》,崔吉子译,北京大学出版社2009年版,第3页。

On Possibility and Necessity of Stipulating General Principles of Economic Law

Ye Shan

Abstract: Civil & Commercial Law and Economic Law are two core legal branches in the context of economy ruled of law, whose main legislation started at the beginning of 1980s. The degree of codification is an important symbol of the development of the department law: in the *General Principles of Civil Law* promulgated 30th anniversary, following the implementation of several individual civil laws, codification of *Civil Code* restarted in 2015. On the contrary, individual economic laws have accumulated over 60 years, but fundamental economic law is still absent, Economic Code is far away and not within the foreseeable future. In the context of comprehensive deepening reform and promoting the rule of law, in order to make market play a decisive role in allocation of resources and government better play the role, and respond to legislation demands of economy ruled of law, reconsidering the necessity and possibility of legislation integration in the field of economic law is appropriate. Making *General Principles of Civil Law* first and then individual civil law in the post, while the quantity of individual economic law is huge and it has substantial contents. At this stage, it is necessary to make General Principles of Economic Law, which can govern complex system including individual economic laws, and they can lay the foundation for the codification of *Economic Code*.

Key words: Individual Economic Law; Fundamental Economic Law; General Principles of Economic Law; Codification; De-codification; Integrated Legislation

(责任编辑:李　帅)

慈善捐赠中非利他性的正当性及其法律边界*

李喜燕**

内容摘要：

传统理论往往侧重关注慈善捐赠行为本身的利他性，而忽略了慈善捐赠中客观存在的非利他性，这种忽略不利于促进与规范慈善事业的发展。慈善捐赠中非利他性不但有其客观必然性，而且具有相应的合理性。慈善捐赠中的非利他性不仅不会影响慈善财产发挥其慈善功能，而且能够更好地激励慈善捐赠，有利于实现行为人个人和社会效益最大化，并符合社会公平正义的伦理精神。但是慈善捐赠中非利他性只能在一定的边界内存在，除了满足合法性的要求外，还应该受到附属性和非排他性等条件的限制。今年我国颁布的《中华人民共和国慈善法》已经对慈善捐赠中的非利他性追求予以一定的认可与限制，但还应进一步完善，并构建相关的配套制度给予支持。

关键词：

慈善捐赠　利他性　非利他性　正当性　法律边界

2014年11月份英国慈善报告统计数据显示，我国在世界135个国家中捐赠指数排名倒数第八。[1] 这一情况显示出中国人慈善捐赠意愿不足。捐赠意愿不足的原因有很多，其中慈善捐赠中非利他性动机不能得到相应的认可与支

---

* 本文系国家社科规划项目“非利他性慈善捐赠的立法支持与限制研究”（16BFX153）研究成果（主持人：李喜燕）。

** 重庆文理学院副教授，法学博士。

〔1〕 参见Charities Aid Foundation：《“世界捐助指数”中国为何排名不佳》，载http://view.news.qq.com/original/intouchtoday/n3030.html，最后访问日期：2015年3月30日。

持是其中重要的制约因素。我们并不否认慈善捐赠中存在完全利他的动机,但是也不得不承认相当比例的慈善捐赠源于"理性经济人"非纯粹利他甚至主要追求利己的动机。一味地倡导和强调完全的付出与不求回报的纯粹利他,而缺乏对非利他性动机的客观认识与正面回应,必然导致慈善捐赠中的非利他性动机不能得到相应的认可与支持,从而不能有效激励慈善捐赠,限制甚至阻碍了我国慈善事业的发展。

目前,我国慈善捐赠需要激励的问题已经引起我国政府的高度关注。2014年年底,国务院发布《关于促进慈善事业健康发展的指导意见》,提出"鼓励社会各界开展慈善活动,鼓励开展形式多样的社会捐赠和志愿服务"。但激励慈善捐赠首先需要调动慈善捐赠人捐赠的积极性,而正视慈善捐赠中客观存在的非利他性动机,并明确非利他性的正当性及其边界,能够为建立和完善慈善捐赠激励制度提供有益的参考。

关于慈善捐赠中存在的非利他性,国内外学界已经开始认识和关注,并予以一定的研究与分析。当前国内外学者的相关研究主要集中在以下两个方面:第一,有些学者提出或认识到慈善捐赠存在利他性以外的动机。郑筱婷、[2]斯坦因伯格提出慈善捐赠中存在非利他性动机,[3]哈博进一步提出慈善捐赠人更加关注的是通过捐赠提升自己的地位,[4]格兰兹和科恩·瑞德发现慈善捐赠人总是希望以最小的捐赠成本获得更高级别的荣誉,[5]罗伯特·卡茨提出慈善捐

---

〔2〕 郑筱婷:《理性人为何捐赠——关于慈善理论和实验研究的一个综述》,载《世界经济文汇》2014 年第 1 期。

〔3〕 See Steinberg, *Overall Evolution of Economic Theories*, Routledge Siena Studies in Political Economy(2th ed.), London: Routledge, 2000, p. 179.

〔4〕 See Harbaugh. W. T., What Do Donations Buy? A Model of Philanthropy based on Prestige and Warm Glow. 67 *Journal of Public Economics*, 1998, pp. 269 – 284.

〔5〕 See Glazer Amihai and Kai Konrad, A Signaling Explanation for Charity, 86 *American Economic Review*, 1996, pp. 1019 – 1028.

赠存在四种动机,〔6〕更有的学者认为不存在真正的利他主义。〔7〕罗伯特·贾维斯、查尔斯认为匿名捐赠越来越少的原因在于慈善捐赠人希望通过慈善捐赠获得相应的荣誉。〔8〕为此,隐名的大额捐赠反而成为一种新闻。〔9〕第二,有些学者对慈善捐赠中存在的非利他性效果予以分析。约翰·伊森、理查德·古德、埃里克·卓尔特提出税收优惠本身便是一种通过降低捐赠价格而给予慈善捐赠人的回报,是慈善捐赠人获得的利他性以外的利益,〔10〕具有激励效应,〔11〕在激励捐赠中发挥重要作用。〔12〕安德烈尼也认为慈善捐赠中存在非利他效用。〔13〕

综上,有些学者已经认识到慈善捐赠中存在非利他性的动机和效果,然而现有研究对非利他性的研究还存在诸多不足:一是现有研究对于非利他性的描述是通过列举或举例的方式论证了非利他性的存在,但是欠缺学理性的明确界定;二是现有研究认识到慈善捐赠中客观存在的非利他性,却鲜有对慈善捐赠中非利他性的存在正当性进行论证,更缺乏对慈善捐赠中非利他性应该在什么

〔6〕 SeeRobert A. Katz, Can Principal-Agent Models Help Explain Charitable Gifts and Organizations?, 1 *Wisconsin Law Review*, 2000, pp. 1 – 30.

〔7〕 [美]杰罗姆·韦克菲尔德:《利他及人性——社会工作基础理论的建构》,吴同译,载《江海学刊》2012 年第 4 期。

〔8〕 See Robert M. Jarvis, A Brief History of Law School Names, 56 *J. Legal Educ* (2006), pp. 388, 407.

〔9〕 See Charles Isherwood, *The Graffiti of the Philanthropic Class*, 12 N. Y. Times (2007), p. 26.

〔10〕 See Richard Goode, *The Individual Income Tax* (Revised edition, Vancouver, University of British Columbia Press, 2005, 161. Eric M. Zolt, *Tax Deductions for Charitable Contributions: Domestic Activities, Foreign Activities, or None of the Above*, 63 Hastings L. J. (2012), pp. 361 – 410.

〔11〕 See John K. Eason, Private Motive and Perpetual Conditions in Charitable Naming Gifts: When Good Names Go Bad, 38. *U. C. Davis L. Rev.*, 2005, pp. 375, 419.

〔12〕 See Eric M. Zolt, Tax Deductions for Charitable Contributions: Domestic Activities, Foreign Activities, or None of the Above, 63 *Hastings L. J*, 2012, pp. 361 – 410.

〔13〕 See Andreoni, James, "Impure altruism and donations to public goods a theory of 'warm glow' giving", 100 *The Economic Journal*, 1987, pp. 464 – 477.

范围内存在、有无法律边界等方面的论证。因此，本文在对慈善捐赠中存在的非利他性给予一般界定的基础上，对慈善捐赠中存在的非利他性的正当性及其法律边界予以分析，为我国慈善立法提供参考，以有效激励慈善捐赠，规范慈善捐赠行为，促进我国慈善事业的健康可持续发展。

一、慈善捐赠中非利他性[14]的界定

纯粹的利他主义者与亚当·斯密的“理性经济人”假说的价值基础与目标追求存在本质的差异，前者是基于造福他人、纯粹利他的目的而进行的慈善捐赠。尽管我们不能否定现实中存在基于完全利他目的而进行的慈善捐赠，但无论是主观认知还是客观实践，大多数情况下的慈善捐赠并非仅仅出于利他的动机，还存在诸多非利他的动机，并能够产生非利他的效果。

（一）慈善捐赠中内在的非利他动机

毋庸置疑，纯粹利他主义者做出慈善捐赠决策时，基于造福他人的动机，只考虑他人的利益，而完全不考虑自身利益；而作为“理性经济人”在做出慈善捐赠决策时，则不仅仅出于纯粹利他动机，还兼有非利他的动机。

具体而言，利他以外的动机主要体现为以下几种情况：

第一，对荣誉地位的追求。对荣誉地位的追求具体表现为以下几种类型：一是追求“提高捐赠者的声望、社会认同、社会地位”。[15] 据调查发现，非营利组织将收到的捐赠数额划分成不同的声誉等级，慈善捐赠人往往愿意捐出较少的数额而进入某个更高级别。哈博对此指出，“这样的匹配提高了捐赠的总数额，并且人们有时并不真的关心他捐的钱用作什么，只要他发现，通过捐赠，他

〔14〕 此处采用“非利他”而不是“自利”的说法，原因有二：一是笔者认为非利他的范围比自利要广，非利他不仅包括利己，也包括既不纯粹利他又不纯粹利己，比如为了追求特定的个人偏好或者社会认同的慈善捐赠行为体现为既不是纯粹利他，又不具有典型的利己性的行为。二是因为常识认为慈善捐赠行为是具有利他性的行为，采用非利他性的说法是为了突出和强调其与利他性的对应。

〔15〕 郑筱婷：《理性人为何捐赠——关于慈善理论和实验研究的一个综述》，载《世界经济文汇》2014 年第 1 期。

的社会地位有了提升”。[16] 格兰兹和科恩·瑞德对捐赠者目录名单研究后发现,捐赠人总是趋向于以最小的代价进入捐赠者目录名单。他们通过对 1988～1989 年的捐赠研究发现,在纳入 1000～4999 美元目录中的 82 位捐赠人中有 89% 的捐赠人在 1000～1100 美元。同样,在 1993～1994 年哈佛大学法学院基金捐赠报告中显示 93% 的人刚好达到 500 美元从而纳入了 500～999 美元目录中。[17] 二是通过捐赠冠名,改善与公众的关系,提升公司形象,达到广告效果。在 1784 年与 1984 年期间,美国只有四所法律院校给捐赠人冠名,而在那以后的二十年中,有 12 所法律院校进行冠名。[18] 在当今的美国,巨额的匿名捐赠越来越少见。2007 年,威斯康星州麦德森大学为其商务学校募集了 850 万美元而没有授予冠名权成为一个极大的新闻,被认为是“空前的”。[19] 除了学校或建筑物外,一些机构也“出售”了一系列内部空间冠名权,包括走廊、图书馆、中庭、礼堂、会议室和单个的教室和演讲厅。匹兹伯格工程大学公布的 22 个冠名募捐公告中,明确提出 3000 万美元可以冠名学校,2.5 万美元可以冠名学生组织办公室等。2014 年 9 月 8 日香港最大地产集团之一的恒隆地产宣布向美国哈佛大学捐出 3.5 亿美元支持其公共卫生学院发展,这是哈佛 378 年来最大的单笔捐赠,恒隆地产也同样获得了冠名为“哈佛陈曾熙公共卫生学院”的回报。除了对于有形的项目和空间进行冠名外,公益慈善家们还冠名了一系列基金。当然,冠名本身同样体现出捐赠者对于提高声望、社会地位的追求。三是通过其他形式体现捐赠人对于荣誉地位的追求。比如,2014 年下半年搞得沸沸扬扬的“冰水挑战”,在看似通过挑战朋友、自我献丑和轻松愉快的慈善之中,也不能否认其中所存在的非利他的因素,通过参与作秀、上传网络视频而提高上镜率的方式一定意义上满足了捐赠人对声望或荣誉的追求。此外,不少公益组织的管

---

〔16〕 Harbaugh. W. T., What Do Donations Buy? A Model of Philanthropy based on Prestige and Warm Glow, 67 *Journal of Public Economics*, 1998, pp. 269 – 284.

〔17〕 Glazer Amihai and Kai Konrad, A Signaling Explanation for Charity, 86 *American Economic Review*, 1996, pp. 1019 – 1028.

〔18〕 Robert M. Jarvis, A Brief History of Law School Names, 56. *J. Legal Educ.*, 2006, pp. 388, 407.

〔19〕 Charles Isherwood, The Graffiti of the Philanthropic Class, 12. *N. Y. Times.*, 2007, p. 26.

理人员表示,公益组织往往需要以授予某某公益组织名誉委员或者公益大使等头衔为条件,才能募得大额捐赠,同样体现了慈善捐赠人对于荣誉地位的追求动机。

第二,对潜在物质利益的追求。首先,通过对没有礼品、有小礼品和大礼品的捐赠实验对比发现,小礼品组和大礼品组的捐赠参与率分别比没有礼品组的捐赠参与率高17%和75%。而这种礼品的存在对于“冷漠型”家庭捐赠行为的影响力大于“热心型”家庭的捐赠行为。雷杰和泰勒在实验中也得出了相同结论,即公开捐赠人的身份显著提高了捐赠人的捐赠数额。这表明有个人回报的慈善捐赠方式比起没有回报的方式能够有效激励捐赠。[20] 其次,有的慈善捐赠人进行捐赠的目的是获得非营利组织或相应从业成员与其进行市场交易的机会,从而获得物质利益。比如捐赠人通过向非营利社会组织捐赠获得与这些组织接触的机会,从而借机争取这些组织向其购买产品或者服务,甚至有的捐赠人事先把取得交易机会作为慈善捐赠的条件。此外,捐赠人因捐赠获得相应的冠名或者荣誉地位,也可能因其社会形象的提升获得更多的商业机会,从而同时满足了其获取经济利益的需要。

第三,对特定偏好的追求。在史密瑟斯诉圣卢克罗斯福医院案[21]中,史密瑟斯完全不是医疗方面的专业人士,但在他捐赠的一个酗酒康复医疗项目中,其想要扮演一个重要的角色。史密瑟斯在1971年承诺在纽约罗斯福医院(后来与圣卢克医院合并形成圣卢克罗斯福医院)投入1000万美元建立一个酒精康复中心。史密瑟斯要求项目的详细计划和员工的职位聘任等要有他的批准,其目标是实现治疗酒精中毒专业化。但是,该项目由于从管理、护理等方面都面临越来越大的压力,当医院最终决定卖掉该康复中心而安排另外的场所进行酗酒治疗时,史密瑟斯的遗孀认为医院没有按照其丈夫的意愿开展相关的活动,违背了捐赠协议,起诉到法院。最终,医院和她庭外和解,医院同意停止使用与酗酒治疗项目相关的史密瑟斯的名字,并把她丈夫捐赠的大部分财产予以返还。该案例充分说明了有些慈善捐赠人在捐赠目的方面有着特定的个人偏

---

〔20〕 郑筱婷:《理性人为何捐赠——关于慈善理论和实验研究的一个综述》,载《世界经济文汇》2014年第1期。

〔21〕 See Iris J. Goodwin, Donor Standing to Enforce Charitable Gifts: Civil Society vs. Donor Empowerment, 58. *Vand. L. Rev.*, 2005, p. 1097.

好,而非出于纯粹的利他动机。

第四,对社会认同及其他方面的追求。有的学者发现慈善捐赠人往往在“获得工作培训、提高工作技巧、获得信息、加强与其他人的联系、参与非营利组织权力的分配”等方面有所期待。[22] 比如,在每次出现地震、水灾等突发性自然灾害时,我国往往存在“运动式”捐赠。在这种情况下,多数捐赠是由单位所发起的,单位各类职工一般根据各自的职务、职称等身份进行数额不等的捐赠,而且往往下级职工很少超越其上级捐赠数额,也不会低于同级同事捐赠的数额。这些捐赠及其所捐数额不一定是完全出于自愿,其捐赠动机也不一定完全是为了纯粹利他。有的捐赠人进行捐赠可能是由于环境氛围使然,觉得自己在整个社交圈子里的行为应该符合社会或环境期待的角色。慈善晚会中某些明星的大额慈善捐赠也属于此类情况。不是出于纯粹的公益动机,而是在特定环境下通过捐赠来证明自己的爱心,以获得整个社会的认同。这种因环境氛围或角色期待而进行的捐赠虽然表现为利他的公益行为,但是其捐赠动机显然存在非利他的成分。

(二)慈善捐赠中非利他动机的类型

在对慈善捐赠非利他性动机的分析中,罗伯特·卡茨提出慈善捐赠人在纯粹的利他动机之外,存在三种类型的非利他动机:非纯粹的利他、为了荣誉地位或者为了物质利益。罗伯特认为,纯粹利他主义者反映出主要关心受益人的总体幸福感,即纯粹的利他主义者想要取得的效果是提高接受者的幸福。非纯粹的利他主义捐赠者寻求改变受益人的消费结构,比如食用更多的食物与使用更少的药物或者通过限制受助人使用捐赠物的方式进行捐赠。这类捐赠人对于受助者在具体商品或服务上的消费颇感兴趣,而不关注受助人从具体商品或者服务上的消费所获得的效益。也有的捐赠人以更加利己的(或非利他的)原因如为了获取地位而进行捐赠。比如某人捐赠“退伍军人之家”组织10万美元,不是发自内心的关心退伍军人,而是希望被纳入由该组织前100位捐赠人组成的“美好社会慈善组织”精英团队,以显示自己的富有和慷慨。还有的捐赠者是为了获得物质利益。这种物质利益可以体现在若干个方面,比如税收减免、争

---

[22] Steinberg, *Overall Evolution of Economic Theories*, *Routledge Siena Studies in Political Economy*(2th ed.),London:Routledge,2000,p.179.

取与非营利组织成员取得交易机会或者其他商业机会等。[23]

笔者认为,罗伯特关于“纯粹的利他”动机的说法符合社会各界的认识,但是罗伯特所描述的其他三类慈善捐赠动机并不准确。虽然为了荣誉地位或为了物质利益而进行慈善捐赠的主体更加关注自我利益,但不能因此便断定为了荣誉地位与为了物质利益进行的捐赠就完全不具有利他的动机,他所述的其他三类慈善捐赠均应属于非纯粹利他动机驱使下的慈善捐赠。但是非纯粹利他的行为动机仍有所区分。从人类利益存在的不同领域来看,利益往往分为物质利益与精神利益。罗伯特所述的为了荣誉地位而捐赠及上文中所述的为了追求个人特定偏好或为了获得社会认同而捐赠,其实质都是属于个人特定的精神需求,应该纳入精神利益追求的范畴。罗伯特所述的为了税收减免、争取交易机会等进行的捐赠可以视为对于物质利益的追求。因此,根据慈善捐赠中非纯粹利他动机所追求的利益性质,慈善捐赠中非纯粹利他动机可以分为对于物质利益的追求与对于精神利益的追求。当然,有些情况下,慈善捐赠人的非利他追求同时体现为物质利益和精神利益两个方面。比如,通过慈善捐赠而获得某个名誉,从而为此增加了市场交易的机会,最终又实现了追求物质利益的目的。这种情况下慈善捐赠人的非利他追求便同时体现为物质利益和精神利益两个方面。

(三)慈善捐赠中外在的非利他效果

慈善捐赠通常能够取得利他效果,但相当多的情况下也能产生非利他的效果。非利他动机体现为精神利益与物质利益的追求,同样,非利他效果也存在精神利益与物质利益两种类型。

首先,慈善捐赠能够使捐赠主体通过一定的形式实现精神利益的追求。比如做出一定慈善捐赠的主体有资格编入具有纪念意义的捐赠名册、获得捐赠荣誉表彰或名誉头衔、在捐赠的建筑物上面雕刻名字或者制作雕像等。根据马斯洛的需要层次理论,爱与归属的需要、受到尊重的需要和自我实现的需要是在生理需要和安全需要满足以后的更高层次的需要。慈善捐赠的一些荣誉不仅能够使捐赠主体获得归属感,而且表明其捐赠受到了社会和他人的尊重,提高了自己在社会成员中的评价。同时,通过慈善捐赠而获得的荣誉或者名誉也能够为其带来的内心的精神愉悦和心理的满足感,从而更好地实现自我价值。这

〔23〕 See Robert A. Katz, “Can Principal-Agent Models Help Explain Charitable Gifts and Organizations?”, 1 *Wisconsin Law Review*, 2000, pp. 1 – 30.

便是慈善捐赠主体获得的非利他性的精神利益。

其次,在相当多的情况下慈善捐赠人也能通过慈善捐赠获得物质利益。物质利益的获得可以体现为纯粹物质利益的获得,也可以体现为成本的付出或损失的减少。例如,公开的慈善捐赠、荣誉头衔的获得或其他形式的公开宣传,能够提升慈善捐赠人的社会地位与社会形象,从而使其在市场中能够获得更多的商业机会,给慈善捐赠主体带来更多的物质利益。再如,税收减免减少了捐赠者所选择的慈善事业的捐赠成本,〔24〕减少成本意味着捐赠人减少支出而取得了物质利益。此外,实践中有的慈善捐赠主体还通过慈善捐赠获得与某些慈善组织或其他主体接触的机会,并因此获得了更多的商业交易机会,从而实现了其追求自身经济利益的效果。

因此,慈善捐赠中的非利他性不仅仅只含有行为动机的非利他性,更含有行为效果的非利他性,利他或者非利他是行为动机和行为效果的结合。〔25〕换言之,非利他性包括两个层面的含义:一是动机的非纯粹利他,慈善捐赠人不仅具有利他的动机,还具有非利他的动机。二是效果的非利他,即慈善捐赠人所取得的慈善效果之外的非利他效果。慈善捐赠中的非利他性指慈善捐赠人在非纯粹利他动机驱使下进行慈善捐赠而取得的非利他效果,是非纯粹利他动机与非利他效果的结合。

二、慈善捐赠中非利他性的正当性

对于正当性的解释基本可以分为三类,第一类为马克思·韦伯的经验主义正当性,第二类为苏格拉底、柏拉图、亚里士多德等为代表的规范主义的正当性,第三类为哈贝马斯的兼具经验主义和规范主义进路的正当性。〔26〕这三种解释中第一类强调思想信念的认可,第二类则强调对于某种规范或标准的遵从,强调现实的客观实践,而第三类则是二者的结合,即不仅注重客观上存在,而且

〔24〕 See John K. Eason, "Private Motive and Perpetual Conditions in Charitable Naming Gifts: When Good Names Go Bad", 38. *U. C. Davis L. Rev.* (2005), pp. 375, 419.

〔25〕 李喜燕:《慈善捐赠中非利他性的立法激励》,载《河北大学学报》(哲学社会科学版)2015 年第 5 期。

〔26〕 参见唐丰鹤:《哈贝马斯的正当性理论探析》,载《前沿》2012 年第 14 期。

强调价值上被认可。哈贝马斯认为经验主义的正当性理论关注政治秩序能否获得大众认同,而忽略了认同的价值所在,而规范主义的正当性理论却不论是否得到公众的认同只关注价值。而哈贝马斯的正当性理论企图平衡经验主义与价值认同,既要求理性层面的客观要素,也要求经验层面的主观要素,“不是经验与规范性二者的排斥,而是二者的辩证统一”,[27]被称为“创造了正当性的第三条道路”。[28] 笔者认为,这种兼具价值认同和客观实证的主张能够更加充分地解释事物存在的正当性。慈善捐赠中非利他性便符合这种双重进路下的正当性,在客观实践方面存在现实必然性,在价值上具有可认同性。

(一)慈善捐赠中非利他性的必然性

客观必然性是由事物本质决定的其发展变化中不可避免的趋势。尽管慈善捐赠必须首先满足利他性,但是慈善捐赠中的非利他性也是客观必然的。慈善捐赠中非利他性的必然性可以从其动机的复杂性和效果的复合性等方面体现出来。

评定一个行为是否利他的首要标准是其行为动机。一个被大众普遍接受的解释是“人类天性是利己的,不存在真正的利他主义”。[29] 甚至有人曾经把社会工作者成为“职业的利他主义者”,[30]通过在利他主义的前面加一个限定词“职业的”而非本性的利他主义,就是对于纯粹利他主义的否定。这种源于资本主义反利他主义的思潮不仅将自利看作一种美德,[31]而且认为现实中不会存在完全的利他主义。这种说法也许有失偏颇,但是至少可以说明大众对于慈善捐赠完全出于利他的动机是持怀疑甚至否认态度的。尽管慈善捐赠中存在利他主义的动机,但不能因此认定慈善捐赠仅仅出于利他主义动机。如果完全出

[27] 陈炳辉:《试析哈贝马斯的重建性的合法性理论》,载《政治学研究》1998 年第 2 期。

[28] 唐丰鹤:《哈贝马斯的正当性理论探析》,载《前沿》2012 年第 14 期。

[29] [美]杰罗姆·韦克菲尔德:《利他及人性——社会工作基础理论的建构》,吴同译,载《江海学刊》2012 年第 4 期。

[30] See Lubove, R., *The Professional Altruist*, Cambridge, Mass, Harvard University Press, 1965, pp. 36 – 49.

[31] 参见[美]杰罗姆·韦克菲尔德:《利他及人性——社会工作基础理论的建构》,吴同译,载《江海学刊》2012 年第 4 期。

于利他的动机,面对所有需要帮助的情况,人们都应给予资助,即不论时间、地点和捐赠对象,只要有需要资助的人或事,慈善捐赠人便会做出捐赠。事实上,这种情况在现实中并不多见。慈善捐赠人往往会选择特定的时间、特定的地点、特定的受助对象和特定的项目进行捐赠。慈善捐赠人的这种选择行为本身意味着慈善捐赠人还具有其他捐赠动机。比如为了追求特定个人价值目标的实现或者其他的特殊爱好。这种情况便体现为慈善捐赠人不仅仅存在利他的动机,还存在非利他动机。但慈善捐赠行为的动机常常是难以区分的。一个行为往往不仅只具有利他动机或者只具有利己动机,而且综合了利他与利己动机。有时慈善捐赠人自身也不清楚他们自己是否只具有利他动机或者利己动机。根据丹尼尔·巴特森和劳拉·肖的理解,"利他追求是将提升他人福祉为最终目标的动机状态"。〔32〕 根据达尔文的进化论和适者生存理论,社会有机体首先要在竞争中获胜才能保证自身的生存与发展。而要在竞争中获胜,主体首先必须具有自利性。依据这种理论,慈善捐赠显然不会是人类的天生动机。因此,慈善捐赠的动机不是天生的纯粹利他,"理性经济人"的慈善捐赠动机具有复杂性。

除了慈善捐赠的动机具有复杂性以外,慈善捐赠的效果也具有复合性。第一,慈善捐赠的效果本身具有多面性。多数情况下慈善捐赠产生的效果不只具有利他性,还具有利己性。比如,向贫困者提供慈善捐赠能够使受助者获得温饱而具有利他的属性,同时,因慈善捐赠而获得温饱的贫困者不会因贫困而发生盗窃或者其他影响社会稳定安全的事件,最终有利于为慈善捐赠人自己维持安定稳定的生活环境,从而为慈善捐赠人带来利己的效果。第二,有的慈善捐赠所产生的效果中,利他或利己的边界难以划分。比如向灾区捐赠或者建立教育基金,虽然不能说其捐赠的目的一定具有利己的性质,但是通过这种行为,受助人获得救助,贫困地区学生教育条件获得相应的改善。在这种情况下,不仅仅受助人获得了相应的帮助,慈善捐赠人也会因其教育理念的宣传或者从慈善捐赠中体验到的个人特有价值或成就感而取得利己的效果。从这个意义上说,慈善捐赠所产生的效果不能单纯地认定为仅仅是利他或者利己,二者的边界是相对模糊的。第三,社会生活具有复杂性,慈善捐赠中的慈善捐赠主体、捐赠方

〔32〕 Baton, C. D. and Shaw, L. L., *Evidence for Altruism: To-ward a Pluralism of Prosocial Motives*, 2 Psychological Inquiry, 1990, pp. 108, 115.

式、捐赠类型、捐赠对象各有不同。如果我们运用辩证的方法加以分析,社会主体的每一种行为都不能简单地说其具有正的外部性或负的外部性。即使是抢夺别人的财产,本身是利己且受到禁止的行为,而如果这个被抢夺财产的人是准备要通过该财产进行自残的,那么从防止自残的角度而言,却是具有利他性质的行为。慈善捐赠也不例外,每一种慈善捐赠产生的效果都可以从不同的社会主体或者不同的角度观察到不同的效果。这种效果既具有利他性也具有非利他性。

(二)慈善捐赠中非利他性的合理性

理论界对于合理性的解释是不断发展变化的。传统哲学对于合理性的认识带有强烈的形而上学的特点。马克思却主张从社会生活的实践性本质考察社会历史问题。他认为合理性本身不是纯粹演绎推论的产物,而是在人类社会实践活动和对社会实践的理解中体现出来的,是客观现实和主观认同的统一。[33] 慈善捐赠中存在的非利他性不仅体现了其存在的客观现实性,而且也从多个方面能够获得理性认同。

第一,非利他性的存在并不影响慈善财产的慈善功能。慈善捐赠的基本标准是"必须充分的表明对社会有利,使其财产永远致力于完成该使命"。[34] 以冠名捐赠为例,其功能在于:一是这种捐赠资金运用于慈善目的,该捐赠提供了公共利益;二是冠名捐赠中,因对受赠组织、项目或建筑物冠以个人名字,使得慈善捐赠接受者组织与慈善捐赠人个人名字相联系。从某种方面看,慈善捐赠人可以被看作购买了与公共产品相联系的身份,从而提升了慈善捐赠主体形象,实现了慈善捐赠主体荣誉追求甚至物质利益追求的私人目的。但即使冠名捐赠存在满足私人目的的属性,也不影响其慈善功能的发挥,因为决定慈善捐赠的性质在于慈善捐赠财产能够具有促进公共利益的效果。如果这个目的实现了,捐赠主体冠名的动机本身不会改变慈善捐赠的利他性质。[35] 比如刻在建设大楼上的捐赠人的名字不会改变教育、艺术或者其他事业的慈善本性,即冠名捐赠满足其私人目的功能不会影响其公益慈善功能,但如果不允许冠名捐

---

〔33〕 参见孙德忠:《历史性的合理性与合理性的历史性——从黑格尔到马克思》,载《武汉理工大学学报》(哲学社会科学版),2015 年第 2 期。

〔34〕 李喜燕:《慈善捐赠人权利研究》,法律出版社 2013 年版,第 137 页。

〔35〕 Estate of Campbell,97 Cal. Rptr,(Ct. App. 1971)p. 726,p. 728.

赠,把捐赠人名字从建筑物上去除的时候可能导致捐赠的减少或某项捐赠的终结。同理,在慈善捐赠人追求税收减免的情况下,尽管可以视为慈善捐赠人捐赠价格降低,[36]但是其捐赠的慈善资金或物品本身仍然是用于不特定的社会主体的,其慈善捐赠价格的降低并不会影响其捐赠的资金或实物发挥其相应的公益慈善功能。而在慈善捐赠人慈善捐赠后获得纪念性质的礼品或者能够证明其做出慈善捐赠的证书等情况下,同样不会影响其捐赠的慈善资金或实物的公益慈善功能。而对于慈善捐赠人希望通过慈善捐赠提升自身的社会信誉或者知名度从而获得一些交易机会的情形,显然也不会影响到其已经捐赠的资金或实物发挥其慈善功能。

第二,现实社会中慈善捐赠人非利他性的追求对于慈善捐赠的激励作用更加明显。有的学者提出对于不同的捐赠人而言,捐赠过程中表现为三个层次的伦理行为,一是基本层次的社会伦理,二是提高层次的社会伦理,三是最高层次的社会伦理。[37] 我们并不怀疑现实中存在最高层次社会伦理指引下的慈善捐赠,但是也不可否认相当多的慈善捐赠属于基本层次或者提高层次的社会伦理,需要有相应的激励机制进行激励。在理性选择理论看来,人的行善动机是比较复杂的,往往是多种需要和动机的结合体,人们出于理性选择的考量才倾向于做出捐赠行为。从理性角度看,允许非利他成分的存在才能够更好地激发"理性经济人"利他的公益行为。尽管有反对者认为"只要理性,只会造成人性内在情感的缺失"。[38] 但不可否认这种理性经济行为动机的客观存在。奥尔

---

[36] See Robert A. Schwartz, Personal Philanthropic Contributions, 78. *Journal of Pollitical Economy*, 1970, pp. 264 - 91.

[37] 基本层次的社会伦理就是不做违反道德底线的行为;提高层次的社会伦理,即在不违反社会基本伦理前提下,考虑捐赠人和受赠人的长远利益和社会利益,在利他中实现互利。捐赠人可以通过捐赠获得相应的声誉,比如特定的名誉职位、特定的冠名或者特定的荣誉证书等。冠名捐赠不仅扩大了捐助人社会影响力,提升了美誉度,同时更多的社会主体受到了正向激励,而积极投身于公益事业也具有相应的正向效益。最高层次的社会伦理为完全的利他,捐赠者把利他作为追求个人自我实现的最终目的,从而不考虑捐赠成本和声誉方面的回报。参见朱小梅:《教育捐赠行为的伦理探析》,载《教育发展研究》2003年第12期。

[38] 杨豹、肖红春:《正义的实现仅仅依靠理性吗——探讨努斯鲍姆的诗性正义》,载《华中科技大学学报》(社会科学版)2012年第5期。

森曾说："人们有时候是为了赢得声望、尊重、朋友和满足其他社会和心理目标而渴望受到激励的。"[39] 由于在集体行动中存在"搭便车"行为，公共利益就难以成为利己主义者进行捐赠的动机，自利的个体一般不会为集体利益做出贡献。比如，捐赠给希望工程用于资助失学儿童，捐赠活动给捐赠者带来的收益是无法排他的，这种教育普及率的提高是全社会共享的。然而，如果捐赠人有排他性的收益，比如捐赠的证书或者纪念品、捐赠冠名等，则被视为非利他的私人收益。这种私人收益不能因"搭便车"的行为而取得，从而成为影响捐赠者捐赠的重要因素，能够激发捐赠者的捐赠动力。博弈论对慈善捐赠的解释是"理性经济人"根据贡献公共品而带来的收益是否大于选择不贡献公共品所带来的收益来决定是否提供公共品。当其公共品带来的收益大于选择不贡献公共品所带来的收益，则"理性经济人"便会进行慈善捐赠。比如美国的不少大学还"明码实价"地开列教席命名权，就是为了让捐赠人从捐献中得到他预期的声誉享受，激励慈善捐赠。理查德·古德也持同样的看法。他认为税收优惠是对慈善捐赠的奖励，降低了捐赠价格，慈善捐赠人可以在征税中获得可观的经济效应，[40] 对慈善捐赠具有激励作用。杰斯·伊格通过对地役权捐赠的研究，认为捐赠的价格是影响捐赠者捐赠的重要因素，税收优惠能够明显地说服捐赠者进行捐赠。[41]

第三，实验也证实了这种说法。葛岩、秦裕林对上海交通大学的 240 名学

---

〔39〕 Andreoni, James. Privately provided public goods in a large economy: the limits of altruism, 35, *Journal of Public Econonics*, 1988, pp. 57 – 73.

〔40〕 See Richard Goode. *The Individual Income Tax*, Revised edition. University of British Columbia Press: Jul 11 2005, pp. 23 – 78. 比如按照我国新的《企业所得税法》，慈善捐赠的税收扣除比例由原来的 3% 提高到了 12%，内外资企业适用统一的扣除标准。如果某企业年度应纳税所得额和慈善捐赠额分别为 2000 万元和 240 万元，假设以原来的 3% 的税收优惠比例计算，只有 60 万元享受税收优惠，余下的 180 万元，若按 30% 的所得税率征税，仍须缴税 54 万。而按照新《企业所得税法》12% 的税收优惠标准，则这 240 万元捐款可以完全享受税收减免优惠。在这种扣除比例发生变化后，企业实际节约了 54 万元税款，相当于企业实际花了 240 ~ 54 万元的钱捐赠了价值 240 万的资产，每一元钱的捐赠价格 0.775 元。

〔41〕 See Eric M. Zolt, Tax Deductions for Charitable Contributions: Domestic Activities, Foreign Activities, or None of the Above, 63. *Hastings L. J.*, 2012, pp. 361 – 410.

生测试后发现,捐赠后能够获得高价格礼物回报的捐赠意愿更高,说明市场规范在捐赠意愿中得以体现。[42] 换个角度看,如果把慈善捐赠税前扣除作为一种对于慈善捐赠人的奖励行为,这种奖励便相当于为慈善捐赠人创造了一个良好的捐赠环境。这既能保障慈善捐赠行为本身有自我发展的动力,又能在其发展的特殊阶段有一个加速度的外力,这种加速度的外力能够促进慈善捐赠,否则这种外部性的产品会提供不足。

第四,慈善捐赠中非利他性的存在不仅能够激励慈善捐赠,而且有利于实现行为人个人与社会效用最大化。许多学者提出并论证了这种观点。安德烈尼提出了"非纯利他主义动机"(impurely altruistic motive)的"温暖理论"(warm-glow theory)。该理论假设公共物品的供给者除了创造非竞争利益以外,还从其公益慈善事业的贡献中获得了个人的效用——非利他的效用。[43] 经济学家施瓦茨运用西方经济学原理中的价格效应理论和收入效应理论来证明慈善捐赠的税收激励效应。[44] 他认为,当个体收入既定的情况下,每个人将在捐赠和消费(或储蓄)之间做出选择。此时(1 - T)就是捐赠的价格。在所得税累进税之下,捐赠数额越低,个人应纳税部分越高,适用的税率也越高,结果是税后的净收入也越低。但捐赠税前扣除相当于降低了捐赠价格,税前扣除比例越高,捐赠价格越低。捐赠价格的降低使得慈善捐赠人在实际支付的捐赠总额相同的情况下,名义上的捐额数额更大,体现了捐赠人更多的社会价值;同时,通过税收优惠,鼓励社会组织举办公益事业的方式不但节约了国家的征税成本和纳税成本,也减少了政府对此类公益事业的行政事务和行政成本支出,减少成本意味着增加了投入,从而有效促进更多的资源用于慈善事业,提高了资源利用的社会效应。另一方面所得税税前扣除慈善捐赠额,使得应纳税总额降低,适用的税率也相应降低,纳税总额减少,税后的净收入额度降低幅度减小,其结果是个人税后净收入与捐赠总额之和大于个人不捐赠时的个人税收净收

〔42〕 葛岩:《善行的边界:社会与市场规范冲突中的公益选择——基于上海交通大学学生的研究》,载《中国社会科学》2012年第8期。

〔43〕 See Andreoni, James, "Impure altruism and donations to public goods a theory of 'warm glow' giving. 100", *The Economic Journal*, 1987, pp. 464 - 477.

〔44〕 See Robert A. Schwartz, Personal Philanthropic Contributions, 78. *Journal of Pollitical Economy*, 1970, pp. 264 - 291.

入总额，个人所得价值也相对提高，也增加了捐赠人的个人效用。普林西和费尔认为捐赠者和非营利组织之间的关系是一种社会交换关系。慈善经济学只有转向“互惠”——利他且利己，才能较好地解释慈善行为的动机，达到双赢局面。“利他”可以通过提升知名度和形象，促进产品销量提升从而实现作为“理性经济人”的自利目的，而同时也使受助者境况得到改善，最终表现为行为人利他且利己的效用最大化。此外，慈善捐赠中，通过奖助学金冠名、讲座席位冠名、一定的名誉职位或者荣誉证书，象征着受赠人对于慈善捐赠的褒扬与激励，对捐赠人产生良好的个人效用。同时，这种褒扬与激励具有导向和辐射功能，亦能产生良好的社会效应。而在不能取得荣誉奖励的情况下，慈善捐赠行为虽然也给不特定的受助对象提供了相应的帮助，慈善捐赠人内心也有一种精神的满足，但是似乎社会对其认可与肯定没有充分显现，而且对其周围群体的激励和辐射功能也不能充分发挥。

第五，从社会伦理的角度来看，非利他性的存在也符合社会公平正义伦理精神。首先，道德观是影响捐赠的因素之一，在道德观的指引下，捐赠者捐赠等同于他最希望别人捐赠或者别人最希望他捐赠的数量。在这种状况下，人们都会以其认为最合适的数量进行捐赠。譬如一个单位职工进行捐赠时，往往受到其他同事或其所属工作生活圈的影响。这也说明慈善捐赠中的利他行为是夹杂着具有公平、互惠等其他因素的一种有条件的利他（conditional altruism）。这些有条件的利他行为既是非纯粹利他的体现，也是维系社会关系、提升社会道德水平的有益途径。其次，从法理上讲，权利义务是法律调整人的行为和社会关系的主要方式，几乎贯穿于具有逻辑联系的法律现象的各个环节和法律运行的全过程。权利是一种资格，而义务是一种约束。在我国，慈善捐赠不是社会主体的法定义务，仅仅是通常意义上的道德义务，不参加慈善捐赠不会招致法律上的不良评价。但是当社会主体进行了慈善捐赠时，就意味着他们自愿主动地履行了慈善捐赠的义务，而履行了义务的社会主体必然希望有相应的权利支持。[45] 履行了慈善捐赠义务的主体应该享有相应的权利本身符合法律的一般逻辑。慈善捐赠税收优惠某种意义上便是发挥了保障慈善捐赠人权利的作用，激励人们把多余的财富进行慈善捐赠。慈善捐赠人能够享受税收优惠，在计算所得税税基之前将慈善捐赠额度的一定比例而不是全部从税基中扣除，甚至还

〔45〕 参见李喜燕：《慈善捐赠人权利研究》，法律出版社2013年版，第150页。

在其他税收方面享受税收优惠待遇。立法通过授予慈善捐赠人这些税收优惠权,鼓励人们选择从事法律所容许和鼓励的行为。捐赠人选择参与慈善捐赠后,税法给予税收优惠的权利;选择不参加慈善捐赠,则无权获得相应的税收优惠。精神利益的回报同样也具有这样的作用。无论物质利益回报还是精神利益回报,都给社会主体增加了一个选择的砝码,不仅发挥了法律的指引作用,也符合社会公平正义的伦理精神。

三、慈善捐赠中非利他性的法律边界

虽然慈善捐赠中非利他性的存在具有其客观必然性与价值合理性,但慈善捐赠中的非利他性不应该是无限扩大的,而应具有相应的范围与限度。首先,慈善的本原含义是利他,而非自利。无论是源于我国古代的"慈善",还是英文的慈善("Charity"和"Philanthropy"),均具有仁慈、博爱的意思,代表对穷困之人或需要之人的慷慨给予。[46] 而捐赠的意思也是无所求的把有价值的东西给予别人。因此,慈善捐赠的基本含义便是无偿付出,不求回报,这样的行为不论从动机还是效果,都应该体现为利他性,非利他追求必须服从于本原意义上的利他性。其次,慈善捐赠本身属于第三次分配的范畴,其不同于通过市场交易实现的第一次分配,也不同于政府调节的第二次分配,而是社会主体出于自愿,在习惯与道德的影响下将个人可支配收入的一部分或大部分无偿捐赠给他人的活动。从这个意义上说,只有具有无偿付出的性质,才可以称为慈善捐赠,如果不属于利他性的行为,则不属于慈善捐赠。最后,慈善捐赠往往会获得国家税收补贴,获得补贴的原因在于慈善捐赠主体将其拥有的可支配收入用于利他性质的公益事业,税收补贴本身属于公共资源,作为公共资源的补贴也必然要求用于公益事业,因而必然限制了慈善捐赠人对非利他性的过分追求。因此,一方面慈善捐赠必须是利他性的,另一方面慈善捐赠中非利他性的存在又具有正当性。有些情况下,慈善捐赠中的非利他性与利他性之间可能会产生冲突。非利他性的存在可能会危及利他的效果甚至产生其他损害后果。这就更需要对非利他性予以相应的限制与规范。

---

〔46〕 参见金锦萍:《论公益信托之界定及其规范意义》,载《华东政法大学学报》2015 年第 6 期。

(一)慈善捐赠中非利他性的应有限制

考察表明,我国的现有立法并没有有关慈善捐赠中非利他性的激励与约束的专门立法,有关这方面的规定散见于民事立法、税收立法或者慈善立法。通过国内外立法及其实践的考察,结合慈善捐赠的本质特性,慈善捐赠中非利他性的应有限制应该体现为以下几个方面:

第一,慈善捐赠中非利他性必须具有合法性。合法性是法治国家中每个主体进行社会活动必须要遵循的基本原则,慈善捐赠当然也不例外。首先,慈善捐赠中非利他的目的必须是合法的目的。尽管慈善捐赠人在慈善捐赠中可以追求一定的非利他目的,但是这种目的一定要满足合法的要求,不能损害国家、集体或者其他人的合法权益,也不能对受赠人或受益人附加不合理的条件。比如,慈善捐赠不能以宣扬传播颠覆国家政权为目的,不能以接受有神论思想为条件,不能以对受赠人或者受益人造成精神伤害或者其他方面的伤害为条件。慈善捐赠中非利他性的合法性不仅仅是对其非利他性的限制,而且也是对于慈善捐赠行为本身的要求。美国《统一信托法典》规定慈善信托必须合法,与公共政策一致,并且是可能实现的。不合法的或者与公共政策相矛盾的信托是无效的。非法的信托目的包括受托人犯罪或具有侵权任务,委托人建立信托是为了欺骗债权人或者其他人,或考虑到该信托是非法产生的。违背公共政策包括鼓励犯罪或者侵权行为,干扰婚姻自由或鼓励离婚,限制宗教信仰自由或者轻举妄动或者反复无常。[47] 但是对于信托执行方式的不合法却不一定导致慈善信托无效。如果信托人建议或者指示一种非法的或者不合适的信托的方法,而该信托的实质性目的能够通过其他方法实现的话,则信托不一定无效。[48] 其次,慈善捐赠财产必须是慈善捐赠人合法拥有并具有处置权的财产。慈善捐赠是为了慈善目的,自愿、无偿的向无利益关系的个人或组织转移资产、实物或权益的行为。这种转移的财产或权益包括以下含义:一是捐赠的财产或权益一定是合法取得的财产或权益,二是捐赠的财产或权益应属于慈善捐赠人具有处分权的财产或权益。非法获取的财产或权益或者慈善捐赠人不具有处分权的财产不能用于慈善捐赠。再次,慈善捐赠人非利他动机满足的前提不能违反社会公

---

〔47〕 Uniform Trust Code 2010. S 404. c.

〔48〕 See Restatement (Third) of Trusts § 28 cmt. e (Tentative Draft No. 2, approved 1999).

共利益和社会善良风俗。这在世界各国有不同的法律表述。比如《法国民法典》第6条规定,个人不得以特别约定违反有关公共秩序和善良风俗的法律。《德国民法典》第138条规定,违反善良风俗的行为无效。《日本民法典》第90条规定:以违反公共秩序或善良风俗的事项为标的法律行为无效。美国在20世纪60年代的司法实践中已经明确,慈善信托中具有歧视性的条款是无效的。宾夕法尼亚诉理事会被认为是针对慈善信托的歧视性条款的第一个案例。[49]我国《宪法》和《民法通则》同样有类似的规定。无论是不能违反善良风俗还是不能违背公共秩序,其实质均是为了维护社会公共利益。因此,即便要追求利他以外的利益,慈善捐赠人也不能存在违反公共秩序或者善良风俗的行为。最后,慈善捐赠行为的合法性还体现为对于慈善捐赠的受益人的要求。慈善捐赠的受益人应符合两个要素:一是不特定的主体,而非特定的主体;二是与捐赠人无利益关系。对这两个要素的要求几乎是世界各国慈善捐赠的普遍做法。

第二,慈善捐赠中的非利他性附属于利他性。首先,慈善捐赠中的非利他性必须是伴随慈善捐赠中的利他性而产生与存在的。非利他性的动机或者效果是与利他性同时存在的,不能先于或晚于利他性存在。其次,慈善捐赠的本质特征是慈善无偿性,非利他性是附属于慈善无偿性而存在。慈善捐赠不同于市场交易行为的有偿对价,是社会主体出于自愿,在习惯与道德的影响下把可支配收入的一部分或大部分捐赠出去用于公益事业,其本质特征首先是慈善无偿性。我国立法规定慈善捐赠必须是无偿的。但对于慈善捐赠是否一定全部无偿,美国立法有不同的规定。1967年,美国国内税收总署提出了在慈善筹资活动中适用于第170条项下捐赠的新规则。该规则将捐赠的含义限定在捐赠人向慈善组织的支付超过捐赠人所收到的对价部分。如果按照美国的立法,慈善捐赠并非指捐赠人在捐赠时不得接受任何对价,只要给予的财产超过了捐赠人收到的对价,超过对价的部分便应视为捐赠人的捐赠。不过,即使对于慈善捐赠能否部分有偿、能否在一定范围内具有相应的对价性意见不一,慈善捐赠也必然需要具有无偿的成分。慈善无偿性是慈善捐赠的本质特征,慈善捐赠中的非利他性(比如对价)不能自我产生、自我存在,而是附属于无偿的慈善捐赠存在。如果顶着慈善捐赠的名义,而全额接受对价给付,则其行为性质为市场

[49] See Elias Clark, Charitable Trusts, The Fourteenth Amendment and the Will of Stephen Girard, 66 *Yale L. J.*, 1957, p. 979.

交易,无慈善捐赠可言。慈善捐赠人从慈善捐赠中所获得荣誉称号、荣誉职位、冠名、税收优惠、特定偏好的追求等非利他性的追求,都是附属于慈善捐赠行为而存在,并通过慈善捐赠实现的。美国的《国内税收法典》(IRS)对于慈善捐赠人获得利他以外的利益予以一定的认可,并强调其非利他性的附属性。美国《国内税收法典》(IRS)明确,"公开赞赏一个人可能使其收到一些好处,但仅仅是附带的和极少的好处。"。[50] 比如在某个案例中,捐赠人为了再现19世纪早期类似于美国历史博物馆的农村,不仅用该捐赠人的名字命名,而且在向公众公开的册子和公众活动中明确提出该名字,实际上是给予捐赠人公开冠名。[51] 然而,《国内税收法典》IRS提出,这种冠名带来的"个人利益是在捐赠带来的公共利益中附带性产生的",[52] 并不违反法律规则。在1973年,美国财务部也发布规定,认为将慈善捐赠的建筑冠以捐赠人的名字带给捐赠人的仅仅是"附带性的和微小的"利益。[53] 由此可见,美国立法一方面肯定了慈善捐赠人可以获得利他性以外的利益,另一方面也强调慈善捐赠人从慈善捐赠中获得的利益是附属的。最后,慈善捐赠人非利他目的和慈善目的冲突时需要遵循公益优先原则。在法定的界限内,慈善组织在管理、决策和使用捐赠财产中,不能抛开慈善捐赠协议所约定的捐赠目的和使用限制的约束。但是慈善捐赠人的非利他性有时可能与慈善性质相冲突。比如在捐赠人做出捐赠时往往对捐赠财产的管理使用进行了限制。这种限制必然是有界限的,其最低界限在于,该限制不能与慈善捐赠本身的慈善目的相左,不能与受赠慈善组织本身的使命相违背。当一项捐赠致力于干扰公益组织完成自身使命的时候,这种意愿不会受到保护。

第三,慈善捐赠中非利他性应该体现为非排他性。非排他性是指针对社会中存在的公共产品,任何个人的消费,都不能排斥该社会上任何人消费该种产品。从慈善捐赠人所追求的特定的非利他动机类型来看,无论是荣誉地位等精神利益的追求,还是税收优惠等物质利益的追求,非利他动机所追求的利益不排斥其他慈善捐赠人同样的非利他动机方面的追求。这种非排他性的要求尤

---

〔50〕 Rev. Rul. 73-407, 1973-2 C. B. 383.

〔51〕 Rev. Rul. 77-367, 1977-2 C. B. 193.

〔52〕 Rev. Rul. 77-367, 1977-2 C. B. 193.

〔53〕 Treas. Reg. § 53.4941(d)-2(f)(9)(Ex. 4). 1973.

其体现为对于竞争性和排他性的社会公共资源,比如有固定容量并通过竞争性方式才能享受的教育资源。非利他性中的非排他性是指就受赠人或受益人是社会不特定的主体而言,慈善捐赠人通过慈善捐赠所追求的非利他的利益不具有排他性,并不是针对同一个捐赠对象或者受益主体而言。以冠名为例,慈善捐赠人捐赠而享有的冠名权不排除其他主体通过建立慈善基金、公益项目或者捐赠其他财物而享有的冠名权;慈善捐赠人获取税收优惠的权利不排除其他捐赠人也可以享受类似的利益;慈善捐赠人获取荣誉证书或者捐赠证书的追求也不影响其他社会主体享受此类利益。但是若慈善捐赠人通过捐赠来获取商业机会或者不正当的升学就业机会,由于商业机会或者升学就业机会本身是有限的资源,则这种机会的取得必然影响其他主体获得同样的机会。慈善捐赠主体因慈善捐赠而获得子女升学或者其他相关的非正当的利益,因其属于社会公众共同享有的有限资源,这种资源一旦被占用,就排除了其他主体获取同样资源的机会,因此这种利益属于排他性的,不能获得法律的肯定与支持。比如有的捐赠者每年给高校捐资便可成为"校董",获得相应的"点招"指标,这个名额可以给自己的孩子、亲属用,也可以送给生意合作伙伴或有所求的官员,把慈善捐赠完全当作是利益交换的工具。这种"点招"指标也许是受赠学校的自愿提供,但是大学教育资源是一种公共资源,其资源总量是有限的,应该对社会上所有主体提供公平公正的机会。"点招"指标的存在意味着慈善捐赠人通过其捐赠财物换取了公共教育资源,排除了其他主体获得有限的教育资源的权利,违背了慈善捐赠中非利他性的非排他性原则,其本质上类似于市场交易行为,属于排他性的非利他行为,背离了教育资源公平分享的理念,应该受到严格的禁止。

（二）我国《中华人民共和国慈善法》评析及立法建议

1. 关于慈善捐赠人非利他性追求的立法支持

我国现有立法的个别条文已经在一定程度上体现出对于慈善捐赠人非利他追求的支持与规范。比如,在我国《公益事业捐赠法》第 8 条〔54〕与

〔54〕《中华人民共和国公益事业捐赠法》第 8 条第 3 款规定,对公益事业捐赠有突出贡献的自然人、法人或者其他组织,由人民政府或者有关部门予以表彰。对捐赠人进行公开表彰,应当事先征求捐赠人的意见。

第14条[55]体现出对于慈善捐赠人荣誉地位追求和捐赠冠名的肯定与支持。《公益事业捐赠法》第5条[56]、第12条[57]表明在满足公益目的的前提下，按照捐赠人意愿使用捐赠财产，且捐赠人享有对于捐赠用途的决定权，表明立法允许满足捐赠人对于捐赠用途的特定偏好。我国《企业所得税法》与《个人所得税法》分别对慈善捐赠的税收优惠作出规定，[58]体现出对于慈善捐赠主体物质利益追求的一种肯定。我国《中华人民共和国慈善法》在千呼万唤中于十二届全国人大四次会议通过，其中有关慈善捐赠中非利他性的支持性条款主要有第36条、[59]第79条、[60]第80条、[61]第83

[55] 《中华人民共和国公益事业捐赠法》第14条规定，捐赠人对于捐赠的公益事业工程项目可以留名纪念；捐赠人单独捐赠的工程项目或者主要由捐赠人出资兴建的工程项目，可以由捐赠人提出工程项目的名称，报县级以上人民政府批准。

[56] 《中华人民共和国公益事业捐赠法》第5条规定，捐赠财产的使用应当尊重捐赠人的意愿，符合公益目的，不得将捐赠财产挪作他用。

[57] 《中华人民共和国公益事业捐赠法》第12条规定，捐赠人可以与受赠人就捐赠财产的种类、质量、数量和用途等内容订立捐赠协议。捐赠人有权决定捐赠的数量、用途和方式。捐赠人应当依法履行捐赠协议，按照捐赠协议约定的期限和方式将捐赠财产转移给受赠人。

[58] 《中华人民共和国个人所得税法》与《中华人民共和国企业所得税法》对个人慈善捐赠额未超过纳税义务人申报的应纳税所得额30%以内与企业法人公益性捐赠支出在年度利润总额12%以内的部分，准予在计算应纳税所得额时扣除。

[59] 《中华人民共和国慈善法》第39条规定，慈善组织接受捐赠，捐赠人要求签订书面捐赠协议的，慈善组织应当与捐赠人签订书面捐赠协议。书面捐赠协议包括捐赠人和慈善组织名称，捐赠财产的种类、数量、质量、用途、交付时间等内容。

[60] 《中华人民共和国慈善法》第79条规定，慈善组织及其取得的收入依法享受税收优惠。

[61] 《中华人民共和国慈善法》第80条规定，自然人、法人和其他组织捐赠财产用于慈善活动的，依法享受税收优惠。企业慈善捐赠支出超过法律规定的准予在计算企业所得税应纳税所得额时当年扣除的部分，允许结转以后三年内在计算应纳税所得额时扣除。境外捐赠用于慈善活动的物资，依法减征或者免征进口关税和进口环节增值税。

条、[62]第90条[63]和第91条。[64] 在第一次征求意见稿中,还有两个条文[65]体现为对慈善捐赠人本人及其家属的优待,不过该条在第二次征集意见中被删除。

毋庸置疑,为了激励慈善捐赠,《中华人民共和国慈善法》在对慈善捐赠人非利他性利益追求方面的支持具有明显的立法进步,主要体现为:一对于慈善捐赠人特定偏好方面,该法规定,如果慈善捐赠人要求签订协议,慈善组织应当与慈善捐赠人签订,并对协议的内容予以明确。这在一定意义上更加尊重慈善捐赠人的捐赠意愿,当然也能够满足其特定偏好。二是《中华人民共和国慈善法》明确提出国家建立慈善捐赠表彰制度。虽然其内容表述基本沿用原有的《公益事业捐赠法》第8条第3款的内容,但是意味着我国相关立法机关已经意识到慈善捐赠表彰制度对于慈善捐赠激励的重要作用。三是明确提出可以在经过受益人同意的对于捐赠的慈善项目冠名。原有立法有关慈善冠名的规定仅限于工程项目,而且须经过县级以上人民政府审批。《中华人民共和国慈善法》将冠名的范围扩大到所有的慈善项目,而且不再要求经过县级以上人民政府审批,在其他法律、法规也没有要求批准的情况下,只需经过受益人同意即可冠名。这表明《中华人民共和国慈善法》已经在一定意义上明确了冠名的条件与程序。四是对企业慈善捐赠支出超过法律规定的准予在计算企业所得税应纳税所得额时扣除的部分,允许结转以后三年内在计算应纳税所得额时扣除。

当然,即使如此,现有的《中华人民共和国慈善法》关于慈善捐赠人非利他性的支持仍存在一些不足:一是虽然该法已经明确可以对慈善项目予以冠名,

---

[62] 《中华人民共和国慈善法》第83条规定,捐赠人向慈善组织捐赠实物、有价证券、股权和知识产权的,依法免征权利转让的相关行政事业性费用。

[63] 《中华人民共和国慈善法》第90条规定,经受益人同意,捐赠人对其捐赠的慈善项目可以冠名纪念,法律法规规定需要批准的,从其规定。

[64] 《中华人民共和国慈善法》第91条规定,国家建立慈善表彰制度,对在慈善事业发展中做出突出贡献的自然人、法人和其他组织,由县级以上人民政府或者有关部门予以表彰。

[65] 《慈善法(草案)》第一次征求意见稿第95条规定,慈善组织开展慈善活动,对为慈善事业发展做出贡献的自然人,其本人或者家庭遇到困难的,应当予以优先帮助。

但是慈善项目本身的范围界定、慈善冠名的实用程序、适用期限等尚需进一步细化。比如针对建筑物冠名,如果一旦出现特殊情况建筑物没有必要或者不能再持续存续,则冠名又该如何处理?通过何种替代性方式来满足原本的捐赠协议的约定?冠名者声誉出现污点或者冠名捐赠的资产为非法取得财产如何处理?等等。二是该法规定建立慈善捐赠表彰制度,但是并未对表彰制度予以具体化,特别是表彰制度仅限于做出突出贡献的捐赠主体,而对于未做出突出贡献的其他慈善捐赠人如何激励尚缺乏引导性的法条。三是关于税收优惠方面,《中华人民共和国慈善法》虽然规定了企业捐赠额在计算企业所得税应纳税所得额时扣除的部分允许向后三年结转,这一规定对于激励捐赠而言虽说是一个进步,但是税前优惠的比例与其他国家相比仍然偏低,且结转规定不适用于个人。同时,现有立法关于其他税收优惠的种类不全、关于实物捐赠的估价规范也存在一定问题,〔66〕慈善捐赠退税手续繁琐、复杂等问题并未解决。〔67〕

2. 关于慈善捐赠人非利他性追求的立法限制

目前我国对于慈善捐赠人非利他性方面的立法限制主要有:《公益事业捐赠法》第4条〔68〕提出不得以捐赠为名从事营利活动。《民法通则》虽然不是专门针对慈善捐赠的立法,但是第7条〔69〕提出应当尊重社会公德,不得损害社会公共利益。这也视为对慈善捐赠中非利他性追求的一种限制。而在《中华人民

〔66〕 民政部、财政部、国家税务总局《关于公益性捐赠税前扣除有关问题的通知》第9条。

〔67〕 李喜燕:《非利他性视角下的慈善捐赠的立法激励》,载《河北大学学报》(哲学社会科学版)2015年第5期。

〔68〕 《中华人民共和国公益事业捐赠法》第4条规定,捐赠应当是自愿和无偿的,禁止强行摊派或者变相摊派,不得以捐赠为名从事营利活动。

〔69〕 《中华人民共和国民法通则》第7条规定,民事活动应当尊重社会公德,不得损害社会公共利益,破坏国家经济计划,扰乱社会经济秩序。

共和国慈善法》中,第14条、[70]第37条、[71]第41条、[72]第62条、[73]第97条、[74]第98条、[75]第107条[76]共7个法条对非利他性的追求予以限制。主要体现为:一是禁止主要捐赠人利用管理关系,损害慈善组织利益和社会公共利益。对违反法律法规或社会公德条件而接受捐赠的慈善组织和其直接责任人

〔70〕《中华人民共和国慈善法》第14条规定,慈善组织的发起人、主要捐赠人以及管理人员,不得利用其关联关系损害慈善组织、受益人的利益和社会公共利益。慈善组织的发起人、主要捐赠人以及管理人员与慈善组织发生交易行为的,不得参与慈善组织有关该交易行为的决策,有关交易情况应当向社会公开。

〔71〕《中华人民共和国慈善法》第37条规定,自然人、法人和其他组织开展演出、比赛、销售、拍卖等经营性活动,承诺将全部或者部分所得用于慈善目的的,应当在举办活动前与慈善组织或者其他接受捐赠的人签订捐赠协议,活动结束后按照捐赠协议履行捐赠义务,并将捐赠情况向社会公开。

〔72〕《中华人民共和国慈善法》第41条规定,捐赠人应当按照捐赠协议履行捐赠义务。捐赠人违反捐赠协议逾期未交付捐赠财产,有下列情形之一的,慈善组织或者其他接受捐赠的人可以要求交付;捐赠人拒不交付的,慈善组织和其他接受捐赠的人可以依法向人民法院申请支付令或者提起诉讼:(一)捐赠人通过广播、电视、报刊、互联网等媒体公开承诺捐赠的;(二)捐赠财产用于本法第三条第一项至第三项规定的慈善活动,并签订书面捐赠协议的。

〔73〕《中华人民共和国慈善法》第62条规定,开展慈善服务,应当尊重受益人、志愿者的人格尊严,不得侵害受益人、志愿者的隐私。

〔74〕《中华人民共和国慈善法》第97条规定,任何单位和个人发现慈善组织、慈善信托有违法行为的,可以向民政部门、其他有关部门或者慈善行业组织投诉、举报。民政部门、其他有关部门或者慈善行业组织接到投诉、举报后,应当及时调查处理。国家鼓励公众、媒体对慈善活动进行监督,对假借慈善名义或者假冒慈善组织骗取财产以及慈善组织、慈善信托的违法违规行为予以曝光,发挥舆论和社会监督作用。

〔75〕《中华人民共和国慈善法》第98条规定,慈善组织有下列情形之一的,由民政部门责令限期改正;逾期不改正的,吊销登记证书并予以公告:(一)未按照慈善宗旨开展活动的;(二)私分、挪用、截留或者侵占慈善财产的;(三)接受附加违反法律法规或者违背社会公德条件的捐赠,或者对受益人附加违反法律法规或者违背社会公德的条件的。

〔76〕《中华人民共和国慈善法》第107条规定,自然人、法人或者其他组织假借慈善名义或者假冒慈善组织骗取财产的,由公安机关依法查处。

追究相应的责任，以限制慈善捐赠中不正当的非利他行为的发生。二是主要捐赠人与慈善组织发生交易行为，不得参与慈善组织有关该次交易行为的决策，并向社会公开有关情况。三是捐赠人通过公开承诺方式捐赠的必须逾期未交付的，慈善组织有权申请支付令或起诉，这是为了避免慈善捐赠人利用慈善捐赠的名义获得荣誉或者通过宣传从而获得有利于自己的交易机会，可以视为是慈善捐赠非利他性追求的一种约束与限制。四是开展慈善服务应当尊重受益人的尊严，也是避免类似于陈光标式的高调捐赠，捐赠人获得荣誉或者做了宣传，但却损害了受益人的隐私。五是对于假借慈善名义或者假冒慈善组织骗取财产的鼓励发挥媒体和舆论监督作用。因此，《中华人民共和国慈善法》对慈善捐赠人利用慈善捐赠名义追求非利他性的利益予以比较全面的规范。

然而，《中华人民共和国慈善法》对慈善捐赠人非利他性追求的限制上仍然存在不足：比如对于慈善捐赠人参与慈善组织有关交易行为的决策或者有违背市场公平交易规则的，慈善捐赠人如何承担责任？对于慈善捐赠人公开捐赠而又未实际捐赠到位，慈善组织有权申请支付令或者起诉，是否意味着慈善组织就成为了普通债权人或者优先权人？对利用慈善捐赠的名义来换取一些教育招生指标或者其他指标等非物质利益方面的如何处理也未作出规定。

3. 关于《中华人民共和国慈善法》及其配套立法的完善建议

关于慈善捐赠人非利他性方面的立法支持应该是一个系统工程，非一部立法能全部解决，需要有其他同级立法与《中华人民共和国慈善法》相互衔接，也需要慈善法的下位法对一些内容给予具体化。慈善捐赠中的非利他性立法完善的建议分为立法支持与立法限制两类：

第一，关于慈善捐赠中非利他性立法支持的完善建议。首先，应该从立法上对于慈善项目冠名的范围界定、适用程序、冠名期限、冠名类别等进一步细化，或者由下位法作出具体的规定。其次，对于慈善捐赠荣誉表彰方面应该建立不同层次的表彰制度。慈善捐赠的荣誉激励不仅仅只针对做出突出贡献的人员，对于所有慈善捐赠人员均应该根据其捐赠类别及其金额大小给予不同的名誉激励，比如从一封感谢的邮件或信件、载入捐赠名册、提供捐赠证明或者捐赠证书等方式以满足对慈善捐赠人的特别需求。最近几年在国外发展迅猛的慈善众筹也是属于慈善事业中一种新的方式，该种方式下有的通过感谢信、捐赠证书，有的则是一定的物质回馈方式，对于这种新兴的慈善众筹的方式，立法应对此予以回应。最后，关于税收优惠方面，除了借鉴国外的做法，对于企业慈善捐赠额超出其当年慈善应纳税所得额扣除部分的允许向后三年结转外,向后结转的规定还应该适用于个人。鉴于现在的慈善法不便直接修改《税法》中关于慈善捐赠税前扣除比例的实体性规定,建议在合适的时间修订《税法》,提高个人和企业所得税税前捐赠扣除的比例。

第二,关于慈善捐赠中非利他性追求的限制方面的立法完善。对于慈善捐赠人参与慈善组织有关交易行为的决策或者有违背市场公平交易规则的,应该从不正当竞争法的角度承担相应的责任。而针对直接以某种形式的宣传为条件进行慈善捐赠的情况,可以视为是商业赞助或者商业广告,不应享受慈善捐赠税收优惠。对于慈善捐赠人通过媒体公开捐赠而又未实际捐赠到位,则可以在实施中明确将受赠的慈善组织作为该笔捐赠的债权人,行使债权人的权利。对利用慈善捐赠的名义来换取一些教育招生指标或者其他指标等非物质利益方面的利益如何处理也应有具体的规定。在此种情况下,涉及的范围比较广泛,但是需要肯定的是应该对慈善组织及其相应的负责人、慈善捐赠人设定相应的责任。此外,对于慈善捐赠人借口为了完成其协议约定的目的而干涉慈善捐赠项目本身专业化运行的行为应该明确禁止。

四、结　　论

慈善捐赠中的非利他性是客观存在的。这种非利他性体现为慈善捐赠人对于自身精神利益与物质利益追求的动机与效果。慈善捐赠中的非利他性具有其存在的正当性,也具有促进慈善捐赠的重要作用,但是还必须受到合法性、附属性和非排他性等条件的限制。在明确了慈善捐赠中非利他性存在的正当性之后,我们不仅应正视慈善捐赠中的非利他性,明确其存在的正当性和边界,还应从立法上予以支持和限制,在有效激励慈善捐赠的同时,还应避免慈善捐赠偏离慈善性质。与此同时,"慈善捐赠人捐赠意图的实现是激励慈善捐赠的重要保障"。[77] 现有的立法与实践都强调慈善捐赠中的利他性,忽略甚至否认其所存在的非利他性的一面,显然不利于激励慈善捐赠,也不利于慈善事业的可持续发展。为此,慈善法理论与实务界应该在认识到慈善捐赠中存在的非利

〔77〕 李喜燕:《美国慈善捐赠意图实现中的法律保障演进与启示》,载《河北大学学报》(哲学社会科学版)2014年第5期。

他性的基础上，对现有立法进行完善，在不违背慈善本性的基础上，充分地认可与肯定慈善捐赠中存在的非利他性，限制其非利他性的追求，从而有效地激励慈善捐赠，规范慈善行为，促进慈善事业的发展。

On the Nature of Non-altruism and Its Boundary of
Public Beneficial Donation

Li Xiyan

Abstract: Traditional theory concentrates on the public welfare and pure altruism of the public beneficial donation behavior, but neglects its internal non-altruism which is disadvantageous to promote and regulate the development of philanthropy. The non-altruism not only exists inevitably, but also has the correspondent valuable justification. The non-altruism doesn't affect the charitable function of charitable property, encourages charitable donations better, be advantageous to achieves the maximum efficiency of personal and social benefits and reflects ethical spirit of fairness and justice. But there exists the boundary of the non-altruism in the charitable donation which should be legal, subsidiary and non-exclusive. The Charitable Law of China gives some affirmation and restriction to the internal non-altruism goal, whereas it still need to perfect and corresponding matching system.

Key words: Public Beneficial Donation; Altruism; Non-altruism; Justification; Legal border

（责任编辑：王美舒）

评　　论

司法领域授权改革试点工作情况的初步分析

——以2015年年底以前司法改革试点情况为基础

强梅梅*

内容摘要：

2015年年底以前进行的司法领域授权改革试点工作，主要有四种情形：司法机关授权试点、全国人大常委会授权试点、中央全面深化改革领导小组批准试点以及中央全面深化改革领导小组批准后由全国人大常委会授权试点。这些试点工作在授权主体、授权方式、授权程序以及试点成果评估等方面存在较大的差别。推动司法改革试点工作的规范化，就要用法治思维和法治方式来厘清不同授权形式之间的差别，明确授权的主体，进行具体授权，明确试点突破现有法律的地方，并采取开门试点的方式，以打消社会疑虑，推动改革共识的形成。改革成果的评估，应以是否能够让人民群众在每一个案件中感受到公平正义为评判标准，并引进中立第三方、诉讼参与人等作为评估的主体之一。建议中央相关部门在尊重司法规律的基础上，不断推动授权改革试点的立法工作，处理好改革与法治的关系。

关键词：

改革试点　授权主体　法治与改革　司法规律

"摸着石头过河"，通过试点积累经验是我们在改革开放过程中的伟大创举。司法领域的改革也不例外。特别是2013年新一轮司法体制改革启动后，改革试点工作愈加受到重视，成为推动新一轮司法改革有序推进的有力抓手。2014年6月6日，中央全面深化改革领导小组第三次会议通过了《关于司法体

* 中国法学会法律信息部研究二处副处长，副研究员。

制改革试点若干问题的框架意见》,就完善司法人员分类管理、完善司法责任制、健全司法人员职业保障、推动省以下地方法院检察院人财物统一管理等四项基础性、制度性措施开展改革试点工作作出了明确安排。[1] 2015年12月9日,中央全面深化改革领导小组第十九次会议审议通过了《关于在全国各地推开司法体制改革试点的请示》,明确2016年司法体制改革试点工作全面推开。回望过去,是为了更好地展望未来。在司法体制改革试点工作全面推开之际,笔者试图对已经开展的司法改革试点情况进行梳理,以期在总结基本情况的基础上,找寻其中的规律,揭示其中存在的问题,并试图运用法治思维、法治方式来寻求应对的方法与策略。

一、司法领域授权改革试点的基本情况

司法领域改革试点工作,自第一轮司法改革开始就不断尝试和探索。[2] 笔者就搜集到的试点情况进行了整理和归纳后发现,按照授权改革试点主体的不同,司法领域的授权改革试点包括以下四种情况:

---

〔1〕 这四项改革措施于2014年在第一批7个省市进行了试点,于2015年在第二批11个省市进行了试点,于2016年在全国普遍推开。

〔2〕 如《人民法院第一个五年改革纲要(1999—2003)》中多次提到"试点"的问题,包括:(1)刑事再审案件试点("对于刑事再审案件,要在总结试点经验的基础上,制定刑事再审案件开庭审理的规定");(2)执行工作体制试点("经过试点,在条件成熟时,在全国建立起对各级人民法院执行机构统一领导,监督、配合得力,运转高效的执行工作体制");(3)法院管理体制试点("对1988年以来在一些地区试行的地方法院领导班子成员以上级人民法院党组为主管理,地方党委协助管理的做法进行总结,肯定试点取得的成果,认真研究试点中存在的问题,提出解决的办法");(4)审判辅助人员管理制度试点("随着审判长选任工作的开展,结合人民法院组织法的修改、高级人民法院或以对法官配备法官助理和取消助理审判员工作进行试点,摸索经验。""建立书记员单独职务序列。在总结试点经验的基础上,最高人民法院会同有关部门在2000年制定人民法院书记员管理办法,在2001年后全面建立这项制度。");(5)法官编制试点("最高人民法院在总结试点法院经验、进行深入调查研究的基础上,2001年商中央组织、人事部门提出法官编制的具体方案")。

（一）司法机关授权改革试点

司法机关授权改革试点的情况主要发生在前三轮司法改革的过程中。这一时期，司法改革试点主要是经过最高人民法院、最高人民检察院的授权，还有少部分的改革试点是由最高人民法院和最高人民检察院联合开展。其中，最高人民法院授权进行的改革试点所占比例较大。笔者根据在最高人民法院、最高人民检察院、国务院法制办等网站上搜索到的试点通知及相关规范性文件，就司法机关作为授权试点主体的情况整理如下：[3]

1. 最高人民法院授权改革试点的基本情况

《人民法院统一证据规定》试点。2008 年 4 月，为进一步修改完善《人民法院统一证据规定（司法解释建议稿）》，使之更加适应人民法院审判工作需要，最高人民法院决定在全国范围内选择四个中级人民法院和三个基层人民法院开展试点工作。[4]

量刑规范化试点。2008 年 8 月，最高人民法院下发了《最高人民法院关于开展量刑规范化试点工作的通知》，确定了 12 个法院为量刑规范化试点单位。[5] 在此基础上，2009 年 6 月，最高人民法院印发了《关于在全国法院开展量刑规范化试点工作的通知》，要求各高级人民法院在辖区范围内指定一个中级人民法院和三个基层法院为试点法院。[6]

行政诉讼简易程序试点。2010 年 11 月 17 日，最高人民法院发出《关于开

---

[3] 不过令人可惜的是，关于这些试点工作的实施情况几乎无法在公开资料中找到。个别试点的经验总结会被有关媒体进行了报道，但是其中关于试点实施效果的内容基本上是一笔带过。

[4] 此项试点工作最终确定云南省昆明市中级人民法院、山东省东营市中级人民法院、吉林省延边朝鲜族自治州中级人民法院、广东省深圳市等中级人民法院及佛山市顺德区人民法院、北京市海淀区人民法院、东城区人民法院为试点法院。

[5] 这 12 个法院分别是：江苏省泰州市、福建省厦门市、山东省淄博市、广东省深圳市中级人民法院，以及北京市海淀区、上海市浦东新区、江苏省姜堰市、江西省南昌市青山湖区、山东省淄博市淄川区、湖北省武汉市江汉区、云南省个旧市、陕西省西安市碑林区等基层人民法院。

[6] 指定的基层法院要有地域代表性，并不限定在指定的中级人民法院所属的基层法院。

展行政诉讼简易程序试点工作的通知》。该通知要求,最高人民法院确定的行政审判联系点法院(不包括中级人民法院)可以开展行政诉讼简易程序试点;各高级人民法院可以选择法治环境较好、行政审判力量较强和行政案件数量较多的基层人民法院开展行政诉讼简易程序试点,并报最高人民法院备案。

小额速裁试点。2011 年 3 月,最高人民法院印发《关于部分基层人民法院开展小额速裁试点工作的指导意见》的通知,积极探索在基层人民法院适用小额速裁审理民事案件。根据该通知的要求,各高级人民法院在本辖区内指定两个基层人民法院作为高级人民法院的试点单位。北京、天津、上海、广东、江苏、浙江、安徽、江西、湖北、四川、贵州、甘肃、青海等 13 个省、直辖市高级人民法院在本辖区内各指定两个基层人民法院作为最高人民法院的试点单位。[7]

扩大诉讼与非诉讼相衔接的矛盾纠纷解决机制改革试点。2012 年 4 月 10 日,最高人民法院印发《关于扩大诉讼与非诉讼相衔接的矛盾纠纷解决机制改革试点总体方案》的通知,确定了北京市朝阳区人民法院等 42 家法院为试点法院。这 42 家法院中既有高级人民法院,也有中级人民法院和基层人民法院。其中,试点法院为高级人民法院的,试点范围为该院及其辖区内所有中级人民法院及基层人民法院;试点法院为中级人民法院的,试点范围为该院及其辖区内所有基层人民法院。

行政案件相对集中管辖试点。[8] 2013 年 1 月 4 日,最高人民法院发出《关于开展行政案件相对集中管辖试点工作的通知》。根据该通知的要求,各高级人民法院应当结合本地实际,确定 1 ~ 2 个中级人民法院进行试点。试点中级人民法院要根据本辖区具体情况,确定 2 ~ 3 个基层人民法院为集中管辖法院,并制定试点方案报请高级人民法院决定,由各高级人民法院将试点中级人民法院名单及其试点方案报最高人民法院。

司法公开、审判权运行机制改革试点。最高人民法院下发通知,在上海、江苏、浙江、广东、陕西等省、市部分法院开展深化司法公开、审判权运行机制的试点改革。此项改革已于 2013 年 12 月正式启动,为期两年。

---

〔7〕 这里出现了两种不同的试点单位:高级人民法院的试点单位和最高人民法院的试点单位。但最高人民法院试点单位,也是由省高级人民法院在本辖区内指定。

〔8〕 行政案件相对集中管辖,就是将部分基层人民法院管辖的一审行政案件,通过上级人民法院统一指定的方式,交由其他基层人民法院集中管辖的制度。

2. 最高人民检察院授权司法改革试点的基本情况[9]

以执法规范化为重点的规范化管理机制试点。根据中央关于加强执法规范化建设的要求，最高人民检察院组织开展了以执法规范化为重点的规范化管理机制试点工作，先后确定了两批共63个检察院为试点单位。2011年12月16日，全国检察机关规范化管理机制试点工作经验交流会召开。根据相关新闻报道来看，试点情况良好。[10]

3. 最高人民法院和最高人民检察院联合开展的试点工作

实施修改后《刑事诉讼法》试点。1996年6月，为做好《关于修改〈中华人民共和国刑事诉讼法〉的决定》施行准备工作，适应修改后的《刑事诉讼法》对人民法院、人民检察院工作提出的要求，最高人民法院、最高人民检察院印发《关于开展实施修改后刑事诉讼法试点工作的通知》，要求各高级法院、省级人民检察院有重点地选择几个县（区）人民法院、人民检察院和地（市）中级人民法院、人民检察院进行实施修改后的《刑事诉讼法》的试点工作。

民事执行活动法律监督试点。2011年，最高人民法院与最高人民检察院商定，在部分地方开展民事执行活动法律监督的试点工作。山西、内蒙古、上海、浙江、福建、江西、山东、湖北、广东、陕西、甘肃、宁夏等省（自治区、直辖市）高级人民法院、人民检察院可以协商选定适当数量的中级人民法院、基层人民法院以及相应的人民检察院作为试点单位，分别报最高人民法院、最高人民检察院备案。

通过对司法机关授权改革试点的基本情况进行梳理，可以发现其具有如下特点：（1）司法机关授权改革试点工作大多针对单一事项进行，针对性较强，如行政诉讼简易程序、小额速裁等。（2）具体试点的选择，有的是由最高人民法院/最高人民检察院直接确定；有的由各省高级法院/检察院自行确定后，报最高人民法院/最高人民检察院备案；还有的采取了二者相结合的方式来确定。（3）试点工作的具体改革方案，一般由试点单位根据最高人民法院/最高人民检察院开展试点工作的通知自行制定，然后经各省法院/省检察院报最高人民法

〔9〕 关于最高人民检察院授权的司法改革试点，目前通过公开资料检索，只找到了以执法规范化为重点的规范化管理机制试点的情况。

〔10〕 参见《全国检察机关规范化管理63家试点院积累经验》，原载2011年12月17日《检察日报》。

院/最高人民检察院批准或者备案。(4)大部分的试点工作通知中对试点的时间并无规定,[11]还有个别试点工作因为事项所限制,本身存续的时间比较短。[12] (5)授权试点的步骤和方式差异也很多,有的同时确定了最高人民法院的试点单位和省级人民法院的试点单位,如小额速裁试点;有的采取了先在部分法院试点再在全国推广试点的方法,如量刑规范化试点。

(二)全国人大常委会授权开展的试点工作

以往全国人大常委会的授权往往是赋予行政机关或地方立法机关以特定的"立法权"[13]或者授权国务院在某些地区暂不执行特定的法律。[14] 2014年6月27日,全国人大常委会第九次会议通过了《关于授权最高人民法院、最高人民检察院在部分地区开展刑事案件速裁程序试点工作的决定》。这是全国人大常委会第一次对司法机关的改革试点予以特别授权,赋予司法改革试点工作以新的时代特征。具体试点办法,由最高人民法院、最高人民检察院制定,报全国人民代表大会常务委员会备案。试点期限二年,自试点办法印发之日起算。2014年8月26日,最高人民法院、最高人民检察院、公安部联合下发了试点办法。不过这次试点办法以内部文件的形式下发,并未公开。2015年11月2日,最高人民法院、最高人民检察院关于刑事案件速裁程序试点情况的中期报告提请全国人大常委会审议。根据报告,截至2015年8月20日,各地确定

---

[11] 所搜集到的试点情况中,只找到了一个例外,即2013年关于司法公开和审判权力运行机制改革,最高院在开展试点的通知中不仅明确规定试点的周期为两年,还明确规定了试点改革的开始时间。

[12] 如最高人民法院、最高人民检察院联合开展的实施修改后刑事诉讼法试点工作,在《刑事诉讼法》正式实施后即没有试点的必要了。

[13] 如1984年9月,第六届全国人大常委会授权国务院,在实施国营企业利改税和改革工商税制的过程中,拟定有关税收条例,以草案形式发布试行。再如,截至1992年,根据全国人大常委会的授权,广东省人大及其常委会为深圳制定了19部地方法规,有力保障了特区的改革开放。

[14] 如2012年12月,第十一届全国人大常委会第30次会议授权国务院,在广东省暂时调整部分法律规定的行政审批。这是全国人大常委会首次授权某些地区可以不执行特定法律。2013年8月,全国人大常委会再次授权国务院,在上海自贸区可以暂不执行三个涉外企业法中有关行政审批的条文。

基层法院、检察院试点 183 个，共适用速裁程序审结刑事案件 15606 件 16055 人。[15]

（三）中央深化改革领导小组批准开展的试点工作

十八届三中全会通过了《关于全面深化改革的决定》的同时，宣布成立了以习近平同志为组长的中央深化改革领导小组。该小组定期召开会议，审议通过不同领域的改革文件。司法领域的改革是其中一项重要内容。截至 2015 年年底，中央全面深化改革领导小组批准开展的司法领域改革试点工作如下：

司法体制改革试点工作。2014 年 6 月，中央全面深化改革领导小组第三次会议审议通过了《关于司法体制改革试点若干问题的框架意见》，决定就司法责任制、司法人员分类管理、司法人员职业保障、省以下地方法院检察院人财物统一管理等四项改革内容，在东、中、西部选择上海、广东、吉林、湖北、海南、青海六个省、市先行试点。司法改革试点工作进入新的阶段。此次会议同时通过了《上海市司法改革试点工作方案》。2015 年 5 月 5 日，第十二次会议批准了第二批司法体制改革试点省份，同意山西、内蒙古、黑龙江、江苏、浙江、安徽、福建、山东、重庆、云南、宁夏开展推进司法责任制等四项改革试点。2015 年 12 月 9 日，第十九次会议通过了《关于在全国各地推开司法体制改革试点的请示》。被批准试点的省份，又制定了各自的试点工作方案，在本省范围内确定先行改革试点，在试点基础上在全省范围内推开。如，上海市成立了市司法改革试点推进小组，并审议通过《上海市高级人民法院司法体制改革试点工作实施方案》和《上海检察改革试点工作实施方案》，确定了八家单位先行开展为期半年的改革试点，在试点基础上于 2015 年在全市推开。2016 年 5 月 12 日至 13 日，全国法院司法体制改革试点工作推进会在湖北武汉召开。[16]

最高人民法院设立巡回法庭试点以及设立跨行政区划人民法院、人民检察

---

〔15〕 余晓法、罗沙：《刑事案件速裁程序试点：诉讼效率明显提高》，载 http://news.sina.com.cn/c/2015-11-03/doc-ifxkfmhk6858473.shtml，最后访问日期：2016 年 5 月 17 日。

〔16〕 李少平：《把顶层设计经验借鉴和自身探索有机结合积极稳妥有序推进司法体制改革试点工作》，载《人民法院报》2016 年 5 月 14 日。会议期间，湖北省高级人民法院、吉林省高级人民法院、上海市第二中级人民法院、贵阳市花溪区人民法院等 9 家试点法院分别介绍交流了试点工作经验。

院试点。2014 年 12 月 2 日,中央全面深化司法改革领导小组第七次会议讨论通过了《最高人民法院设立巡回法庭试点方案》和《设立跨行政区划人民法院、人民检察院试点方案》。最高人民法院根据《最高人民法院设立巡回法庭试点方案》分别在深圳和沈阳设立了第一巡回法庭和第二巡回法庭。第一巡回法庭的巡回区域为广东、广西和海南三省区。第二巡回法庭的巡回区域为辽宁、吉林、黑龙江三省。〔17〕 2014 年 12 月 28 日,上海市第三中级人民法院、上海知识产权法院和上海市人民检察院第三分院正式成立。这是全国首个跨行政区划的人民法院和人民检察院。2014 年 12 月 30 日,北京市第四中级法院成立。该院成立后,我国第一批试点的跨行政区划法院将达到两家,为各地跨行政区划法院的成立提供改革经验。〔18〕

法官、检察官单独职务序列及工资制度改革试点。2015 年 9 月 15 日,中央全面深化改革领导小组第十六次会议讨论通过了《法官、检察官单独职务序列改革试点方案》和《法官、检察官工资制度改革试点方案》。

(四)中央深化改革领导小组批准、全国人大常委会授权开展的试点工作

2015 年司法改革授权试点工作出现了新的变化,即有两项改革的试点方案在经中央深化改革领导小组审议通过后,由全国人大常委会授权开展。

人民陪审员制度改革试点。2015 年 4 月 1 日,中央全面深化改革领导小组第十一次会议讨论通过了《人民陪审员制度改革试点方案》。4 月 24 日,第十二届全国人大常委会第十四次会议作出授权在部分地区开展人民陪审员制度改革试点工作的决定,授权最高人民法院在北京、河北、黑龙江、江苏、福建、山东、河南、广西、重庆、陕西十个省(区、市)各选择五个法院(含基层人民法院及中级人民法院)开展人民陪审员制度改革试点工作,对人民陪审员选任条件、选任程序、参审范围、参审机制、参审职权、退出和惩戒机制、履职保障制度等进行改革。2015 年 5 月,根据全国人大常务委员会的授权,最高人民法院会同司法部印发人民陪审员制度改革试点方案和试点工作实施办法,并在全国十个省(自治区、直辖市)的 50 个法院开展试点。截至 2015 年 11

〔17〕 两个巡回法庭分别在 2015 年 3 月 2 日和 3 月 11 日首次开庭审案。

〔18〕 根据相关新闻报道,我国设立跨行政区划法院、检察院只在直辖市试点。参见《全国首个跨行政区划法院和检察院在上海设立》,载 http://legal. people. com. cn/n/2014/1229/c42510 - 26291238. html,最后访问日期:2016 年 5 月 17 日。

月8日，各试点法院新增选人民陪审员7800余人，总数已增至法官总数的四倍左右。人民陪审员参审案件数量达3.5万件，其中参加五人以上大合议庭审理案件数量近100件。[19]

检察机关提起公益诉讼试点。2015年5月5日，中央全面深化改革领导小组第十二次会议审议通过了《检察机关提起公益诉讼试点方案》。2015年7月1日，第十二届全国人大常务委员会第十五次会议通过了《全国人民代表大会常务委员会关于授权最高人民检察院在部分地区开展公益诉讼试点工作的决定》，要求最高人民检察院制定该授权决定的实施办法，报全国人大常委会备案。试点期限两年。2016年5月16日，"探索建立检察机关提起公益诉讼制度研讨会"在京召开。根据研讨会相关新闻报道，检察机关提起公益诉讼改革试点的情况如下：全国试点地区检察机关已向人民法院提起公益诉讼案件16件，已审理结案7件，除1件因行政机关纠正后检察机关撤诉外，其余6件法院均判决支持了检察机关的诉讼请求。[20]

二、司法领域授权改革试点情况的比较分析

通过对授权改革试点基本情况进行梳理，可以发现司法领域的改革同其他领域的改革一样，从改革开放初期的"摸着石头过河"逐步发展为今天的"加强

---

〔19〕 试点情况来自最高人民法院2016年2月29日发布的《中国法院的司法改革》（白皮书）。

〔20〕 据最高人民检察院民事行政检察厅负责人介绍，全国13个试点检察机关提起公益诉讼的省份共发现公益诉讼案件线索1233件，其中，行政公益诉讼案件线索984件，民事公益诉讼案件线索249件；线索最多的为生态环境和资源保护领域达889件，此外，国有土地使用权出让领域155件，国有资产保护领域128件，食品药品安全领域61件。与之相比，检察机关提起公益诉讼的总量并不大，主要原因在于，其中相当部分的案件线索通过检察机关启动的诉前程序予以解决，并未进入到提起诉讼阶段。参见《探索建立检察机关提起公益诉讼制度研讨会》，载《法制日报》2016年5月17日第1版；《检察机关公益诉讼试点：生态环境资源领域案件线索超七成》，载《检察日报》2016年5月17日第1版。

顶层设计和摸着石头过河相结合”,中央越来越重视对司法改革的顶层设计。〔21〕这也是司法领域授权改革试点的基本发展规律。但通过对比可以发现,已经进行的授权改革试点在授权主体、授权程序和方式、试点成果评估等方面都存在较大的差别。

(一)授权主体——究竟应该由谁来授权

习近平同志在2014年2月28日召开的中央全面深化改革领导小组第二次会议上强调,凡属重大改革都要于法有据。在整个改革过程中,都要高度重视运用法治思维和法治方式,发挥法治的引领和推动作用,加强对相关立法工作的协调,确保在法治轨道上推进改革。司法改革的授权试点工作同样要遵循此项原则。已经进行的授权改革试点工作,出现了四种授权情形,究竟由谁来授权才符合依法治国的要求?

(1)司法机关不适合主导改革。最高人民法院、最高人民检察院为牵头单位的司法改革试点,主要是发生在前几轮司法改革中。其牵头制定的改革方案,在很多方面都突破了当时法律的既定框架,这不仅影响了改革的实施效果,也与依法治国的要求相悖。同时,“根据‘裁判者不能兼任执行者’的规则,开展试点的法院肯定不适合自己主导改革,否则可能出现涉及改革利益的相关人员就是改革方案的制订者,导致改革方案向某些群体倾斜”。〔22〕此外,也有部分改革试点工作的推进,是以“两高”出台司法解释的方式来加以变通。不过,“两高”司法解释突破现有法律规定框架的做法,长期以来都受到理论界和实务届的诟病,被认为是在实质上代替了立法机关行使立法权。〔23〕

(2)中央有权提出与现行法律不一致的改革主张,但要依靠法律程序转化为国法规定或者得到法律授权。中共中央牵头的新一轮司法改革,凸显了中央

〔21〕根据授权试点发生的时间节点,可以发现,后三种授权形式都出现在新一轮司法改革启动之后,可见新一轮司法改革更加注重授权改革试点事项的顶层设计,改革的系统性更强。

〔22〕邵新、黄斌:《司法改革试点工作的方法论建议》,载《中国法律评论》2014年第4期。

〔23〕2015年3月通过的《全国人民代表大会关于修改〈中华人民共和国立法法〉的决定》增加了一条,明确要求“两高”的法律解释,应当主要针对具体的法律条文,并符合立法的目的、原则和愿意,正是对这一问题的回应。

推进司法改革的力度和决心。本轮改革中,改革试点工作不仅仅停留在具体制度的单一事项上,而是从司法体制改革的基础性、制度性问题着手,改革措施更加具有系统性。政法委、法院、检察院、公安、财政等单位都被纳入司法改革的框架之内,这较之前法院、检察院系统的单兵作战具有更强的优势,能够从制约司法公正的根本性制度问题入手推进司法改革。中央全面深化改革领导小组在本轮司法改革授权试点过程中,发挥着极其重要的作用,司法领域的改革试点方案大部分都经过了其批准通过程序。接下来要讨论的问题是,党能否提出与现行法律不一致的改革主张,能否授权进行改革试点,如何处理中央全面深化改革领导小组批准和全国人大(常委会)授权之间的关系?解决好这三个问题的根本,是要处理好党的领导与深化改革、党的领导与依法治国的关系。第一,党有权提出同现行法律规定不尽一致的改革主张。[24] 对国家政权机关而言,党在其文件中提到的各种改革主张和意见不是命令性的、强制性的,而是建议性、导向性和号召性的。根据《宪法》第 27 条和第 41 条的意见,党有权并可以通过多种方式向国家政权机关提出法律制度立改废和实施方面的建议。[25] 第二,党的主张要依靠法律程序转化为国法规定或者得到法律授权。习近平同志在十八届三中全会上指出:“这次全会提出的许多改革措施涉及现行法律规定。凡属重大改革要于法有据,需要修改法律的可以先修改法律,先立后破,有序进行。有的重要改革举措,需要得到法律授权的,要按法律程序进行。”这是用法治思维和法治方式深化改革的具体体现,是依法治国和依法执政的必然要求。党的文件出台之际,往往是国家立法之开始。因此,在授权试点改革过程

[24] 如本轮改革中授权试点的事项突破了现有的《人民法院组织法》《人民检察院组织法》《检察官法》《法官法》的规定,牵涉到与《地方各级人民代表大会和各级人民政府组织法》等法律的衔接。

[25] 宋功德在其《党归之治》一书中对此问题进行了详细的阐释。他提出,我们党居于领导核心地位,执掌国家政权,党委权威大,这就容易让人们误以为各级党委也是国家政权机关,担心党组织提出的主张和意见同现行法律不一致会造成政令冲突,损害法律权威,其实不然。他从党组织与国家政权机关之间的关系对此问题进行了深刻的分析。党组织不是国家政权机关,其主张和意见不能直接运用国家强制力保障实施,不具有法律效力,对于国家政权机关不具有法律上的强制性。参见宋功德:《党归之治》,法律出版社 2015 年版,第 511 页。

中,有关改革试点方案在经过中央深化改革领导小组批准后,还应该及时按照相关法律的规定,由全国人大(常委会)进行授权,转化为国家政权机关的行为。本轮司法改革中,关于人民陪审员制度改革和检察机关提起公益诉讼两项试点改革,由中央全面深化改革领导小组批准后,由全国人大常委会授权,将党的司法改革决策及时转化为立法规划,体现了党的领导、深化改革与依法治国的有机统一。

(3)要明确规定是由全国人大授权还是由全国人大常委会授权。全国人大常委会授权最高人民法院、最高人民检察院开展刑事案件速裁程序试点工作的决定,被认为是立法上的一个重要突破,解决了以后司法改革的合法性问题,但也存在一定的争议,即究竟应该由全国人大还是全国人大常委会来授权,全国人大常委会有没有这个权力?不少学者认为,全国人大常委会可以解释全国人大制定的基本法律,但解释和授权改变法律并不一样,解释不能超出原有法律规定的范围。那么,全国人大常委会授权改变法律的权力来自何处呢?显然没有宪法和法律上的依据。然而全国人大每年才召开一次大会,这与频密的改革议程形成鲜明反差,明显不能适应司法改革的节奏和步伐。因此,建议修改《宪法》,明确授予全国人大常委会授权改变法律的权力,但有关犯罪和刑罚、对公民政治权利的剥夺和限制人身自由的强制措施和处罚的事项除外,且授权改变法律不得违背国家尊重和保障人权的宪法原则。在《宪法》修改之前,此项权力应该归全国人大行使。

(二)授权方式——笼统授权还是具体授权

无论是最高人民法院、最高人民检察院还是全国人大常委会的授权改革试点,大多是进行笼统授权,并未就具体的试点改革办法一并批准,而是采取事后报批或者备案的方法。中央全面深化改革领导小组在确定司法改革试点的同时,审议通过了相应的试点方案,给试点单位划定了相应的改革框架,这较其他几种授权具有明显的进步。不过,这些改革方案本身的规定比较原则,使得授权的具体化大打折扣。以上海市为例,《上海改革方案》通过后,上海市高级人民法院和上海市检察院又先后分别制定了《上海市高级人民法院司法体制改革试点工作实施方案》和《上海检察改革试点工作实施方案》。这两个实施方案并未报中央全面深化改革领导小组批准,而是由上海市司法改革试点推进小组审议通过后即开始实施。

笼统授权存在的最大问题就是,其并没有明确各试点到底可以在哪些方面突破法律,给地方留下了较多的操作空间。在实践操作中对试点实施方案突破授权界限的问题,也无法进行监督。[26] 建议授权试点的同时,对试点工作实施方案一并进行审查批准。审查时重点审查试点工作方案在哪些方面突破了现行法律规定,这些突破是否超越了授权试点的权限?[27] 审查结果应该予以公布。当然,对试点工作实施方案一并进行审查,并不是要求试点工作方案作出事无巨细的规定,其规定的粗细程度要视试点事项的具体内容而定,既要厘清需要突破现行法律之处,又要给试点单位留下充足的实验探索的余地。特别是对于需要突破法律之处,要明确给予授权,最好能指明探索的方向。比如,在检察机关提起公益诉讼试点中,突破法律之处在于赋予了检察机关提起民事公益诉讼和行政公益诉讼的主体资格,[28]但是这种制度突破到底是构建一种新型的诉讼类型,还是将其纳入既有的民事诉讼和行政诉讼的架构之内,恐怕就得需要授权机关的明确指向或者允许对不同的方案在不同的检察院同时开展试点,以确定哪种方案孰优孰劣。

(三)授权程序——关门试点还是开门试点

前两轮司法改革试点,一般由最高人民法院、最高人民检察院颁发关于开

---

〔26〕 如中国人民大学法学院程雷副教授在谈到全国人大常委会关于刑事案件速裁程序授权时就提出,这次授权就过于笼统,应将“两高”制定的试点办法一并批准,具体授权在哪些方面可以突破,否则地方会有太多空间。参见《刑案速裁改革:人大常委会授权模式或为司法改革试点铺路》,载《21世纪经济报道》2014年7月8日。其他专家的解读,参见《正义来得更快了:轻微刑事案件速裁试点的专家解读》,载《法治周末》2014年7月8日。

〔27〕 郑成良教授认为,从目前已知的改革试点方案来看,似乎战术性考虑较多而战略性谋划很少,照顾中国国情、本区域法院所处的实际情况的考虑比较充分而对如何更好地向法治国家的司法规律靠近考虑得较少,对顶层设计和中期目标、长期目标的谋划基本上还看不出来。参见郑成良:《司法改革四问》,载《法制与社会发展》2014年第6期。试点方案是否有助于司法改革目标,特别是中长期目标的实现,也应是审查的重点内容。

〔28〕 2012年修订的《民事诉讼法》仅仅在第55条规定了法律规定的有关机关和组织可以提起公益诉讼,但这里的法律规定的机关和组织究竟是指什么机关和组织,法律上并没有明确规定。此后相继修改的环境保护法和消费者合法权益保护法规定了符合一定条件的环保组织和消费者协会可以提起公益诉讼。而检察机关提起公益诉讼仅有抽象的法律原则性规定,并没有具体赋予检察院提起民事公益诉讼的权力。而现行的《行政诉讼法》中没有规定公益诉讼制度。

展试点工作的通知,各试点自行制定具体的实施方案。但这些具体的实施方案大多并未予以公开。改革试点的效果如何,存在哪些问题,也都无法在公开的资料中找到。尽管最高人民法院一般在关于试点工作的通知中,都明确要求要加强各试点的指导工作,要求各试点及时总结经验、教训并提交相应的报告。在新一轮司法体制改革过程中,中央全面深化改革领导小组审核通过的改革性文件,大部分没有全文公开,只是以"中央司改办负责人答记者问"〔29〕的形式公布了其中的主要内容。各省的改革试点方案也基本上没有全文予以公开,只是以新闻稿的形式对重要内容向社会作了通报。全国人大常委会《关于授权最高人民法院、最高人民检察院在部分地区开展刑事案件速裁程序试点工作的决定》全文向社会公开,不过最高人民法院、最高人民检察院和公安部联合下发的试点办法却以内部文件形式下发,甚至并未付诸新闻报道。

可以说,已经进行的司法改革试点工作都不同程度地存在关门试点的问题。为什么要进行关门试点呢?最大的考虑就是改革试点工作应该谨慎,贸然公布试点方案可能导致不良的社会影响。这种顾虑固然有一定的道理,但关门试点的弊端也很明显。这种遮遮掩掩的态度在很大程度上加深了社会各界包括法院、检察院的工作人员对改革方案的误解。尤其是本轮司法改革以法官员额制为突破口,加剧了部分年轻法官的焦虑和不安,不少法官采用了"用脚投票"的方式,选择离开法院,"逃离"法官队伍。建议将授权试点的决定与具体实施方案一并公开。公开的过程也是统一改革共识的过程,这一方面能够打消社会各界对改革方案的疑虑,缓解改革面临的内外部压力,更重要的是具体改革方案公开后,使得试点工作置于社会各界的监督之下,有利于保障试点改革方案的科学性、民主性,也能避免出现试点工作不了了之、"雷声大雨点小"的尴尬。此外,在授权改革试点前,也应做好充分的论证工作,通过公开、畅通的渠道,广泛听取社会各界的意见,特别是要注意听取律师以及基层司法人员的意见,以力求试点方案能够接地气,增强其可操作性。

(四)试点成果——由谁来评判试点改革是否成功

关于试点改革是否成功,公开的资料中鲜有查到,只能从新闻稿中窥到一

---

〔29〕 如中央全面深化改革领导小组第三次会议审议通过了《关于司法体制改革试点若干问题的框架意见》和《上海市司法改革试点工作方案》之后,中央司改办负责人接受记者采访,就司法体制改革试点工作回答了记者的提问。

丝端倪,即鲜少有试点改革失败的报道,似乎但凡试点都是成功的。此结论似乎有些武断,但无论如何在评判授权成果的时候,笔者认为还需要考虑以下两个问题:

(1)试点改革的成败到底应该由谁来评判,即授权试点的成功与否主要是看试点单位的自我总结,抑或是由授权单位进行评估,还是采取其他方式,由中立第三方、司法的参与者等来进行评判?要努力让人民群众在每一个司法案件中都感受到公平正义,试点改革的评估也不应脱离人民群众,即无论是哪一方主导的评估,都应该允许群众特别是司法的参与者参加进来,并主要评判这项试点改革是否有利于便利群众诉讼,是否有利于让群众感受到公平正义。关门评估,要不得。

(2)试点改革允不允许失败?答案似乎是毋庸置疑的。试点就是试错,出现失败也是在所难免的。但在实践中要坚持这点却并不容易。试点往往被作为政治任务下达,如果出现失败,往往会将过错归咎于试点单位的头上。而试点单位为了确保试点的成功,也往往是"不遗余力"的,包括政策倾斜、领导关心以及人力、财力和精力的支持等。然而,过多的"人为干预"导致试点的结果无法验证试点方法本身是否科学可行,就好像是在温室里面培养花朵。即使成功了,其所需要的条件往往与司法机关的现实环境相去甚远,这也是很多成功的试点改革无法在全国推广的重要原因之一。在授权改革试点中,要坚持试点就是试错的观念就要:第一,尽量减少"人为干预",并且在试点选择的过程中,要注重选取条件不同的法院来进行试点,以进行样本的对比;[30]第二,改革试点的步伐不宜太快,有些改革举措短时间内是无法看出效果如何以及问题所在的。本轮司法改革给人的一种感觉就是"太快了",第一批试点省份的第一批试点法院、检察院一些改革举措的方案刚刚制定,还来不及"试",第二批试点省份或第

[30] 邵新、黄斌在《司法改革试点工作的方法论建议》一文中提出,关于司法改革试点经验的可复制性,要考虑三个因素:首先,考虑到发达地区和欠发达地区之间、各级法院之间的案件特点,需要根据对专业化程度的需求来确立法官的员额比例;其次,考虑到全国法官和律师资源配置的不平衡;最后,还需要考虑到我国司法改革很大程度上是采取向先进模范学习、不同法院之间比学赶超的方式逐步推进的。这也就意味着不同法院之间存在很大的差距,也包括法院现代化、信息化建设等方面的差距。参见邵新、黄斌:《司法改革试点工作的方法论建议》,载《中国法律评论》2014年第4期。

二批试点法院、检察院就开始试点了。节奏过快,试错的效果也就很难达到。"摸着石头过河",通过试点积累经验是我们在改革开放过程中的伟大创举。十八届三中全会通过的《中共中央关于全面深化改革若干重大问题的决定》,明确提出要"加强重大改革试点工作,及时总结经验,宽容改革失误"。这也是中共中央首次以决定的形式提出重大改革现行试点的要求,既是对过去改革经验的总结,更为以后的改革指明了方向。司法领域的改革也不例外。

三、司法领域授权改革试点的发展进路

"深化司法改革是推进国家治理体系、治理方式和治理能力现代化的重大举措和实践路径。"[31] 通过试点积累经验不仅现在是,将来也仍是推动改革向纵深发展的有力抓手。司法领域授权改革试点工作,应在遵循基本司法规律的基础上审慎推进。在这一过程中,要处理好法治与改革的关系,即要在"依法试点"的基础之上"积极试点"。

(一)在遵循基本司法规律的基础上审慎推进

中央高度重视并多次强调司法改革要符合中国国情,要遵循司法规律。习近平总书记在主持中共中央政治局第二十一次集体学习时再次强调,深化司法体制改革,要坚持符合国情和遵循司法规律相结合。[32] 关于司法规律对于司法改革的重要意义,学界已经达成了普遍共识。[33] 但对于司法规律到底有哪些则众说纷纭。不过,就从哪些方面入手描述司法规律,学者们达成了一定程度的

---

〔31〕 张文显:《司法改革的政治定性》,载《法制与社会发展》2014 年第 6 期。

〔32〕 关于此次集体学习的内容,可参见新华社 2015 年 3 月 25 日的相关报道,载 http://edu. gmw. cn/newspaper/2015 - 03/26/content_105453273. htm,最后访问日期:2016 年 6 月 23 日。

〔33〕 如张文显教授认为,司法规律是司法改革当中遇到的最根本、最基础,也是最前沿的问题,能为司法改革提供学理支撑和理论指导,有助于改革共识的凝聚,也是深化司法改革、推进司法文明的必由之路。参见张文显:《关于司法规律的六个问题》,载《司法改革内刊》2015 年第 2 期。陈光中教授认为,是否按司法规律办事,是司法改革能否成功的关键。参见陈光中:《关于司法规律的四点看法》,载《司法改革内刊》2015 年第 2 期。

共识:公正性、终局性、中立性、独立性、亲历性被纳入基本司法规律的范畴。[34]授权改革试点作为司法改革的重要一环,也须以这些基本司法规律为指导,既要找准能够推动实现司法公平的关键点,又要坚持基本的司法制度和司法原则不动摇。

此外,相比于经济领域,司法领域的改革应该更加审慎,[35]授权改革试点工作同样如此,从试点事项的选择、试点范围的确定、试点周期的长短到试点经验的推广都须采取谨慎的态度,避免"朝令夕改"的情况出现。

(二)把握法治与改革的关系,在"依法试点"的基础上"积极试点"

党的十八届三中全会和四中全会作出了具有姊妹篇意义的重大决定,使得全面深化改革和全面推进依法治国成为实现全面建成小康社会奋斗目标最鲜明的时代主题。[36] 习近平同志在中央全面深化改革领导小组第六次会议上强调指出,全面深化改革需要法治保障,全面推进依法治国也需要深化改革。[37]这是我们处理改革与法治关系的基本准则。一方面,不能因为改革而置法治于不顾,不能打着"改革的旗号"破坏法治。在改革的过程中,要信守法律的基本原则和基本规则。另一方面,也不能把依法改革僵化地理解为"仅是按照既有

---

〔34〕 此为司法规律学术研讨会的部分研讨成果。该研讨会于2015年3月26日由中国法学会与国家司法文明协同创新中心共同举办。研讨成果被收录于《司法改革内刊》2015年第2期,部分成果同时发表于2015年4月1日和2015年4月15日的《法制日报》第10版。

〔35〕 刘松山教授认为,司法体制改革关系到司法职权的性质与人民代表大会制度,应谨慎对待。改革地方法院、检察院的人财物管理制度特别是人事任免制度,应当以有利于加强而不削弱、建设而不损害人民代表大会制度为基本政治方向和重大政治原则。参见《以司法改革维护社会公平正义》,载 http://www.cssn.cn/zx/bwyc/201406/t20140604_1196032.shtml,最后访问日期:2016年5月17日。

〔36〕 这两个《决定》发布后,学界关于改革与法治关系的讨论也日渐深入。如,中国法学会王乐泉会长的《论改革与法治的关系》、中央政法委副秘书长姜伟的《全面深化改革与全面推进依法治国关系论纲》、陈金钊教授的《法治与改革的关系及改革顶层设计》及其《"法治改革观"及其意义》等。

〔37〕 陈金钊教授认为,十八大以来法治思维方式的重大变化就是改变了过去坚守的是改革先行法治附随的观念,而确立了法治优先、改革附随的法治改革观。参见陈金钊:《"法治改革观"及其意义——十八大以来法治思维的重大变化》,载《法学评论》2014年第6期。

规则来改革”,用“依法”来束缚改革的手脚。授权改革试点工作也同样要遵循法治与改革关系的基本原理,在“依法试点”的基础上积极推动试点工作:对于没有法律规定[38]或者需要突破现行法律规定的,在做好顶层设计的同时,可报请全国人大(常委会)作出决定,给予合法授权;对于涉及现有法律的立、改、废的,则要运用法治方式,通过法定程序加以处理。建议中央相关部门推动授权改革试点的立法工作,将授权试点的主体,授权改革事项,试点单位的选择标准,试点方案的审查,试点的程序、步骤和方式以及试点成果的评估等以法律的形式固定下来,进一步推动授权改革试点的法治化。

总之,善用法治思维和法治方式治国理政,应当正确处理改革与法治的关系,这也是国家治理法治化要解决的突出问题。全面深化改革需要法治保障,全面推进依法治国也需要深化改革。作为司法改革重要推进方式的授权改革试点,同样需要法治保障,需要运用法治思维和法治方式来逐步推进。这不仅是依法治国的需要,也是深化改革本身的需要。如何在尊重司法规律的基础上,不断推动司法改革试点工作的规范化,需要引起更多的重视和进一步的研究。

The Initial Analysis of The Pilot Reform of The Judicial Domain Authorization Work Situation-on The Basis of The Judicial Reform Situation by The End of 2015

Qiang Meimei

Abstract: The reform of judicial area authorized work by the end of 2015, there are mainly four kinds of situations: the judicial organs authorized a pilot trial, the standing committee of the National People's Congress authorized, central comprehensively deepen reform leading group approved pilot and central comprehensively deepen reform leading group after approval by the standing committee of the National People's Congress authorized a pilot. The pilot work in

〔38〕 对于没有法律规定的事项,虽然不存在与法律冲突的问题,但笔者以为这样的改革事项也需要报全国人大(常委会)授权。

the authorized subject, authentication, authorization, program and pilot results evaluation and so on, is put in bigger difference. To promote the standardization of the judicial reform pilot work, and the rule of law with the rule of law thinking way to clarify the difference between different authorization form, the main body of a clear mandate, with specific authorization, clear pilot break through the existing law, opened the door and take a pilot, to reassure society, promote the formation of the reform consensus. Reform achievement assessment, to whether can let the people in each case perception of fairness and justice as the judgment standard, and introduce a neutral third party, such as participants in the proceedings as one of the main body of evaluation. Suggested that the central departments on the basis of respect for the law of justice, constantly promote authorized pilot reforms of the legislative work, we must handle the relationship between the reform and the rule of law.

Key words: Pilot Reform; Authorization Subjects; The Rule of Law and Reform; The Judicial Rule

（责任编辑：彭　浩）

论我国民族法制建设的新进展
——基于2014~2015年全国民族立法实践的调查及分析

刘　玲*

内容摘要：

民族法制建设的发展体现在重点领域立法的充实、立法机构的健全和立法制度的完善等方面。随着"全面推进依法治国"目标的提出，我国民族立法工作呈现出精细化发展的态势。民族立法突出重点领域，在民生、发展、法治政府建设、民族团结专项立法方面取得新进展。重视立法质量，人大在立法工作中的主导作用日益显现，公众有序参与立法的机制逐渐完善，及时进行法规清理，维护国家法制统一。重视立法程序与立法技术的完善，使得立法进一步规范化与精细化。应继续推进民族区域自治法配套法规建设，注重立法工作规范性，促进民族立法制度创新发展。民族地区需积极应对地方立法权扩容与立法机构组成人员专职化的趋势，及时为改革发展提供法制保障。

关键词：

民族立法机构　程序　制度

国家民族事务"委员会"《民族法制体系建设"十二五"规划(2011—2015年)》(以下简称民族法制"十二五"规划)从民族立法、民族法律法规执行监督、依法行政和民族工作法治化、民族法制宣传、民族法制理论研究等方面就进一步推进民族法制建设，完善民族工作体制机制，全面落实依法治国基本方略，推

* 中国社会科学院民族学与人类学研究所助理研究员。

动依法行政和加强法治政府建设提出了具体的要求。[1] 2015 年是民族法制“十二五”规划的收官之年,呈现 2014～2015 年度民族法制建设的最新进展,总结成就,评析问题,有助于推进民族工作法治化。

一、2014～2015 年民族立法概况

我国民族法制建设经过民主革命时期的立法实践探索与新中国成立 60 多年来的立法经验积累,已经初步形成了“以宪法的相关规定为根本,以民族区域自治法为主干,包括其他关于民族方面的法律规定,国务院及其各部门制定的关于民族方面的行政法规和部门规章,各省、自治区、直辖市及较大的市制定的关于民族方面的地方性法规和规章,民族自治地方自治条例和单行条例在内的中国特色民族法律法规体系。”[2] 截至 2015 年年底,现行法律法规中,共有 115 件法律、47 件行政法规涉及民族问题规定,其中包括专门调整民族关系的国务院行政法规,即《国务院实施〈中国民族民族区域自治法〉若干规定》(以下简称国务院若干规定);民族自治地方共制定和修改自治条例 262 件,现行有效的 139 件;制定单行条例 912 件,现行有效的 698 件;14 个省、市制定了实施国务院若干规定的地方性法规或政府规章。[3]

随着 2014 年党的十八届四中全会“全面推进依法治国”[4] 目标的提出,我国民族法制建设呈现出精细化发展的态势,既包括对社会主义民族法律法规体系的完善和补白,也包括为国家各项改革事业提供法制保障的跟进与观照。从立法主体来讲,中央层面包括国家民委、公安部,地方层面包括各级民族自治地

[1] 《民族法制体系建设“十二五”规划(2011—2015 年)》解读,载 http://www.seac.gov.cn/art/2011/8/11/art_143_133673.html,最后访问日期:2016 年 3 月 1 日。

[2] 《民族法制体系建设“十二五”规划(2011—2015 年)》,载 http://www.seac.gov.cn/art/2011/8/11/art_149_133670.html,最后访问日期:2016 年 3 月 1 日。

[3] 《全国人民代表大会常务委员会执法检查组关于检查《中华人民共和国民族区域自治法》实施情况的报告》,载 http://www.npc.gov.cn/npc/xinwen/2015-12/22/content_1955659.htm,最后访问日期:2016 年 3 月 1 日。

[4] 《中共中央关于全面推进依法治国若干重大问题的决定》,载《求是》2014 年第 21 期。如无特别说明,下文关于十八届四中全会决定的引述都出自于此,不再一一注出。

方、辖有民族自治地方的省、市或少数民族流动人口较多的有立法权的省、市等。

(一)中央层面涉及民族工作的法制举措

党的十八大以来,立法在国家改革与发展的战略布局中发挥着越来越重要的作用。中央召开一系列重要会议部署全面深化改革、全面推进依法治国,每一项重大改革措施的出台,都经过了全国人大常委会的审议、表决,都提前对所涉及的现行法律作出修改完善,确保在法治轨道上推进改革,发挥着立法对改革的推动和引领作用。

2014年中央民族工作会议就新时期民族工作的时代特征和发展方向进行定位,特别部署了《宪法》和《民族区域自治法》的贯彻落实工作。党的十八届四中全会作出全面推进依法治国的重大决定,进一步对贯彻落实《民族区域自治法》提出明确要求。为贯彻落实会议精神,中共中央、国务院于2014年年底印发《关于加强和改进新形势下民族工作的意见》,将提高依法管理民族事务能力,加强民族工作法律法规建设,实现民族事务治理法治化作为加强和改进新形势下民族工作的重要抓手。2015年8月11日,国务院印发《关于加快发展民族教育的决定》,对加快发展民族教育进行全面部署,该决定既"暗含了大量的法制话语和逻辑",又"在相当程度上预示了新时期民族教育法制发展与完善的制度愿景",[5]民族教育必将在制度化和规范化轨道上迈上新的台阶。

2015年6月16日,国家民委、公安部联合发布《中国公民民族成份登记管理办法》,就公民民族成分确认、变更等作了明确规定,该办法于2016年1月1日起施行,是我国第一个专门规范公民民族成份登记管理的部门规章,是我国民族事务法治化取得的最新成果。

为落实十八届四中全会精神和《国务院关于加强法治政府建设的意见》,推进民族事务管理法治化,实现"从用政策手段管理民族事务向运用法律手段管理民族事务的过渡",[6]国家民委事务委员会于2015年推动《关于推进民族事务法治建设的意见(征求意见稿)》起草工作,并于2015年9月赴内蒙古自治区呼和浩特市开展立法调研论证工作。2014~2015年国家民委政策法规司就《城

[5] 郑毅:《新时期加快民族教育发展的法制路径》,载《中国民族报》2015年8月28日。

[6] 熊文钊:《切实推进民族事务管理法治化》,载《中国民族报》2015年5月31日。

市民族工作条例》和《民族乡行政工作条例》修订工作分别召开研讨会、专题立法调研，并与国务院相关部门就两条例的专门问题进行沟通协商，充分汇总各方面的意见建议。全国人大民族委员会调研组也就城市民族工作问题进行了大量的调研工作。与此同时，各地有关两条例的修订论证会和座谈会陆续召开，为两条例的修订提供第一手调研资料。关于城市民族工作、清真食品方面的行政法规也在研究制定中，《国务院2015年立法工作计划》将修订城市民族工作条例作为力争年内完成的项目，将清真食品管理条例和民族乡行政工作条例（修订）作为重点研究项目，进一步推动涉及民族事务的行政法规制定工作。[7]

2015年，全国人大常委会对民族区域自治法实施情况开展执法检查，由全国人大民族委员会组织实施。执法检查组由常委会四位副委员长和全国人大民族委员会主任委员为领队，34位常委会委员、专门委员会委员和全国人大代表为成员，国家民委、发改委、财政部、教育部、环境保护部等十部门派员参加工作。本次执法检查重点是：民族地区的基础设施建设情况，生态保护和补偿机制的建立及落实情况，少数民族干部选拔配备和发展民族文化教育及培养各类人才的情况，民族区域自治法配套法规制定情况等。执法检查组先后听取了国务院相关部门贯彻实施民族区域自治法的情况汇报，并分为5个小组，赴五大自治区、吉林、贵州、云南、甘肃、青海等十省区开展实地检查，召开58次座谈会，广泛听取各方面意见和建议。2015年12月22日，执法检查组向全国人大常委会报告了民族区域自治法的实施情况，其中在民族立法方面存在的突出问题为配套法规不完善，有些国务院部门尚未制定实施民族区域自治法的配套性文件，现行有效的配套性文件位阶不高、可操作性不强，在涉及财政转移支付、基础设施项目安排、投资政策、教育卫生文化等基本公共服务、税收优惠等实质层面缺乏具有刚性约束力的部门规章，建议清理完善有关文件，并上升到规章层次，推进民族工作进入法治化轨道。报告强调国务院和有关地方政府作为上级国家机关所承担的贯彻落实民族区域自治法的职责，要求其在依法治国和依

---

〔7〕《国务院办公厅关于印发国务院2015年立法工作计划的通知》，载 http://www.gov.cn/zhengce/content/2015-09/02/content_10127.htm，最后访问日期：2016年3月1日。

法行政过程中充分发挥民族区域自治法的作用。[8]

(二)民族自治地方自治法规立法情况

1. 自治区的自治条例和单行条例立法工作

截至 2015 年年底,五个自治区并不存在自治条例和单行条例立法工作。

2. 自治州自治条例和单行条例立法情况

2014～2015 年间没有出台新的自治州自治条例,存在对自治条例修改情况,单行条例的立法活动较为频繁。其中,阿坝藏族羌族自治州对其自治条例进行了修改,这是阿坝州建立以来第三次修改自治条例,本次修改将建州纪念日休假天数从一天改为三天,这是充分考虑到 2008 年汶川地震以来,阿坝州雨季地质灾害防治和维稳工作任务艰巨,国家法定节假日难以兑现的情况,而利用地质灾害较少的冬季休假来调节干部职工身心健康,调动工作积极性的法制举措,是自治机关结合当地的自然地理条件,自主决定干部群众休假时间的立法实践。

从自治州单行条例的制定、修改和废止情况来看,2014～2015 年,共进行了 40 项单行条例立法,[9]其中制定了 26 件,修改了 10 件,废止了 4 件,呈现出立、改、废并举的态势;涉及 9 个省区 22 个自治州,73.3% 的自治州进行了相应的立法活动。

从立法数量来看,如图 1 所示,2014～2015 年,各自治州单行条例立法最多的为延边州和恩施州,各为 5 件,文山州 4 件,黔东南州 3 件,阿坝州、黔南州、大理州等 5 个自治州各 2 件,湘西州、凉山州、黔西南州等 13 个自治州各 1 件,有 8 个自治州未出台单行条例。2014～2015 年间年均立法为 0.9 件,各自治州立

---

[8] 《关于检查〈中华人民共和国民族区域自治法〉实施情况的报告》,载 http://www.npc.gov.cn/npc/xinwen/2015-12/22/content_1955659.htm,最后访问日期:2016 年 3 月 1 日。

[9] 需要说明的是,本报告法律文本来源于国务院法制办法律法规全文检索系统:http://search.chinalaw.gov.cn/search2.html。根据《立法法》,地方性法规、自治条例、单行条例和规章应当在公布后的 30 日内报全国人大常委会和国务院备案。因此,在上述数据库公布的法律文本具有权威性。但笔者在文献搜索中发现,有些地方民族立法并未及时公布,因此,本报告在该数据库的基础上,辅之以各民族自治地方人大网站、百度等公共搜索引擎,并适当参考各民族自治地方人大工常委会工作报告内容。

法数量参差不齐。

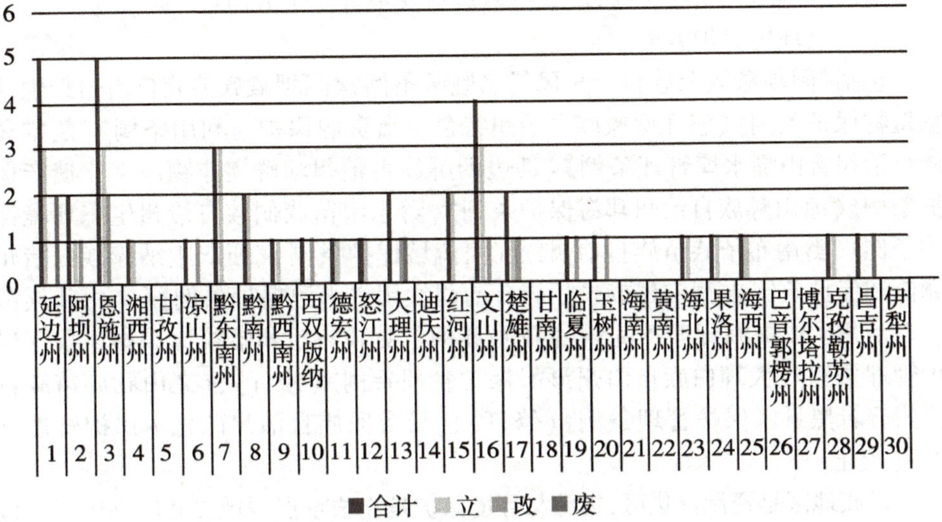

图1　2014～2015年自治州单行条例立法数量汇总

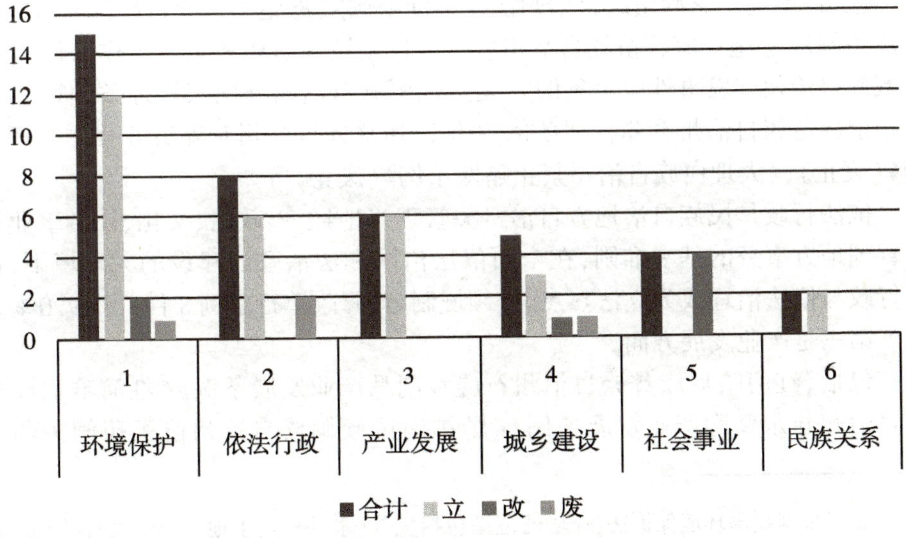

图2　2014～2015年自治州单行条例立法领域分布

从立法内容来看,如图 2 所示,自治州单行条例的立法领域涉及环境保护、依法行政、产业发展、城乡建设与管理、教科文卫等六个方面:

第一是环境保护方面。[10]

包括《阿坝藏族羌族自治州风景名胜区条例》《阿坝藏族羌族自治州野生动物植物保护条例》《怒江傈僳族自治州特色畜禽资源保护与利用条例》《楚雄彝族自治州青山嘴水库管理条例》《延边朝鲜族自治州朝鲜族非物质文化遗产保护条例》《凉山彝族自治州邛海保护条例》《黔东南苗族侗族自治州生态环境保护条例》《黔南布依族苗族自治州剑江河流域保护条例》《西双版纳傣族自治州澜沧江保护条例》《德宏傣族景颇族自治州饮用水水源保护条例》《文山壮族苗族自治州矿产资源管理条例》《克孜勒苏柯尔克孜自治州喀拉库勒湖风景区保护管理条例》《大理白族自治州洱海保护管理条例》(修订)、《文山壮族苗族自治州普者黑景区保护管理条例》(修订)、《昌吉回族自治州硅化木保护管理条例》(废止)等。

民族地区是资源富集区,资源与环境保护是立法重点领域,2014 ~ 2015 年,该领域共制定、修改、废止单行条例 15 件,占自治州单行条例立法总数的 35.7%。

第二是依法行政方面。

包括《恩施土家族苗族自治州法律援助条例》《恩施土家族苗族自治州行政执法条例》《恩施土家族苗族自治州重点项目领域预防职务犯罪工作条例》《甘孜藏族自治州突发事件应对条例》《延边朝鲜族自治州外国人管理条例》《黔西南布依族苗族自治州殡葬管理条例》《延边朝鲜族自治州对外劳务合作管理条例》(废止)、《大理白族自治州禁止赌博条例》(废止)等。

依法行政是民族自治地方自治机关管理当地经济、政治、文化、社会事业自主管理地方事务的基本准则,在全面依法治国和法治政府建设的大环境下,依法行政与依法治理成为立法热点,该领域制定、修改单行条例 8 件,占 19.0%。

第三是产业发展方面。

包括《红河哈尼族彝族自治州石屏豆制品产业发展条例》《红河哈尼族彝族自治州建水紫陶产业发展条例》《黔东南苗族侗族自治州苗医药侗医药发

---

〔10〕 根据我国环境保护法,环境的范围包括大气、水、海洋、土地、矿藏、森林、草原、湿地、野生生物、自然遗迹、人文遗迹、自然保护区、风景名胜区、城市和乡村等。参见《中华人民共和国环境保护法》(2014 年修订本)第 2 条。

展条例》《黔东南苗族侗族自治州促进非公有制经济发展条例》《黔南布依族苗族自治州促进茶产业发展条例》《文山壮族苗族自治州农村产权抵押贷款条例》等。

民族地区在发展过程中，依托自身的特色优势资源开发和特色产业发展，将资源优势转化为产业优势与经济优势，将民族民间工艺与产业发展相结合，走出了一条特色产业发展之路。产业发展立法是单行条例立法的新兴领域，所立6件单行条例全部为新制定，占14.3%。

第四是城乡建设与管理。

包括《延边朝鲜族自治州城镇绿化管理条例》《湘西土家族苗族自治州吉首市城市综合管理条例》《文山壮族苗族自治州村庄规划建设管理条例》《恩施土家族苗族自治州农村公路条例》（修订）、《延边朝鲜族自治州农民负担管理条例》（废止）等。

民族地区城乡规划、基础设施建设市政管理等是城乡建设与管理的重要内容，2014～2015年共有五件单行条例涉及城乡建设，新立三件，修改一件，废止一件。

第五是教科文卫等社会事业立法。

包括《玉树藏族自治州义务教育条例》（修订）、《楚雄彝族自治州民族教育条例》（修订）、《恩施土家族苗族自治州人口与计划生育条例》（修订）、《临夏回族自治州教育条例》（修订）等。

教育、科技、文化等社会事业是民族地区立法的传统领域，四件立法均为修正案，集中于民族教育和人口与计划生育，这是立法与国家改革发展形势紧密结合的一个缩影。

第六是民族关系。

包括《果洛藏族自治州民族团结进步条例》《海北藏族自治州民族团结进步条例》等。

这是自治州层面出台的涉及民族团结的专项立法，是依法调整民族关系，用法律保障民族团结的法制探索。

3. 自治县自治条例和单行条例立法概况

2014～2015年，自治县自治条例和单行条例立法工作大量存在。根据法律法规全文检索系统（国务院法制办主办，http://search.chinalaw.gov.cn/search2.

html),2014 ~ 2015 年,各自治县共有 27 项立法,[11] 其中 4 个自治县修改了自治条例,分别为湖北五峰土家族自治县、广西罗城仫佬族自治县、广西巴马瑶族自治县、青海门源回族自治县等。新制定了 19 件单行条例,修改 3 件,废止 1 件。

《五峰土家族自治县自治条例》在修改过程中,明确了经济建设的发展方向与目标导向,将经济建设单列一章,突出自然资源保护和生态文明建设,将生态文明建设单列一章,为突出人才在经济社会建设中的重要作用,落实自治县引进人才方面更大的自主权,将人才队伍建设单列一章。[12] 这反映了该县确定立法项目的"三优先"原则,即"坚持事关地方经济社会全局的优先,保障和改善民生的优先,切实可行且条件已经成熟的优先",[13] 突出了民族立法的针对性。《罗城仫佬族自治县自治条例》在修改过程中,在民族关系、资源开发、各项经济与社会政策支持方面,突出罗城的民族、地域和资源特点,并规定了在"自治县招录公务员,按照有关规定报请上级主管部门批准后,可以划出一定比例的名额定向招录本县少数民族报考人员;对报考自治县公务员的少数民族考生给予照顾加分。自治县事业单位、上级机关隶属的在自治县的事业单位公开招聘工作人员时,同等条件下优先聘用本县少数民族报考人员。自治县行政区域内的企业依照国家规定招收人员,优先招收本县少数民族公民。"[14] 这些规定为自治县民族干部培养和任用提供法制保障。自治条例修改的共同特点是关注经济建设、资源保护和社会事业的同时,更加关注民生,关注人才队伍建设,关注本地少数民族的就业与发展问题。

自治县单行条例内容涉及城乡建设与管理、资源与环境保护和历史文化保护等方面,城乡建设方面包括城市管理、城乡规划建设、城市供水用水、乡村公

---

〔11〕 实际数量应远不止这些。该系统对自治州自治条例和单行条例的统计总数为 29 件,但通过查证,实际的数量为 40 件。而自治县自治立法的查证难度较高,而且很多自治县人大没有官方网站,或网站内容未公布立法情况,因此本报告关于自治县自治立法的分析仅以法律法规全文检索系统的文本为例,以期反映自治县自治法规立法的概况,特此说明。

〔12〕 季为民:《五峰土家族自治县修订自治条例》,载《楚天主人》2014 年第 12 期。

〔13〕 彭云:《依法行使民族立法权服务民族地方经济社会发展》,载 http://www. wfrd. gov. cn/news_show. asp? n_id = 10894,最后访问日期:2016 年 3 月 1 日。

〔14〕 参见《巴马瑶族自治县自治条例》(2014 年修正本)第 44 条。

路养护、农田水利基础设施管理保护、城市管理综合行政执法、县城市容和环境卫生管理等方面的内容;环境保护方面涉及草原管理、矿产资源管理、旅游资源保护、森林资源高原湿地保护等方面;历史文化保护涉及民族民间传统文化保护和民族教育等内容。

2014年6月30日,长阳土家族自治县人大常委会宣布废止《长阳土家族自治县预算外资金管理条例》(以下简称《条例》)。随着财政管理体制的改革,预算外资金已纳入预算管理范畴。国家财政部于2010年6月下发通知(财预〔2010〕88号),要求自2011年1月1日起,将按预算外资金管理的收入(不含教育收费)全部纳入预算管理。至此,预算外资金被全面取消,《条例》所调整的内容和规范的行为对象已不复存在,已无继续实施的必要。这是立法及时清理和废止不适用的自治法规以适应改革发展需要的举措,值得肯定。

(三)民族立法机构的设置与完善

1. 各级立法主体立法机构设置情况

根据《宪法》和《立法法》的有关规定,拥有涉及民族方面立法权的包括全国人大及其常委会、地方各级人大及其常委会、省级人民政府、设区的市人民政府等。从立法机关的组织架构来看,各级立法主体根据宪法和全国人大组织法以及地方组织法规定的原则和要求,建立起相应的立法机构,既包括各级人大及其常务委员会和在其领导下的专门委员会、工作委员会以及其他工作机构和办事机构;也包括承担本级政府立法的统筹规划和组织起草任务的各级人民政府法制办公室,政府各组成部门根据各自职责承担具体的规章起草任务,并提出相应的立法建议。全国人大建立了9个专门委员会,分别为:民族委员会、法律委员会、财政经济委员会、教育科学文化卫生委员会、外事委员会、华侨委员会、内务司法委员会、环境保护委员会、农业与农村委员会,其中法律委员会"统一审议向全国人民代表大会或者全国人民代表大会常务委员会提出的法律草案",其他各专门委员会"就有关的法律草案向法律委员会提出意见"。[15] 这些专门委员会虽然不是权力机关,但也不同于人大机关的办事机构,而是"在权力机关领导下担负某种专门任务的机构",[16] 它们依法享有提案权、议案初审权、

〔15〕 参见《全国人民代表大会组织法》第37条。

〔16〕 《全国人民代表大会专门委员会设置情况和职责》,载 http://news.xinhuanet.com/ziliao/2002-02/20/content_283184.htm,最后访问日期:2016年3月1日。

调查建议权和部分监督权。其中,与民族立法直接相关的是民族委员会,其享有“对加强民族团结问题进行调查研究,提出建议;审议自治区自治条例和单行条例;对民族区域自治相关法律法规、决议、决定贯彻实施情况开展执法检查”[17]的职权。2013 年产生的第十二届全国人大民族委员会由主任委员 1 人、副主任委员 9 人和委员 18 人共 28 人组成,其中少数民族 22 人,占 78.6%。其组成人员涉及 18 个民族成分,具有广泛的代表性。全国人大常委会是全国人大的常设机构,由委员长、副委员长、秘书长组成委员长会议,处理全国人民代表大会常务委员会的重要日常工作;下设代表资格审查委员会以及五个工作机构和办事机构,分别为:办公厅、法制工作委员会(以下简称法工委)、预算工作委员会、香港特别行政区基本法委员会、澳门特别行政区基本法委员会。在统一审议法律草案的过程中,法律委员会和法工委是同时工作的,法工委是全国人大常委会的工作机构,它的办事机构同时也是法律委员会的办事机构,法工委主任一般由法律委员会副主任委员担任。各专门委员会和法工委在全国人大及其常委会的领导下,各司其职,协调一致,共同做好立法工作。

地方立法机构的设置,既与全国人大机构相对应,又根据实际需要进行调整。自治区人大及其常委会组织机构设置大致相同,一般在自治区人大及其常委会之下,由常委会主任和副主任组成主任会议,负责“处理常务委员会的重要日常工作”,并“向本级人民代表大会常务委员会提出属于常务委员会职权范围内的议案”。[18] 人大及其常委会与主任会议下设法制委员会、财政经济委员会、教育科学文化卫生委员会、民族宗教侨务外事委员会等专门委员会;以及办公厅、内务司法工作委员会、代表人事选举工作委员会、农牧环境资源工作委员会、代表资格审查会议等工作机构和办事机构。[19]

自治州一级一般专门委员会和工作委员会机构和职能合一,共同进行提

---

[17] 参见《全国人大民族委员会职责》,载 http://www.npc.gov.cn/npc/bmzz/minzu/node_1507.htm,最后访问日期:2016 年 3 月 1 日。

[18] 参见《中华人民共和国地方各级人民代表大会和地方各级人民政府组织法 2015 年修正本》第 46 条、第 48 条。

[19] 参见《西藏人大组织机构架构图》,载 http://www.xizangrd.gov.cn/Articles/1529-1.htm,最后访问日期:2016 年 3 月 1 日。

案、审议和专题调研等工作，如恩施州设立了民族法制(工作)委员会、内务司法(工作)委员会、财政经济(工作)委员会、农村(工作)委员会、教育科学文化卫生(工作)委员会、环境资源保护(工作)委员会。黔南州编制了《人大常委会机关运作制度汇编》，并根据地方组织法和《黔南布依族苗族自治州人民代表大会各专门委员会工作任务、范围与职责的规定》的有关规定，为八个专门委员会制定了工作条例，明确了职责范围和工作制度，使州人大常委会运作更加规范化。

自治县人大没有设立专门委员会，往往根据需要设立办公室和法制工作委员会、选举联络工作委员会、财经工作委员会、教科文卫工作委员会、民族宗教侨务外事工作委员会、人口资源环境工作委员会和农业工作委员会。民族自治地方立法机构设置情况，充分彰显了其根据需要设立立法机构的自主性。

2. 新形势下民族立法机构的健全与完善

(1)人大常委会主任的专职配备

党的十六大以后，2003 年各省人大换届时确立了一个原则："省级人大常委会主任，除中央政治局委员兼任党委书记的省、直辖市外，其他省、直辖市宜提名党委书记作为同一级人大常委会主任人选。同时规定，各民族自治区是否提名党委书记为自治区人大常委会主任人选，根据有关法律规定和实际情况确定。"[20] 2003 年以来，除了由中央政治局常委担任省委书记的省区，省委书记兼任同级人大常委会主任逐渐成为惯例。地方党委书记兼任人大主任可以加强党的领导，是对人大和立法工作的重视。但党委书记兼任人大主任，一方面精力难以兼顾，另一方面也使得人大对党委书记的监督流于形式。在最新一届地方换届选举中，为了保证人大独立发挥监督职能，截至 2014 年 5 月，已有 19 个省委书记不再兼任省人大常委会党组书记，其中，7 个省份党委书记不兼任人大常委会主任。[21]

---

[20] 邓科、林楚方:《新一轮地方换届的几大特点(政情瞭望)》，载《人民文摘》2003 年第 3 期。

[21] 《19 省份一把手不再兼任人大常委会党组书记》，载 http://politics.people.com.cn/n/2014/0513/c1001-25008544.html，最后访问日期:2016 年 3 月 1 日。

表1 民族八省区党委书记兼任人大常委会主任和人大常委会党组书记情况

省(自治区)	省(自治区)委书记	省级人大常委会主任	省级人大常委会党组书记
内蒙古	王君	王君	王君
广西	彭清华	彭清华	危朝安
新疆	张春贤	乃依木·亚森	乃依木·亚森
西藏	陈全国	白玛赤林	白玛赤林
宁夏	李建华	李建华	李建华
云南	李纪恒	李纪恒	李纪恒
贵州	陈敏尔	陈敏尔	龙超云(女)
青海	骆惠宁	骆惠宁	穆东升

注:数据截至2016年3月1日,资料来源于各省区政府和人大官网。

从当前民族八省区党委书记与人大常委会主任或党组书记的兼任情况来看,宁夏、云南和内蒙古仍由党委书记兼任人大常委会主任和人大常委会党组书记;广西、贵州、青海三个省区由省委书记兼任人大常委会主任,而由人大常委会副主任兼任人大常委会党组书记;新疆、西藏党委书记不仅不兼任人大常委会主任,同时也不兼任党组书记,而是由省级人大常委会主任同时担任党组书记。

其中,新疆、西藏、贵州、青海人大常委会党组书记由当地主体民族或当地少数民族担任。民族八省区党委和人大领导的关系与各地的历史传统有关,就西藏和新疆来说,西藏自治区人大常委会成立于1979年8月,是全国第一个成立的省级人大常委会,其主任一直由主体民族藏族公民担任,从未由自治区党委书记兼任;新疆维吾尔自治区与之类似,人大常委会自1979年9月成立以来,主任均由维吾尔族公民担任。因此,也就成为除四个直辖市、广东省之外的党委书记不兼任人大常委会主任,同时也不兼任人大常委会党组书记的两个省份,这样的设置为民族自治区留下更多的自主管理民族内部和地方事务的空间。其余民族省份也随着人大制度的演进和变革而调整自身机构设置,逐渐形成了当前的格局。

除了省级人大以外,自治州和自治县的党委书记和人大常委会主任兼任的情况也较为普遍,但同样存在例外,如延边州的人大主任历来由自治主体民族朝鲜族担任,这一做法通过法定程序纳入自治条例,成为有法制保障的政治惯例。

(2)民族地区地方立法权的扩展

党的十八届三中全会提出,逐步增加有地方立法权的较大的市数量,十八届四中全会进一步要求,依法赋予设区的市地方立法权。为实现立法与改革衔接,2015年第十二届全国人大第三次会议及时修改《立法法》,赋予设区的市地方立法权,并明确各设区的市开始制定地方性法规的具体步骤和时间由省级人大常委会确定。

各省、自治区纷纷出台决定确定所辖设区的市、自治州开始制定地方性法规的时间。当前出台的决定存在两种模式:一种是整体推进,即自同一时间起,赋予所辖全部设区的市地方性法规制定权限。其中湖北省的做法具有典型性。湖北省人大常委会于2015年4月即启动推进设区的市、自治州行使地方立法权相关工作,省人大常委会办公厅于2015年5月12日下发《关于设区的市、自治州申请开始制定地方性法规有关事项的通知》,经过制定方案、拟定标准、[22]组织申报、调研评估、研究确定等环节,在12个市州立法条件基本成熟的情况下,2015年7月30日,省人大常委会会议全票通过了《关于确定设区的市和自治州人民代表大会及其常务委员会开始制定地方性法规的时间的决定》,确定所有12个设区的市和自治州人大及其常委会自2016年1月1日起,可以开始制定地方性法规。内蒙古采取的也是同时赋予所有设区的市地方立法权的模式。2015年11月25日,内蒙古自治区第十二届人大常委会第十九次会议通过《关于确定呼伦贝尔市等七个设区的市开始制定地方性法规时间的决定》,自2015年12月1日起,呼伦贝尔市、通辽市、赤峰市、乌兰察布市、鄂尔多斯市、巴彦淖尔市和乌海市等自治区九个设区的市全部拥有了地方立法权。

另一种是采取分期审批、分批试点的模式。贵州省于2015年9月25日作出决定,遵义市、六盘水市、安顺市、毕节市、铜仁市、黔南州自2015年10月1日起,可以开始制定地方性法规;黔东南州和黔西南州开始制定地方性法规的时间为2016年1月1日。云南省采取分批试点的方式确定设区的市和自治州行使地方立法权时间,2015年11月将昭通、曲靖、玉溪、保山、文山、丽江、临沧七个州市列为云南省第一批行使地方立法权的州市。对尚未确定开始制定地方性法规时间的其余八个州、市,将于2016年6月底前研究确定,再报省人大常

[22] 通知对立法需求、立法机构、立法工作人员和立法智力资源等提出了四个方面的要求。

委会会议审议决定。宁夏回族自治区人大常委会决定自2015年11月26日起,石嘴山市人大及其常委会可以开始制定地方性法规。随后,自治区人大常委会将对其余三个设区的市的立法能力、立法需求等情况进行调研评估,待条件成熟后,再行确定其开始地方立法的时间。西藏自治区2015年11月26日通过决定日喀则市、昌都市和林芝市分别从2016年3月1日、5月1日和7月1日起开始制定地方性法规。[23] 广西明确六个设区的市自2015年8月1日起开始行使地方立法权,而对于其余七个设区的市开始行使地方立法权的筹备工作加强督促指导。[24]

(3)县乡人大内设机构的健全

根据2015年修改的《地方组织法》,县级人大可以设立相应的专门委员会,县级人大常委会组成人员名额有所增加,乡镇人大在闭会期间的职权和活动方式更加明确。我国人大代表总数是267万,县乡两级代表占总数的95%,[25] 县、乡人大是基层国家权力机关,代表由选民直接选举产生,均来自基层和工作第一线,具有广泛的代表性,是社会主义民主政治的"根基"。[26] 立法机关内设机构的充实、职能的健全和立法队伍的加强,对于加强县乡人大工作,推进社会主义民主法治建设具有重要意义。

二、2014~2015年民族立法的特征分析

(一)立法突出重点,密切关注民生领域

1. 规范政府行为,推动法治政府建设

党的十八大将基本建成法治政府作为全面建成小康社会的目标之一,十八

[23] 《西藏自治区人民代表大会常务委员会关于确定日喀则、昌都、林芝市人民代表大会及其常务委员会开始制定地方性法规的时间的决定》,载《西藏日报》2015年11月27日。

[24] 《广西壮族自治区人民代表大会常务委员会关于柳州、桂林、梧州、北海、钦州、玉林市开始行使地方立法权的决定》,载《广西日报》2015年7月31日。

[25] 参见2015年8月29日,第十二届全国人大常委会第十六次会议新闻发布会文字实录,载 http://www.xinhuanet.com/politics/zhibo/20150829B/wzsl.htm,最后访问日期:2016年3月1日。

[26] 莫季宏:《加强县乡人大工作打好政权建设根基》,载《中国人大》2015年第14期。

届三中全会进而提出法治中国的建设任务，十八届四中全会进一步就全面推进依法治国进行总体部署，坚持依法治国、依法执政、依法行政共同推进，坚持法治国家、法治政府、法治社会一体建设日益成为中国发展主旋律。在法治政府建设中，各地方大部门制改革、行政执法体制机制改革、行政审批制度改革向纵深发展，并通过权责清单制度、重大行政决策规范、政府信息公开等举措，进一步规范政府行为。民族地区也积极投身于这一改革浪潮中，为贯彻落实十八届四中全会通过的《中共中央关于全面推进依法治国若干重大问题的决定》，民族地区各级党委、政府制定了全面推进依法治省（区、州、市、县）及加强政府立法的实施意见，并以相关地方法规或规章作为配套，以立法推动法治政府建设。

2015 年 6 月，新疆维吾尔自治区人民政府党组会议通过了《加强党组领导政府立法工作的若干规定》，明确“对法律法规和国家政策的变通规定，涉及民族团结、宗教事务管理、社会稳定和长治久安的重要措施，发展改革举措关系群众切身利益或者可能引发社会广泛关注的，提出国家层面、自治区层面重要立法建议和修改意见，编制政府立法规划、年度立法计划，对政府立法涉及的重大争议进行协调或者作出决定，提出暂停、调整实施有关法律、行政法规、地方性法规的建议”[27]必须经党组研究决定的政府立法事项范围，这是落实“加强党对立法工作的领导，完善党对立法工作中重大问题决策的程序”的一项重要举措。

2015 年 1 月 8 日，宁夏回族自治区政府集中审议并在全国率先出台法治政府建设指标体系、行政程序规定、重大行政决策规则三部规章，其中，《法治政府指标体系》设置了 8 项 1 级指标、32 项 2 级指标、115 项 3 级指标，对行政执法行为进行指标量化，为法治政府建设提供明确的目标和衡量标准；《行政程序规定》规范了行政机关的行政职权和执法程序，保障权力在阳光下运行；《重大行政决策程规则》将科学决策、民主决策和依法决策作为重大行政决策必须要遵循的基本原则，规定重大行政决策必须经过“公众参与、专家论证、风险评估、合法性审查和集体讨论”五个环节，并建立了重大行政决策终身责任追究制度及责任倒查机制。[28]

---

[27] 《加强党组领导政府立法工作的若干规定》，载《新疆政府法制》2015 年第 6 期。

[28] 《加强和改进政府立法工作切实提高政府立法质量》，载《法制日报》2015 年 1 月 29 日。

2014年7月1日起实施的《恩施土家族苗族自治州行政执法条例》是我国市州级首个关于行政执法工作的综合性立法,这部单行条例的出台将“行政执法与刑事司法衔接制度”“联合执法、联席会议制度、行政执法协助”“一周办结制”等现行有效政策和实践做法纳入法制化轨道,将“相对集中行政处罚权和相对集中行政许可权制度”上升为法律规范,为推进相对集中行政许可权改革奠定法规基础。[29]

2. 加强民生立法,保障各民族平等的发展权益

改革开放以来,我国地方立法进入了快车道。随着体制机制改革的强力冲击和社会生活的逐步转型,由于就业、教育、城乡建设、产业发展、历史文化保护等方面公共服务体系发展滞缓而引发的经济社会发展失衡状况日益凸显,促发展、改民生成为社会热点问题。以立法承载民生期盼、呼应民生诉求、回馈民生关切,是民族地区党委和政府面临的重大课题,也是民族立法面临的重要任务。

2014~2015年,民族省区和各民族自治地方立法主要围绕产业发展和改善民生而展开。2014年云南省有27件地方性法规列入立法计划,其中民生类为10件,占37.04%,经济结构调整与特色产业发展的为11件,占40.74%,两者总占比为77.78%。[30] 2015年,广西壮族自治区人大常委会党组对《自治区十二届人大及其常委会五年立法规划》进行调整,新增“城市交通、食品安全、民办教育”等方面与民生相关的立法项目。西藏2014~2015年制定无线电管理条例、志愿服务条例、建设工程安全生产管理条例、防雷减灾条例、布达拉宫文化遗产保护管理条例、献血法实施办法、国防教育法实施办法、非物质文化遗产法实施办法、预防未成年人犯罪法实施办法等九部地方性法规,立法领域涉及到经济社会发展、改善和保障民生、维护社会和谐稳定等方面。[31] 内蒙古2014~2015年共制定、修改地方性法规14件,其中在民生领域的立法主要有:在全国率先制定了《城镇基本医疗保险条例》,扩大了城镇基本医疗保险覆盖范

---

〔29〕《恩施自治州行政执法条例解读》,载http://www.enshi.cn/20140508/ca299342.htm,最后访问日期:2016年3月1日。

〔30〕《云南省27件地方性法规列入今年立法计划民生类占10件》,载http://yn.yunnan.cn/html/2014-03/26/content_3145233.htm,最后访问日期:2016年3月1日。

〔31〕参见《西藏自治区人大常委会工作报告》2015~2016年。

围，把职工缴费年限统一为25年，规定自治区内异地就医可以直接结算，从制度上构建了完备的城镇基本医疗保障体系；修改《自治区全民健身条例》，重点增加了加快发展足球等集体项目、推广校园足球和社会足球运动等内容；制定了《自治区食品生产加工小作坊和食品摊贩管理条例》，针对食品生产、销售领域的突出问题，以“零容忍”的态度加大对违法行为处罚力度，确保各族群众吃得安全、吃得放心、吃得健康；《自治区民族教育条例》《自治区饮用水水源保护条例》《自治区人口与计划生育条例》等条例的制定与修改，充分考虑到了各族群众关注的热点问题。

民生问题实质上是权利问题，与相应主体的权益保障密切相关。民族省区和民族自治地方立法主要涉及聚居少数民族的权益保障。随着我国进入各民族跨区域流动的活跃期，对散杂居少数民族的服务、管理及权益保障日益广泛地纳入地方立法规制的范畴。2014年，天津市和南京市制定了保障少数民族权益的地方性法规，湖南省修改了《散居少数民族工作条例》。2014年1月1日起施行的《天津市少数民族权益保障规定》是该市首部关于少数民族权益保障的专项地方性法规，明确“建立健全民族工作议事协调机制”，将适应少数民族需要的各项事业纳入国际经济和社会发展规划，在经济、信贷、税收、财政、教育方面保障少数民族经济社会发展；针对行政区域内回族人口众多的情况对回族群众在食品供应、丧葬等风俗习惯方面的特殊需求予以保障；规定申请设立民族乡、民族村的少数民族人口比例要求和程序，并给与相应的政策支持。2014年9月1日起实施的《南京市少数民族权益保障条例》也是该市首次针对少数民族权益保障的综合性立法，规定了民族镇、村的设立，清真食品保障、开斋节放假等问题，同时对少数民族群众矛盾纠纷调处和个别人员过度维权的法律约束等问题进行了立法规制。

3. 专项调整民族关系，促进民族团结进步

通过立法保障民族团结，用法律调整各民族利益关系，为民族团结进步创建工作的制度化、法治化和常态化奠定法治基础，是当前民族团结地方立法的基本方向。2014～2015年，民族团结领域的专项立法有《青海省海北藏族自治州民族团结进步条例》《青海省果洛藏族自治州民族团结进步条例》《贵州省促进民族团结进步条例》《新疆维吾尔自治区察布查尔锡伯自治县促进民族团结条例》《新疆维吾尔自治区民族团结进步工作条例》等。

这些地方性法规或自治法规明确了民族团结进步创建活动的工作机制，规

定了促进民族团结的组织领导机制、协调配合机制、监督检查机制和条件保障机制等;为使民族团结工作取得实效,对各地加强民族团结的载体与方式的具体举措进行了制度化总结;关于民族团结工作的权利、义务、表彰奖励与法律责任等的设定,对于完善民族法律规范逻辑结构具有重要的意义。

(二)重视立法质量,推进科学立法与民主立法

当前,民族法律法规体系已初步形成,但立法工作中部门主导立法现象普遍、公众参与实效差、立法冲突与立法漏洞同时存在等问题仍是制约民族立法质量的重要因素。进一步发挥人大在立法工作中的主导作用,拓展社会有序参与立法的途径,及时进行法规清理是实现科学立法与民主立法,提高立法质量的基本举措。

1. 人大在立法工作中的主导作用日益显现

人大主导立法体现在法规的立项、起草、审议、修改和表决等立法工作全过程。人大及其常委会通过编制立法规划、立法计划并督促其具体落实,加强对立法工作的统筹安排。

民族省区人大及其常委会重视立法质量,人大专门委员会和常委会工作机构提前介入法规草案起草工作,深入开展立法调研,广泛听取相关部门和人民群众,特别是管理相对人的意见建议,吸收人大代表参加法规草案调研和审议,对涉及公民切身利益的重要法规草案通过新闻媒体向社会公开征求意见或组织立法论证会,努力使每一项地方立法最大限度地体现人民意志。同时,重视法制委员会统一审议法规草案的作用,对法规草案和各方面意见逐条审议,最终形成审议稿。2015 年通过的《宁夏回族自治区枸杞产业促进条例》是宁夏首部由自治区人大常委会主导制定的地方性法规,其立法建议来自人民代表的联合提名,经过充分的立法调研,被自治区人大常委列入五年立法规划,继而列入 2015 年立法计划,并确定由人大主导,农工委具体负责立法工作。在条例草案起草、修改和审议的过程中,广泛征求基层群众、专家学者、政府部门意见,于 2015 年 11 月 26 日通过。[32]

---

〔32〕《关于〈宁夏回族自治区枸杞产业促进条例(草案)〉的说明》,载 http://124.224.239.188:8080/preview/nxrdw/zlzx/rdsc/201602/t20160216_3546273.html,最后访问日期:2016 年 3 月 1 日。

2. 公众有序参与立法的机制逐渐完善

当前,民族地区初步建立起立法机关主导,社会各方面有序参与的立法机制,在立法项目征集,法规论证、评估、咨询,法规调研、法规起草等环节广泛听取各方面意见:

第一,公开征求意见、建议逐步常态化。主要通过召开座谈会、听证会、论证会、论辩会、书面征求意见等形式吸纳社会各界广泛参与地方立法。2014 年以来,各民族省区、自治州人大常委会或政府法制部门在五年立法规划及年度立法计划的编制过程中,公开征集立法项目建议逐渐成为常态机制。在法规起草、修改、审议过程中,将法规草案通过新闻媒体向社会公布,公开征求意见是坚持开门立法的重要举措。以云南省为例,自 2002 年 7 月至 2014 年 12 月,云南省通过向社会公开征集立法项目和法规草案稿,共收到 300 多个立法项目建议和 77 件法规草案稿,这些意见大多列入立法规划和立法计划,有的已经形成现行有效的地方性法规,回应了社会关切。[33] 当前,公开征求意见已经成为立法常态工作,凡提请审议的法规草案,均须在当地主流媒体上全文公布,征求公众意见,同时积极探索建立公众意见采纳情况反馈机制。

第二,法规论证、评估、咨询制度的建立。对立法中涉及的专业性、技术性问题以及利益关系较为复杂的情况,组织召开专家论证会或委托科研单位、高等院校进行专题研究是实现科学立法的重要保证。2014 年,宁夏人大常委会法制工作委员会召开首次立法论辩会,分别邀请政府相关部门从事相关工作的 4 名代表和自治区人大法制委员会专家咨询委员会的 4 名专家学者,就《宁夏回族自治区实施〈中华人民共和国城乡规划法〉办法(草案)》进行论辩,以期实现专家学者和政府部门意见的充分交流,使立法决策更加科学、民主。

在法规出台前后,由立法机关的法制工作机构举行评估会议,广泛听取各方面意见,是当前民族立法的新举措。2014 年,内蒙古自治区人大常委会邀请食品小作坊和食品摊贩、消费者协会代表、基层食品药品监管部门代表和自治区人大代表、食品药品监督管理专家、法律专家等社会各界的 13 名代表参加评估会,就自治区《食品生产加工小作坊和食品摊贩管理条例》开展法规出台前评

---

〔33〕《35 年来云南省人大及其常委会共制定批准地方法规 480 件》,载 http://www.srd.yn.gov.cn/ynrdcwh/1013591391135072256/20141217/264124.html,最后访问日期:2016 年 3 月 1 日。

估,与会代表围绕法规草案主要制度的可行性、出台时机、实施效果以及实施中可能出现的问题进行了论证评估,这是内蒙古自治区人大立法史上首次进行的法规出台前评估。[34] 2014年,内蒙古自治区人大常委会制定了立法后评估工作规定。2015年,内蒙古自治区人大常委会委托内蒙古地方立法研究中心对《内蒙古自治区农村牧区饮用水供水条例》开展立法后评估,这也是自治区人大常委会首次委托第三方开展立法后评估。[35]

为发挥专家顾问在地方立法工作中的智力支持作用,在法规草案起草过程中,建立健全立法专家顾问制度成为当前民族立法领域的新常态。2015年1月,广西出台《广西壮族自治区人大常委会立法专家顾问工作规定》,对立法专家顾问库建设和立法专家顾问选聘、咨询事项和咨询程序、咨询保障等予以明确,规定立法专家顾问咨询意见归入工作档案,并据此聘请了60名立法专家顾问。此外,各民族省区人民政府法律顾问人才库管理办法也相继出台,并建立了相应的政府法律顾问人才库。

第一,建立立法调研制度。在民族立法实践中,在法规起草前和审议前就有关问题开展立法调研已经成为民族省区人大立法工作的必经程序。立法机关要通过召开座谈会和实地考察等方式,同基层有关方面进行协商讨论,使法规具有更广泛的民意基础。

第二,创新法规起草机制。民族省区积极探索委托第三方起草法规草案的机制,尝试建立立法工作者、实践工作者和专家学者联合起草法规案的制度。2015年,《内蒙古自治区元上都遗址保护条例》草案由内蒙古社会科学院起草,这是该自治区首次委托第三方起草法规案。云南省在2012年就尝试委托第三方起草法规草案,将进一步探索这一做法的规范化、制度化和常态化机制。

第三,建立基层立法联系点。党的十八届四中全会提出"建立基层立法联系点制度",这是推进科学立法、民主立法的一项重要制度设计,将进一步拓展公民有序参与立法的途径,使立法更接地气,更具操作性。其实,各地建立立法

[34] 《自治区人大开展法规出台前评估》,载《内蒙古日报》2014年11月10日。

[35] 《内蒙古人大常委会首次委托第三方对法规案开展立法后评估》,载 http://inews.nmgnews.com.cn/system/2015/05/14/011683983.shtml,最后访问日期:2016年3月1日。

联系点工作早在2002年就已经开始,[36]十八届四中全会以后,各地纷纷出台立法联系点工作办法,促进立法联系点工作进一步制度化。

根据2015年1月7日通过的《湖北省人大常委会基层立法联系点工作规定》,基层立法联系点的设定"应当具有代表性和多样性",要"兼顾城市与农村、平原与山区、少数民族聚居区与城市和散居地区、政府部门与司法机关、企业与社会组织等,不同地域、行业、领域的立法需求",以期立法回应多样化的社会需求,实现立法精细化。[37] 2015年7月7日通过的《内蒙古自治区人大常委会基层立法联系点工作办法》规定,自治区人大常委会通过"公开征集和有关部门推荐"等方式,在"苏木乡镇、街道、大专院校、行业组织以及企事业组织"建立基层立法联系点。立法联系点可以提出地方立法建议,收集并反馈关于地方立法的制定、实施等方面的意见和建议,参与自治区人大各专门委员会、常委会工作机构组织的立法调研、课题研究和立法评估等工作。[38] 黄南州人大常委会采取召开座谈会、实地查看等方式开展设立基层立法联系点调研工作,在此基础上确定州人大常委会设立基层立法联系点的数量和范围。[39] 立法联系点将成为基层群众和社会组织直接参与立法活动的重要载体。

3. 及时进行法规清理,维护国家法制统一

立法包括制定、修改和废止三个必不可少的环节,党的十八届四中全会决定

---

〔36〕 2002年,临洮县人大常委会就被甘肃省人大常委会确定为全省首批地方立法联系点。《将公众参与引入立法全程——甘肃省人大常委会立法联系点工作纪实》,《人民之声报》2015年7月10日。呼和浩特市2010年在回民区开始了立法联系点试点工作。参见《呼和浩特市人大常委会2010年立法基层联系点试点工作座谈会召开》,载《呼和浩特日报》2010年5月8日。

〔37〕 《湖北省人大常委会基层立法联系点工作规定》(2015年1月7日湖北省第十二届人民代表大会常务委员会主任办公会第14次会议通过),载http://www.zxxcl.com/news_detail/id/98.html,最后访问日期:2016年3月1日。

〔38〕 《内蒙古人大常委会拟建立基层立法联系点》,载http://www.npc.gov.cn/npc/xinwen/dfrd/nmg/2015-07/14/content_1941524.htm,最后访问日期:2016年3月1日。

〔39〕 《黄南州人大常委会开展设立基层立法联系点调研工作方案》,载http://www.huangnanrd.gov.cn/index.php?c=content&a=show&id=103,最后访问日期:2016年3月1日。

提出,“实现立法和改革决策相衔接,做到重大改革于法有据、立法主动适应改革和经济社会发展需要”,对于实践中行之有效的改革决策“要及时上升为法律”,“对不适应改革要求的法律法规,要及时修改和废止”。[40] 随着民族法律法规体系的初步形成,民族立法要实现与时俱进,法规清理将起到越来越重要的作用。

云南省自2011年起,每年修订法规数量均超过新制定的法规的数量。从2014年7月起,云南省对现行有效的220件省地方性法规及具有法规性质的决议、决定进行全面清理,清理工作主要围绕“是否有上位法抵触,特别是行政许可、行政处罚、行政强制的设定是否合法、适当;是否适应省域全面深化改革、加快对外开放是需要;是否存在影响其实施效果的条款;是否符合省人大常委会立法技术规范”等四个问题展开。2015年5月底,根据清理情况提出处理意见,建议废止法规和决议、决定11件,建议修改法规66件,清理比例占现行有效法规的35%。[41]

2014年,宁夏回族自治区计划用三年时间全面清理地方性法规和政府规章,对不适应改革要求的、有违公平的及时修改或废止。[42] 2015年,宁夏回族自治区人大常委会围绕减少行政审批事项等改革任务,集中修改地方性法规,3月31日,通过了关于修正《宁夏回族自治区农村集体资产管理条例》等六件地方性法规的决定;[43]5月21日,通过关于修改《宁夏回族自治区农村集体经济承包合同管理条例》等八件地方性法规的决定。[44] 这是为了适应行政审批制度改革和政府职能转变的需要,而在一个法律文件中对散布在多部法规中的有关规定,一次性地作出“打包修改”决定,既体现了立法主动适应改革形势,增强立法效率,也体现了改革坚持立法先行,改革举措涉及法规清理的,及时启动立

[40] 《中共中央关于全面推进依法治国若干重大问题的决定》,载《求是》2014年第21期。

[41] 《云南省完成现行地方性法规清理》,载 http://www.srd.yn.gov.cn/ynrdcwh/1012184016251518976/20150526/268821.html,最后访问日期:2016年3月1日。

[42] 《宁夏回族自治区全面推进依法治区的实施意见》,载 http://www.nx.xinhuanet.com/newscenter/2014-11/24/c_1113374435.htm,最后访问日期:2016年3月1日。

[43] 《自治区第十一届人大常委会第十六次会议修正6件废止3件地方性法规》,载《宁夏人大》2015年第4期。

[44] 《宁夏人大常委会修改8件地方法规》,载《法制日报》2015年5月22日。

法程序。为实现立法与改革的及时衔接,民族地区亟需建立地方性法规和规章的定期清理机制。

(三)完善立法程序与立法技术,实现立法的规范化与精细化

立法程序是有立法权的国家机关,在制定、认可、修改、补充和废止法的活动中必须遵循的步骤和方法。立法技术是立法活动中所遵循的用以促进立法科学化的方法和操作技巧的总称,从其内容来看,一般包括"立法活动运筹技术和法的结构营造技术"。[45] 立法程序与立法技术密切相关,立法程序同样涉及立法活动过程的规范化,但立法技术更多着眼于法律文本、结构、语言等方面的技术问题,不直接涉及立法程序和法律的实体内容。

2015年9月30日,宁夏自治区人大常委会通过《关于修改〈宁夏回族自治区人民代表大会及其常务委员会立法程序规定〉的决定》,这是宁夏自治区立法程序规定颁布实施以来的首次修改。本次修改完善了立法论证与听证制度,增加了法规草案及说明应当向社会公布、公开征求意见的内容,拓宽了公民参与立法的途径;在编制立法规划与年度立法计划、法规起草、人大代表主体作用等方面落实人大在立法中的主导作用;完善法规草案的审议和表决机制,增加了对意见分歧较大的重要条款的"单独表决"和"打包修改"条款的"合并表决"和"分别表决"等规定,有助于立法程序的精细化;法规提案主体中删除了自治区人民法院和人民检察院,立法主体增加了设区的市,进一步促进了与上位法的衔接与协调,维护了法制统一。[46]

民族地区致力于人大内部工作制度的完善。2014年7月31日,内蒙古自治区人大常委会制定了《自治区人大常委会询问和质询的规定》以及《自治区人大常委会工作评议办法》,并首次就全区人口与计划生育工作开展专题询问。《云南省人民代表大会及其常务委员会各委员会审议地方性法规案工作程序规定》于2014年9月通过,进一步明确了地方性法规审议期限,规范了地方性法规审议文本。西藏自治区人大常委会2015年制定"立法工作重要事项向区党委请示报告制度、立法协商机制意见、法规草案征求意见规定、立法评估办法、

---

[45] 参见周旺生:《立法学》,法律出版社2009年版,第220页、第375~376页。

[46] 《关于〈宁夏回族自治区人民代表大会及其常务委员会立法程序规定修正案(草案)〉的说明》,载 http://www.nxrd.gov.cn/cafgyj/fgca02/201506/t20150615_3425556.html,最后访问日期:2016年3月1日。

立法咨询专家库管理办法"[47]等五项规定,将坚持党对人大立法工作的领导和健全立法起草、论证、协调、审议机制的有效做法,进一步以制度的形式固定下来,推动科学立法和民主立法。此外,黄南州人大常委会于2015年发布了《黄南藏族自治州人大常委会关于开展质询工作的实施办法(试行)》《黄南藏族自治州人大常委会立法协商办法(试行)》,这是自治州在立法制度方面的积极探索。

为完善政府立法工作机制,确保立法质量,民族地区政府法制部门进一步完善了工作规范和程序规定。2014年1月,新疆维吾尔自治区政府法制办印发《政府规章立法调研论证工作规范》和《政府规章立法后评估工作规范》,两项规范分别对立法调研论证和立法后评估的实施部门、事项与内容、程序、论证报告的撰写要求等予以规范,为提高立法的专业性与规范性,两个文件都规定可以委托有专业背景的第三方完成相关立法工作。这两项工作分别发生于立法前与立法后,对于全面规范立法过程,提高立法质量具有重要的指导意义。[48] 2015年2月,内蒙古自治区政府制定出台《内蒙古自治区重大行政决策程序规定》,将"专家论证、公众参与、风险评估、合法性审查和集体讨论决定"[49]作为重大决策的必经程序,进一步明确了重大行政决策的范围,规定重大行政决策事项涉及群众切身利益的,要采取公示、调查、座谈、听证等方式公开征求意见,这项规定的出台为各级政府制定经济社会规划,促进社会创新发展等科学决策提供了法治保障。

三、民族立法的趋势展望

(一)继续推进民族区域自治法配套法规建设

民族法制十二五规划对涉及民族方面的立法工作提出要求,包括推动制定

[47] 《西藏自治区人民代表大会常务委员会工作报告》,载http://www.chinatibetnews.com/zw/201602/t20160213_1074253.html,最后访问日期:2016年3月1日。

[48] 《关于印发〈政府规章立法调研论证工作规范〉和〈政府规章立法后评估工作规范〉的通知》,载http://law.xinjiang.gov.cn/fzbgs/zflf/2016/261848.htm,最后访问日期:2016年3月1日。

[49] 《2015年自治区政府法制工作综述》,载http://jinshayulecheng.nmg.gov.cn/fabu/xwdt/bm/201601/t20160128_528387.html,最后访问日期:2016年3月1日。

“与民族区域自治法相配套的、与少数民族群众利益密切相关的、有利于促进少数民族和民族地区经济社会发展的法律法规”，推动“国务院有关部门制定扶持民族地区发展的规章或规范性文件”，“支持和帮助民族自治地方制定或修订自治条例、单行条例以及依照当地民族的特点，对相关法律法规作出变通规定”，以及“有关法律法规涉及少数民族和民族地区的条款的研究制定工作”。[50] 当前，五个自治区的自治条例和单行条例立法集体缺失，“国务院还有相当一些部门未制定实施民族区域自治法的配套性文件。各省、区、市中，只有云南、湖北等14个省市制定了实施国务院若干规定的地方性法规或政府规章；155个民族自治地方中还有5个自治区、5个自治州和6个自治县未制定自治条例”，[51] 配套法规不健全是民族区域自治法贯彻执行难的最主要原因。2016年，全国人大常委会将围绕国务院制定实施民族区域自治法配套法规情况进行专题调研，各省市区配套法规建设也将成为今后民族立法的重要着力点。

在立法领域方面，民生问题、产业发展、资源及文化保护仍将是民族立法的重点领域。专项立法方面，宁夏回族自治区已将《民族团结进步条例》列入2016年立法调研论证规划，新疆维吾尔自治区《博尔塔拉蒙古自治州促进民族团结进步条例(草案)》已进入公开征求意见阶段。随着立法的引领与带动作用的逐步发挥，会有更多的自治地方出台民族团结专项立法。随着少数民族由聚居走向散居，城市民族工作法治化、制度化和精细化水平的提高需要立法的保障，城市民族和散居民族权益保障将成为未来民族工作立法的新重点。除此之外，随着全面深化改革的持续深入，立法主动适应改革和经济社会发展需求，科学立法、及时进行法规清理将是未来民族立法的必然趋势。

(二)更加注重立法工作的规范性，促进民族立法制度创新发展

2015年《立法法》的修改，将提高立法质量作为立法的基本要求，突出强调人大在立法工作中的主导作用，要求扩宽公民有序参与立法的途径，进一步健全审议和表决机制，建立立法协商制度，完善立法论证、听证、法律草案公开征

[50] 《民族法制体系建设“十二五”规划(2011—2015年)》，载 http://www.seac.gov.cn/art/2011/8/11/art_149_133670.html，最后访问日期：2016年3月1日。

[51] 《关于检查〈中华人民共和国民族区域自治法〉实施情况的报告》，载 http://www.npc.gov.cn/npc/xinwen/2015-12/22/content_1955659.htm，最后访问日期：2016年3月1日。

求意见等制度,增加法律通过前评估、法律清理、配套规定、立法后评估等一系列促进科学立法的措施。这些举措将通过民族地区立法进一步细化与落实,立法条例、地方性法规、自治条例和单行条例等程序性规定要根据《立法法》进行相应修改,人大内部工作制度也将实现规范化、制度化与程序化。

在地方立法层面,针对共同面临的环境污染等问题,探索跨行政区域联合治理、协作立法是民族立法制度创新的新举措。针对酉水河流域跨行政区域(流经湖北、湖南和重庆三省10个县市)的事实,恩施州、湘西州人大常委会牵头联合制定《酉水河保护条例》,两个自治州联络本地7个县、市和湖南沅陵、重庆秀山、酉阳人大常委会实行同步协作立法,落实行政区域管理服从流域管理的管理体制,具体做法是:恩施州、湘西州或者酉阳、秀山自治县同步制定《酉水河流域保护条例》立法规划和立法计划、同步起草条例文本。在立法规划、立法计划制定阶段、条例起草阶段开展立法协作。审议、批准、公布阶段则按各自自治法规或者地方性法规的制定程序分别进行。[52] 三省(市)两州多县市跨区域协作立法保护共有的水域,这一做法具有前瞻性,既是推动生态文明建设的重要实践,也是地方立法工作的创新。

(三)民族地区需积极应对地方立法权扩容与立法机构组成人员专职化的趋势

2015年修改的《立法法》赋予设区的市地方立法权,这不仅使得30个民族自治州享有地方立法权,也为城市少数民族权益保障以及城市民族行政建构(如民族镇、城市民族区)和社会结构(如城市互嵌型社区等)的建设和完善提供充足的法治空间。全国人大常委会法工委统计显示,截至2016年1月31日,全国27个省级人大常委会中,已有24个省(自治区)作出批准设区的市行使立法权的时间的决定。新赋予地方立法权的271个设区的市、自治州、不设区的地级市中,已有209个可以开始制定地方性法规,占比77.1%,黑龙江、青海、新疆还在调研评估中。[53] 当前民族省区出台的关于批准设区的市行使立法权的决定中,内蒙古采取一次性批准的模式,而宁夏、云南、贵州、西藏、广西均采取分批批准的方式。这一方面说明民族地区根据所在辖区设区的市相应的机构

[52] 《恩施湘西两州人大常委会牵头十县(市)为酉水河保护立法》,载 http://www.esrd.gov.cn/2015/1012/162546.shtml,最后访问日期:2016年3月1日。

[53] 《地方立法周年各地如何兑现》,载《人民日报》2016年3月2日。

设立、人员配备和制度建设等方面的立法准备实际，审慎地作出批准决定；另一方面民族地区由于自然条件、地域面积、经济社会发展水平和民族宗教文化等方面存在较大差异，在立法权行使方面需要更多的准备工作。

可以预计，地方立法权扩容之后，民族地区立法机关将面临着严峻的挑战。对于被批准立法的设区的市来说，既需要立法机构的建立健全，也需要立法队伍的充实完善，同时立法技术、立法能力和立法经验等方面的提升也是保证立法质量的必要条件。对于民族省区人大常委会来说，除了应对自身复杂的社会实际和繁荣的立法任务之外，在法规批准、备案审查和人员培训等方面还将面临前所未有的压力。立法机构的完善和立法队伍的建设仍是工作重点。

立法机构组成人员的专职化尤其是省委书记不再兼任人大常委会主任（或党组书记）是保障人大工作独立性的必然要求，也是当前地方人大的发展趋势。民族地区立法机构不仅是地方国家机关，同时还是享有自治权的自治机关，人大常委会主任由当地主体民族担任有利于充分自主地管理民族内部事务和地方事务。从这种意义上看，其立法机构组成人员专职化的意义不仅在于加强人大独立监督，还在自治权的落实方面承载着更多的期待。随着民族干部队伍建设的加强，将会有越来越多的自治主体民族及当地其他少数民族参与到立法机构的决策过程，实现民族事务与社会事务治理的法治化。

On the New Progress of the Construction of Chinese Ethnic Legal System
—Based on the Investigation and Analysis on the Practice of Chinese Ethnic Legislation(2014 –2015)

Liu Ling

Abstract: The development of ethnic legal system construction reflect in strengthening legislation in key areas, perfection of the legislative bodies and improvement of the legislative system etc.. With comprehensively promoting the rule of law as the goal of our national legislation, ethnic legislation has been generally go forward along the direction of refinement. New progress has been made in the people' s livelihood, development, legal government construction, and the special legislation on ethnic solidarity. Pay attention to the quality of legislation, the leading role of the NPC in the legislative work has become increasingly apparent, the mechanism of public participation in legislation is gradually improving, clean up the regulations timely to safeguard the unity of the state legal system. Attach importance to the legislative procedure and technology, making legislation to further normalized and fine. We should continue to promote the construction of related laws and regulations of law on regional ethnic autonomy, the standardization of legislative work, the development of ethnic legislative system. The ethnic-minority areas should actively respond to the trend of local legislative authority expansion and the legislature composed of full-time staff, to provide legal guarantee for the reform and development.

Key words: National(ethnic) legislation; Procedure; System

(责任编辑:彭　浩)

编后小记：何为坚守？

《评论》入选 CSSCI 来源集刊以来，确实在一定程度上摆脱了过去稿源稀缺的状况。但我们发现，目前各大高校是否认可 CSSCI 来源集刊的文章作为本校高水平科研成果的做法并不一致，对于那些只认可来源期刊而不认可来源集刊的高校，《评论》的平台对这些“青椒”们的吸引力仍然有限。

虽然春秋时叔孙豹就提出了“立德、立功、立言”的“三不朽”境界，北宋理学家张载提出的著名的“四为句”中也包含“为往圣继绝学”的思想，但践行这些理念的过程中也伴随着辛酸和无奈。在各大高校认定的成果目录的指挥棒下，部分学者的投稿指向也不得不掺杂了“著书都为稻粱谋”的考虑。然而让我们欣慰的是，即使如此，仍旧有许多有志学术的青年学者甚至成名已久的大牌学者都积极向《评论》赐稿，让我们评论人觉得自己付出的努力和坚守是值得的。在此，我代表评论人对所有向《评论》赐稿的作者和所有的读者表示感谢。

《评论》编辑部的每一位成员，都既是编者，亦是第一批读者，我们且编、且研、且学，在组稿的过程中关注学界动态，拓展视野，更新知识，与学界共享进步。评论人坚守的目标，就是出版的质量。在我们坚守这一目标的过程中，曾经婉拒过某些知名学者的文章，也曾经以文章质量为本而选择多篇学生文章，这样的坚守换来的是《评论》良好的学术声誉和影响，这也是评论人继续坚守的动力和目标。

从 2016 年起，《评论》做出了一些改变，从原来的每年 2 辑增加为每年 4 辑，其中包括 3 本中文版和 1 本英文版。这样的改变带给评论人最直观的感受就是工作量的增加，同时带来的还有工作上的成就感和满足感。通过出版数量的增加，《评论》为广大学人尤其是青年学者提供了更广阔的平台。期望借助于这些改变，能吸引更多高水准的来稿，能更加开放地邀请研有所专的学者参与审稿，让真正以学术为志业的学人在发展和提升自己的路上能与《评论》有约、有缘。

李帅

2016 年 8 月 3 日晚于人大图书馆

《人大法律评论》稿约

《人大法律评论》是在中国人民大学法学院支持下，由法学院学生自主创办、独立编辑并公开出版发行的学术连续出版物，现为 CSSCI（中文社会科学引文索引）来源集刊。

《人大法律评论》初创于 2000 年，至 2016 年 8 月已出版二十一辑，现包含“专题研讨”“论文”“评论”等栏目。

欢迎海内外专家学者、优秀学子惠赐稿件，来稿原则上在 1 万字以上，并只接收电子邮箱投稿。来稿请以“作者姓名 + 文章标题”为邮件名称。收稿邮箱：rendaflpl@163.com。

来稿请附中英文标题和摘要（300 字之内）、关键词（5 个以内）及作者个人简介（包括姓名、单位、职务或职称、地址、联系电话、电子邮箱）。关于引证规范，请具体参见尾页所附之引证体例。

《人大法律评论》实行匿名三审制，编辑部收到稿件起三个月内向作者通报审录结果，每稿必复。

《人大法律评论》崇尚学术自由，严守学术规范。一旦发现作者一稿多发、抄袭或者存在其他严重学术不端行为的，本连续出版物将向其所在单位、主管机关、学术团体及新闻媒体通报情况，并保留追究其法律责任的权利。

为了扩大本连续出版物及作者知识信息交流渠道，除非作者在来稿时声明保留，否则视为同意《人大法律评论》拥有以非专有方式向第三人授予已发表作品电子出版权、信息网络传播权和数字化汇编、复制权，以及向《中国社会科学文摘》《高等学校文科学术文摘》和中国人民大学书报复印资料等文摘类刊物推荐转载已发表作品的权利。

《人大法律评论》编委会

《人大法律评论》注释体例

一、文中注释一律采用脚注,全文连续编号。

二、非直接引用原文的,注释前加“参见”;引用非原始资料时,请注明“转引自”。

三、引用同一文献的,如果两个注释并非相邻,分别列出完整的文献信息;如果两个注释相邻,则采用“同上注,第×页”。

四、注释及参考文献范例

(一)著作、教材类:

[1]《马克思恩格斯选集》(第4卷),人民出版社1972年版,第24页。

[2]龚祥瑞:《比较宪法与行政法》,法律出版社1985年版,第255页。

[3]佟柔主编:《中国民法》,法律出版社1990年版,第67~75页。

(二)论文类:

[1]苏永钦:《私法自治中的国家强制》,载《中外法学》2001年第1期。

[2]王利明:《隐私权的新发展》,载《人大法律评论》2009年第1辑。

(三)文集类:

龚祥瑞:《比较宪法学的研究方法》,载《比较宪法研究论文集》(第一集),南京大学出版社1993年版,第55页。

(四)译作类:

[古希腊]亚里士多德:《政治学》,吴寿彭译,商务印书馆1983年版,第54页。

(五)报纸:

张志铭:《现代化与中国律师制度的发展》,载《光明日报》2003年9月23日。

(六)古籍类:

(清)沈家本:《沈寄簃先生遗书》甲编,第43卷。

(七)辞书类:

《新英汉法律词典》,法律出版社 1998 年版,第 24 页。

(八)网络资料类:

郑成思:《"入世"、知识产权保护与民商法的现代化》,载 http://www.iolaw.org.cn/show News.asp? id=243,2009 年 6 月 19 日访问。

(九)英文类:

〔1〕L. Fuller, *The Morality of Law*, Robert Gilpin, revised edition, New Haven: Yale University Press, 1969, p. 143.

〔2〕Joseph Raz, *Legal Principles and The limits of Law*, 81 Yale Law Journal (1972), p. 839.

〔3〕H. L. A. Hart, *Jhering's Heaven of Concepts and Modern Analytical Jurisprudence*, in Eaasys in Jurisprudence and philosophy, London: Oxofrd University Press, 1983, pp. 269-270.

(十)英文以外的外文文种:依照该文种注释习惯。

图书在版编目(CIP)数据

人大法律评论. 2016年卷. 第3辑:总第22辑 /《人大法律评论》编辑委员会组编. —北京:法律出版社, 2017.3
ISBN 978-7-5197-0718-7

Ⅰ. ①人… Ⅱ. ①人… Ⅲ. ①法律—文集 Ⅳ. ①D9-53

中国版本图书馆CIP数据核字(2017)第061106号

人大法律评论. 2016年卷. 第3辑:总第22辑 **RENDA FALÜ PINGLUN. 2016 NIANJUAN. DI 3 JI:ZONGDI 22 JI**	《人大法律评论》编辑委员会组编	策划编辑 孙东育 责任编辑 李峰沄 装帧设计 李 瞻

出版 法律出版社
总发行 中国法律图书有限公司
经销 新华书店
印刷 北京京华虎彩印刷有限公司
责任校对 杨昆玲
责任印制 陶 松

编辑统筹 学术·对外出版分社
开本 720毫米×960毫米 1/16
印张 26.25
字数 425千
版本 2017年3月第1版
印次 2017年3月第1次印刷

法律出版社/北京市丰台区莲花池西里7号(100073)
网址/www.lawpress.com.cn
投稿邮箱/info@lawpress.com.cn
举报维权邮箱/jbwq@lawpress.com.cn
销售热线/010-63939792
咨询电话/010-63939796

中国法律图书有限公司/北京市丰台区莲花池西里7号(100073)
全国各地中法图分、子公司销售电话:
统一销售客服/400-660-6393
第一法律书店/010-63939781/9782 西安分公司/029-85330678 重庆分公司/023-67453036
上海分公司/021-62071639/1636 深圳分公司/0755-83072995

书号:ISBN 978-7-5197-0718-7 **定价**:78.00元